卓越法律人才培养系列教材

经济法学案例与原理教程

主　编　靳文辉
副主编　刘乃梁
撰稿人（按姓氏笔画为序）
　　　　刘　琳　严　姣　苏雪琴
　　　　何昊洋　张文佳　陈　誉
　　　　苟学珍　郝志斌

武汉大学出版社
WUHAN UNIVERSITY PRESS

图书在版编目(CIP)数据

经济法学案例与原理教程/靳文辉主编. —武汉:武汉大学出版社,
2022.12
卓越法律人才培养系列教材
ISBN 978-7-307-23446-8

Ⅰ.经⋯　Ⅱ.靳⋯　Ⅲ.经济法—法学—中国—教材　Ⅳ.D922.290.1

中国版本图书馆 CIP 数据核字(2022)第 218225 号

责任编辑:胡　荣　　责任校对:李孟潇　　版式设计:马　佳

出版发行:**武汉大学出版社**　(430072　武昌　珞珈山)
　　　　　(电子邮箱:cbs22@whu.edu.cn　网址:www.wdp.com.cn)
印刷:武汉邮科印务有限公司
开本:787×1092　1/16　印张:19.5　字数:459 千字　插页:1
版次:2022 年 12 月第 1 版　　　2022 年 12 月第 1 次印刷
ISBN 978-7-307-23446-8　　　定价:58.00 元

版权所有,不得翻印;凡购买我社的图书,如有质量问题,请与当地图书销售部门联系调换。

目　　录

第一章　经济法的概念和历史 …………………………………………… 1

哈耶克与凯恩斯关于政府和市场关系之论战 ………………………… 3
【案例概要】 ……………………………………………………………… 3
【案例分析】 ……………………………………………………………… 5

金融危机中的政府角色 ………………………………………………… 7
【案例概要】 ……………………………………………………………… 7
【案例分析】 ……………………………………………………………… 9

共享经济下的政府监管 ………………………………………………… 11
【案例概要】 ……………………………………………………………… 11
【案例分析】 ……………………………………………………………… 12

十九届五中全会提出"推动有效市场和有为政府更好结合" ………… 14
【案例概要】 ……………………………………………………………… 14
【案例分析】 ……………………………………………………………… 15

第二章　经济法的体系和地位 …………………………………………… 17

经济法与民法、行政法的关系 ………………………………………… 19
【案例概要】 ……………………………………………………………… 19
【案例分析】 ……………………………………………………………… 21

中国特色社会主义法律体系形成 ……………………………………… 23
【案例概要】 ……………………………………………………………… 23
【案例分析】 ……………………………………………………………… 24

共同富裕的经济法思考 ………………………………………………… 27
【案例概要】 ……………………………………………………………… 27
【案例分析】 ……………………………………………………………… 28

第三章　经济法的宗旨和原则 …………………………………………… 30

2015年中国证券市场波动及其政府的救市行动 ……………………… 32
【案例概要】 ……………………………………………………………… 32
【案例分析】 ……………………………………………………………… 33

美国铁路管制案 ………………………………………………………… 36
【案例概要】 ……………………………………………………………… 36

【案例分析】 36
　　财政部提出建立母猪保险与饲料补贴等制度以抑制猪肉涨价 38
　　　【案例概要】 38
　　　【案例分析】 39
　　最高人民法院以穿透式金融审判防范化解金融风险 41
　　　【案例概要】 41
　　　【案例分析】 42

第四章　经济法的主体和行为 44
　　广东省服装服饰行业协会的转型发展 46
　　　【案例概要】 46
　　　【案例分析】 47
　　国务院发布《新能源汽车产业发展规划（2021—2035年）》 51
　　　【案例概要】 51
　　　【案例分析】 52
　　孙某山诉南京欧尚超市有限公司江宁店销售过期食品请求十倍赔偿纠纷案 54
　　　【案例概要】 54
　　　【案例分析】 54
　　北京市律协对7名律师作出行业协会处罚 56
　　　【案例概要】 56
　　　【案例分析】 56

第五章　经济法主体权利、义务和责任 58
　　互联网金融监管 60
　　　【案例概要】 60
　　　【案例分析】 62
　　权力清单制度 65
　　　【案例概要】 65
　　　【案例分析】 66
　　金融机构的适当性义务：原油宝事件 67
　　　【案例概要】 67
　　　【案例分析】 68
　　经济法责任的特殊性——惩罚性赔偿制度 69
　　　【案例概要】 69
　　　【案例分析】 69

第六章　经济法的制定与实施 70
　　"国十五条"调控房价和"投放储备粮食"抑制粮价 72

【案例概要】 …… 72
　　　【案例分析】 …… 74
　经济法法典化 …… 76
　　　【案例概要】 …… 76
　　　【案例分析】 …… 76
　月嫂无法按约提供服务消保委调解退定金 …… 78
　　　【案例概要】 …… 78
　　　【案例分析】 …… 80
　江苏省泰州市环保联合会诉泰兴锦汇化工有限公司等水污染民事公益诉讼案 …… 81
　　　【案例概要】 …… 81
　　　【案例分析】 …… 82

第七章　宏观调控法的基本理论与制度 …… 84
　我国历次房价调控——以"国五条""国十条"为例 …… 86
　　　【案例概要】 …… 86
　　　【案例分析】 …… 87
　宏观调控法主体制度——大庆农村商业银行股份有限公司大同支行与
　中国农业银行股份有限公司大庆分行民事纠纷上诉案 …… 90
　　　【案例概要】 …… 90
　　　【案例分析】 …… 92
　宏观调控权配置制度——陈某水与中国人民银行其他二审行政判决 …… 95
　　　【案例概要】 …… 95
　　　【案例分析】 …… 97
　宏观调控的责任制度——李某违法发放贷款二审刑事裁定书 …… 100
　　　【案例概要】 …… 100
　　　【案例分析】 …… 102

第八章　财政调控法律制度 …… 104
　政府采购的法律适用问题 …… 106
　　　【案例概要】 …… 106
　　　【案例分析】 …… 108
　财政调控法律制度：罗斯福新政 …… 114
　　　【案例概要】 …… 114
　　　【案例分析】 …… 114
　国债调控法律制度：327案 …… 116
　　　【案例概要】 …… 116
　　　【案例分析】 …… 117
　财政支出法律制度：四万亿计划 …… 118

【案例概要】 …………………………………………………………………… 118
　　【案例分析】 …………………………………………………………………… 119

第九章　税收调控法律制度 …………………………………………………… 120
中国2019年度全国影响力十大税务司法审判案例之一：陈某伟诉被申请人
　　莆田市地方税务局稽查局、福建省地方税务局税务行政处理及行政复议案 …… 122
　　【案例概要】 …………………………………………………………………… 122
　　【案例分析】 …………………………………………………………………… 123
经济补偿金是否属于免征个人所得税的范围 ……………………………………… 126
　　【案例概要】 …………………………………………………………………… 126
　　【案例分析】 …………………………………………………………………… 127
首例针对税务行政公益诉讼案 ……………………………………………………… 128
　　【案例概要】 …………………………………………………………………… 128
　　【案例分析】 …………………………………………………………………… 128
确认征收房产税费行为违法案 ……………………………………………………… 130
　　【案例概要】 …………………………………………………………………… 130
　　【案例分析】 …………………………………………………………………… 131

第十章　金融调控法律制度 …………………………………………………… 132
全球金融危机背景下中国的积极应对 ……………………………………………… 134
　　【案例概要】 …………………………………………………………………… 134
　　【案例分析】 …………………………………………………………………… 135
法定货币——杜某胜、张某合同纠纷案 …………………………………………… 139
　　【案例概要】 …………………………………………………………………… 139
　　【案例分析】 …………………………………………………………………… 139
再贷款制度——广东华兴银行股份有限公司、深圳沁达丰电子科技有限公司
　　债权转让合同纠纷案 …………………………………………………………… 141
　　【案例概要】 …………………………………………………………………… 141
　　【案例分析】 …………………………………………………………………… 143
商业银行法中的调控制度——中国工商银行股份有限公司公安新区支行、
　　廖某鹏储蓄存款合同纠纷再审审查与审判监督民事裁定书 ………………… 146
　　【案例概要】 …………………………………………………………………… 146
　　【案例分析】 …………………………………………………………………… 147
外汇管理法中的调控制度——甲某诉乙某委托理财合同纠纷案——违反禁止性
　　规定订立的涉境外理财平台委托理财合同无效案 …………………………… 149
　　【案例概要】 …………………………………………………………………… 149
　　【案例分析】 …………………………………………………………………… 150

第十一章 计划调控法律制度 ····· 152

《十四五规划》中的"计划调控元素" ····· 154
【案例概要】 ····· 154
【案例分析】 ····· 157

产业政策之争：林毅夫教授和张维迎教授的观点交锋 ····· 164
【案例概要】 ····· 164
【案例分析】 ····· 167

区域经济一体化的多头参与：成渝地区双城经济圈建设的规划问题 ····· 169
【案例概要】 ····· 169
【案例分析】 ····· 172

第十二章 市场规制法的基本理论与制度 ····· 174

游走在"垄断"与"不正当竞争"之间的美团 ····· 176
【案例概要】 ····· 176
【案例分析】 ····· 178

理解市场规制法的调整方式：依视路国际与陆逊梯卡集团合并案 ····· 185
【案例概要】 ····· 185
【案例分析】 ····· 186

分析市场规制法的主体制度：上海市旅游行业协会组织上海浦江游览有限公司等游船公司达成并实施垄断协议案 ····· 187
【案例概要】 ····· 187
【案例分析】 ····· 188

第十三章 反垄断法律制度 ····· 192

阿里巴巴集团滥用市场支配地位案 ····· 194
【案例概要】 ····· 194
【案例分析】 ····· 195

奇虎诉腾讯滥用市场支配地位案 ····· 207
【案例概要】 ····· 207
【案例分析】 ····· 208

马士基、地中海航运、达飞设立网络中心经营者集中案 ····· 210
【案例概要】 ····· 210
【案例分析】 ····· 210

腾讯收购中国音乐集团案 ····· 212
【案例概要】 ····· 212
【案例分析】 ····· 212

艾司唑仑药品垄断协议案 ····· 214
【案例概要】 ····· 214

【案例分析】 ………………………………………………………………… 215
深圳市斯维尔科技有限公司诉广东省教育厅行政垄断案 …………………… 216
【案例概要】 ………………………………………………………………… 216
【案例分析】 ………………………………………………………………… 216

第十四章　反不正当竞争法律制度 ……………………………………… 218

广州王老吉大健康产业有限公司诉加多宝（中国）饮料有限公司虚假宣传
纠纷案 …………………………………………………………………………… 220
【案例概要】 ………………………………………………………………… 220
【案例分析】 ………………………………………………………………… 221
深圳市精英商标事务所诉重庆猪八戒公司、北京百度公司侵害商标权及
不正当竞争纠纷案 ……………………………………………………………… 225
【案例概要】 ………………………………………………………………… 225
【案例分析】 ………………………………………………………………… 226
传统不正当竞争行为混淆：某公司傍他人商品包装装潢标识案 …………… 228
【案例概要】 ………………………………………………………………… 228
【案例分析】 ………………………………………………………………… 228
商业贿赂：某药企商业贿赂案 ………………………………………………… 229
【案例概要】 ………………………………………………………………… 229
【案例分析】 ………………………………………………………………… 230
虚假或引人误解的宣传行为：优速物流等公司虚假宣传系列案 …………… 230
【案例概要】 ………………………………………………………………… 230
【案例分析】 ………………………………………………………………… 231
侵犯商业秘密：帆拓公司侵犯商业秘密案 …………………………………… 231
【案例概要】 ………………………………………………………………… 231
【案例分析】 ………………………………………………………………… 232
不正当有奖销售：玛氏箭牌糖果（中国）有限公司不正当有奖销售案 …… 232
【案例概要】 ………………………………………………………………… 232
【案例分析】 ………………………………………………………………… 232
诋毁他人商誉：上海某公司商业诋毁案 ……………………………………… 233
【案例概要】 ………………………………………………………………… 233
【案例分析】 ………………………………………………………………… 233
互联网新型不正当竞争行为新型"网评"刷单炒信系列案 ………………… 235
【案例概要】 ………………………………………………………………… 235
【案例分析】 ………………………………………………………………… 235
优酷公司利用网络强制进行目标跳转不正当竞争案 ………………………… 236
【案例概要】 ………………………………………………………………… 236
【案例分析】 ………………………………………………………………… 236

首例公共数据不正当竞争案 ………………………………………………………… 237
　【案例概要】 …………………………………………………………………… 237
　【案例分析】 …………………………………………………………………… 237
首例智能手机劫屏不正当竞争案 …………………………………………………… 238
　【案例概要】 …………………………………………………………………… 238
　【案例分析】 …………………………………………………………………… 239

第十五章　消费者权益保护法 ……………………………………………………… 240
北京京东世纪信息技术有限公司与王海等买卖合同纠纷上诉案 ………………… 243
　【案例概要】 …………………………………………………………………… 243
　【案例分析】 …………………………………………………………………… 244
聂某与江苏永辉超市有限公司产品销售者责任纠纷上诉案 ……………………… 247
　【案例概要】 …………………………………………………………………… 247
　【案例分析】 …………………………………………………………………… 248
李某与胡某贵等买卖合同纠纷上诉案 ……………………………………………… 250
　【案例概要】 …………………………………………………………………… 250
　【案例分析】 …………………………………………………………………… 251
重庆某防水工程有限责任公司与被告程某、赵某产品销售者责任纠纷案 ……… 254
　【案例概要】 …………………………………………………………………… 254
　【案例分析】 …………………………………………………………………… 255
江苏太仓法院判决顾某琴诉森丰盛达公司买卖合同纠纷案 ……………………… 256
　【案例概要】 …………………………………………………………………… 256
　【案例分析】 …………………………………………………………………… 257

第十六章　质量、价格、广告和计量监管法律制度 ……………………………… 259
龙岩市工商行政管理局与龙岩市农技站农友农资经营服务部处罚上诉案 ……… 261
　【案例概要】 …………………………………………………………………… 261
　【案例分析】 …………………………………………………………………… 262
广东本草药业集团有限公司诉贝斯迪大药厂（Bruschettini S. R. L.）产品
　责任纠纷案 ………………………………………………………………………… 265
　【案例概要】 …………………………………………………………………… 265
　【案例分析】 …………………………………………………………………… 266
四川红云建设项目管理咨询有限公司诉成都宝泰实业集团有限公司合同
　纠纷案 ……………………………………………………………………………… 269
　【案例概要】 …………………………………………………………………… 269
　【案例分析】 …………………………………………………………………… 270
上海大易云计算股份有限公司诉上海市浦东新区市场监督管理局行政
　处罚决定案 ………………………………………………………………………… 272

【案例概要】 272
　　【案例分析】 272
　肖某诉某平台泄露个人信息纠纷案 274
　　【案例概要】 274
　　【案例分析】 274
　破坏电子计量器具准确度收购稻谷欺诈村民案 275
　　【案例概要】 275
　　【案例分析】 275

第十七章　特别市场规制制度 276
　蚂蚁集团暂缓上市案 278
　　【案例概要】 278
　　【案例分析】 279
　力帆实业（集团）股份有限公司及其十家全资子公司破产重整案 283
　　【案例概要】 283
　　【案例分析】 284
　伊某军与中国工商银行股份有限公司盘锦分行银行卡纠纷案 289
　　【案例概要】 289
　　【案例分析】 290
　瑞幸咖啡财务造假案 292
　　【案例概要】 292
　　【案例分析】 293
　艾某某诉长城人寿保险股份有限公司等人身保险合同纠纷案 295
　　【案例概要】 295
　　【案例分析】 296
　周某帅诉余姚绿城房地产有限公司商品房预售合同纠纷案 298
　　【案例概要】 298
　　【案例分析】 299
　寿光中石油昆仑燃气有限公司诉寿光市人民政府解除特许经营协议案 301
　　【案例概要】 301
　　【案例分析】 301

第一章　经济法的概念和历史

📖 学习回顾

如何界定经济法的概念，直接影响对经济法诸多理论的认识。经济法有其产生的根源和发展的历史。经济法的产生是由经济、政治、社会和法律等多种因素促成的。经济法的调整对象是整个经济法研究的逻辑起点。"市场失灵"与"政府失灵"是传统法律无法有效解决的，它们是经济法调整需要解决的基本问题。上述基本问题的存在，与经济法所要解决的基本矛盾直接相关，即个体营利性与社会公益性的矛盾，以及相对应的效率与公平的矛盾。具体来说，经济法的调整对象有两类：一类是宏观调控关系，一类是市场规制关系。

经济法的定义可以概括为：调整在现代国家进行宏观调控和市场规制的过程中发生的社会关系的法律规范的总称。简单地说，经济法是调整调制关系的法律规范的总称。经济法的产生受到诸多因素影响。其中，经济、政治、社会和法律因素最为重要。经济法的发展具有以下特点：一是从"非常态法"到"常态法"，二是从"战时法"到"平时法"，三是从"边缘法"到"基干法"，四是从"一元体系"到"二元体系"，五是从"差异"走向"互鉴"。

💬 学习重点

1. 经济法调整对象的界定。
2. 经济法的定义。
3. 经济法的经济性、规制性和现代性的内涵与表现。
4. 经济法发展的特点。

案例介绍

【核心案例】 哈耶克与凯恩斯关于政府与市场的论战。通过了解哈耶克与凯恩斯有关政府与市场开展的激烈论战，学习了解二人论战不同的立场、论据、观点及结果运用，重新思考政府与市场的关系，并对我国建设市场经济和推进依法治国的借鉴作用。

【拓展阅读】 金融危机中的政府角色。通过回顾1997年亚洲金融危机和2008年全球经济危机的发展过程和形成原因，结合当前疫情之下政府为实现"六保"而施行的经济刺激计划，可以帮助我们更清楚地认识政府如何运用经济法调控工具，加强金融监管，保障经济社会平稳运行。

【拓展阅读】 共享经济下的政府监管。通过了解网约车和共享单车历经野蛮生长到严格监管的过程，思考如何正确处理政府和市场的关系，实现行政管理部门、互联网平台、平台用户等市场经济运行博弈各方利益均衡。

【拓展阅读】 十九届五中全会提出"推动有效市场和有为政府更好结合"。重温中国经济法的发展历程和轨迹，结合党中央、国务院有关经济体制改革的最新要求，可以深刻理解如何发挥好市场和政府各自的作用，以及思考中国经济法未来的发展方向。

阅读思考

1. 个体利益和集体利益、社会利益之间的关系？
2. 市场是否具有天然缺陷？主要表现在哪些方面？
3. 政府干预市场的前提是什么？如何进行干预？

*** 核心案例 ***
哈耶克与凯恩斯关于政府和市场关系之论战

哈耶克和凯恩斯同为20世纪西方经济学界负有盛名的人物,他们有关货币、经济周期、资本理论以及政府干预的思想和观点至今仍然影响着社会科学学界和实践。二人的关系可谓亦敌亦友,既有学术上的论战,更有生活中的友谊。其中,二人围绕政府与市场展开了激烈的论战,他们有不同的思想理念和社会哲学立场,在理论方法等各方面均有表现。①

【案例概要】

一、论战的背景

凯恩斯被称为"宏观经济学之父",他的主要贡献在货币金融和经济周期理论方面。他先后出版的《货币改革论》(1923年)、《货币论》上下卷(1930年)、《就业、利息和货币通论》(1936年),被称为凯恩斯经济学说的三部曲。尽管整个理论体系前后具有较大的差异,但却存在一条一脉相承的主线,从中可以理清凯恩斯的研究思路,并且是伴随着实践的不断变化而发展的。尤其是《就业、利息和货币通论》的出版,更是引发了经济学界的一场革命,大量相关的分析方法不断问世,宏观经济学就此创设,并且对战后发达国家的经济政策产生了深远的影响,被称为"凯恩斯革命"。其主要观点如下:否认萨伊定律,供给不能自动创造需求,经济也不能自动达到均衡;认为市场上不存在一只"看不见的手",可以自动调节经济危机和失业,而只有依靠政府对经济的干预,才能防范经济危机;认为经济危机的产生源自于资本家对投资预期没有信心而减少投资,因而政府通过扩大支出,引导人们增加消费和投资,可以缓解需求不足。

哈耶克的主要贡献在自由主义思想和通货膨胀理论等方面。他先后出版了《货币理论和商业周期》(1929年)、《价格与生产》(1931年),以及堪称"世纪之作"的《通往奴役之路》(1944年),奠定了其在货币理论和周期理论方面的地位。他在《通往奴役之路》中指出,人的理性都是有限的,每个人都应该被当做独立的个体来尊重,在尊重他人的权益基础上,选择自己的价值和生活方式。计划经济的坏处在于不尊重消费者主权,破坏市场机制,导致低效率和官僚主义,最终会踏上一条通往暴政的道路。因为,"市场的自由活动所受的阻碍一旦超过了一定的程度,计划者就被迫将管制范围加以扩展,直到它变得无所不包为止"。该书出版后,哈耶克被称为"全世界中最坚定地捍卫古典自由主

---

① 参见张曙光:《思想巨子,学人楷模——凯恩斯和哈耶克评述》,载《学术界》2017年第6期。

义的人了"。此后,哈耶克将自己的研究领域进一步扩展到政治哲学和社会问题上,并形成了以下主要观点:法治的意思就是指政府在一切行动中都受到事前规章的约束;经济上的自由是公民和政治自由所不可或缺的必要条件;自由最重要的价值在于最大限度地保障个人有权利按照自己的意志而非他人的意志行事。

二、论战的根由

从20世纪30年代以来,凯恩斯和哈耶克各自的观点呈现明显的交锋和尖锐的对立,二人之间的论战不可避免。从本质上来看,任何经济理论都有其哲学基础和社会理念,无外乎分为经济自由主义和经济干预主义。哈耶克和凯恩斯恰好是这两类经济理论的典型代表。哈耶克认为,市场是自生自发秩序的范型,反对政府干预,主张经济自由主义;凯恩斯认为,"我们不能把决定当前投资量之职责放在私人手中",主张经济干预主义。因而,二人在许多问题上产生了矛盾。

三、论战的经过

1931年,哈耶克接受罗宾斯的邀请,在马歇尔学会举办了四次讲座,开始了对凯恩斯的批评。这次讲座于1931年结集出版了《物价与生产》,1935年再版。在举办讲座的同时,《储蓄"悖论"》被译成英文,发表在罗宾斯负责编辑的《经济学刊》1931年5月号上。哈耶克对凯恩斯的点名批评是为《货币论》写的长篇书评《对凯恩斯先生货币纯理论的思考》,第一部分发表在《经济学刊》1931年8月号上,第二部分发表在1932年2月号上。随后,二人通过书信来往激烈交锋。从1931年12月10日到1932年3月29日,二人相互通了12封信,不仅对各自的观点进行解释和辩护,而且往往纠缠于彼此所用术语的含义。1936年2月4日,《通论》正式出版发行。一开篇凯恩斯就向传统经济学宣战,并在书中多次批评哈耶克。《通论》的问世打响了"凯恩斯革命"的第一枪,不仅为赫伯特·胡佛和富兰克林·罗斯福的公共工程计划提供了理论上的依据,而且震慑了美英想要解决大萧条的一代年轻经济学家。很多人都成了凯恩斯主义者,甚至罗宾斯后来也加入了凯恩斯的阵营。1944年,《通往奴役之路》出版后,哈耶克把书送给凯恩斯。二人围绕着经济计划的必要性和有效性发生了争论。凯恩斯读后,虽然赞同哈耶克的道义立场和哲学观点,但不接受哈耶克的经济学论述,并对哈氏对计划的批评提出商榷。

"二战"后,美国出现了30年的经济繁荣,凯恩斯即成为英雄,凯恩斯主义也成为西方经济学新的正统。1965年12月,《时代》杂志把"年度人物"的荣誉颁给了凯恩斯,并称赞道,"华盛顿制定国家经济政策的人们,利用凯恩斯主义的原则,不光避免了战前岁月的暴力循环,还实现了惊人的经济增长和极其稳定的物价"。然而,物极必反。到了20世纪70年代,美国以及西方国家陷入了滞胀,经济学及其社会哲学摆向了自由主义一边,也使现实的经济政策发生了变化。英国首相撒切尔夫人和美国总统里根以哈耶克思想的追随者自诩,实行了自由主义的经济政策。这就为哈耶克进一步批评凯恩斯带来了机遇。1974年哈耶克获诺贝尔经济学奖,他在获奖演说中说,"过去30年,指导货币和财政政策的理论","在根本上是虚假的",滞胀"是大多数经济学家推荐甚至敦促政府采取的政策所带来的"。

【案例分析】

"政府和市场的关系"一直是经济学界富有争论的话题,至今仍然是学术界和实践中的焦点。从1929年世界经济危机开始,到凯恩斯革命的出现,学界和主要发达国家将凯恩斯的学说奉为圭臬,到了20世纪70年代,西方国家普遍陷入滞胀的困境,哈耶克的理论又逐渐引起了人们的重视。而2008年美国次贷危机引发的全球金融危机,再一次沉重打击了经济自由主义的观点和政策主张,也引发了世界各国对于政府和市场关系的重新认识。今天,中国正处于全面深化改革的攻坚期,通过梳理凯恩斯和哈耶克的论战,从中探寻政府和市场关系,"使市场在资源配置中起决定性作用和更好发挥政府作用"成为当务之急。①

一、凯恩斯的贡献

作为经济干预主义的代表,凯恩斯把国家看作是经济活动必不可少的一部分,而且国家也代表着一种积极的力量,这种力量能够被用于提高经济的整体效益。在凯恩斯之前,以马歇尔为代表的新古典学派主张经济自由放任主义,这种学说是建立在"自由市场、自由经营、自由竞争、自动调节、自动均衡"的基础之上,并认为在自由竞争的状况下经济都能通过价格机制自动达到均衡,而政府干预是多余的,"什么都不管的政府才是最会管理的政府"。凯恩斯从就业开始推演,他认为以往假设的充分就业均衡是建立在萨伊定律基础之上的,然而事实证明,总供给和总需求之间并不均衡,其根源在于有效需求不足。如果政府对此不加干预,就会放任有效需求不足的继续存在,失业和经济危机也会进一步蔓延,而政府要采取措施就必须运用财政政策刺激经济,增加投资,以弥补私人市场的需求不足。在凯恩斯看来,货币供应量的增加,能够扩张产出水平和就业规模,形成真实的经济繁荣。因而,适度增加货币供应量,是有效弥补需求不足的最佳工具。

二、哈耶克的贡献

作为经济自由主义的代表,哈耶克认为所有形式的集体主义最终都只有可能以中央集权的机构加以维持。他在《通往奴役之路》中重点抨击了集体主义的社会形势,认为无论是希特勒的国家社会主义还是斯大林的共产主义,都无可避免地会走向专制极权。哈耶克的推演是从其个人主义知识论开始的,他认为个体对外部事物的认识往往局限于某一个领域的某一个方面,不可能对事物的认知达到完全的地步,经济行为也是如此。市场主体不可能完全掌握市场信息,同时,市场交易中的人、物和信息都在发生快速的变化,各个市场主体凭借自己掌握的信息决定何时、何地进行市场行为。尽管这种自生自发的秩序是一种无意识行为,但是包含着较大的合法性和合理性。相对而言,集体主义则成为效率的

---

① 参见张旭:《政府和市场的关系:一个经济学说史的考察》,载《理论学刊》2014年第11期。

最大敌人。哈耶克更为担心的是，如果决策权归于少数几个人甚至是一个人，这意味着生产资料和生活资料的高度集中。此时，对于少数人的依赖和服从成为必然的逻辑发展，因此，集体主义很有可能走向集权主义，最终造成人的奴役。从哈耶克的经济理论出发，不难发现他是一个乐观主义者，尽管市场经济运行过程中存在经济危机的可能，但市场比政府更能胜任克服经济危机的角色。国家的角色应该局限于维持法治，并且尽可能地避免介入其他领域。这种事前发布的规章制度可以让个人预见到当局在某种情况下会如何使用它的强制能力，并且基于这种预见做好个人事务的规划。

三、对经济法的启示

显然，凯恩斯和哈耶克围绕"政府和市场关系"展开的论争各有利弊，不分伯仲，对当今经济体制改革乃至政治体制改革都起到了深远的影响。

第一，尊重经济个体自由。这就要求我们必须尊重经济个体的自主选择。在微观视域内，市场经济的运行是受私人利益驱动的。建立健全社会主义市场经济体制，就必须高度重视私人利益，确立起以经济个体利益为主体的运行机制，在不违反法律和宏观政策的前提下，使得各经济个体能从事充分自主的生产经营从而实现其利益。

第二，重视市场内在规律。在市场经济运行过程中，个体利益的自我运行以一种内在机制出现，但利益实现还需要自由竞争的外部环境。市场是权利交换的场所，也是权利冲突的地方，不同个体的经济自由在市场上发生碰撞，因而划分彼此合理的界限成为必要。此时，政府理应承担起创造自由竞争环境的责任，通过反垄断、反不正当竞争等机制保障经济自由。

第三，重新认识政府作用。如前所述，市场机制存在天然缺陷，公共产品供给、产权物权保护、收入二次分配等问题都需要政府干预。然而政府本身也存在固有缺陷，如政府干预经济成本过高、存在部门利益、容易发生寻租等，因此，政府干预必须在一定的界限范围内对经济进行干预，即在保障市场自由的前提下，按照法定的方式和程序对市场失灵的领域进行调整。

*** 拓展阅读 ***

金融危机中的政府角色

1997年亚洲金融危机和2008年爆发的全球经济危机，都对中国经济社会的发展造成不同程度的冲击。面对两次危机的冲击，在党中央国务院正确领导下，各级政府和各个市场主体沉着应对，积极采取了多种措施，保持了国民经济的稳定和发展。回顾两次金融危机的发展过程和形成原因，结合当前疫情之下政府为实现"六保"而施行的经济刺激计划，可以帮助我们更清楚地认识政府为了加强金融监管，出台管理措施，对经济关系进行调控，理应纳入经济法调整对象。

【案例概要】

一、1997年亚洲金融危机中的香港

香港金管局总裁陈德霖曾发表《亚洲金融风暴：香港金融稳定保卫战》一文，对亚洲金融危机及政府干预过程进行了回顾和总结。现摘录部分如下①：

第一阶段：完美风暴的酝酿。金融危机不会无缘无故发生，在亚洲金融风暴爆发前夕，很多经济体已有经济过热、汇价估值过高，以及过度举债的种种迹象，尤其是对外部门严重失衡，经常账出现赤字，外债高企，且有银行体系出现年期和币种错配的风险。

第二阶段：兵临香港。首轮攻防战在1997年8月打响。按照货币发行局设计的防御机制，沽港元令外汇基金账上的银行体系总结余减少甚至出现负值，导致港元利率急升，令借港元现货或通过远期合约沽空港元的成本上涨。10月23日"黑色星期四"刚一开市，隔夜港元银行同业拆息飙升至300%，做空港元因成本过高而收敛，资金流出港元的压力得以纾缓。数天后，隔夜拆息回落至5%~6%，但一个月期的拆息仍处于10%以上的偏高水平，远高于"空军"来袭之前。可以说，挟息是把双刃剑，一方面令沽空港元的投机者无法得逞，但另一方面借贷成本若长时间高企，会伤及香港实体经济和金融系统。

第三阶段："双边操控"来袭。1998年8月，港元持续受压，我们意识到对手已开始进攻。他们汲取1997年10月战役的经验，在战略部署上做了一些调整。股市方面，他们早前在现货和期指市场建立大量空盘，当启动针对港元的狙击时，港元利率猛升，触发股市和期指急挫，此前已部署的空盘必有斩获。汇市方面，他们暗度陈仓，在市场较为平静之时从货币市场以较低的成本逐步借入300亿港元储备弹药，这样即使开战时HIBOR

---

① 参见罗曼：《延期结算让沽空者最终逃过一劫》，载《证券时报》2019年9月21日。

（香港银行同行业拆借利率）上升也难损他们分毫。我们称之为"双边操控"的策略很聪明，既能避过货币发行局的利率防御机制，又能利用汇市和股市互相施压。

第四阶段：入市行动。入市的行动持续 10 个交易日，在 1998 年 8 月 28 日收兵。我们的任务非常明确，即制止由投机者双边操控战术造成股市和恒指期货市场过度下跌而对金融体系的冲击。我们的买入对象是恒指成分股和恒指期货。8 月 28 日，入市行动最后一天，来自投机者的沽售压力达到高峰，当天的交易量创历史新高的 790 亿港元，金管局几乎是唯一买家。同日，恒指期货的未平仓合约高达 15 万张以上。最终恒指收市报 7830 点，较入市行动之初上升 18%。在快要鸣金收兵的时候，我们部署了一步棋：挟短仓，攻击投机者的"后栏"。虽然我们难以确定，但估计 8 月 28 日金管局买入的 790 亿港元股票当中大部分属于沽空的卖盘，这意味着沽空者必须大量借货平仓。理论上，投机者钻空子借货大手沽空股票，将股价压低，最终会令借出股票的人蒙受损失。为此，我们主动接触了恒指成分股的主要股东及托管人，同时与结算所达成协议，严格执行 T+2（即成交日后两天完成交易）的结算规则，这意味着沽空者如果无法在 T+2 日交货，结算所就会按补购规定，替他们从市场上以当时市价入货平仓，任何亏损由沽空者全额承担。

第五阶段：投机者铩羽而归。随着投资者的弹药减少，正在亚洲主场打得兴起的投机者不得不即时大量斩仓。炒家溃退，港元息率回归正常，恒指回升，未平仓的期指合约数目回落。一场没有硝烟的战役结束了，但迎接我们的是重建市场信心的艰巨任务。

二、2008 年全球经济危机中的美国和中国

巴曙松教授在《新金融，新格局：中国经济改革新思路》一书中谈及 2008 年全球金融危机，是这样描述的①：

21 世纪初，美国政府将房地产作为经济发展的主要动力，美联储的货币政策趋向宽松，金融工具快速发展，银行家为追求更高的利润，将大量与房地产相关的衍生金融工具投放市场，由于监管的放松，有些衍生工具分散打包进行重新配置。2008 年 3 月 16 日，贝尔斯登被以每股 2 美元的超低价出售给摩根大通银行；9 月 15 日，雷曼兄弟宣布破产；同日，美林公司被美国银行收购；9 月 21 日，美联储宣布批准高盛和摩根士丹利业务转型，将其转变为普通商业银行，至此，美国金融业的前五大投行无一幸免。

为应对金融危机，美联储迅速出台了一些措施。首先是推出了一系列创新金融救助工具。美联储通过货币市场的金融创新工具，增加货币市场的投放渠道，从而保证量化宽松政策的顺利推行；同时，美国政府对两家大型房地产公司房地美和房利美公司实施担保和融资手段，稳住楼市；此外，美国政府开始利用减税和降息政策，减少企业的负担，避免出现大面积的企业破产，从而使失业率稳定在一定的水平。其次是修订和完善相关的法律。引发次贷危机最重要的原因，就是投资银行将各种房地产项目资产证券化，而后在市场上进行分散打包再分散出售和交易，进而资产泡沫越来越大。2009 年 6 月，美国公布了 Financial Regulatory Reform（《金融监管改革方案》），该方案反映了美国政府对金融市场和金融监管的重新认识，堪称美国有史以来最全面最严厉的金融监管计划。

---

① 参见巴曙松：《新金融，新格局：中国经济改革新思路》，浙江大学出版社 2019 年。

而当全球金融危机突然袭来时,中国正面临经济过热的形势,实施以"紧缩"为特征的宏观调控。突如其来的金融危机使得国际市场发生迅速变化,中国的出口受到巨大冲击,经济增长率持续下滑,并迅速蔓延到各个经济领域。此时,中国政府果断作出部署,实施以"积极的财政政策"为主,辅之以稳健的货币政策,通过中央政府的4万亿元投入全力刺激经济,主要用于"铁公基"。随后,十大产业振兴规划相继出炉,既着眼于扶持产业发展,又能够促进产业实现重组。从2009年第一个季度开始,GDP增长率开始逐渐提高,中国经济在全球范围内率先复苏。

【案例分析】

从1997年亚洲金融危机到2008年全球金融危机,中国作出了较为成功的应对。然而,当今世界处于百年未有之大变局,中美贸易战、新冠肺炎疫情都对中国经济产生了持续而深远的影响,也逼迫中国经济进行结构性调整。为此,有必要从经济法理论的视角,解析金融危机产生的原因、国家采取哪些经济和法律措施,以及这些措施体现何种价值等问题,从而说明经济法对于解决金融危机的重要性。

一、金融危机的根源在于"两个失灵"

无论是1997年的亚洲金融危机,还是2008年的全球金融危机,其产生的根源都在于市场失灵和政府失灵的双重叠加。亚洲金融危机爆发前夕,新加坡、马来西亚、泰国等东南亚国家为了保持较高的经济增长速度,依靠外债来维护经济增长,贷款与高消费不断推高各个经济体泡沫化,使得银行和企业等市场主体迷失方向,进而导致不良资产和呆账坏账剧增。而金融监管体制不健全也是导致亚洲金融危机爆发的原因之一,政府对金融行业疏于管理,特别是市场准入等方面缺乏规范管理,甚至盲目地推行金融自由化,过早对外开放了尚未成熟的资本市场,为索罗斯等国际资本的自由进出和攻击行动提供了可乘之机。

2008年全球金融危机源于金融过度创新,资产证券化为房地产金融机构迅速回笼资金并获得更多收益提供了工具,但产品结构越来越复杂导致投资者和贷款者之间的信息不对称越来越大,一旦后者无力偿还贷款,则会引起"滚雪球"般的亏损,金融危机由此产生。而美国政府一直推崇"最少的监管就是最好的监管",一方面忽视了次贷风险的产生和壮大,另一方面仍在实行赤字财政政策和高消费政策,虚拟经济和实体经济严重脱节最终酝酿出金融危机风暴。

二、金融危机的应对凸显经济法手段

无论是中国还是其他国家在应对金融危机中,都体现出经济法的调整手段,以解决"两个失灵"问题。亚洲金融危机爆发后,各国在货币政策、财政政策等方面采取了一系列措施。财政政策方面,印尼、马来西亚等为金融体系重建提供了大量的资金;货币政策

方面，泰国、韩国等通过提高利率、紧缩货币来抑制通货膨胀，后因为金融机构和债务人负担加重又采取浮动汇率政策。香港政府在应对过程中，果断直接进入股市，阻击国际资本的做空行为，同时直接进入汇市，稳定汇率和利率，并出台了限制恶意卖空行为的新规定，最终赢得了"香港保卫战"的胜利。

  在2008年的全球金融危机中，美国、欧美、日本等均运用了货币政策和财政政策等手段进行应对。美国财政部通过大量注入资本金、购置不良资产等出手救助金融机构，美联储则通过降低贴现率、公开市场操作等货币政策为银行业提供大量流动性支持，此外证券交易委员会发布了严禁卖空交易的禁令，进一步稳定股票市场。中国政府在应对金融危机中，以积极的财政政策为主，促进经济社会发展；同时辅以稳健的货币政策，以保证流动性供应，而4万亿元经济刺激计划的出台，为拉动内需、经济复苏创造了条件。

  可见，无论是从预防危机发生，还是解决危机问题，都需要加强经济法的调整，都需要经济法上的规制主体依据经济法实施规制行为。中国自实行市场经济体制以来，高度重视和加强经济法的调整，在金融领域制定并实施了许多重要的法律法规，对于冲抵1997年亚洲金融危机和2008年全球危机的负面效应发挥了重要作用。当金融危机发生以后，通过经济法的调整可以在很大程度上解决金融危机带来的诸多问题：一方面，加强金融、财税、产业、价格等方面的宏观调控；另一方面，加强市场规制尤其是金融市场的具体规制，协调好金融创新与金融监管的关系，做好适度创新和适度监管的结合。

✳✳✳ 拓展阅读 ✳✳✳

共享经济下的政府监管

网约车、共享单车等平台经济新业态已成现代生活的重要部分,无论是互联网打车平台还是互联网共享单车,都经历了野蛮生长到严格监管的过程。在鼓励互联网平台经济发展新业态政策环境下,如何正确处理政府和市场的关系,实现行政管理部门、互联网平台、平台用户等市场经济运行博弈各方利益均衡,成为经济法的关注重点。

【案例概要】

一、网约车及其监管

Uber是全球第一家通过智能手机软件实现一键实时叫车服务的企业,已覆盖全球60多个国家和地区的350多个城市。2014年,Uber正式进入中国,使得中国传统的出租车市场竞争更趋激烈。两年间Uber迅速成长,累计在60个城市提供服务。"滴滴打车""快的打车"也先后上线,并获得资本市场上的融资。2015年"滴滴打车"和"快的打车"两家宣布实现战略合并。2016年"滴滴出行"公布,全平台2015年订单总量达到14.3亿单,这一数字是美国2015年出租车订单量的近两倍。同年,滴滴出行宣布收购Uber中国的品牌、业务、数据等全部资产在中国大陆运营。截至2020年年底,"滴滴出行"已经从最开始的单一的出租车打车软件,成长为包括出租车、专车等多元业务在内的互联网一站式出行平台,也是全球最大的出行平台。

以Uber为代表的互联网打车平台在迅速扩张的同时也遭遇了各地出租车司机的集体抗议和反对。然而各级、各地政府管理部门对此反应不一,有的通过立法进行禁止性规定,有的处于静观其变的状态。个别出租车行业行政主管部门通过许可证制度、钓鱼执法等方式干预Uber等互联网打车平台的市场竞争行为,出租车公司则通过围堵Uber司机、组织抗议等活动营造压力。公众普遍认为,互联网打车软件通过线上平台预约打车解决了人们出行中面临的"打车难"问题,但使用过程中司机行车安全方面带来的负面效应也引发了人们的担忧。例如网约车和司机不符合相关资质要求、司机在驾车过程中使用手机带来行车安全问题、司机性骚扰乘客等负面新闻时常曝光。①

为此,2016年国家正式公布了《关于深化改革进一步推进出租汽车行业健康发展的

---

① 参见盛学军、唐军:《经济法视域下:权力与权利的博弈均衡——以Uber等互联网打车平台为展开》,载《社会科学研究》2016年第2期。

指导意见》和《网络预约出租汽车经营服务管理暂行办法》，为专车合法化提供了解决方案，并强调了维护公平规范的市场秩序以及乘客合法权益。时至今日，网约车正在逐步走向成熟。但无论是出租车司机还是软件运营方，都需要把安全第一的理念深入贯彻落实，才能推动网约车迈向更高质量的发展阶段。

二、共享单车及其监管

共享单车企业通过在地铁站点、公交站点、校园、居民区、商业区、公共服务区等提供服务，解决城市居民公共交通出行的"最后一公里"问题。根据第三方数据研究机构比达咨询发布的《中国共享单车市场研究报告》显示，中国共享单车市场已经历了三个发展阶段。2007—2010年为第一阶段，由国外兴起的公共单车模式开始引进国内，由政府主导分城市管理，多为有桩单车；2010—2014年为第二阶段，专门经营单车市场的企业开始出现，但公共单车仍以有桩单车为主；2014—2018年为第三阶段，随着移动互联网的快速发展，以摩拜单车为首的互联网共享单车应运而生，更加便捷的无桩单车开始取代有桩单车。

然而，共享单车在快速增长的同时，也暴露出了一些问题：一是共享单车商业模式存在法律风险。共享单车和其使用者属于租赁关系，共享单车弱监督甚至无监督的运营模式并没有能力保证使用者的人身安全和车辆安全。随着共享单车企业收支不平衡现象日益严重，押金退还难等问题也成为共享经济高质量发展必须面对的困境。二是共享单车不当使用影响正常交通秩序。个别使用者为了自身便利，随意占道停放单车，或者随意违反交通规则，严重影响了市容、妨碍市民正常的交通出行。三是共享单车也暴露出资源浪费和被人侵占的问题。共享单车投放市场不久，暴力拆锁、上私锁等"单车私有化"现象屡见不鲜，而随着资本市场的进一步运作，同行恶性竞争带来恶意拆卸、丢弃单车现象，甚至形成了数以万计的"僵尸车"。

为此，国家和地方政府对共享单车持正面积极态度并加强相关政策，以带动共享单车的健康发展。2013年，国务院出台《关于城市优先发展公共交通的指导意见》指出，加快转变城市交通发展方式，将公共交通发展放在城市交通发展的首要位置。2017年，交通运输部等十部门联合出台了《关于鼓励和规范互联网租赁自行车发展的指导意见》，在肯定共享单车的积极作用基础上，提出要按照"服务为本、改革创新、规范有序、属地管理、多方共治"的基本原则，鼓励和规范共享单车发展。

【案例分析】

一、基于经济法的内涵角度分析

关于经济法的调整对象，曾经众说纷纭。但目前经济法学界普遍认为，经济法是市场经济的产物，主要是调整市场规制和宏观调控关系的法律规范的总称。① 由于市场经济是一种自由经济，当市场存在缺陷和不足时，市场机制难以自发调节这种失灵，因而，需要法律赋予政府干预经济的权力。然而，公共选择理论清楚地告诉我们，权力主体在市场活动中也会涉及自身利益，其行使权力的目的并不完全是维护市场正常秩序和社会整体利益。那么，寻求公权干预和私权实现之间的一个合理的平衡，成为经济法学界关注的焦点。

无论是网约车还是共享单车都是城市综合交通运输体系的组成部分，是公共交通的补充，为社会公众提供多样化、个性化的交通服务。但共享单车企业、网约车平台、网约车车辆和驾驶员理应接受政府的合理监管，比如网约车平台应确保提供服务的车辆及驾驶员符合载客运输服务的基本条件；合理确定计程计价方式；保障运营安全和乘客合法权益，等等。又比如共享单车企业应合理布局交通网络和自行车停车点；有效规范用户停车行为；及时清理违规停放、存在安全隐患的车辆，等等。可见，经济法作为政府权力与市场竞争主体权利博弈的法律，一方面，政府依据经济法对网约车和共享单车市场进行干预；另一方面，经济法亦划定了公权力干预的范围，限制其肆无忌惮地延伸。这个平衡点在于，市场主体在不影响其他任何主体自由与权利的情形下，其任何行为应当是自由的且不受任何公权或其他私权的干预。

二、基于经济法的功能角度分析

作为我国法律体系中的重要法律部门，经济法除了具备法律所具有的基本功能以外，其最大的特点在于具有经济和社会二元功能。② 一方面，经济法有利于消除信息不对称、优化资源配置、维护经济秩序、实现经济分配、促进经济发展，具有较强的经济功能；另一方面，经济法兼具改善民生、保障弱势群体、维护社会公平等典型的社会功能。由于经济和社会两种功能并非完全同向，二者之间具有一定的冲突和张力，因而，在推动高质量发展、创造高品质生活的背景下，维护经济法经济功能和社会功能之间的平衡尤为重要。

以网约车市场为例，经济法对网约车市场的调控具有经济和社会的双重功能。从经济功能来看，对网约车市场放松监管有利于网约车市场的繁荣发展，在一定程度上也能促进经济的发展。从社会功能来看，对网约车市场加强监管则能有效避免共享经济野蛮生长带来的无序。因此，为了有效平衡经济法的经济和社会双重功能，一方面，政府要建立有序秩序，引导市场健康发展，对共享单车投放过量、押金退还难，以及网约车不符合相关资质、司机和乘客之间相互侵害等现象予以纠正。另一方面，政府干预要做好适当制衡的制度安排，避免权力滥用进而造成对私权利的侵害，比如通过"一刀切"许可证制度、"钓鱼执法"等方式干预网约车市场。可见，探寻经济法的二元功能，不仅是对当前经济发展和民生问题的积极回应，也有助于重新解读和构建经济法自身的理论体系。

---

① 参见邱本：《论经济法的共识》，载《现代法学》2013年第4期。
② 参见肖京：《经济法的经济社会二元功能之冲突与平衡》，载《法学论坛》2012年第6期。

*** 拓展阅读 ***

十九届五中全会提出"推动有效市场和有为政府更好结合"

中国经济法从改革开放初创至今，发展过程始终呈现出百花齐放，百家争鸣的局面，对整个中国法学的发展与繁荣贡献突出。重温中国经济法的发展历程和轨迹，结合党中央、国务院有关经济体制改革的最新要求，可以深刻理解如何发挥好市场和政府各自的作用，以及思考中国经济法未来的发展方向。

【案例概要】

2020年10月26日至29日，中国共产党第十九届中央委员会第五次全体会议在北京举行。全会提出，全面深化改革，构建高水平社会主义市场经济体制。坚持和完善社会主义基本经济制度，充分发挥市场在资源配置中的决定性作用，更好发挥政府作用，推动有效市场和有为政府更好结合。要激发各类市场主体活力，完善宏观经济治理，建立现代财税金融体制，建设高标准市场体系，加快转变政府职能。① 有效市场和有为政府的提出，鲜明地指出了当今社会主义市场经济体制的改革方向，是唯物辩证法的灵活运用和充分体现。有效市场和有为政府绝不是割裂开来、泾渭分明的两个概念，而是相辅相成、互为支撑的。有效市场在对社会资源进行配置中不能脱离合理适度的监管，而在尚未形成安定有序市场规则的新兴领域，又急需有为政府大胆出手，安全兜底，以保障整个经济秩序安定有序运行。② 这与经济法秉承的发展理念高度一致。

1949年以前，有关经济法的研究在国内学界尚未引起广泛关注。1949年以后，基于中华人民共和国成立初期不发达的市场经济，我国并未继续构建市场经济体制，而是随着战后国民经济的恢复和"三大改造"的完成，开始走上计划经济的道路。由于计划在当时是国家治理经济的基本手段，经济法也自然难有存续和发展的空间。1978年改革开放以后，随着国家对法制的强调，经济法制度才真正产生和发展起来。尤其是1993年的"市场经济入宪"，使经济法的立法备受重视，推动了经济法制度体系的形成。而在2001年我国加入WTO前后，基于全面对外开放的需要，经济法制度得以进一步完善。自2013年以后，我国强调全面深化改革、全面依法治国，使经济法的发展开启了新的阶段。

基于上述历史节点所展现的经济法演进历程，可以把经济法发展分为第一阶段（1949—1978年）和第二阶段（1978年至今），并且，每个阶段都包含从一种经济体制向

---

① 参见《中共十九届五中全会在京举行》，载《人民日报》2020年10月30日。
② 参见王伟域：《推动有效市场和有为政府更好结合》，载《经济日报》2021年1月6日。

另一种经济体制过渡的时期。其中,在主要实行计划经济体制的第一阶段,本来数量就不多的经济法制度随着计划经济体制的发展而日渐衰微,几近于无;在主要实行市场经济体制的第二阶段,随着改革开放的不断深化,经济法制度几乎从无到有,日益繁盛,并在国家经济和社会发展中发挥着重要作用。上述经济法制度的变迁历程表明,中国经济法的真正发展是在70年中的第二阶段。从经济改革、体制变迁的视角,以1993年"市场经济入宪"为界,可将改革开放以来的经济法发展再分为前后两个小阶段。此外,从"全面深化改革"的维度,以2013年(深改元年)为界,亦可将经济法真正发展的时期(1978年至今)分为前后两个小阶段。上述不同的历史分期,体现了经济法发展的阶段性以及各阶段的差异性。回望中华人民共和国成立以来的七十余年,不难发现,国家实行不同类型的经济体制,对经济法的产生和发展具有极其重要的影响,直接关乎经济法的兴衰、沉浮、枯荣。审视上述的阶段划分,有助于明晰中国经济法学的发展轨迹,揭示中国经济法学与其他国家经济法学的共性与个性,辨明影响中国经济法学发展的相关因素,并据此提炼相关的理论共识,明确经济法的未来发展方向。①

【案例分析】

一、国家现代化与经济法的关系

2021年7月1日,在庆祝中国共产党成立100周年大会上,习近平总书记深刻指出,"我们坚持和发展中国特色社会主义,推动物质文明、政治文明、精神文明、社会文明、生态文明协调发展,创造了中国式现代化新道路,创造了人类文明新形态"。国家的全面现代化,尤其需要经济、法治等多个领域的现代化,而在实现现代化的过程中,会大量涉及经济法的运用。经济法作为现代法,应当在推动国家全面现代化的过程中发挥重要作用。因此,"现代化与经济法的关系"是新时期值得研究的重要问题。由此拓展,在现代国家的形成、发展以及不断实现现代化的过程中,应如何发挥经济法的作用?经济法治能起到何种作用?这些问题也都非常值得研究。现代化是国家发展的总体目标,而经济法恰恰是"发展促进法",因此,基于现代化目标和经济法促进发展的功能,可以引出经济法研究需关注的后续诸多重要问题。

二、国家治理体系现代化与经济法的关系

一方面,国家治理体系的现代化,需要在经济法的保驾护航下实现。党的十九届四中全会审议通过《中共中央关于坚持和完善中国特色社会主义制度、推进国家治理体系和治理能力现代化若干重大问题的决定》,提出了推进国家治理体系和治理能力现代化。而经济法恰恰与国家治理体系密切相关,经济法治的现代化也是推动国家治理体系现代化的

---

① 参见张守文:《改革开放与中国经济法的制度变迁》,载《法学》2018年第8期。

进程。经济法治的现代化，应体现于经济法的各个具体领域。据此，诸如建立现代财政制度、现代税收制度、现代金融制度、现代产业制度、现代竞争制度等以及实现上述领域的法治现代化，都是宏观调控法和市场规制法领域亟待研究的前沿问题。

另一方面，经济法致力于建设现代化经济体系，也是夯实国家治理体系现代化的经济基础。建设现代化经济体系，重点是建立统一开放、竞争有序的现代市场体系。这其中，政府与市场的关系，是经济法调整需处理的基础关系和基本问题。为此，十九届五中全会提出"推动有效市场和有为政府更好结合"为我们作出了科学的判断：一方面，要在建设高标准市场体系、激发各类市场主体活力等方面下工夫，进一步深化市场经济体制改革，促进经济高质量发展；另一方面，要在理清政府和市场关系、创新和完善宏观调控机制等方面下工夫，进一步转变政府职能，深化简政放权、放管结合、优化服务改革，解决政府干预过多和监督不到位等问题。

第二章 经济法的体系和地位

学习回顾

第一章已经从内涵的角度回答了经济法是什么的问题，在此基础上，本章内容从外延及外部关系的角度进一步寻找答案。经济法的体系与经济法的概念密切相关，对经济法调整对象的理解，直接影响对经济法体系的内部结构的认识。所谓经济法的体系，通常是指各类经济法规范所构成的和谐统一的整体。经济法体系的基本构成包括：宏观调控法和市场规制法。这样的"二分法"是学界的一种基本共识，体现的是经济法体系的基本框架。在宏观调控法和市场规制法各自的发展过程中，一些非典型性的作为"二元结构"的"中间地带"也逐渐变得重要。

经济法的渊源通常是指经济法规范的表现形式。宪法、法律、行政法规、部门规章、地方性法规等构成经济法的主要渊源，在经济法的法治建设方面发挥着重要作用。经济法在经济社会发展中具有不可替代的重要地位。由于市场失灵的存在，没有法治化的国家干预，就无法建立健全市场调节和市场体制。经济法是一种国家干预之法，其宗旨是确立和规范国家干预，实现国家干预的法治化。此外，经济法与民商法、行政法都是法律体系的重要组成部分，它们之间既相互配合又有所区别。

学习重点

1. 经济法体系的含义。
2. 经济法体系的基本构成。
3. 经济法的主要渊源。
4. 经济法在经济社会发展中的地位。
5. 经济法与民法、行政法的关系。

案例介绍

【**核心案例**】经济法与民法、行政法之论战。经济法涉及公私权利的问题，一方面与民法有着千丝万缕的联系，一方面它的主体是行政机关，与行政法联系紧密。通过厘清经济法与民法、行政法的关系，更加说明经济法是一个独立的法律部门。

【**拓展阅读**】中国特色社会主义法律体系形成。通过回顾中国特色社会主义法律体系的形成和内涵，了解中国特色社会主义法律体系的构成，尤其是经济法在法律体系中的地位和作用。

【**拓展阅读**】共同富裕的经济法思考。建党百年，我们迎来了全面小康社会的建成和脱贫攻坚战的胜利。在当前形势下，从经济法的角度来认识和思考共同富裕这一策略的积极意义，有助于我们更加深入了解经济法在经济社会发展中的重要作用。

阅读思考

1. 作为部门法的经济法的主要构成。
2. 经济法与民法之间的区别和联系。
3. 经济法与行政法之间的区别和联系。

*** 核心案例 ***

经济法与民法、行政法的关系

与传统的部门法相比，经济法在我国的产生比较晚，肇始于1978年改革开放的巨大变革时代。其中，经济法与民法、行政法之间的关系问题是经济法独立性之争的关键所在，直接关系到经济法在整个法律体系中的合理定位。通过梳理我国经济体制三十余年的改革历程，归纳各个阶段经济法独立地位之争的主要观点，有助于我们进一步认识作为公私法融合的"第三法域"在调整经济社会发展中所具有的特殊地位和独特作用。①

【案例概要】

一、"大经济法"与"大民法"的论争

党的十一届三中全会以来，党和国家的工作重心转移到以经济建设为中心的社会主义现代化建设上来，并陆续在经济、政治、社会等多个领域进行改革，加强社会主义法治建设。从计划经济向社会主义市场经济的过渡，成为解放生产力、发展生产力的时代契机，也成为我国真正意义上的经济法产生的基础。②

在这一时期，民法和经济法之间展开了激烈的论争。坚持"大经济法"的学者认为，经济法应调整全部的经济关系。有人从经济法的定义出发，认为"经济立法，顾名思义就是国家为调整经济关系而制定的法律规范"（关怀，1979）；"经济法是规定社会经济活动中的相互关系的法律的统称"（长青，1980）。也有人从调整范围出发，认为经济法是基础法，民法只是起补充作用。他们或是主张把民法归并于经济法之中，"在民法之外，相应地制定一系列单行经济法规……与民法结合起来，才能构成完整的调整经济关系的法律体系"（关怀，1981）；或是认为干脆可以取消民法，"应该抛弃民法的旧名称和形式……另外制定法律，规定公民的财产权利、民主权利以及其他非财产权利"（王河，1981）。

与此同时，也有学者对"大经济法"提出了质疑。一部分学者坚持"大民法"的观点，对经济法的独立地位持否定态度。"民法有其传统的特有的调整对象和范围……相反，经济法没有一个特定的统一的调整对象，也不可能有统一的调整方法，还不能构成一

---

① 参见北京市法学会：《中国经济法三十年》，中国法制出版社2008年。
② 参见单飞跃、徐开元：《从国家的经济干预到经济的宪法治理——经济法学理论基础的转换》，载《社会科学战线》2021年第5期。

个科学的体系"（钱仍茂，1981）。另一部分学者认为，民法、经济法都是独立的法律部门，只不过是侧重点不同而已。"民法是调整生产者和经营者之间的等价交换的商品经济关系，经济法是调整国家性质机关管理国民经济而产生的具有管理因素、非等价交换的经济关系"（张志斌，1986）；"民法调整的是公民之间的财产关系和人身非财产关系，经济法调整的是国民经济管理和社会主义组织之间的经济关系"（梁慧星，1986）。

二、围绕"纵横统一论"的论争

到了20世纪80年代，苏联经济法学家拉普捷夫和马穆托夫的经济法专著被译为中文，"纵横统一论"在我国迅速传播并产生了深远影响。按照他们的观点，"经济法是调整社会主义经济中形成的社会关系的独立部门法，包括横向和纵向的经济关系"（马穆托夫，1979；拉普捷夫，1987）。

在此背景下，主张经济法独立地位的学者们从"大经济法"转向"纵横统一论"，进一步强调经济法的重要性。有人认为"经济法是调整国家机关、企业、事业单位和其他社会组织内部及其相互之间，以及它们与公民之间，在经济活动中发生的社会关系的法律规范的总称"（陶和谦，1982）。有人进一步将社会关系分解为三个层面，"一是调整国民经济管理活动中形成的纵向经济关系，二是调整社会组织协作活动中形成的横向经济关系，三是调整社会组织内部管理与协作关系"（朱晔，1983；刘文华，1985）。

与此同时，否定经济法独立地位的学者们从不同角度提出了反对的观点。一部分学者认为，经济法的最大特点在于它的综合性，"可以由经济行政法、经济民法、经济劳动法、经济刑法等手段加以调整"（王家福，1985；王保树，1993）。一部分学者认为，行政权力在经济领域的活动集中表现为经济行政，"经济法就是经济行政法，是国家行政机关对国民经济实行组织、管理、监督、调节的法律规范的总称"（梁慧星，1986）。还有一部分学者提出，商品流通关系可以一分为二地由民法和经济法共同调整，"基于计划指导和管理的组织之间为了满足生产需要而发生的商品流通关系由经济法调整，为了满足公民生活需要而发生的商品流通关系由民法调整"（张序九，1984）。

三、《民法通则》出台后的论争

1986年《民法通则》正式颁布，明确规定"民法调整平等主体的公民之间、法人之间、公民和法人之间的财产关系和人身关系"，对"纵横统一论"带来巨大冲击，经济法学界开始重新审视和调整主要理论。

为了追求经济法的独立性，一部分学者将"纵横统一论"进行了改良，缩小了经济法的调整范围，将原来的一切"组织间横向经济关系"修改为"经济管理关系和经济协作关系"（杨紫烜，1990）。也有学者对经济管理关系做了进一步细分，持广义观点的学者认为，"经济法调整的是国家对整个国民经济的管理关系和经济组织内部的管理关系"（陶和谦，1986；谢次昌，1990）；"既包括宏观经济关系，也包括微观经济关系"（郭锐，1982）。持狭义观点的学者认为，经济法调整的经济关系集中表现为"组织和管理经济的关系"（漆多俊，1991），并不调整一切经济组织的内部关系。这些内部关系应由民商法、劳动法等予以调整。

四、市场经济体制确立后的论争

1992年,党的十四大将建立社会主义市场经济体制确立为我国经济体制改革的目标,为新一轮的改革明确了方向。市场经济的建立要求市场在资源配置方面起基础性作用,这为经济法的发展创造了良好机遇。经过多年的理论研究和法治建设,经济法作为独立的部门法也得到了普遍认可,成为我国法律体系中不可或缺的重要组成部分。

此时,结合市场经济的客观需要,更多的学者从不同角度出发,进一步论证了经济法的独立性。从经济法的定位来看,有学者指出,"经济法应是介于公法和私法之间的第三法域,经济法所调整的社会关系既不同于传统公法,也不同于传统私法,而是带有两种性质的混合形态"(李昌麒,2007)。从经济法的调整对象来看,尽管仍有学者认为难以对经济法的调整对象作出明确界定,认为"经济法没有特定的统一的调整对象,只是各种经济法规的总称"(钱仍茂,1981);"经济法没有不同于行政法的异质的调整对象,没有区别于行政法的特别的调整手段"(王克稳,1999)。但是,越来越多的学者提出经济法有明确的调整对象,"经济法的调整对象包括经济管理关系、维护公平竞争关系以及组织管理的流转和协作关系"(史际春,1998);"经济法的调整对象是以具有社会公共性为根本特征的经济管理关系"(王保树,2000);"经济法的调整对象是国家在对经济运行进行宏观调控和市场规制的过程中所发生的经济关系"(张守文,2000);"经济法的调整对象是需要国家干预的经济关系,包括市场主体调控关系、市场秩序调控关系、宏观经济调控关系和社会分配关系"(李昌麒,2007)。

随着经济立法的不断完善和发展,以宏观调控法和市场规制法为主体的经济法律体系逐渐建立起来,并对我国经济社会发展起到了越来越重要的作用。2008年《中国的法治建设》白皮书中指出:"当代中国的法律体系主要由七个法律部门和三个不同层级的法律规范构成。七个法律部门是:宪法及宪法相关法、民法商法、行政法、经济法、社会法、刑法、诉讼与非诉讼程序法。"经济法成为社会主义法律体系中不可替代的重要组成部分。[①]

【案例分析】

一、经济法与民法的区别和联系

经济法和民法有着相辅相成的关系。从产生来看,民法本质上是"自由的财产流转法"(史际春,1995),以民事法律行为和意思表示制度为核心,主要调整当事人意思自治,并建立相应的主体制度、物权和其他权利制度。因此,民法在经济关系的调整中具有

---

① 参见席月民:《中国经济法基础理论的变革与创新》,载李昌麒、岳彩申主编:《经济法论坛》(第8卷),群众出版社2011年版。

基础性地位。但是，民法是建立在个体权利保障和个体交易安全基础之上，这决定了它会对社会经济整体安全有所忽视。"经济人自私的天性，固然会推动经济增长，但也会使经济集中，形成垄断，损害其他竞争者和消费者的利益，显然无法由维护私人利益的民法来解决……有关计划、产业政策、财政、金融等手段的宏观调控也显然超出了民法的范畴。"（史际春，1995）此外，社会发展带来的环境污染、资源短缺、生态恶化等问题都需要借助强有力的政府行为予以保障，作为公私融合的经济法，可以通过提供公力救济予以保障。

因此，二者的关系在于："民法的根本作用是通过确认和保护各种合法主体的权利义务，保证其能够按照自己真实意思参与经济关系，并实现其合法意愿；经济法的作用则是通过规制市场和政府的行为，保证社会有一个良好的竞争环境，从而使民法能够按照社会的需要发挥其应有的积极作用。"（程宝山，2001）

二、经济法与行政法的区别和联系

经济法和行政法同样有着相辅相成的关系。经济法和行政法所调整的纵向社会关系均体现了国家对社会生活的干预和管理，经济法有时也采用必要的行政手段来调节社会经济关系。① 可以说，"经济法包含一定的行政因素"（李昌麒，2007）。但二者的不同之处在于：一是主体不同。行政法的主体一方是政府及其非经济主管部门，另一方则是下属的行政机关、企事业单位、社会团体和公民；经济法主体包括国家权力机关、行政机关、司法机关，还包括法人、社会经济组织和公民。二是调整对象不同。行政法调整的是一种权力从属关系，且大多数情况下是不直接具有经济内容的行政关系；经济法调整的社会关系与之相反。三是调整方法不同。行政法采取单纯的强制性手段调整社会关系，经济法则是采取公权和私权相结合的方法进行调整。

更为重要的是，经济法和行政法在功能上可以实现互补。行政法产生于对政府职能扩张的控制，是出于防范政府权力对社会经济生活的过度干预，克服政府失灵而作出的一种制度设计，其核心在于"控权"，即通过严格的权力设置、程序设置和法律救济等来限制行政权。而经济法产生于私权利的滥用，以及社会自治不能解决社会公共性问题的情况下，为了防止自由竞争的市场机制对社会公平的损害所作出的一种制度设计，其核心在于"授权"，即通过行政权对私权利滥用的限制来实现社会公共利益。经济法和行政法一"放"一"控"（朱崇实，2001），使政府权力运行处于最佳的平衡位置上。

---

① 参见刘隆亨：《经济法在我国法律体系中地位的确立与发展》，载《法学论坛》2002 年第 1 期。

✳✳✳ 拓展阅读 ✳✳✳

中国特色社会主义法律体系形成

2011年，第十一届全国人民代表大会第四次会议批准的全国人大常委会工作报告宣布中国特色社会主义法律体系已经形成。通过回顾中国特色社会主义法律体系的形成和内涵，了解中国特色社会主义法律体系的构成，尤其是经济法在法律体系中的地位和作用。①

【案例概要】

2001年3月9日，全国人大常委会委员长李鹏在第九届全国人大四次会议上所作的工作报告中提出，构成中国特色社会主义法律体系的基本标志是：涵盖各个方面的法律部门（或法律门类）应当齐全；各个法律部门中基本的、主要的法律应当制定出来；以法律为主干，相应的行政法规、地方性法规、自治条例和单行条例，应当制定出来并与之配套。并认为，到目前为止，"以宪法为核心的有中国特色社会主义法律体系的框架已经基本形成"。这是自中华人民共和国成立以来，首次以最高权力机关的名义对中国特色社会主义法律体系的高度概括，既是对中国法律体系在新的历史时期取得的成就表示肯定，也是我国法学理论体系的一次重大突破。

时隔十年，2011年3月14日，第十一届全国人民代表大会第四次会议批准的全国人大常委会工作报告宣布：以宪法为统帅，以宪法相关法、民法商法等多个法律部门的法律为主干，由法律、行政法规、地方性法规等多个层次的法律规范构成的中国特色社会主义法律体系已经形成，国家经济建设、政治建设、文化建设、社会建设以及生态文明建设的各个方面实现有法可依。中国特色社会主义法律体系的形成，是中国社会主义民主法制建设的一个重要里程碑，体现了改革开放和社会主义现代化建设的伟大成果，具有重大的现实意义和深远的历史意义。到2010年年底，中国已制定现行有效法律236件、行政法规690多件、地方性法规8600多件，并全面完成对现行法律和行政法规、地方性法规的集中清理工作。目前，涵盖社会关系各个方面的法律部门已经齐全，各法律部门中基本的、主要的法律已经制定，相应的行政法规和地方性法规比较完备，法律体系内部总体做到科学和谐统一。

报告将经济法纳入了中国特色社会主义法律体系的部门。报告指出："经济法是调整

---

① 参见国务院新闻办公室：《中国特色社会主义法律体系白皮书》，http：//www.gov.cn/jrzg/2011-10/27/content_1979498.htm。

因国家从社会整体利益出发对经济活动实行管理或调控所产生的社会经济关系的法律规范的总和。"经济法大体包含两个部门,一是维护市场秩序、创造平等竞争环境方面的法律,主要是反不正当竞争、反垄断、反倾销和反补贴方面的法律;二是国家宏观调控和经济管理方面的法律,如有关金融、财政、税务、统计、审计、物价、工商、外贸等方面的法律。

在中国特色社会主义法律体系的形成过程中,经济法发挥了至关重要的作用。在规范经济秩序过程中,为了鼓励和保护公平竞争,制止不正当竞争行为,国家出台了《反不正当竞争法》(1993);为了预防和制止垄断行为,保护市场公平竞争,国家出台了《反垄断法》(2007);为了保护消费者的合法权益,维护社会经济秩序,国家出台了《消费者权益保护法》(1993);为了加强对产品质量的监督管理,提高产品质量水平,国家出台了《产品质量法》(1993),等等。

在干预经济运行过程中,为了规范票据行为,保障票据活动中当事人的合法权益,国家出台了《票据法》(1995);为了规范保险活动,保护保险活动当事人的合法权益,国家出台了《保险法》(1995);为了规范证券发行和交易行为,保护投资者合法权益,国家出台了《证券法》(1999);为了规范企业破产程序,公平清理债权债务,国家出台了《企业破产法》(1986);为了加强对城市房地产的管理,维护房地产市场秩序,国家出台了《城市房地产管理法》(1994);为了加强对银行业的监督管理,国家出台了《银行业监督管理法》(2003);为了保护和改善环境,防治污染和其他公害,国家出台了《环境保护法》(1979),等等。

在加强经济调控过程中,为了规范政府收支行为,强化预算约束,国家出台了《预算法》(1994);为了规范纳税行为,国家出台了《企业所得税法》(2007)和《个人所得税法》(1980);为了规范价格行为,发挥价格合理配置资源的作用,国家出台了《价格法》(1997);为了规范会计行为,保证会计资料真实、完整,国家出台了《会计法》(1985);为了加强国家的审计监督,维护国家财政经济秩序,国家出台了《审计法》(1994),等等。

【案例分析】

一、经济法地位的确立是法学理论的创新

早在 1981 年北京大学出版社出版《经济法简论》时,就已明确提出和论证了经济法将是一个独立的法律部门,是我国法律体系的有机组成部分。[①] 这是源于:

第一,经济法有独特的调整对象。经济法所调整的对象,既不是个别的经济行为,也不是经济过程中的单个现象,而是属于特定范围的经济关系,即经济领域中的一种

---

① 参见刘隆亨:《经济法简论》,北京大学出版社 1981 年。

社会关系。

第二，经济法有统一的调整原则和方法。经济法的调整原则有：宏观调控与市场机制相结合的原则、责权利相一致的原则、坚持民主与法治的原则、兼顾公平与效率的原则、维护市场秩序和交易公平的原则，等等。经济法的调整方法是经济、行政和司法手段的综合运用。

第三，经济法的出现是法律体系的一个新分类和新发展。经济法作为一个独立的法律部门出现，是适应客观经济条件发展、变化的要求，解决了相邻近的一些法律部门如民商法、行政法等曾想解决而又解决不了的那部分经济关系的法律问题。

可见，经济法是一个独立的法律部门。划分法律部门的传统标准，不外乎就是要有一定的社会关系为调整对象，要有统一的调整原则和方法，要能准确区分同其他法律部门的界限。经济法具有独特的调整对象，统一的调整原则和方法，并且与相邻近的民商法、行政法既有联系又有区别，因而，经济法作为独立的法律部门，为中国特色社会主义法律体系的构成奠定了基础。这不能不说是法学理论的新发展。

二、经济法地位的确立是法治实践的创新

伴随着改革开放和中国特色社会主义市场经济体制的建立，经济法从无到有，从弱到强，从零星到体系的初步建立，这是党和国家领导社会主义法治建设的伟大成就。具体地说：

第一，从1979年到1992年，经济立法具有有计划的商品经济的特征。改革开放以来，经济立法一直处于"摸着石头过河"的状态。在这一时期，我国经济发展经历了从计划经济向有计划的商品经济体制转变，出台有关经济方面的法律共45部。其中，《经济合同法》《中外合资经营企业法》《外汇管理条例》等法律法规的出台，表现出计划经济与市场调节相结合的特征。相应地，国家的经济管理模式也发生了明显的改变，指令性的内容逐渐被指导性的内容所替代，加大了市场调节的作用和范围。

第二，从1993年到2000年，经济立法表现出社会主义市场经济的特征。邓小平同志南方讲话以后，指明了社会主义市场经济才是中国经济发展的方向。党的十四大也确立了社会主义市场经济体制的改革目标。在这一时期，我国出台了有关经济方面的法律共42部，内容涵盖维护市场秩序、加强宏观调控、促进对外开放、完善社会保障等方方面面。其中，《会计法》《预算法》《税收征收管理法》《证券法》等法律先后出台，为维护市场经济秩序奠定了法治基础。而《商标法》《著作权法》《对外贸易法》等法律的修订，使得我国对外经济更加符合经济全球化的要求。

第三，从2001年到2011年，经济立法逐渐形成一个相对完善的体系。随着中国正式加入世界贸易组织，国内市场经济与国际市场经济开始全面接轨。党的十六届三中全会提出深化经济体制改革，我国经济立法也进入了新的发展阶段。这一时期，我国出台了60部有关经济方面的法律和一大批相关的行政法规、地方性法规。有关经济立法也逐渐形成一个相对完善的体系。其中，金融方面出台了《中国人民银行法》等法律，税收方面出台了《企业所得税法》《个人所得税法》，市场竞争方面出台了《反垄断法》《反不正当竞争法》；行业发展方面出台了《农业法》《种子法》《电力法》《铁路法》等。

可见，我国的经济法是在改革开放和经济体制改革的基础上发展起来的，尤其是基于当前深化经济体制改革及对外贸易极速发展的阶段，经济法要得到更大的发展，就必须更加主动地参与到社会经济变革之中去，同时通过经济法治化进程推动中国经济社会的转型，最终为社会经济发展提供法律保障。

*** 拓展阅读 ***

共同富裕的经济法思考

2021年，在全国脱贫攻坚总结表彰大会上，习近平总书记指出："我们始终坚定人民立场，强调消除贫困、改善民生、实现共同富裕是社会主义的本质要求，是我们党坚持全心全意为人民服务根本宗旨的重要体现，是党和政府的重大责任。"[①] 在当前形势下，从经济法的角度来认识和思考共同富裕这一策略的积极意义，有助于我们更加深入了解经济法在经济社会发展中的重要作用。

【案例概要】

在中国传统文化理念中，共同富裕一直是中国人民千百年来追求的理想。从以孔子为代表的儒家提出"大同"社会，到陶渊明《桃花源记》中所记载的"世外桃源"，从洪秀全的太平天国倡导"平均主义"，再到孙中山在《三民主义》中强调"天下为公"，可见，共同富裕是中华民族几千年来的美好愿望。马克思、恩格斯在《共产党宣言》中指出，从原始土地公有制解体以来，人类社会发展的历史，就是一部阶级斗争的历史。因此，在阶级斗争下生产资料为极少数统治阶级所占有，那么富裕也表现为少数人对大多数人进行剥削的富裕。共同富裕便沦为"空想"。

自中华人民共和国成立以来，中国共产党人在马克思主义指导下，带领中国人民为实现共同富裕的美好理想和目标，进行了长达70余年的探索和实践。[②] 具体可以分为三个时期：

一是在社会主义建设时期，毛泽东同志带领中国共产党人为实现共同富裕进行了艰辛的探索。1953年，《关于发展农业生产合作社的决议》中首次提出"共同富裕"的概念。1955年，毛泽东在社会主义改造中提出："在农村中消灭富农经济制度和个体经济制度，使全体农村人民共同富裕起来。"同时，他指出要坚持工业化道路。

二是在改革开放时期，邓小平同志深刻反思了社会主义建设时期正反两方面的经验教训，提出并逐步完善了共同富裕的观点。[③] 1992年，他在南方讲话中强调："社会主义的本质是解放生产力，发展生产力，消灭剥削，消除两极分化，最终达到共同富裕。"在发

[①] 参见习近平：《在全国脱贫攻坚总结表彰大会上的讲话》，载《人民日报》2021年2月25日。

[②] 参见中共中央文献研究室：《习近平关于社会主义社会建设论述摘编》，中央文献出版社2017年。

[③] 参见余永跃、王世明：《论邓小平共同富裕思想的理论来源及其发展》，载《科学社会主义》2012年第6期。

展途径上,他提出富有创造力的想法:可以让一部分有条件的地区先发展起来,带动后发展的地区,最终达到共同富裕。在战略部署上,他还提出了"三步走"的战略部署,要求先解决温饱问题再走向小康社会,最终达到中等发达国家水平。在此期间,一系列支农惠农政策改善了农村环境,提高了农民收入,推动了农业发展;西部大开发、振兴东北老工业基地、促进中部地区崛起等政策为实现区域统筹协调发展奠定了基础。

三是在中国特色社会主义新时代,习近平总书记多次在重要场合强调共同富裕。[①] 在发展目标上,"治国之道,富民为始""实现共同富裕是社会主义的本质要求"。在发展历程上,"促进全体人民共同富裕也是一项长期任务""一口吃不成胖子,共享发展必将有一个从低级到高级、从不均衡到均衡的过程,即使达到很高的水平也会有差别"。在发展方式上,"分好蛋糕比做大蛋糕更重要"。当前,我国已成长为世界第二大经济体,人均GDP超过1万美元;在建党100周年的重要时刻,我国脱贫攻坚战取得了全面胜利,全面建成了小康社会。然而,疫情的反复、经济的低迷仍然成为制约我们实现共同富裕的瓶颈。深刻认识共同富裕的本质,思考如何运用经济法手段推动共同富裕的实现,成为经济法人的重要任务。

【案例分析】

一、经济法对实现共同富裕的作用

经济法作为社会化大生产下的产物,从人类社会进入社会化大生产阶段以来,成为调整社会财富的主要手段。

首先,在个体小生产阶段,传统公私法成为调整社会财富的主要手段。原始社会中,由于生产力极其低下,没有剩余产品和私有财产的概念,也不可能出现贫富差距问题。但随着社会生产力的发展,个体小生产方式的兴起使得财富出现了积累,并且人与人之间为了交换频频发生关系。此时,对社会财富的调整主要依靠以民法为核心的私法和以刑法、行政法为核心的公法。民法主要作用于调整平等主体之间的财产归属和财产流转关系,但无法调整社会的贫富差距。而行政法主要作用于调整行政机关和监管对象之间不平等的法律关系,比如通过税收向社会无偿取走一部分财富,并进行行政性的分配和再分配。这样的"劫富济贫"可以取得一定成效,但作为统治者要实现共同富裕十分困难。

其次,在社会化大生产阶段,经济法成为调整社会财富的主要手段。我们认为,经济法是近现代以来出现的法律,是社会化大生产下的产物。随着人类生产由孤立的小生产逐渐发展为社会分工基础上的大生产,社会财富总量逐渐增加,人与人之间的相互依存性也越来越大。因而,个体利益、集体利益与社会利益之间的关系逐渐进入经济法调整的视野。在生产领域,经济法要调整好投资者、生产者、管理者之间的关系;在流通领域,经

[①] 参见辛向阳:《习近平的共同富裕观》,载《新疆社会科学》2022年第1期。

济法要调整好竞争者之间的关系以及生产者、经营者和消费者之间的关系；在分配领域，经济法要调整好初次分配和再分配等关系。

二、经济法对实现共同富裕的手段

为了防止两极分化，实现共同富裕，经济法要着力解决好微观领域的市场规制和宏观领域的宏观调控。

首先，在微观领域，要调整好生产和初次分配关系。比如通过企业法、劳动法等调整企业内部人与人之间的关系，尤其是投资者、生产者和管理者之间的关系，实现利益和财富的合理分配，并激励人们关心整个企业的经济发展，创造更多的社会财富。清理废除妨碍统一市场和公平竞争的各种规定和做法，尤其是各种行政审批等市场进入壁垒，进一步激发各类市场主体活力。

其次，在宏观领域，要调整好消费和再分配关系。比如，优化个人所得税的设置和征收，对高收入者设置相应的税种并予以征收，鼓励高收入人群和企业更多回报社会，实现社会财富的转移；完善社会保障制度，完善养老和医疗保障体系、兜底救助体系、住房供应和保障体系等，对弱势群体提供足够的保障；完善竞争法律制度，禁止非法垄断、限制竞争和不正当竞争行为；适当提高财政收入的比例，加强政府在转移支付中的作用，尤其是向西部地区、农村地区转移支付的力度，缩小东西差距、城乡差距。

第三章　经济法的宗旨和原则

📖 学习回顾

　　经济法的宗旨，就是依法运用国家调制手段，来不断解决市场失灵问题，保障经济与社会中普遍公正价值的实现，维护社会公共利益，促进经济与社会的良性运行与协调发展。经济法的宗旨体现了经济法的本质属性和特征，贯穿于整个经济法的法制建设和经济法的理论研究过程之中，是立法、司法和执法的指南，更是经济法意识不可缺少的组成部分。经济法的宗旨由"市场失灵""国家调制""普遍公正""社会公共利益"四个关键词构成。其中市场失灵是确立经济法宗旨的客观基础，国家调制是实现经济法宗旨的工具依赖，普遍公正是经济法宗旨的价值基础，社会公共利益是经济法宗旨的最终归宿。

　　经济法的基本原则，是集中体现经济法的特性，由经济法宗旨和根本价值所指引，对经济法的立法、执法、司法和守法具有全局性的指导意义和普遍适用价值的基本准则。经济法基本原则具有法律强制性、普遍适用性、全面指导性和部门特殊性。经济法的基本原则可概括为有效调制原则、社会利益本位原则和经济安全原则。

💬 学习重点

1. 经济法的宗旨及其地位。
2. 经济法的基本原则与经济法具体原则。

案例介绍

【核心案例】2015年中国证券市场波动及其政府的救市行动。 通过分析 2015 年中国证券市场波动及其政府的救市行动这一现实生活中的实例，从国家干预市场的原因、目标、方式（手段）、法律表现等方面出发，进而从中引出经济法的宗旨、理念和基本原则。在此基础上，探讨经济法宗旨和基本原则的具体内容及其对经济法的作用，探讨经济法宗旨和基本原则确立的主客观经济社会条件。

【拓展阅读】美国铁路管制案。 美国铁路管制案是对市场失灵和国家干预的典型描述。对市场失灵的克服必须借助于外力，这种外力就是我们常说的"国家之手"。政府和市场关系的处理一直以来都是经济法学研究无法回避的问题，从本质上看，"市场失灵"和"政府失灵"是经济法研究的逻辑起点，因而正确处理政府和市场关系，克服"双重失灵"则成为经济法宗旨。

【拓展阅读】财政部提出建立母猪保险与饲料补贴等制度以抑制猪肉涨价。 政府通过借助于各种手段积极干预，防范和化解因为物价上涨而引发的民生问题，体现了经济法的有效调制原则、社会利益本位原则和经济安全原则等基本原则。

【拓展阅读】最高人民法院以穿透式金融审判防范化解金融风险。 穿透式金融审判在司法实践中的成功运用，充分反映了金融审判在金融风险防范、服务实体经济、深化金融改革中将长期扮演重要角色。而金融风险的有效防范和化解，体现了经济法的安全原则。

阅读思考

1. 如何理解经济法的宗旨？
2. 如何理解经济法的原则？
3. 经济法的宗旨和原则之间的联系和区别是什么？

*** 核心案例 ***
2015年中国证券市场波动及其政府的救市行动

2015年中国证券市场波动及其政府的救市行动，集中体现了经济法中政府与市场关系，围绕市场失灵—国家干预—政府失灵—经济法的传统认知路径。从国家干预市场的原因、目标、方式（手段）、法律表现等方面出发，能够从中引出经济法的宗旨、理念和基本原则。

【案例概要】

进入2015年，起于2014年的牛市行情在杠杆的加持下已经发展得如火如荼，代表成长股的中证500指数上升幅度最高达到119%，代表新兴成长板块的创业板指数上升幅度达到175%，平均PE升至140倍以上。这个估值已经远远超过了国际上大部分市场的股市泡沫时期，市场给予新兴成长股太高的预期，估值严重泡沫化，潜藏了巨大的危机。在这一轮牛市中，杠杆资金起到非常大的推动作用，据估算，高峰时杠杆资金规模约4万亿元以上，主要包括：场内融资规模2.27万亿元，场外配资规模约1.8万亿元。这是一个非常庞大的资金规模，几乎占据了A股流通市值的10%，对比国际上任何一个市场，杠杆资金超过流通市值5%都已经是非常危险的信号，这个问题衍生的另一个问题则是杠杆率，场外配资的杠杆率相当高，普遍达到3~10倍杠杆，这意味着，一旦股市下调10%~30%，迎接这些资金的将是爆仓。于是，在2015年6月15日至7月9日，短短18个交易日内，中国资本市场发生有史以来最血腥的一轮股灾。上证指数从5174点跌至3373点，幅度34.8%；深证指数从18182点跌至10850点，幅度40.3%；代表成长股的核心指数中证500从11589点跌至6444点，幅度44.4%；截至7月8日收盘，跌幅超过30%和50%的分别有2139家和1390家，占比为77%和50%，另外还有高达1400家公司选择停牌躲避。①

面对这种情况，政府从6月27日开始采取措施救市，以央行、证监会为主的监管部门通过降息降准、调整两融、组织资金购买蓝筹ETF以及公布稳定市场信息等方式干预股市，但这些政策都是基于部门层面的，虽然能够在一定程度上滞缓股市的下跌速度，但并不能有效止跌，股灾严重程度增加并步入股指下跌与杠杆账户爆仓数量增加的恶性循环。7月6日以后，进入政府全面救市阶段。国务院领导各部委开始展开联合救市，采取

---

① 参见《2015年股灾大事记》，http://caifuhao.eastmoney.com/news/20190417085607419725640，最后访问时间：2021年8月11日。

了证金公司大规模入场救市、暂停 IPO、限制机构减持和鼓励增持、抑制股指期货做空等多种举措来保证股市平稳运行，尤其是在 7 月 8 日上证综指再度创下 5%以上跌幅后，政府救市力度进一步加大，财政部、国资委以及公安部等部门纷纷采取相关举措参与救市。在这些强力政策的刺激下，上证综指从 7 月 9 日企稳回升并创下股灾以来单日最大涨幅（5.76%）。然而，此时监管层再次启动了清查场外配资，证监会于 7 月 12 日发布《关于清理和整顿违法从事证券业务活动的意见》，银监会也于 15 日召集信托公司和银行摸底股市配资情况。恒生电子、同花顺和铭创等主要的配资软件供给商也于 16 日先后宣布了暂停场外配资新开立账户业务。受此影响，原本有所好转的市场再度陷入恐慌，证金公司再次入场救市托市，市场逐渐企稳。此后，由于市场上传闻证监会讨论救市政策退出路径、重启 IPO 等，叠加上证综指于 7 月 27 日创下近八年以来最大单日跌幅 8.48%，市场情绪紧张程度进一步加剧，证金公司第三次入场救市，此后，市场恐慌情绪逐渐缓和，指数开始步入稳定期。①

【案例关联法条】

1.《中华人民共和国中国人民银行法》

第三十一条　中国人民银行依法监测金融市场的运行情况，对金融市场实施宏观调控，促进其协调发展。

第三十四条　当银行业金融机构出现支付困难，可能引发金融风险时，为了维护金融稳定，中国人民银行经国务院批准，有权对银行业金融机构进行检查监督。

2.《中华人民共和国证券法》

第七条　国务院证券监督管理机构依法对全国证券市场实行集中统一监督管理。

第一百六十八条　国务院证券监督管理机构依法对证券市场实行监督管理，维护证券市场公开、公平、公正，防范系统性风险，维护投资者合法权益，促进证券市场健康发展。

【案例分析】

本案是关于经济法宗旨和原则的案例。

第一，该案例中，我们看到了大量的国家经济干预活动，且国家对市场的这种干预有效弥补了市场自身的缺陷。在整个股市下跌过程中，政府的干预对于市场信心维护起到了重要的作用，股灾期间政府干预举措主要包括：第一，补充市场流动性。央行为支持救市

---

① 参见唐晋荣、马骏：《国内外金融危机传染与干预的典型案例分析》，载《清华大学国家金融研究院研究报告》2018 年第 23 期。

而降息降准，并为证金公司等机构提供流动性支持。证监会暂停 IPO 也间接维持了市场流动性。第二，以证金公司等为代表的国家队大规模买入股票维稳市场。在市场暴跌过程中，投资者买入股票的动机匮乏，为使得市场止跌企稳，证金公司等使用大量资金买入股票，增强多方的信心。第三，限制做空。证监会要求中金所采取举措打击期货市场上的恶意做空行为，优化相关合约及交易规则，并重点排查异常交易行为，同时，还要求券商在参与救市时不能减持并鼓励上市公司股东增持，财政部和国资委也给予配合，分别要求国有金融机构和央企不减持股票。另外，证监会严厉打击过度投机和恶意做空，公安部给予支持排查恶意卖空股票的线索。第四，营造积极氛围。官方媒体积极发声稳定市场预期，证监会、中金所等部门也公布相关执法结果来促进市场稳定。[1] 综合而言，当市场自身的价格机制和竞争机制等失灵，无法正常运转时，就需要国家的干预，通过依法调制，克服市场弊病，恢复市场秩序。

其次，本案中国家的经济干预行为体现了经济法的宗旨。经济法的宗旨在于：依法运用国家调制手段，来不断解决市场失灵问题，保障经济与社会中普遍公正价值的实现，维护社会公共利益，促进经济与社会的良性运行与协调发展。本案例中，政府对市场的干预，从手段上看，充分运用了诸如降息降准、提供流动性支持、政府买入等调制手段；从干预目的看，面对市场自身的失灵，在市场无法有效克服其弊病，无法及时止跌的情况下，国家的干预主要是为了弥补市场自身的缺陷，以国家"有形之手"来克服"市场失灵"及其所产生的严重后果；从干预效果看，本案中国家的经济干预行为（救市行动）有效化解了此次危机，将可能的损失降到了最低，维护了市场稳定和国家经济安全，进而保障经济的发展，促进社会的公正，保护了广大投资者的利益，实现了社会公共利益的保障。综合而言，作为国家经济干预的法律表达，经济法的宗旨就是借助于国家"有形之手"，依法干预市场，以此来克服市场失灵，促进经济社会发展，进而实现普遍的公正，促进社会公共利益的实现。当然，值得关注的是，在本案中我们也能看到，政府也并非万能的，国家的经济干预行为也可能存在失灵的情形，不合理的干预不仅可能无法解决市场本身的问题，也会引发新的问题，例如本案中监管层再次启动清查场外配资的行为，曾不同程度引发了市场的恐慌。这也就说明政府同样存在失灵的可能，经济法的宗旨还在于克服可能的政府失灵。

最后，该案中的国家经济干预行为一定程度上也体现了经济法的基本原则。我们知道，基本原则体现着法的本质和根本价值，是整体法律活动的指导思想和出发点，构成法律体系的灵魂，并不会预先设定具体的、确定的事实状态，不会规定具体的权利义务和法律后果。[2] 但却能够体现法的特性，由法的宗旨和根本价值所指引，对立法、执法、司法和守法活动具有全局性的指导意义和普遍指导价值，经济法的基本原则概莫能外。经济法的基本原则主要表现为有效调制原则、社会利益本位原则和经济安全原则。其中有效调制

---

[1] 参见唐晋荣、马骏：《国内外金融危机传染与干预的典型案例分析》，载《清华大学国家金融研究院研究报告》2018 年第 23 期。

[2] 参见[美]迈克尔·D. 贝勒斯：《法律的原则：一个规范的分析》，张文显等译，中国大百科全书出版社 1996 年版，第 469 页。

原则又可以细化为调制法定、调制适度、调制绩效原则，社会利益本位原则又可以细化为综合效益原则和实质公正原则，经济安全原则又可以细化为宏观经济安全原则和经济发展原则。① 本案例中，通过政府的适度、科学干预，其救市行为取得了积极的效果，股市风险得以化解，直接体现了有效调制原则和经济安全原则，间接体现出社会利益本位原则。一方面，政府的救市活动是在整体法治框架内的行动，且其救市的措施和边界也相对比较清晰，救市结果比较明显，符合调制法定、调制适度和调制绩效原则的要求，且从结果上看，此次救市行动切实化解了股市风险，遏制了由此可能引发的系统性金融风险，维护了宏观经济安全，有助于经济持续发展，符合经济安全原则的要求；另一方面，国家的救市行为既维护了市场秩序，保护了广大投资者利益，也维护了国家经济安全和社会秩序，因此间接体现了社会利益本位原则。

---

① 参见张守文：《经济法学》（第二版），高等教育出版社 2018 年版，第 53~54 页。

*** 拓展阅读 ***

美国铁路管制案

美国铁路管制案是对市场失灵和国家干预的典型描述。对市场失灵的克服必须借助于外力，这种外力就是我们常说的"国家之手"。政府和市场关系的处理一直以来都是经济法学研究无法回避的问题，从本质上看，"市场失灵"和"政府失灵"是经济法研究的逻辑起点，因而正确处理政府和市场关系，克服"双重失灵"则成为经济法宗旨。

【案例概要】

1867年，美国上密西西比河谷兴起了自称"耕作保护神"的农民组织，外界称之为"格兰其"。该组织最初的宗旨是推动农民的合作，保护和促进农民的利益。后来它发展成为反垄断、反中间商盘剥的运动。到1875年，美国中西部各农业州已经建立起约3万个"格兰其"，成员发展到250万人，成为国家政治生活中一支不可忽视的力量。格兰其运动反垄断主要是针对铁路公司在运价方面而差别对待的做法，要求价格公平，一视同仁。在格兰其运动的高潮中，1871年伊利诺伊州、明尼苏达州，1874年艾荷华州、威斯康星州分别制定了管制铁路运营及货栈租赁的法律。因是在格兰其运动的压力下制定而被统称为"格兰其法律"。对"格兰其法律"，有的铁路公司公然拒绝，有的则阳奉阴违，还有的甚至诉诸法律，向最高法院控告"格兰其法律"违反宪法。1877年3月，在著名的"芒恩诉伊利诺伊州案"中，美国最高法院裁决：在涉及公共利益时，州对铁路的管制合法；在国家制定涉及州际关系的法律前，州可以行使管理州际关系的全部权力。"芒恩案"的判决原则为各州管制铁路和包储业务开辟了道路。到1886年时，已有25个州相继建立了管制铁路委员会。①

【案例分析】

本事件主要涉及经济法的宗旨。

众所周知，从市场万能到市场失灵是近现代经济学理论发展的基本脉络。以亚当·斯

---

① 参见周增宝：《30年代的大危机和罗斯福"新政"——大萧条对美国经济的影响》，载《山东经济战略研究》1999年第1期。

密自由主义经济理论为代表的自由主义经济学顺应了从封建主义中脱胎而出的新兴资本主义的发展需要，成为自由资本主义时代的主流学说。在自由主义经济学家看来，市民社会与政治国家应当截然有别，市民社会与政治国家的关系应当按照"对市场干预最少的政府是最好的政府"的规则来厘定。显而易见，在自由主义经济学理论的分析框架中，作为看不见的手的市场已经被推向了理想的极致——之所以要排斥政治国家（政府）的介入，是因为市场是一个完备、自治并能自我优化的理想系统。实际上，在自由主义经济学那里，所有的论证都在向我们昭示一个原理：市场既是美好的也是万能的。然而，市场万能相对于时刻变化着的现实经济生活而言只是一个假设而已。率先对之提出挑战的并不是来自人们的经济学思辨，而是市场运行实践中暴露出的诸多弊端。这些弊端使得现实中的人们不得不对市场运行中的弊端——市场失灵进行约束、限制和克服。

　　本案便是对市场失灵的重要形态之一——垄断的克服和校正。竞争是市场经济的原生动力，市场依赖竞争得以繁荣，市场秩序的功能主要通过竞争来实现，竞争所激发的市场参与者的主动性、创造性，才是市场机制至为宝贵的财富。然而，竞争却具有否定自我的倾向，受个人能力与机遇等的影响较大，每次竞争的结果也因时、因人而异，且这种不平等的竞争结果具有累加效应，因此下一次竞争会进一步加剧不公平，任由竞争自由发展会不可避免地发生诸如限制竞争（如垄断）和不正当竞争等现象，此时，严格意义上的竞争已不复存在，竞争秩序所秉承的自由精神、权利意识等基本理念可能扭曲、异化为对自由、权利的威胁和践踏。如果不对其进行矫正，作为资源配置的基础的市场便有不复存在的危险。同时，市场失灵还有其他的表现形式，比如信息偏在、市场的外部性、公共产品的供给不足、经济周期等。总的来说，市场失灵是市场的伴生物，市场失灵的产生和市场具有不可分割的逻辑关联，市场机制作用的发挥与市场失灵的产生密切相关，因此对市场失灵的克服必须借助于外力，这种外力就是我们常说的"国家之手"，而经济法的宗旨就在于运用国家调制手段，解决市场失灵问题。

*** 拓展阅读 ***

财政部提出建立母猪保险与饲料补贴等制度以抑制猪肉涨价

政府通过借助于各种手段积极干预，防范和化解因为物价上涨而引发的民生问题，体现了经济法的有效调制原则、社会利益本位原则和经济安全原则等基本原则。

【案例概要】

面对 2007 年上半年因多因素诱发的猪肉价格的上涨，2007 年 6 月财政部下发了《关于应对猪肉价格上涨促进生猪产业健康发展的通知》（以下简称《通知》），7 月国务院发布了《关于促进生猪生产发展稳定市场供应的意见》（以下简称《意见》）。根据《通知》可知，国家要建立母猪保险与补贴相结合的制度，促进生猪生产，抓紧落实对低保人员和困难学生的补助，加强市场调控能力，同时着眼构建有利于生猪产业健康发展的长效机制。面对猪肉价格上涨，《通知》指出强化政府调控手段，尽量熨平生猪价格周期波动，包括：（1）完善生猪及猪肉等副食品预警监测体系。各级财政部门要充分发挥各相关部门的资源优势，加强对生猪、猪肉等副食品的生产、供应、消费、价格等市场情况的监测与预警，引导社会有序生产，并为宏观调控提供决策依据。（2）建立健全猪肉等副食品储备制度，发挥储备调控市场的作用。生猪生产周期性强，特别是随着规模化养猪比重逐步提高，波动周期越来越短，国家有必要强化调控手段，从容应对突发事件和市场波动，保障猪肉及其制品稳定供应。在供给相对稳定后，尚未建立猪肉等副食品储备的地方，要视情况尽快建立起地方储备制度；已经建立地方储备制度的，要根据调控需要进一步加以完善，适当增加储备规模，科学安排储备品种，合理调整储备结构和布局，逐步形成中央与地方上下联动、合力调控的格局。①

据悉，专项资金一方面将支持对有繁殖能力的母猪建立重大病害、自然灾害等保险制度，加大对生猪疫病防治体系支持，增强饲养户抵御重大病害、自然灾害等风险的能力；另一方面，支持建立母猪饲养补贴制度。国家财政依据参保母猪数量，原则按每头每年 50 元的定额标准，对母猪饲养户给予直接补贴，增强饲养户抵御成本上涨风险的能力，稳定生猪产业的龙头。同时，中央财政将加大投入力度，切实支持做好生猪蓝耳病防控工作。此外，对散养猪实行强制免疫的疫苗经费给予补助，所需经费由中央财政和地方财政共同负担，中央财政对东、中、西部地区分别补助 20%、50%、80%。目前中央财政已下拨疫苗补助经费 2.85 亿元，地方财政部门要根据负担比例，及时安排和拨付免疫疫苗资

---

① 参见《财政部关于应对猪肉价格上涨促进生猪产业健康发展的通知》，财建〔2007〕221 号。

金，并加强资金监管工作，保证猪蓝耳病防控工作的需要。①

【案例关联法条】

1. 《中华人民共和国价格法》

第三条第一款 国家实行并逐步完善宏观经济调控下主要由市场形成价格的机制。价格的制定应当符合价值规律，大多数商品和服务价格实行市场调节价，极少数商品和服务价格实行政府指导价或者政府定价。

第四条 国家支持和促进公平、公开、合法的市场竞争，维护正常的价格秩序，对价格活动实行管理、监督和必要的调控。

2. 《中华人民共和国预算法》

第六条 一般公共预算是对以税收为主体的财政收入，安排用于保障和改善民生、推动经济社会发展、维护国家安全、维持国家机构正常运转等方面的收支预算。

中央一般公共预算包括中央各部门（含直属单位，下同）的预算和中央对地方的税收返还、转移支付预算。

中央一般公共预算收入包括中央本级收入和地方向中央的上解收入。中央一般公共预算支出包括中央本级支出、中央对地方的税收返还和转移支付。

第十六条第一款 国家实行财政转移支付制度。财政转移支付应当规范、公平、公开，以推进地区间基本公共服务均等化为主要目标。

【案例分析】

该案例主要涉及经济法基本原则中的有效调制原则和社会利益本位原则。

财政部和国务院之所以前后发布《通知》和《意见》，直接原因是因为市场上猪肉价格大幅上涨，影响到了物价的稳定以及广大消费者的利益。国家依法调控市场价格，是为了规范价格行为，发挥价格合理配置资源的作用，稳定市场价格总水平，保护消费者和经营者的合法权益，促进社会主义市场经济健康发展，且其针对价格的调控行为具有法律上的依据。在赋予政府干预价格合法性的基础上，《中华人民共和国价格法》在"政府的定价行为"和"价格总水平调控"两章概括规定了政府价格干预的方式和措施，比如商品储备、价格调节基金。但是，因市场供求矛盾引发的猪肉价格上涨，对居民生活、物价稳定、社会秩序等方面产生连锁性、系统性影响，使得《价格法》不足以为各政府、各部门联动合作提供依据。在此情形下，国务院发布《意见》、财政部发布《通知》，对现实

---

① 参见《母猪保险与补贴制度将建立 今年国家财政预计安排65亿元专项资金》，载《中国畜禽种业》2007年第7期。

问题实行系统、强制性的干预，体现了政府解决"市场失灵"的功能和决心。特别是《意见》的出台，使得各级政府及其职能部门之间的相互配合与协作具有了现实可能，有助于稳定价格。①

该案例中，一方面国务院和财政部的政策文件，以及后续相应的干预行为，有效防止了猪肉价格的无序上涨，建立了中央储备肉制度，在较短时间规范了价格行为，稳定了市场价格总体水平，保护了消费者和经营者的合法权益，进而有助于促进市场经济的发展，整体上体现了经济法上的有效调制原则和社会利益本位原则。其中，有效调制原则主要表现为其调制是依法调制（即依据《价格法》并出台相关法规政策）、适度调制（通过保险、补贴等激励性制度进行的引导性的适度干预，而非直接介入市场的定价等干预行为）、注重调制绩效。社会利益本位原则既是政府调制的目标遵循，也是调制结果的一种体现。猪肉价格的上涨，市场秩序和价格机制的失灵，势必会损害广大消费者和经营者的利益，且一旦放任其发展，可能会进一步损害社会公共利益，因此政府的调制行为本身就是从社会利益出发，且其调制结果客观上也有助于社会利益的保障。

---

① 参见宋彪：《经济法案例研习教程》，中国人民大学出版社 2008 年版，第 22~23 页。

*** 拓展阅读 ***

最高人民法院以穿透式金融审判防范化解金融风险

以〔2017〕最高法民终41号民事判决为例，该案被认为是以穿透式金融审判化解金融风险的典型案例。穿透式金融审判在司法实践中的成功运用，充分反映了金融审判在金融风险防范、服务实体经济、深化金融改革中将长期扮演重要角色。而金融风险的有效防范和化解，体现了经济法的安全原则。

【案例概要】

2012年年底，江西正拓实业发展有限公司（以下简称"正拓公司"）对民生银行南昌分行有7000余万元的逾期贷款无法归还，江西省地方有色金属材料有限公司（以下简称"有色金属公司"）及正拓公司实际控制人罗某某向民生银行南昌分行提出，由有色金属公司向上海红鹭国际贸易有限公司（以下简称"红鹭公司"）购买阴极铜，以商业承兑汇票形式支付货款，再由红鹭公司持该票据向民生银行申请贴现，罗某某承诺会确保红鹭公司将所得贴现款用于归还正拓公司的逾期贷款。2012年9月，民生银行按照上述方式办理了商业承兑汇票贴现业务，正拓公司所欠民生银行的逾期贷款也用票据贴现款归还。2013年6月，票据到期，民生银行向有色金属公司账户扣收余款遭拒付，遂引发诉讼。一审中，江西高院将本案认定为票据追索权纠纷，遂作出〔2016〕赣民初5号民事判决。

该案最终上诉至最高人民法院。最高人民法院经审理认为，民生银行南昌分行与有色金属公司在本案中的真实意思表示是借款；案涉票据活动是各方通谋虚伪行为，所涉相关民事行为应属无效，民生银行南昌分行依法不享有票据权利；本案应按虚假意思表示所隐藏的真实法律关系处理。原审判决关于本案《贴现宝合作协议》、《贴现申请书》为有效合同、民生银行南昌分行是本案票据的合法权利人、刑事判决不影响民生银行南昌分行行使票据权利、红鹭公司应对本案票据承担支付责任，以及有色金属公司与罗某某、陶某某不承担本案借款利息责任的认定，均属适用法律不当，故予以纠正。遂依照《中华人民共和国民事诉讼法》第一百七十条第一款第二项规定，撤销原判，依法改判。①

---

① 参见中华人民共和国最高人民法院民事判决书〔2017〕最高法民终41号。

【案例关联法条】

《中华人民共和国商业银行法》

第一条　为了保护商业银行、存款人和其他客户的合法权益，规范商业银行的行为，提高信贷资产质量，加强监督管理，保障商业银行的稳健运行，维护金融秩序，促进社会主义市场经济的发展，制定本法。

第八条　商业银行开展业务，应当遵守法律、行政法规的有关规定，不得损害国家利益、社会公共利益。

【案例分析】

在金融风险的防范与化解中，处于后端机制的金融审判往往容易被忽视。但司法手段作为完善金融风险防控体系中不可或缺的组成部分，在风险防控过程中往往起到重要的补充作用，可以有效弥补金融监管的不足。特别是当下我国金融风险防控逐渐由事先监管向事后纠错转变，防控金融风险已经从业务前端延伸至诉讼后端。

该案对金融实务界产生了较大的影响。一般认为这是我国法院用"穿透式"事实认定标准所审理的一个较早的也较为典型的金融类案件。在该案中，最高人民法院通过查明案件事实，依据当事人的协商过程、事实发生结果、诉讼中双方陈述等，运用穿透式审判思维和事实认定方式，准确认定本案票据活动为各方通谋虚伪行为，探究当事人的真实意思表示，并以真实法律关系确定各方当事人的权利义务，借款人应当按照实际取得的借款金额向出借人偿还借款本金及法定利息。纵观最高人民法院对该案的分析过程可知，在司法实务中，特别是法院在对金融案件的审理过程中，已经逐步走向"穿透式"事实认定的方式。也就是选择透过金融纠纷的外在形式，探寻其本来面目，而不是仅仅停留在对外在形式的审查。

为维护金融安全，促进经济和金融良性循环健康、发展，最高人民法院于2017年出台了《关于进一步加强金融审判工作的若干意见》（以下简称《若干意见》）。《若干意见》指出："对以金融创新为名掩盖金融风险、规避金融监管、进行制度套利的金融违规行为，要以其实际构成的法律关系确定其效力和各方的权利义务。对于以金融创新名义非法吸收公众存款或者集资诈骗，构成犯罪的，依法追究刑事责任。"同时，为了有效防范化解金融风险，切实维护金融安全，《若干意见》从依法处置"僵尸企业"推动经济去杠杆、充分发挥破产重整制度的拯救功能、积极预防破产案件引发金融风险进而维护社会稳定、依法保护金融债权进而提升金融债权实现效率、依法审理票据纠纷案件进而妥善化解票据风险、依法严厉惩治证券犯罪行为进而维护资本市场秩序等多个方面，提出了司法防范和化解金融风险的目标定位。这也充分反映了金融审判在金融风险防范、服务实体经济、深化金融改革中将长期扮演重要角色，而这恰恰与经济法的经济安全原则实现了契合。概言之，通过发挥金融司法的作用，借助于司法权的中立与权威习惯，以个案的裁量正义，来引导市场主体的行为选择，进而助益于宏观经济安全，同时也有助于促进经济的持续发展。

第四章　经济法的主体和行为

📖 学习回顾

　　经济法上的一切制度安排，都是为了规范相关主体的行为，调整这些主体之间发生的社会关系，① 保护各类主体的合法权益，因此，明确经济法主体的具体类别，对各类主体的行为有针对性地进行规范，对于实现各类经济法主体所追求的价值和目标，都是非常重要的。所谓经济法主体，是依据经济法而享有权力和权利，并承担相应义务的组织和个体。其主要包括两类，即从事宏观调控行为和市场规制行为的宏观调控机构和市场规制机构，与形形色色接受调控和规制的主体，如经营者、纳税人、商业银行、证券公司等。②

　　与经济法主体的分类相对应，经济法主体的行为也可分为两类：一类是宏观调控机构和市场规制机构所实施的宏观调控行为和市场规制行为，可合称为"调制行为"；另一类是受到宏观调控和市场规制直接影响的经营者所从事的市场行为。③ 经济法中的行为具有以下三个特点：（1）该行为与国家干预经济有关，无论是市场规制行为还是宏观调控行为，都是与国家干预有关的行为；（2）该行为必须是经济法律、法规规定的行为，这意味着国家的干预行为只能依法进行；（3）该行为是经济法律关系主体所实施的行为，这意味着不是任何组织或公民的行为都能成为经济法律事实。④

💬 学习重点

1. 经济法主体包括哪些？该如何对其进行分类？
2. 经济法主体可分为哪几个类型？
3. 经济法主体的资格取得都有哪些方式？
4. 不同经济法主体在经济权限上有何差别？

---

① 参见徐孟洲、叶姗：《经营者论：基于经济法规范与原理的分析》，载《现代法学》2007年第5期。
② 参见张守文主编：《经济法学》（第二版），高等教育出版社2018年版，第65页。
③ 参见张守文主编：《经济法学》（第二版），高等教育出版社2018年版，第70页。
④ 李昌麒主编：《经济法学》（第三版），法律出版社2016年版，第66页。

📝 案例介绍

【核心案例】广东省服装服饰行业协会的转型发展。通过了解广东省服饰行业协会从一个"官办机构"走向"独立的市场化"这一过程，分析行业协会在市场经济中的作用，对市场中间层主体这一经济法领域的特殊主体产生具象化认知。在此基础上，思考不同经济法主体对经济发展的功用，为完善我国的市场经济立法提供借鉴。

【拓展阅读】国务院发布《新能源汽车产业的发展规划（2021—2035年）》。基于国务院发布的《新能源汽车产业发展规划（2021—2035年）》，把握环境友好型新兴产业处于发展起步阶段时的政府促进作用，思考政府应在哪些领域哪些时刻实施产业政策，在哪些领域哪些时刻注重竞争政策。

【拓展阅读】孙某山诉南京欧尚超市有限公司江宁店销售过期食品请求十倍赔偿纠纷案。通过分析"知假买假"的商品购买者能否适用《消费者权益保护法》主张赔偿的案件，思考经济法对弱势群体实行"倾斜保护"的保护方式，进而追溯市场失灵的原因及表现，加深对经济法必要性的认知。

【拓展阅读】北京市律协对7名律师作出行业协会处罚。行业协会作为经济法"社会中间层"主体的典型代表，在维护本行业经营者利益的同时也会对违反法律或行业规则的主体实施惩戒。通过该案例的学习，能了解到行业协会管理权与行政机关管理权的异同，在此基础上明晰行业协会存在的必要性，思考在新经济条件下行业协会功能的可能创新。

📝 阅读思考

1. 经济法主体有哪些特征？
2. 不同经济法主体在行为权限上有哪些不同？
3. 经济法主体的哪些行为应当受到调制？

✱✱✱ 核心案例 ✱✱✱

广东省服装服饰行业协会的转型发展

我国 20 世纪经历了由计划经济到中国特色社会主义市场经济的转向,在这一过程中,政府对市场的干预大幅减少,行政指令逐渐为市场规律所取代。随着"国退民进"政策的持续,许多由政府成立的行业协会消失在改革的浪潮之中,但广东省服装服饰行业协会却借此机会实现了完美的转型。这一案例值得进行理论探索与实践借鉴。

【案例概要】

广东省服装服饰行业协会成立于 1990 年,当时以广东省服装工业公司为挂靠单位,以广东省第二轻工业厅为业务指导单位,其主要业务范围包括开展服务服饰行业的经济、信息、技术和培训活动,举办展销及服饰文化。2010 年协会工作报告显示有单位会员数 415 个,21 名工作人员。近年来,该协会先后获得"全国先进民间组织""全省先进民间组织""中博会优秀组织"等荣誉称号。

广东省服装服饰行业协会的发展并非一帆风顺。其成立后不久后就遭遇了 20 世纪 90 年代的政府机构改革,在这场改革的影响下,大量管理经济事务的过度细分的部门被一一裁撤,一大批由这些部门成立的行业协会商会也随之改制转型。在这些行业协会转型过程中,政府逐渐推出行业协会的决策环节,让行业协会根据市场和服务对象的需求制定协会的发展战略并开拓服务项目,在市场竞争中求生存、谋发展。广东省服装服饰行业协会从 1995 年起开始转型,在起初的几年里,协会仍然延续官办行业协会的作风,导致其一度难以生存下去。直到 1998 年,在时任会长的带领下,协会才真正才走上民间化和市场化的道路,摒弃长久以来形成的"等、靠、要"思路,积极进取,不断开拓创新,在谋求自身发展的同时大力推动了广东服装服饰行业的发展。

广东省服装服饰行业协会一直保持着自身明确的战略地位,即"做会员做不了的事"。例如,搭建公共服务平台——广东时装周,建立人才培育体系——中国(广东)大学生时装周,支持集群发展——促进特色城镇建设,以产业研究服务行业以及推进国际交流合作等。广东省服装服饰行业协会立足于从整个行业的层次而不是从服务个体会员的层次开展工作,这种以行业发展为导向的战略定位在转型初期就比较明确并在不断探索的过程中创新发展,最后稳固下来凝结成自身具有品牌意义和价值的活动,对推动广东乃至中国服装业的发展起到了重要作用。①

【案例分析】

一、行业协会的定义及法律特征

  行业协会是经济法中的一类重要的主体。作为社会中间层主体，行业协会在国家（政府）主体与企业主体之间发挥着重要的沟通和协调功能。一般认为，行业协会是由单一行业的竞争者所构成的非营利性组织，其目的在于促进该行业中的产品销售和为雇佣方面提供多边性援助服务。② 从广东省服装服饰行业协会（以下简称"广东省服协"）的案例可以看出，行业协会具有以下几个特征：

  一是非营利性。行业协会本身不以追求利润最大化为目的，其成立和运作的目的在于为成员提供一些公共性服务。③ 广东省服协不是营利机构，不以追求自身市场利益最大化为目标，而是努力为其会员企业提供优质服务，从完善产业链等角度为整个行业的发展作出贡献。为增强行业影响力，吸引下游经销商、加强行业创新能力，广东省服协通过"搭建平台"这一公共性服务作出了优秀的成果，尤其是"广东时装周""大学生时装周"和两大专业会展，为广东省服装行业提供了促进行业发展为企业提供市场机会的综合性平台。也正因为此，这些活动成为协会对会员产生吸引力和凝聚力的源泉，广东省服协就是在这样的过程中实现了对会员企业的支持与服务。

  二是中介性。行业协会的中介性是指行业协会作为国家与企业之间的联结，一方面其既可以协助国家完成对社会经济的干预，另一方面其也可以帮助成员向国家反映成员的需求，及时向国家提供第一线的信息。④ 以广东省服协发展的转折点"广东服装周"为例，时装周的举办需要将产品设计、行业动向、市场交易、专业交流等服装行业和市场的各种要素综合在一起，将服装行业各个环节能够彼此满足的共同需求聚合起来，这是任何一家企业单打独斗都不可能完成的任务，唯有行业协会才能搭建这样一种使整个行业都能从中获益的平台。同时，由于与会员企业"共进退"，行业协会往往能掌握本行业发展的第一手资料，当行业发展出现问题或需要政府的支持时，行业协会可以作为政企之间沟通的桥梁，帮助政府有关部门了解本行业发展现状，转达会员企业的需求，最终使得政府干预高效、精准。

  三是社会团体性。行业协会是由协会成员所组成的、具有一定机构、能够以自己名义

---

  ① 本部分内容摘自胡辉华等：《行业协会商会成长的内在机制》，社会科学文献出版社2019年版，第53~68页。
  ② 李昌麒主编：《经济法学》（第三版），法律出版社2016年版，第115页。
  ③ 李昌麒主编：《经济法学》（第三版），法律出版社2016年版，第115页。
  ④ 李昌麒主编：《经济法学》（第三版），法律出版社2016年版，第116页。

开展活动的组织体。行业协会的社会团体性首先表现在协会成员不属于国家公务员,且协会经费不完全依赖于国家经费的支撑。广东省服装服饰行业协会在改革之后先是通过一系列措施增加会员,提高会费收缴率。以其 2009 年收入结构为例,会费、提供服务收入和政府补助收入的比重分别为 13%、67% 和 19%,国家经费的支持并不占多数。其次,行业协会实行自我运作、自我规范和自主管理①,自治性是其发展的主要定位和特征。1990年的广东省服协只有两三个人,没有开展什么活动。随着 2006 年广东在全国率先开始行业协会管理体制改革,服协规范了章程和会费标准,并增补了监事,进一步向独立自主的方向发展。而在这次整改之前,服协的民间化道路已经起步,其自我发展已经达到了较高水平。②

二、我国行业协会发展史

与欧洲国家不同的是,我国行业协会的"最初形态"并非是受到封建主盘剥和压榨的商人与手工业者为了更多保留自身劳动成果而自发结成的社会团体。虽然我国古代的商品经济亦催生出"行会"这一旧时商人、手工业者为了维护本身利益而组成的带有行业和地域双重关系的组织,但与欧洲不同,我国的行会从产生到发展一直带有政府的影子。如初唐时期,在政府的推动下,行会得以建立,而建立的目的也是贯彻国家法令,协办向业户征缴赋税、科买、和雇以及定价等事务。③ 中华人民共和国成立初期,传统行会和同业会在 1949 年至 1956 年的经济恢复与社会主义改造中发挥过重要作用,但随着社会主义改造的完成与计划经济体制的建立,私营工商企业被全面吸纳整合,行会与同业公会为工商联所取代,部门管理体制最终取代了行业自律与行业自治,传统行会与同业公会彻底退出历史舞台。④

这一阶段之后,由于我国实行计划经济体制,国家的"有形之手"牢牢把控着市场的日常运作,政府在公有制经济的体制下主导着资源分配。当社会力量被行政系统所收纳之时,扎根于自由市场的行业协会也就失去了大半生存的土壤。据统计,这一时期我国仅仅成立了 22 个全国性行业协会,呈现出了极其不活跃的特征。⑤

改革开放后,随着中国特色社会主义市场经济体制的建立和完善,政府不再像过去一般控制经济社会生活的方方面面,市场成为资源配置的决定性力量。在这一过程中,一些协调企业利益关系,为企业提供服务的行业协会相继崛起。现在,伴随着所有制成分多元化,建立现代企业制度,政府监管职能与服务职能逐步分离等各项改革的逐步深入,行业协会有了更大的发展空间。行业协会在我国发展到今天,其数量、覆盖范围已不容小觑,但一些问题也客观存在着。例如:大多数行业协会行政色彩浓厚,常被视为二政府或部分

---

① 参见李昌麒主编:《经济法学》(第三版),法律出版社 2016 年版,第 116 页。
② 参见胡辉华等:《行业协会商会成长的内在机制》,社会科学文献出版社 2019 年版,第 62 页。
③ 参见孙丽军:《行业协会的制度逻辑——一个理论框架及其对中国转轨经济的应用研究》,复旦大学 2004 年博士论文,第 40 页。
④ 朱英:《中国近代同业公会与当代行业协会》,中国人民大学出版社 2004 年版,第 113 页。
⑤ 参见段传龙:《作为共治主体的行业协会发展研究》,西南政法大学 2019 年博士论文,第 38 页。

行业管制职能的转移和延伸,独立性差,其活动受政府部门干预过多,行业自律、自治功能欠缺;由于长期缺乏一个明确的法律地位,实践中,很多行业协会没有明确的法律合法性和社会合法性,得不到企业的广泛认同,在市场经济中的作用无法充分发挥;其职能也不够明确,定位存在偏差,本来应该属于行业协会承担的职能,相应管理部门却迟迟没有放权。[1]

上述问题大多都是广东省服协在市场化初期面临的现实难题,该协会在成立之初的工作开展非常困难,由于彼时特殊的市场环境,企业只重视眼前的经济利益,并不热心推介自己的品牌。当时服协的工作就是要去做企业的工作,发动企业参加自己组织的服装时尚活动,但这一过程常常会碰钉子。行业协会被企业排斥的情形固然与早期的市场环境有关,但是广东省服协的工作理念、工作方式和作风的官僚化、行政化才是导致其在会员企业中缺乏号召力和凝聚力的最主要原因。直到连续十几年的广东服装周的举办之后,服协的形象、凝聚力和知名度才得以一次次提升和稳固。如今的广东省服协继续在前期支持服装产业建设,支持各地市、镇产业集群建设的工作基础上,进一步为服装行业的发展营造服装文化氛围、构筑服装设计人才体系、打造服装产业上下游合作、谋划行业蓝图、创造制度环境等,并以这些行业基础建设为切入点,嵌入服装行业体系之中。

随着我国市场经济的不断发展,行业协会逐渐焕发了新生。从社会治理的角度出发,在现代社会,食品安全、药品安全、环境污染、工业事故等风险事故频发,针对这些社会问题进行的公共规制已成为法学研究中的核心问题。[2] 经济的发展使得人们的安全需求不断提高,对规制的要求剧增,对专业能力要求也越来越高。而公权力却面临着财政压力和规制能力、规制容量等的限制,无力满足社会需求。[3] 因此,以行业协会为代表的社会中间层主体开始在经济生活的运转中充当起"润滑剂"的作用,相比行政机关,行业协会的规制措施更为灵活,且行业协会的工作人员具有更全面的本行业规制事实知识与规制方法知识,能获取等多的行业发展信息,遂能以更低的规制成本完成规制目标,成为行政规制的有力补充。

【案例关联法条】

《社会团体登记管理条例》

第二条 本条例所称社会团体,是指中国公民自愿组成,为实现会员共同意愿,按照其章程开展活动的非营利性社会组织。国家机关以外的组织可以作为单位会员加入社会团体。

第三条 成立社会团体,应当经其业务主管单位审查同意,并依照本条例的规定进行登记。社会团体应当具备法人条件。下列团体不属于本条例规定登记的范围:(一)参加中国人民政治协商会议的人民团体;(二)由国务院机构编制管理机关核定,并经国务院

---

[1] 参见赵佳:《我国行业协会的经济法研究》,中国海洋大学2008年硕士学位论文。
[2] 靳文辉:《公共规制的知识基础》,载《法学家》2014年第2期。
[3] 刘亚平、游海疆:《"第三方规制":现在与未来》,载《宏观质量研究》2017年第4期。

批准免于登记的团体；（三）机关、团体、企业事业单位内部经本单位批准成立、在本单位内部活动的团体。

  第四条 社会团体必须遵守宪法、法律、法规和国家政策，不得反对宪法确定的基本原则，不得危害国家的统一、安全和民族的团结，不得损害国家利益、社会公共利益以及其他组织和公民的合法权益，不得违背社会道德风尚。社会团体不得从事营利性经营活动。

  第七条 全国性的社会团体，由国务院的登记管理机关负责登记管理；地方性的社会团体，由所在地人民政府的登记管理机关负责登记管理；跨行政区域的社会团体，由所跨行政区域的共同上一级人民政府的登记管理机关负责登记管理。

*** 拓展阅读 ***

国务院发布《新能源汽车产业发展规划（2021—2035年）》

【案例概要】

2020年10月20日，国务院办公厅印发《新能源汽车产业发展规划（2021—2035年）》（以下简称《规划》）。

《规划》指出，要以习近平新时代中国特色社会主义思想为指引，坚持新发展理念，以深化供给侧结构性改革为主线，坚持电动化、网联化、智能化发展方向，以融合创新为重点，突破关键核心技术，优化产业发展环境，推动我国新能源汽车产业高质量可持续发展，加快建设汽车强国。

《规划》提出，到2025年，纯电动乘用车新车平均电耗降至12.0千瓦时/百公里，新能源汽车新车销售量达到汽车新车销售总量的20%左右，高度自动驾驶汽车实现限定区域和特定场景商业化应用。到2035年，纯电动汽车成为新销售车辆的主流，公共领域用车全面电动化，燃料电池汽车实现商业化应用，高度自动驾驶汽车实现规模化应用，有效促进节能减排水平和社会运行效率的提升。

《规划》要求，要充分发挥市场机制作用，促进优胜劣汰，支持优势企业兼并重组、做大做强，进一步提高产业集中度。落实新能源汽车相关税收优惠政策，优化分类交通管理及金融服务等措施，对作为公共设施的充电桩建设给予财政支持，给予新能源汽车停车、充电等优惠政策。2021年起，国家生态文明试验区、大气污染防治重点区域的公共领域新增或更新公交、出租、物流配送等车辆中新能源汽车比例不低于80%。

《规划》强调，要充分发挥节能与新能源汽车产业发展部际联席会议制度和地方协调机制作用，强化部门协同和上下联动，制定年度工作计划和部门任务分工，抓紧抓实抓细规划落实工作。[1]

---

[1] 参见新华网：《国务院办公厅印发〈新能源汽车产业发展规划（2021—2035年）〉》，https://baijiahao.baidu.com/s?id=1682239764162107391&wfr=spider&for=pc，最后访问时间：2021年10月11日。

【案例分析】

十八届三中全会通过的《中共中央关于全面深化改革若干重大问题的决定》明确指出："科学的宏观调控，有效的政府治理，是发挥社会主义市场经济体制优势的内在要求。"我国过去长期实行计划经济体制，加之产品经济发展的指导思想，将生产资料的优先增长当作任何时期都适用的规律，片面追求工农业生产发展速度，忽视产业结构的合理配置，导致我国的产业结构严重失调，这些失调正是当下中国经济发展过程中迫切需要解决的问题，这些问题反映到法律上就要求我们必须尽快以产业调节法为核心建立中国的宏观调控立法体系。① 改革开放以来，我国非常重视产业调节方面的立法，颁布了大量政策性的产业调节法规或规范性文件。② 这些政策性文件大多立足于经济发展的实际，以经济发展中的问题为导向，着力解决目标产业的发展不充分、不平衡或不可持续的问题。

根据该《规划》，我国新能源汽车发展面临核心技术创新能力不强、质量保障体系有待完善、基础设施建设仍显滞后、产业生态尚不健全、市场竞争日益加剧等问题。为此，国务院将该《规划》发予各省级政府与各部委及直属机构，并部署了5项战略任务：一是提高技术创新能力。坚持整车和零部件并重，强化整车集成技术创新，提升动力电池、新一代车用电机等关键零部件的产业基础能力，推动电动化与网联化、智能化技术互融协同发展。二是构建新型产业生态。以生态主导型企业为龙头，加快车用操作系统开发应用，建设动力电池高效循环利用体系，强化质量安全保障，推动形成互融共生、分工合作、利益共享的新型产业生态。三是推动产业融合发展。推动新能源汽车与能源、交通、信息通信全面深度融合，促进能源消费结构优化、交通体系和城市智能化水平提升，构建产业协同发展新格局。四是完善基础设施体系。加快推动充换电、加氢等基础设施建设，提升互联互通水平，鼓励商业模式创新，营造良好使用环境。五是深化开放合作。践行开放融通、互利共赢的合作观，深化研发设计、贸易投资、技术标准等领域的交流合作，积极参与国际竞争，不断提高国际竞争能力。

上述5项任务并非市场自身调节可完成，首先，从能源结构战略的角度出发，国家需要对燃油车高保有量的现状进行调控。我国一直以来"缺油、少气、相对富煤"能源结构使得国家不得不花费大量资金和精力用于维护海上能源进口安全，而燃油车对石油的消耗正与日俱增。大力推进新能源汽车意味着对传统能源的"节流"，在我国汽车保有数量逐年攀升的情况下亦能缓解我国的石油进口压力，避免我国的"海上生命线"被"卡脖子"。当前，新能源汽车处于发展初期阶段，在市场上尚未能与传统汽油、柴油车形成普遍有效的竞争，而新能源具有清洁、可再生的特性，提高新能源汽车的保有量也就是间接维护我国的能源安全。

---

① 李昌麒主编：《经济法学》（第三版），法律出版社2016年版，第393页。
② 李昌麒主编：《经济法学》（第三版），法律出版社2016年版，第314页。

其次，从产业发展战略的角度出发，扶持新能源汽车产业的发展有利于提升我国汽车行业的国际竞争力。我国目前虽然属于汽车制造业大国，无论是大众的消费习惯还是头部汽车企业都仍注重汽油车的使用或制造，但依旧深陷在发动机、变速器等都要依靠国外技术专利的窘境。因此国务院利用产业政策文件通知各省级政府、部委及直属机构支持新能源汽车的发展，是对汽车制造业进行宏观调控，促进我国新能源汽车行业早日与欧美燃油车企"同台竞技"的同时实现汽车制造业的绿色、可持续发展。

✳✳✳ 拓展阅读 ✳✳✳

孙某山诉南京欧尚超市有限公司江宁店销售过期食品请求十倍赔偿纠纷案

【案例概要】

2012年5月1日，原告孙某山在被告南京欧尚超市有限公司江宁店（简称欧尚超市江宁店）购买"玉兔牌"香肠15包，其中价值558.6元的14包香肠已过保质期。孙某山到收银台结账后，即径直到服务台索赔，后因协商未果诉至法院，要求欧尚超市江宁店支付14包香肠售价十倍的赔偿金5586元。

江苏省南京市江宁区人民法院于2012年9月10日作出〔2012〕江宁开民初字第646号民事判决：被告欧尚超市江宁店于判决发生法律效力之日起10日内赔偿原告孙某山5586元。宣判后，双方当事人均未上诉，判决已发生法律效力。该判决认为，《中华人民共和国消费者权益保护法》第二条规定："消费者为生活消费需要购买、使用商品或者接受服务，其权益受本法保护；本法未作规定的，受其他有关法律、法规保护。"消费者是相对于销售者和生产者的概念。只要在市场交易中购买、使用商品或者接受服务是为了个人、家庭生活需要，而不是为了生产经营活动或者职业活动需要的，就应当认定为"为生活消费需要"的消费者，属于《消费者权益保护法》调整的范围。本案中，原、被告双方对孙某山从欧尚超市江宁店购买香肠这一事实不持异议，据此可以认定孙某山实施了购买商品的行为，且孙某山并未将所购香肠用于再次销售经营，欧尚超市江宁店也未提供证据证明其购买商品是为了生产经营。孙某山因购买到超过保质期的食品而索赔，属于行使法定权利。因此欧尚超市江宁店认为孙某山"买假索赔"不是消费者的抗辩理由不能成立。①

【案例分析】

"知假买假"，是指商品购买者非为日常生活消费需要，而以索赔为目的，在购买商

---

① 以上内容摘自最高人民法院指导案例23号：孙某山诉南京欧尚超市有限公司江宁店买卖合同纠纷案。

品向商品销售者主张三倍或十倍赔偿的行为。① 对该行为认定的关键即在于,"知假买假"的消费者还是不是消费者?是否应当受到《消费者权益保护法》的保护?

《消费者权益保护法》的制定来源于消费者和经营者身份的差异带来的资金、信息等方面的差距,也因此《消费者权益保护法》突破了合同法的限制,在赋予消费者更多权利的同时对经营者施加了更多义务。为什么"知假买假"的自然人依然可以受到《消费者权益保护法》的保护呢?除江宁区人民法院在判决书的说理部分外,我们还可以从价值选择的层面来分析:在社会危害性上,制假售假行为会对不特定的多数潜在消费者带来可能的财产甚至人身损害,相较于消费者知假买假而言,具有更强的危害性。同时,从逻辑顺序来看,也应当肯定消费者的"知假买假"行为。其原因在于,要先有经营者的"制假售假",才能有消费者的"知假买假",若要实现从源头上"灭假"就应当把重心放在打击制假售假这一经营者行为之上。

从《消费者权益保护法》的实施来看,认可消费者知假买假的行为更有利于市场监管部门对违法经营者进行查处,消费者也能在积极维权的过程中实现针对自我的法治教育,这样的"行政—公民"互动机制亦能震慑不法经营者,从而减少市场中的制假售假行为,避免未来的消费者遭受损失。因此,《消费者权益保护法》应当成为消费者手中对抗不良商家的武器,鼓励消费者监督经营者与良性市场秩序的形成密不可分。

---

① 刘磊:《如何认定"知假买假"的性质》,载《法治日报》2021年6月13日,第7版。

北京市律协对 7 名律师作出行业协会处罚

【案例概要】

2013 年，北京 7 名律师成为网络热议案"李某某强奸案"的辩护律师。在案件代理过程中，这 7 名律师诸多言行失当，有损北京律师的行业形象，引起社会和北京市律师行业的不满。2013 年 7 月，"李某某强奸案"的当事人对上述 7 名律师的不当言论向北京市律师协会进行投诉。北京市律协对此高度重视，在收到投诉后立即组织专人进行核实调查。在经过答辩、调查、听证、讨论等一系列相关程序后，北京市律协对上述 7 名律师作出训诫、通报批评、公开谴责等行业协会处罚。

2014 年 4 月 18 日下午，北京市律师协会在其官网"首都律师"相继公布了《认真查处李某某等人强奸案相关辩护及代理律师涉嫌违规行为》《北京市律师协会行业纪律处分情况通报》等决定。北京律协公告称，自李某某等人强奸案发生以来，个别律师严重损害律师行业形象，其行为引起社会及律师行业的强烈不满，律协对此高度关注。2013 年 7 月 26 日，协会接到李某某等人强奸案当事人对相关律师的投诉后，立即启动受理审查程序。随后，律协纪律委员会一并对该案中遭到投诉和未遭到投诉的辩护及代理律师均立案审查。

经审查，2014 年 1 月 13 日、1 月 29 日，分别对 7 名律师作出行业纪律处理处分。其中，对周某某、雷某某、李某某给予公开谴责；对兰某、陈某、田某某分别给予通报批评或训诫；对王某发出规范执业建议书。3 名律师受公开谴责处分的理由分别为，周某某泄露当事人隐私，不当披露案件信息，严重损害律师职业形象；雷某某贬损同行，有悖律师职业道德，严重损害律师职业形象；李某某不当披露案件信息，为争揽业务，向委托人作虚假承诺。①

【案例分析】

随着政府职能的继续转变，非政府公共组织承担了越来越多的公共管理职能，律师协

---

① 以上内容摘自中新网：《李某某强奸案 7 名律师被处分 有人认罚有人不服》，https://www.chinanews.com.cn/yl/2014/04-19/6082512.shtml，最后访问时间：2022 年 3 月 20 日。

会对律师的管理职能便在其中。律师协会的这一权力可以追溯至1993年《司法部关于深化律师工作改革的方案》（以下简称《改革方案》）的提出。《改革方案》对律师管理体制的建设分为两步：第一步是建立司法行政机关的行政管理与律师协会行业管理相结合的管理体制；第二步是在第一步的实践基础上，向司法行政机关宏观管理下的律师协会行业管理体制过渡。我国目前的律师管理体制正处于《改革方案》所述的第一步。律师协会作为协助司法行政机关对律师群体实施管理、维护律师群体利益与公众形象的组织，有权对违法或损害律师群体利益的律师进行管理和处罚。同时也需要注意的是，虽然"行业协会欲制定相应的规章来指导协会成员的集体行动，则必须建构相应的惩罚机制作支持"，但行业协会所具有的"惩罚权"并不可与国家机关所具有的权能相提并论，因此行业协会的惩罚权一般体现为罚款、名誉惩罚和集体抵制、开除等。[1] 该案例中北京市律协对7名律师的处罚便属于一种名誉惩罚，意在使受处罚的律师引以为戒，遵守律师法与职业道德。律协的这一行为有助于相关法律政策的实施，并减少法律的运行成本，还能降低行政部门对市场干预的限度，避免官僚机构数量的膨胀。[2]

---

[1] 参见李昌麒主编：《经济法学》（第三版），法律出版社2016年版，第124~125页。
[2] 参见李昌麒主编：《经济法学》（第三版），法律出版社2016年版，第118~119页。

第五章 经济法主体权利、义务和责任

📖 学习回顾

　　法律主体的权利、义务和责任体系，通常构成了某一部门法研究的基本框架，经济法亦不例外。作为一个独立的部门法，经济法主体的权利、义务和责任体系具有一定的特殊性而使其区别于民法和行政法。经济法主体分为调制主体和调制受体，二者权义配置存在根本性不同。调制主体落实宏观调控和市场规制职责，其权利与权力具有复合性，权利与义务具有一体性。作为接受宏观调控和市场规制的调制受体，其权利义务具有不对应性。

　　相较于传统的"三责任说"或"四责任说"，经济法责任具有独立性而构成一个新兴的责任体系。由于调整领域的复杂性而造成了责任形式的更加多样化，其他法律部门的责任形式均在经济法上有所体现。同时经济法责任还具有特殊性，具体体现在四个方面：一是基于实质正义和社会本位目标而对责任承担的非过错性要求；二是基于对风险预防目的而对责任追究的积极性要求；三是突破传统责任相对性原理追求对社会整体负责的绝对性；四是突破承担民事责任的"填平"原则，追求对违法行为人形成的威慑作用而表现出的责任内容的惩罚性。

💬 学习重点

1. 调制主体权力与权利的复合性。
2. 调制主体权利与义务的一体化。
3. 调制受体权利与义务的不对应性。
4. 经济法责任的特殊性。

案例介绍

【核心案例】互联网金融监管。通过对互联网金融发展的阶段性梳理，明晰政府在互联网金融监管中的角色定位，思考政府是"全能政府"还是"有限政府"，学习了解市场监管中政府的权利与义务，对平衡好安全和发展的关系作出有益探索。

【拓展阅读】权力清单制度。通过对"权力清单制度"的历史溯源及制度解析，回应"政府经济干预权的边界"这一重要的经济法命题。思考权力清单制度在正确处理政府与市场的关系中能否发挥积极作用，以及如何发挥积极作用。

【拓展阅读】金融机构的适当性义务：原油宝事件。通过还原"原油宝"事件的始末，从金融机构的适当性义务角度出发对中国银行在原油宝案件中的责任进行剖析。明确金融机构作为经济法主体在经济活动中应承担的适当性义务。

【拓展阅读】经济法责任的特殊性——惩罚性赔偿制度。对最高人民法院发布的食品安全民事纠纷典型案例进行介绍，揭示经济法上的责任突破了承担民事责任的"填平"原则，具有惩罚、威慑作用。

阅读思考

1. 经济法中的政府应该是一个什么样的政府？
2. 经济法规定的责任有哪些特殊性？

*** 核心案例 ***

互联网金融监管

  技术与金融的紧密结合催生了"互联网金融"这一新的金融业态，在带来便捷与高效率的同时也对金融监管和风险防范带来巨大挑战。由于缺乏监管，互联网金融平台良莠不齐，短暂的辉煌如昙花一现，资金池、自融、拆标、不规范经营等问题集中爆发，P2P行业出现倒闭潮，监管层随之介入。以整改政策为主要抓手的监管措施凸显了国家经济职能，反映出权力与权利的复合性。互联网金融市场的互联网金融恶性事件频发对监管层提出了更高的要求，这既是监管部门的权力也是监管部门的义务。

【案例概要】

一、互联网金融野蛮生长

  互联网金融的崛起带来了一场具有划时代意义的金融变革，促进了金融的快速化、高效化、大众化和脱媒化的进程。互联网金融甫一诞生便吸引了广泛的关注，经过短暂的发展迅速进入发展元年。我国互联网野蛮生长可以概括为四个阶段：首先，是2007年国内首家P2P平台拍拍贷在上海成立开启的起步期抑或称之为探索期，其间主要是复制国外模式。其次，是2011—2012年的扩张期，P2P从20家左右迅速增加到240家左右，红岭创投、宜人贷、投哪网等第一梯队P2P均在此时设立。截至2012年年底，月成交金额已达30亿元，有效投资人在2.5万~4万人。① 随后，进入平台爆发与风险爆发并存期，2013年被称为互联网金融元年，仅2013年上线的平台就有500家之多。② 不同资质平台的大量涌入导致风险也随之集聚。2013年，可统计的出现经营困难、倒闭或跑路的事件高达74起，超过之前所有年份总和的3倍。当年9—11月，全国多地发生逾40家P2P企业资金链断裂或关闭事件。③ 由于行业监管的空白，2014年、2015年问题平台仍呈倍数

---

  ① 参见《互联网金融四大支柱这九年：准入门槛不断提高》，载证券时报网（2016年4月18日）：http://epaper.stcn.com/paper/zqsb/html/2016-04/18/content_811712.htm，最后访问时间：2022年1月20日。

  ② 参见《互联网金融一年野蛮生长：累计有64家P2P网贷平台出现提现困难倒闭"跑路"》，载《中华工商时报》2013年12月27日。

  ③ 参见《互联网金融四大支柱这九年：准入门槛不断提高》，载证券时报网（2016年4月18日）：http://epaper.stcn.com/paper/zqsb/html/2016-04/18/content_811712.htm，最后访问时间：2022年1月20日。

增长，截至 2015 年年底，问题平台达到 896 家。

二、互联网金融专项整治

行业发展初期的监管空白助推了互联网金融的野蛮生长，P2P"暴雷"等恶性事件频发，引发了监管层的关注。为整治互联网金融领域违法违规行为，切实防范风险，建立监管长效机制，促进互联网金融规范有序发展，2016 年 4 月开始，国务院启动为期一年的互联网金融专项整治活动。2016 年 10 月 13 日，在前期摸底排查和研究准备的基础上，国务院办公厅公布了《互联网金融风险专项整治工作实施方案》（国办发〔2016〕21 号，简称《实施方案》），对互联网金融风险专项整治工作进行了全面部署。《实施方案》要求集中力量对 P2P 网络借贷、股权众筹、互联网保险、第三方支付、通过互联网开展资产管理及跨界从事金融业务、互联网金融领域广告等重点领域进行整治。该专项活动计划为期一年，而后根据实际情况有所延长。2018 年 12 月 19 日，互联网金融风险专项整治工作领导小组办公室、P2P 网贷风险专项整治工作领导小组办公室联合发布了《关于做好网贷机构分类处置和风险防范工作的意见》对网贷机构进行风险评估和分类处置。

三、互联网金融的长效监管

随着互联网金融违约风险的集中出现，为控制互联网金融风险，探索和维护互联网金融健康有序发展的监管体系，政府不断调整监管政策，对于互联网金融的监管经历了从放松到收紧的过程。主要分为以下三个阶段：（1）行业发展初期的包容性监管。与发达国家相比，我国互联网金融起步较晚，为了推动互联网金融的发展，监管部门采取了包容性监管方式，放松金融市场准入，导致市场主体良莠不齐。随着 2012 年底第一波违约风险的出现，互联网金融吸引了监管部门的关注。2013 年下半年，央行、银监会及各部委对包括 P2P 在内的互联网金融行业进行了多次调研，启动宣传教育工作[1]，然而，由于缺乏具体落实机制，在监管层的迟疑中互联网金融问题集中爆发。（2）风险爆发期的原则性监管。为应对互联网金融不断爆发的恶性事件，中国人民银行联合十部委发布《关于促进互联网金融健康发展的指导意见》，是互联网金融监管的纲领性、框架性文件，确立"依法监管、适度监管、分类监管、协同监管、创新监管"的互联网金融监管原则，构建了互联网金融监管的基本框架。随后，金融监管部门陆续出台针对互联网金融的监管政策，其中主要有央行颁布的《非银行支付机构网络支付业务管理办法》、证监会的《证券投资基金销售机构通过第三方电子商务平台开展业务管理暂行规定》、原银监会颁布的《网络借贷信息中介机构业务活动管理暂行办法》，以及原保监会颁布的《互联网保险业务监管暂行办法》等，以促进以及互联网金融各具体子行业的监管落实。（3）发展放缓期的长效监管。在第五次全国金融工作会议上宣布设立金融稳定委员会，来强化人民银行宏观审慎管理和系统性风险防范职责，强化金融监管部门监管职责，确保金融安全与稳定

---

[1] 参见《处置非法集资部际联席会议发布打击非法集资最新法律政策全面启动 2014 年宣传教育工作》，载中国银行保险监督管理委员会官网（2014 年 4 月 21 日）：http：//www.cbirc.gov.cn/cn/view/pages/ItemDetail.html?docId=46801&itemId=915&generaltype=0，最后访问时间：2022 年 1 月 20 日。

发展。此后，为建立客观、公平、透明的网络借贷信息中介业务活动环境，原银监会发布《网络借贷信息中介机构业务活动信息披露指引》。此外，2019年8月，中国人民银行在《金融科技（FinTech）发展规划（2019—2021）》）中提出加大金融审慎监管力度，在顶层设计的指导下，凭借数字化监管手段，顺应金融数字化转型趋势，依法将金融活动纳入监管范围，提高监管能力。

随着监管方针的确定和政策的细化落地，对于互联网金融监管已取得显著成果。自2018年11月湖南省公示首批网贷机构取缔名单至今，陆续有城市公布辖区内网贷机构清退名单，2019年15个城市公布P2P清退名单至少涉及804家网贷机构。① 北京市地方金融监督管理局官网公布《关于2021年市政府工作报告重点任务进展情况（截至7月份）》公告提到，2020年9月末，我市已无在营P2P网贷平台，提前实现国家网贷整治办部署阶段性清零目标，存量正在逐步化解。②

【案例分析】

互联网金融创新内生于实体经济的金融需求，促进了金融分工和专业化淡化，金融产品简单化，金融脱媒、去中介化、金融民主化、普惠化。互联网金融带来的金融变革及市场风险吸引了经济法学界和法学界学者的广泛关注。如何实现金融安全与金融发展之间的平衡成为理论与实践的重要命题。从互联网金融监管的阶段性演变中，更好地明确政府的角色定位和权利义务，从而促进互联网金融的健康有序发展。

一、对互联网金融进行监管的必要性

由于互联网金融实现了互联网技术与金融业务的融合，在带来便利的同时也伴随了特殊的风险。在大数据、云计算等技术加持下，数据分析水平得到强化，同时也提高了金融风险的管理效率。然而，互联网金融作为一种金融创新，其本身兼具了互联网、金融以及二者融合等三重风险。尤其是互联网金融具有的碎片化、跨界性以及传染性，提升了引致新的金融风险的可能性。首先是技术层面带来的风险，主要包含以下四个方面：其一是基于信息而产生的泄露和处理等问题；其二是基于资金而产生的存管和安全等问题；其三是基于技术系统而产生的金融基础设施风险；其四是基于人为和程序而产生的操作风险。其次，是金融层面带来的风险，因为互联网金融仍未脱离金融的本质，主要有以下几个方面：一是信息不对称风险，体现在互联网金融的身份确认、信用评价以及资金流向等多个

---

① 参见《全国15地清退进展：涉及804家P2P平台》，载网贷之家（2019年11月10日）：https：//www.wdzj.com/news/yc/5273347.html，最后访问时间：2022年1月23日。

② 参见《北京市地方金融监督管理局关于2021年市政府工作报告重点任务进展情况（截至7月份）》，载北京市地方金融监督管理局（2021年8月16日）：http：//jrj.beijing.gov.cn/tztg/202108/t20210816_2469123.html，最后访问时间：2021年12月20日。

方面，此外，大数据分析也可能带来信息噪音；二是信用风险，由于互联网金融监管尚待完善，相应金融消费者保护机制也不健全，互联网金融可能引发更严重的信用风险，例如频频暴雷的 P2P 网贷公司；三是流动性风险，由于互联网金融环节众多，技术繁杂，资金高速流转，任一环节出现问题都可能使资金链断裂，引发流动性风险；四是法律和政策风险，由于目前正处于互联网金融监管体系完善的一个过程中，互联网金融的发展将面临不确定的法律和政策风险。[1]

风险的集聚导致了互联网金融恶性事件爆发，面对频频爆发的 P2P "暴雷"，监管部门陆续出台多项政策法规，以规范互联网金融市场。这是监管部门代表国家履行国家经济职能，在其权限范围内，依照法定程序对市场进行监管。国家干预经济的权利来自国家经济职能的强化与拓展，来自国家行政权力中的一部分被专门用于市场经济的调节。因此，尽管被称为权利，但是表现出行政权力的特性，更多地体现出国家的意志。在对互联网金融市场的监管中，由于问题平台的大量存在，各地金融监督管理部门依据中央的战略部署，细化政策措施，清退不良网络贷款平台。问题平台的强制清退正是金融监督管理部门行使市场监管权。这种监管权是基于市场自我调节失灵，国家积极介入和干预经济的大背景下，为了维护金融市场秩序，维护金融消费者利益的一种经济权利。虽然名为"权利"但那时更多体现一种国家的强制力，与传统的民商法中体现意思自治的权利有显著差别。这体现了经济法律关系中，国家权力与权力的高度复合性。

二、互联网金融创新促进的监管体系变革

历史经验显示，金融监管体系的变革与金融市场创新是同步的，中国也是在不断地针对新的经济金融环境完善监管框架。2015 年习近平总书记在关于《中共中央关于制定国民经济和社会发展第十三个五年规划的建议》的说明中指出，随着我国金融也发展速度明显加快，形成了多样化的金融机构体系、复杂的产品结构体系、信息化的交易体系、更加开放的金融市场，特别是综合经营趋势明显，这对现行的分业监管体制带来重大挑战。近期资本市场的剧烈波动暴露了愈发频繁的局部风险，这说明现行的监管体系与金融发展之间存在体系性矛盾。因此，在第五次全国金融工作会议上提出成立"金融稳定发展委员会"（以下简称"金稳委"），防范和化解金融风险，进行宏观审慎监管既是其权利，也是其义务。央行行长周小川在 2017 年 G30 国际银行业研讨会上表示，金稳委未来将重点关注四方面问题，其中便包括互联网金融。在新的监管框架下，国务院金稳委主要是加强金融宏观审慎管理、增强金融监管协调性权威性有效性。金稳委是我国现代监管体系的重要组成部分，也是加强宏观审慎管理的制度性安排。

在互联网金融野蛮生长的过程中，由于监管不足导致了风险的快速集聚，最终引发恶性事件。因此，监管部门积极作出反映，不断调整监管政策，重新划分监管职责，探索新时代下新的监管体系，实现互联网金融发展态势与金融监管秩序之间的平衡。2014 年，互联网金融首次被写入政府工作报告，报告中提到，促进互联网金融健康发展，完善金融

---

[1] 参见郑联盛：《中国互联网金融：模式、影响、本质与风险》，载《国际经济评论》2014 年第 5 期。

监管协调机制。此后，每年政府工作报告中都提到互联网金融，从健康发展，到规范发展，到警惕风险，再到健全监管。一方面说明互联网金融已经成为我国经济发展的重要因素，持续受到国家层面的关注，另一方面也说明了互联网金融行业正在逐渐成熟，从蓬勃发展到合规发展，从无行业规则到健全的监管环境，互联网金融正在从专项整治向常态化监管转变。政府经济调控权和监管权的行使是保持国民经济协调和稳定发展的重要保障，权利与义务是一体两面的。面对互联网金融所引发的诸多恶性事件及其带来的潜在风险，调制主体依据相关法律，有义务对互联网金融市场进行调控和监管，其履行义务的方式便是行使其宏观调控和监管的权利。在经济法律关系中，国家权利和义务高度一体化。

三、对我国互联网金融监管的建议

基于互联网金融的特殊性和重要意义，要探索出既保持互联网金融市场发展活力又实现风险控制的一条监管之路。互联网金融的出现打破了原有的金融排斥局面，金融包容是与金融排斥相对的概念，互联网金融所蕴含的金融包容理念与普惠金融所蕴含的公平、平等和人文情怀是契合一致的。金融包容在互联网金融监管层面的应然诉求包括适度监管，即既不能因监管过度而扼杀金融的创新活力，重蹈金融抑制的覆辙；也不能因监管不足而导致金融秩序紊乱，诱发系统性金融风险。在对互联网金融发展的过程中，前期因为监管的缺位导致问题平台的大量涌入，恶性事件的集中爆发。而在随后的专项整治和长效监管中，互联网金融平台多面临转型或清退，互联网金融丧失了最初的发展势头。随着各地清退工作的深化开展，问题平台逐渐退出互联网金融市场，但是也缺少竞争充分、活跃的互联网金融市场。我们仍在寻求保持互联网金融发展活力和金融安全之间的平衡点。2019年8月，中国人民银行在《金融科技（FinTech）发展规划（2019—2021）》中对于平衡好安全与发展的关系提出了更高的要求。

在互联网金融市场监管的过程中，处理好安全与发展的关系，即需要处理好政府和市场的关系。政府是"有限政府"而非"全能政府"。"有限政府"是指在市场经济体制下，仅以克服市场的缺陷和不足为目标的政府。该有限性表现在：（1）由人组成的政府具有"有限理性"，不可能全知全能、包办一切；（2）政府对经济运行的干预是有限度的，仅在市场失灵的范围内，不能肆意干预市场，更不能替代市场。从本质上来讲，政府对市场的干预是一种制度替代，这种制度替代决定了政府地位的派生性。政府对市场进行干预需设定边界，这个边界就是以市场失灵为限。

✱✱✱ 拓展阅读 ✱✱✱

权力清单制度

党的十八届三中全会首次提出的"权力清单制度"是新时期中国共产党推进国家治理体系和治理能力现代化的重大举措。随后《中共中央关于全面推进依法治国若干重大问题的决定》明确提出推行权力清单制度建设法治政府。权力清单制度无疑是党领导人民探索现代化国家治理的制度性回应。对权力清单制度的回顾和学习，能够帮助我们更好地理解经济法调制主体权利的特殊性。

【案例概要】

在党的十八届三中全会上提出"推行地方各级政府及其工作部门权力清单制度，依法公开权力运行流程"，这是我国首次提出"权力清单制度"。这是加强权力运行制约和监督体系建设的一项重大举措，有利于深化行政审批制度改革，有利于加快政府职能转变，有利于政府治理体系现代化，有利于把政府权力关进制度的笼子里，打造有限、有为、有效的法治政府和服务型政府。当前，部分地方政府已加紧进行权力清单制度的编制和公开工作。而我们要实现"干部清正、政府清廉、政治清明"的政治建设新目标，公开"权力清单"是极其重要的一步。党的十八届四中全会通过的《中共中央关于全面推进依法治国若干重大问题的决定》（以下简称《决定》）明确提出，加快建设职能科学、权责法定、执法严明、公开公正、廉洁高效、守法诚信的法治政府。关于如何加快建设法治政府，《决定》提出了依法全面履行政府职能、健全依法决策机制等六个方面的具体要求。而"推行政府权力清单制度，坚决消除权力设租寻租空间"是实现全面履行政府职能的重要措施，也是加快建设法治政府的重要内容。在党中央建设目标的指引下，各地在推行权力清单和相应责任清单方面进行了有益探索，取得了积极成效。为全面推进这项工作，2015年3月24日中共中央办公厅、国务院办公厅印发《关于推行地方各级政府工作部门权力清单制度的指导意见》。根据该意见要求，省级政府权力清单公开工作已经完成。31个省份已全部公布省级政府部门权力清单，其中24个省份公布了责任清单，17个省份公布了市县两级政府部门的权力清单和责任清单。[①]

[①] 参见《省级政府全部公布权力清单 数量甚至差异一倍多》，载中国法院网（2016年2月1日）：https://www.chinacourt.org/article/detail/2016/02/id/1802536.shtml，最后访问时间：2022年2月1日。

【案例分析】

权力清单制度的逻辑起点在于限制权力而非设定权力，具体而言，是梳理和统计政府各部门的公共权力，通过清单的形式向社会公布各项行政职权的行使主体、权力依据及范围、相关程序以及相应责任。进言之，权力清单制度具有两层深意：首先，明晰了权力的边界，将政府部门享有的权力类型、职责范围、审批程序等内容通过清单的方式加以确定。权力清单划定了清晰的边界，于政府部门而言"法无授权不可为"。清单之内，政府部门应合理行使权力，履行职责；清单之外，政府不享有法定职权实施对市场、公民的权利义务产生影响的行为。其次，落实权力公开，通过清单将权力类型、范围及运行程序、职责权限向社会公开，将权力运行置于阳光之下，接受公众监督，以促进权力运行的规范化、公开化和透明化。

由于经济法主体的权利在很多情况下表现出行政权力的特性，体现国家的意志和国家强制力，因此明确政府经济干预权的边界是经济法的重要命题。政府对经济生活实施干预的过程，实际上是一个在界定政府经济干预权的基础上，对政府经济干预权进行配置和行使的过程。在现代社会，尽管在应然层面上市场在资源配置中具有决定性作用，政府干预的目的限于市场失灵，但从实然层面看，政府干预往往会出现扩张与缺位并存的现象。因此，为避免政府干预的恣意和缺位，既充分发挥市场配置资源的决定性作用，又切实保障政府干预克服市场失灵的效应，合理划定政府权力的边界成为其必然要求。权力清单制度就是为行政权力划定边界，明确政府"可为"的范围，"不可为"的边界也相应明晰。权力清单制度便是新的历史时期全面深化改革的重要内容，有助于提高行政效能、调控行政立法、深化行政治理、优化行政服务、推进行政公开。广推权力清单制度，是从中央到地方自上而下施行的政府内部的自觉行动，是一次具有中国特色的行政管理色彩强于法律强制要求的自我变革。

✦✦✦ 拓展阅读 ✦✦✦

金融机构的适当性义务：原油宝事件

中国银行于 2018 年 1 月开办"原油宝"产品，为境内个人客户提供挂钩境外原油期货的交易服务。其中，美国原油品种挂钩芝加哥商品交易所（CME）的德州轻质原油（WTI）期货首行合约。2020 年受多重因素影响，发生了"原油宝穿仓事件"。回顾原油宝事件始末，有助于我们学习了解中国银行作为经营主体应承担的适当性义务。

【案例概要】

纽约时间 2020 年 4 月 20 日，芝加哥商品交易所（CME）的 WTI 原油 5 月期货合约结算价史无前例地跌到负值。北京时间 4 月 21 日，中国银行发布公告原油宝产品美国原油合约暂停交易。4 月 22 日中国银行发布两则公告，公示原油宝业务结算价格、交易安排以及业务情况说明。此次中行原油宝多头持仓客户共计 3621 户，凌晨持仓亏损 2.1 亿元，亏光本金还欠中国银行 2.7 亿元，投资者人均损失 16 万元。[①] 投资者不满之声骤起，随后 4 月 22 日中国银行又发布一则关于"原油宝"产品情况的说明，表达对原油宝投资者承担巨额损失的不安。4 月 30 日，银保监会回应"原油宝"事件，表示对此保持高度关注，要求中国银行尽快梳理查清问题。5 月 5 日，中国银行再次发布《关于回应"原油宝"产品客户诉求的公告》提出积极寻求和解。5 月 6 日，银保监会负责人表示，在前期调查的基础上，已于近日启动立案调查程序。7 月 21 日，已有 27 省高院陆续发布公告，对分散在各地的"原油宝"民事诉讼案件实行集中管辖。12 月 5 日，银保监会办公厅发布《中国银保监会依法查处中国银行"原油宝"产品风险事件》依法对中国银行及其分支机构合计罚款 5050 万元。2020 年 12 月 31 日，江苏省南京市鼓楼区人民法院对 2 件原告投资者诉被告中国银行的涉"原油宝"民事诉讼案件一审公开宣判，判决中国银行承担投资者全部穿仓损失和 20% 的本金损失，返还扣划的投资者账户中保证金余额，并支付相应资金占用费。2021 年 2 月 10 日，"原油宝"案件二审结果公开，判决驳回上诉，维持原判。

---

① 参见《追问中行"原油宝"事件 高风险产品为何变为常规理财？》，载《中国经济周刊》2020 年第 8 期。

【案例分析】

2015年第八次全国民事商事审判工作会议初步明确了适当性义务在民事审判中的适用问题，此后，2019年11月，最高人民法院发布《全国法院民事商事审判工作会议纪要》（以下简称《九民纪要》），这是首次从司法审判角度正式对"适当性义务"进行完整界定。《九民纪要》确立的对金融消费者倾斜保护的原则是为了回应现实需要。这项原则在司法实践中体现于"卖者尽责，买者自负"的裁判思路，其深层逻辑是买卖双方处于明显信息不对称地位，卖方机构在交易中应充分尽到适当性义务。了解客户、了解产品和适当销售体现了金融机构适当性义务的核心内容，由此可见，金融机构适当性义务包含告知说明义务和适当销售义务两个部分。此次事件的背景是美国芝加哥商业交易所修改规则允许期货合约价格为负，中国银行知情却并未就金融产品风险等级变化对金融消费者进行风险提示，因此出现金融消费者风险承受能力与金融产品风险等级不适配的情况。此外，中国银行设计"原油宝"产品时，将其定位为非杠杆金融产品，交易风险相对可控。然而，在美国芝加哥商业交易所调整系统规则和报价方式后，原油宝产品追加设置了保证金以及强制平仓的规则，原油宝产品的风险等级显著增加。从银保监会的处罚理由中可以看出在原油宝事件中中国银行并未良好履行适当性义务，未对产品开展压力测试相关工作，未能准确了解该产品的风险等级。其次，个别客户年龄不满足准入要求，存在销售管理不合规。原油宝事件反映出中国银行对产品和客户了解不足，以至于并未能实现客户与产品的良好适配。

虽然理论上对于适当性义务的法律定位究竟是信义义务还是法定义务仍存在争论，但是实践情况表明，适当性义务应贯穿交易的始终，在缔约前，适当性义务属于先合同义务，如同《九民纪要》中明确的因违反该义务所承担的民事责任类型应未缔约过失责任，该阶段的义务表现为告知说明义务和适当销售义务。而在履约过程中，适当性义务属于合同附随义务。实际操作中，金融消费者与金融机构签订的多为格式合同。在合同履行阶段，将适当性义务视作诚信义务将有益于弥补格式合同的固有缺陷。

✳✳✳ 拓展阅读 ✳✳✳

经济法责任的特殊性——惩罚性赔偿制度

惩罚性赔偿不以造成人身损害为前提——郑某与某儿童食品公司网络购物合同纠纷案（最高人民法院发布食品安全民事纠纷典型案例）

【案例概要】

2015年10月20日，郑某在某儿童食品公司的网上店铺购买果冻一盒。后郑某在食用过程中，发现其中一个果冻存在异物（注：该果冻未拆封），经辨认后发现异物为蜘蛛。该果冻亦为某儿童食品公司生产。双方协商未果，郑某提起诉讼请求某儿童食品公司向其退还货款并支付赔偿金1000元。

【案例分析】

郑某购买和食用的果冻系被告生产销售的，在该果冻中发现了类似蜘蛛状的异物。《GB19299—2015食品安全国家标准果冻》中对于感官要求予以了明确规定，"感官要求状态无正常视力可见的外来异物"。本案中的被告生产销售的果冻不符合食品安全标准。《中华人民共和国食品安全法》第一百四十八条对于相应法律责任作出了规定。① 本案中，虽然郑某并未食用，也不能证明该食品造成了人身损害后果，但是《食品安全法》规定的惩罚性赔偿不以消费者遭受人身损害为前提。因此，本案中，郑某请求被告退还货款并支付赔偿金1000元，于法有据，应予支持。

由于经济违法行为侵害的是社会利益，可能给不特定公众造成损失，因此经济法律责任必须具有威慑和惩罚的作用。经济法上的责任突破了承担民事责任的"填平"原则，即使在传统上被视为"民事"赔偿责任的领域，责任主体也通常被施加了高于补偿标准的法律责任，其目的在于奖励提起诉讼的通常处于弱势地位的受害人，并对违法行为人形成重要的威慑作用，其典型即为我国《消费者权益保护法》《食品安全法》等规定的经营者对消费者承担的惩罚性赔偿。

---

① 《中华人民共和国食品安全法》第一百四十八条第二款规定："生产不符合食品安全标准的食品或者经营明知是不符合食品安全标准的食品，消费者除要求赔偿损失外，还可以向生产者或者经营者要求支付价款十倍或者损失三倍的赔偿金；增加赔偿的金额不足一千元的，为一千元。但是，食品的标签、说明书存在不影响食品安全且不会对消费者造成误导的瑕疵的除外。"

第六章　经济法的制定与实施

学习回顾

　　经济法的制定是经济法运行的起点。经济法的制定，是指有关主体依据法定权限，经过法定程序，运行用一定技术，创制、修改、废止和解释经济法的活动。经济法的制定受政治因素、经济因素、社会因素和认知因素等影响，因而具有自身的特点。

　　经济法贵在实施。经济法的实施，是一定主体依照法定权限和程序，将经济法规范贯彻落实到社会现实的过程。只有有效实施经济法，才能实现经济法的预期调整目标。经济法的实施有利于实现经济法治、是促进社会经济发展的重要举措。

学习重点

1. 经济法制定的意义。
2. 经济法实施的意义。
3. 影响经济法制定与实施的主要因素。

案例介绍

【核心案例】"国十五条"调控房价和"投放储备粮食"抑制粮价。经济法的制定和实施是经济法的逻辑起点和终点,以"国十五条"调控房价和"投放储备粮食"抑制粮价这一核心案例为切入视角,从政府干预市场经济活动及其干预中可能出现的政府失灵出发,讨论经济法制定对于经济社会发展的重要性。

【拓展阅读】经济法法典化。经济法的法典化,意味着经济法在立法上将完成体系化的构建,法典化之后的经济法,将有助于经济法形式和结构的集约化、系统化、规范化和稳定化,有助于形成经济法自身的统一法律价值、统一法律原则、统一法律秩序、统一法律适用标准和统一的稳定、可预期性。

【拓展阅读】月嫂无法按约提供服务消保委调解退定金。经济法的私人实施是经济法一种重要的实施方式。通过私人实施能够使得法律制度得到落实,纠纷得到解决,是法律本身所倡导的方式。

【拓展阅读】江苏省泰州市环保联合会诉泰兴锦汇化工有限公司等水污染民事公益诉讼案。通过该案例的分析,讨论经济法的社会实施方式。

阅读思考

1. 如何理解经济法的制定?
2. 如何理解经济法的实施?
3. 经济法的实施方式有哪些?

*** 核心案例 ***

"国十五条"调控房价和"投放储备粮食"抑制粮价

经济法的制定和实施是经济法的重要内容，经济法的制定决定了经济法是什么，经济法的实施决定了经济法功能的发挥。通过分析国家干预经济的方式和手段，以及国家经济干预中可能出现的"政府失灵"，来说明经济法制定对于经济法实施的重要性，在此基础上进一步引申出经济法实施的不同方式。

【案例概要】

事件1：为稳定房地产价格，实现房地产业的宏观调控，2006年5月24日国务院办公厅转发建设部、发展改革委、国家监察委员会、财政部、国土资源部、人民银行、税务总局、统计局、银监会《关于调整住房供应结构稳定住房价格意见的通知》（国办发〔2006〕37号）文件。该文件共15条，所以被业界称为房地产宏观调控"国十五条"。其中有以下关键性内容：

（1）制定和实施住房建设规划。要重点发展满足当地居民自住需求的中低价位、中小套型普通商品住房。

（2）明确新建住房结构比例。自2006年6月1日起，凡新审批、新开工的商品住房建设，套型建筑面积90平方米以下住房（含经济适用住房）面积所占比重，必须达到开发建设总面积的70%以上……过去已审批但未取得施工许可证的项目凡不符合上述要求的，应根据要求进行套型调整。

（3）调整住房转让环节营业税。为进一步抑制投机和投资性购房需求，从2006年6月1日起，对购买住房不足5年转手交易的，销售时按其取得的售房收入全额征收营业税；个人购买普通住房超过5年（含5年）转手交易的，销售时免征营业税；个人购买非普通住房超过5年（含5年）转手交易的，销售时按其售房收入减去购买房屋的价款后的差额征收营业税。

（4）有区别地适度调整住房消费信贷政策。为抑制房价过快上涨，从2006年6月1日起，个人住房按揭贷款首付款比例不得低于30%。考虑到中低收入群众的住房需求，对购买自住住房且套型建筑面积90平方米以下的仍执行首付款比例20%的规定。

（5）保证中低价位、中小套型普通商品住房土地供应。各级城市人民政府要编制年度用地计划，科学确定房地产开发土地供应规模。要优先保证中低价位、中小套型普通商品住房（含经济适用住房）和廉租住房的土地供应，其年度供应量不得低于居住用地供应总量的70%；土地的供应应在限套型、限房价的基础上，采取竞地价、竞房价的办法，以招标方式确定开发建设单位。继续停止别墅类房地产开发项目土地供应，严格限制低密度、大套型住房土地供应。①

事件2：(《甘肃日报》2011年12月3日报道) 为平抑我省粮价，省政府日前决定在省内市场投放3亿斤省级储备小麦。12月1日，首批5000万斤小麦在兰州国家粮食交易中心公开竞价销售，成交率达98%，为今年下半年以来全国大宗粮食交易成交率之最。

今年以来，我省城乡居民消费价格指数（CPI）涨幅比较快，为了把老百姓的生活安排好，把持续上涨的价格降下来，省政府决定动用省级储备粮来稳定粮食市场。省粮食局、省发改委、省财政厅、省农发行报请省政府启动了《甘肃省省级储备粮动用预案》，并组织政策性粮源，集中投放3亿斤省级储备粮，以优惠价直销城乡消费者。今天的交易现场，来自省内的17家定点面粉加工企业参与网上竞购，最终小麦成交量达4900万斤，以每斤1.12元的销售底价成交。

据了解，今年下半年以来，全国各大粮食交易批发市场上的大宗小麦竞拍成交率都在10%左右徘徊。而我省组织的本次旨在调控市场的省级储备粮竞价销售，粮源充实，品质优良，均为国标一、二等小麦；且价格优惠，销售底价为每斤1.12元，低于同期从国内小麦主产区购进到甘肃的每斤1.18元至1.2元的价格，因此成交率高达98%。

成交的首批4900万斤小麦，将通过承担国家粮食宏观调控任务的省内定点面粉加工企业加工后，以优惠价格供应省内广大城市居民、农村缺粮农民、食品加工企业等，稳定粮食市场价格。据悉，第二批1亿斤、第三批1.5亿斤省级储备小麦销售计划，将分别于12月16日和2012年元旦、春节期间在兰州国家粮食交易中心竞价交易。②

【案例关联法条】

1.《中华人民共和国城市房地产管理法》

第一条 为了加强对城市房地产的管理，维护房地产市场秩序，保障房地产权利人的合法权益，促进房地产业的健康发展，制定本法。

第四条 国家根据社会、经济发展水平，扶持发展居民住宅建设，逐步改善居民的居住条件。

第七条第一款 国务院建设行政主管部门、土地管理部门依照国务院规定的职权划分，各司其职，密切配合，管理全国房地产工作。

2.《中华人民共和国价格法》

第三条 国家实行并逐步完善宏观经济调控下主要由市场形成价格的机制。价格的制

---

① 参见《国务院办公厅转发建设部等部门关于调整住房供应结构稳定住房价格意见的通知》（国办发〔2006〕37号）。

② 参见《甘肃平抑粮价 在市场投放三亿斤省级储备小麦》，载央广网：http://gs.cnr.cn/gsxw/kx/201112/t20111204_508874229.shtml，最后访问时间：2021年11月21日。

定应当符合价值规律,大多数商品和服务价格实行市场调节价,极少数商品和服务价格实行政府指导价或者政府定价。

【案例分析】

上述这两个案例主要涉及经济法的制定及其实施方式的问题。

从经济法的制定层面看,法律制度的供给是最基础的前提。经济法功能和价值的发挥,需要以既定的法律制度为依托,离开了法律制度的支撑,"巧妇也难为无米之炊"。作为一种法律创制活动,经济法的制定具有重要意义,可以起到为市场经济建章立制的作用。市场条件下,市场经济就是法治经济,在一个法治经济的宏观架构内,不管是政府的经济干预行为,还是市场主体的自由竞争行为,都需要受到法治的约束。体现在上述案例中,政府为调控房地产市场而出台的各种政策措施,应该在法治框架内,依法对市场进行干预,而不是脱离经济法治原则与精神的主观恣意行为;同理,甘肃省政府决定动用省级储备粮来稳定粮食市场的行为,被视为一种私权干预市场的方式(即政府自身可能作为市场主体参与市场交易活动),但依旧需要相应的法律制度对之予以约束,不然很容易产生公权力对市场主体私权利的侵害。从主要特点上看,经济法的制定是职权立法与授权立法的结合,是中央经济法制定与地方经济法制定的并举。体现在上述案例中,中央政府的经济干预行为,需要受到全国人大及其常委会制定法律的限制,地方政府的经济干预行为,除了受到全国性法律的规范外,还需要受到地方人大制定的法律的规范。

从经济法的实施上看,经济法是解决市场失灵——如市场垄断、公共产品供给、经济周期等问题的基本法律形式。如何解决市场失灵,关键是调制机制的合理科学运用。关于调制的方式,学者金泽良雄认为,经济法的干预包括"权力性干预"和"非权力干预",其中"权力性干预"包括依据法律施行的直接规制,依据行政权进行的规制,通过立法对私法方面设置强制性的规制。"非权力性干预"是指国家以非权力性和私法手段介入经济加以规制,包括以非权力性的措施来收购和出售特定物资;通过向特殊金融机关投资和贷款,借以提供国家资金,完成某种经济政策;直接向公共事业投资或向生产部门的特殊企业形态出资,等等。我国著名经济法学家李昌麒教授认为,经济法的干预方式有公权介入的干预方式和私权介入的干预方式,所谓公权介入的调整方法是指国家以公权者的身份对各种经济关系进行调整的措施或手段的总和;私权介入的调整方法是指国家使用非权力的、私法的手段直接介入经济生活的一种干预方式。上述两个事例中,第一个事例体现的便是经济法当中典型的公权干预的方式,例如新审批、新开工的商品住房建设,套型建筑面积90平方米以下住房(含经济适用住房)面积所占比重,以及营业税的征收办法的调整,等等,都是国家公权力的一种运用。甘肃省政府通过投放储备粮平抑粮食价格的做法,就是典型的私权干预方法,一般认为,经济法上的非强制性干预可划分为投资经营、经济合同、经济促导、行政给付、行业协会干预等类型,在这种干预手段下,政府并不借助于强制力即可实现对经济运行状态和模式的改变。不仅可以节约经济法实施的成本，而且还是现代公共管理的发展方向。当然，经济法实施方式不仅仅只有以国家调制为主的公共实施机制，也有以集体诉讼等为代表的私人实施机制，以公益诉讼为代表的社会实施机制等不同的实施方式。

*** 拓展阅读 ***

经济法法典化

从经济法制定的视角看，经济法法典化是经济法理论和实务界多年以来的目标之一。经济法的法典化，意味着经济法在立法上将完成体系化的构建，法典化之后的经济法，将有助于经济法形式和结构的集约化、系统化、规范化和稳定化，有助于形成经济法自身的统一法律价值、统一法律原则、统一法律秩序、统一法律适用标准和统一的稳定、可预期性。当然，经济法的法典化对于经济法的实施自然也有重要的推动作用。

【案例概要】

有关经济法法典化的一则新闻（2013年）：

经济法法典化还需实践探索

（法制日报讯，记者陈丽平）记者近日从全国人大财政经济委员会了解到，针对全国人大代表提出的制定经济法的议案，财经委认为，制定经济法，实现经济法的法典化还需要更多的实践探索。

在去年3月举行的十一届全国人大五次会议期间，黄河等30位代表提出议案认为，经济法是中国特色社会主义法律体系中的重要法律部门，目前我国已有六十部具体的经济法律，但没有一部统领、协调这些具体经济法律制度的基本经济法，建议制定经济法。

全国人大财经委认为，从八届全国人大开始，我国按照建立社会主义市场经济体制的要求，为适应经济体制改革和经济社会发展的需要，加快各项经济立法，采用了分类单项立法的方式，实践证明，这种方式是行之有效的。①

【案例分析】

本事件主要涉及经济法的制定。

经济法制定是经济法功能得以存在的前提，也是经济法实施的根本保障，没有法律被制定出来，也就无所谓实施。广义的经济法制定，是指国家机关依照法定的立法权限和立

---

① 参见《经济法法典化还需实践探索》，载中国人大网，http://www.npc.gov.cn/zgrdw/huiyi/ztbg/11j5cdhyasyjgjybl/2013-01/17/content_1751538.htm，最后访问时间：2021年11月30日。

法程序,制定、修改和废止经济法相关法律规范的活动。从经济法制定的终极目标看,法典化是经济法制定的终极目标。既有的经济法分散立法的模式,尽管体现了经济法的回应性、开放性、政策性等特征,也有效促进和保障了市场经济的发展。但分散立法下部门利益法定化、法律与政策的混同,以及实施中的法律适用冲突或者缺位等,终究还是体现了分散立法的缺陷,经济法立法统合,即经济法的法典化理应成为未来主要的发展方向。

从经济法法典化的重要性来说,程信和教授指出:中国经济法可定位于"国民经济发展法",其最高表现形式应是《经济法典》,它不仅要为推进中国的发展提供经济宪章,而且可为构建人类命运共同体提供经济法治范本。制定《经济法典》具有完全的必要性和基本的可行性,展示出经济法集成化的历史大势。[①] 当前,我国经济法立法已趋于完备,在形式上逐渐形成了较为完备的制度体系,但在内容上却是分散的,而法典化则是实现形式和内容双重统一的主要方式,是提高立法质量、优化经济法内部结构和体系的重要路径。"经济法法典化不是现行立法的简单合并,而是需要通过'立法整合'来对现行立法进行梳理,实现从'综合法'到'整合法'的实质性转变。"[②]

[①] 程信和、曾晓昀:《经济法典:经济法集成化之历史大势》,载《政法学刊》2021年第1期。
[②] 焦海涛:《经济法法典化:从"综合法"走向"整合法"》,载《学术界》2020年第6期。

*** 拓展阅读 ***

月嫂无法按约提供服务消保委调解退定金

经济法的私人实施是经济法的一种重要的实施方式。通常而言,通过私人实施能够使得法律制度得到落实,纠纷得到解决,是法律本身所倡导的方式。这种实施方式不仅有助于节约司法资源,也有助于促进社会的团结。

【案例概要】

一、案情简介[①]

丽水市莲都区的叶先生因二孩即将出生,在 2016 年 8 月就提前到市区某家政服务公司预定了月嫂服务,叶先生通过已接受过该家政公司月嫂服务的朋友介绍下,点名指定了两名服务价格为 7800 元的五星级服务月嫂,以产妇预产期约定 2017 年正月初八开始接受服务,并支付了 800 元定金。然而让叶先生没想到的是预产期提前,孩子在大年三十就出生了,叶先生在手忙脚乱一番后,马上电话联系了自己预订服务的家政公司询问指定的月嫂是否可以提前来,但家政公司以春节放假为理由表示预定的两名月嫂都无法前来,但工作人员口头承诺在正月初八会准时服务。无奈的叶先生只得等到正月初八再与家政公司联系,然而工作人员回复还是无法提供服务,叶先生指定的两名月嫂要等到正月十五以后才知道是否来上班,但表示公司可以提供其他月嫂代替预定的人。叶先生不同意用其他月嫂代替,要求与家政公司终止合同,退回 800 元定金。但家政公司以预定单上两名月嫂名字前加注了"优先"两个字为理由,从文字上可以理解为向叶先生提供服务并非仅限于注明名字的这两名月嫂,认为叶先生不接受公司提供的其他月嫂就属于违约,根据双方签订的格式条款中规定:由于客户原因预约取消的,定金概不退还,拒绝退还 800 元定金。叶先生多次与家政公司沟通都无法退回定金,于是向浙江省丽水市莲都区消费者权益保护委员会(以下简称"莲都区消保委")投诉,要求帮助终止约定退回定金。

二、处理过程及结果

莲都区消保委在受理投诉后约谈了家政服务公司的负责人,认为虽然家政公司以产妇预产期时间的不确定性、月嫂流动性大等原因无法明确指定服务人员按时提供服务,以标

[①] 参见《月嫂无法按约提供服务消保委调解退定金》,载中国消费者协会:http://cca.org.cn/tsdh/detail/28820.html,最后访问时间:2021 年 11 月 30 日。

注"优先"两个字作为免责依据,但根据新实施的《浙江省实施〈中华人民共和国消费者权益保护法〉办法》规定:"经营者在经营活动中使用的格式条款、通知、声明、店堂告示等应当符合法律、法规规定。对格式条款、通知、声明、店堂告示等内容的理解发生争议的,应当按照通常理解予以解释;有两种以上解释的,应当作有利于消费者的解释。经营者及其工作人员在提供商品或者服务时对商品或者服务的介绍、承诺,以及对消费者询问、投诉的答复,视为经营者的行为。"由于双方签订的月嫂预定格式合同内并未约定消费者要无条件接受家政公司提供的其他月嫂服务,从叶先生预定月嫂及后期要求提供服务的过程来看,双方预定的服务合同可以理解为叶先生的确是有特殊要求指定了两名月嫂而不接受其他月嫂服务,因此叶先生拒绝家政公司提供的其他月嫂服务不属于合同违约行为,家政公司没有理由没收定金。经区消保委多次当面调解,最终家政公司接受了调解意见,无条件退还叶先生800元定金。

【案例关联法条】

《中华人民共和国消费者权益保护法》

第四条 经营者与消费者进行交易,应当遵循自愿、平等、公平、诚实信用的原则。

第二十六条 经营者在经营活动中使用格式条款的,应当以显著方式提请消费者注意商品或者服务的数量和质量、价款或者费用、履行期限和方式、安全注意事项和风险警示、售后服务、民事责任等与消费者有重大利害关系的内容,并按照消费者的要求予以说明。

经营者不得以格式条款、通知、声明、店堂告示等方式,作出排除或者限制消费者权利、减轻或者免除经营者责任、加重消费者责任等对消费者不公平、不合理的规定,不得利用格式条款并借助技术手段强制交易。

格式条款、通知、声明、店堂告示等含有前款所列内容的,其内容无效。

第三十七条 消费者协会履行下列公益性职责:

(一)向消费者提供消费信息和咨询服务,提高消费者维护自身合法权益的能力,引导文明、健康、节约资源和保护环境的消费方式;

(二)参与制定有关消费者权益的法律、法规、规章和强制性标准;

(三)参与有关行政部门对商品和服务的监督、检查;

(四)就有关消费者合法权益的问题,向有关部门反映、查询,提出建议;

(五)受理消费者的投诉,并对投诉事项进行调查、调解;

(六)投诉事项涉及商品和服务质量问题的,可以委托具备资格的鉴定人鉴定,鉴定人应当告知鉴定意见;

(七)就损害消费者合法权益的行为,支持受损害的消费者提起诉讼或者依照本法提起诉讼;

(八)对损害消费者合法权益的行为,通过大众传播媒介予以揭露、批评。

各级人民政府对消费者协会履行职责应当予以必要的经费等支持。

消费者协会应当认真履行消费者合法权益的职责,听取消费者的意见和建议,接受社会监督。

依法成立的其他消费者组织依照法律、法规及其章程的规定，开展保护消费者合法权益的活动。

【案例分析】

该案例主要涉及经济法的私人实施问题。

经济法私人实施，是指社会组织和个人为实现及维护其权益即个体私益通过行使私人（个体或其集合）权利实施法律，典型为提起单独或共同诉讼，还包括未进入诉讼程序的一系列方式，如"自力救济"和非诉和解。① 私人当事人基于自身的利益，一定不会轻易放弃根据相关法律寻求救济的机会，这样一来经济法的实施就不会因为公共部门的不作为而出现形同虚设的情况。② 且经济法私人实施比公共实施节约成本，比社会实施积极性更高。私人实施在经济法中最多地当属于反垄断实施，即那些自身利益受到反垄断违法行为影响的法人和自然人通过法院提起民事诉讼或通过仲裁等方式来实施反垄断法，即反垄断法私人诉讼。③ 当然，经济法的私人实施并不仅仅局限于反垄断法领域，消费者保护领域、食品药品安全领域甚至国家干预印记最强的金融财税领域也具有私人实施的可行性与必要性。

本案属于典型的经济法私人实施。本案中，消费者自身首先通过"自力救济"的方式，积极寻求自身合法权益的保护，在最终协商无果的情况下，选择向消保委投诉，而消保委的介入调节，使得该问题得到了非诉和解。这种借助于自力救济以及消保委等消费者协会等组织实现合法权益保护的方式，不仅能够节约法律实施成本，而且也起到节约司法资源，减少纠纷当事人双方之间对立的积极作用。

---

① 赵红梅：《经济法的私人实施与社会实施》，载《中国法学》2014年第1期。
② 颜运秋：《经济法实施机制研究》，法律出版社2014年版，第88页。
③ 刘乃梁：《私人在经济法实施中的作用》，载《浙江工商大学学报》2014年第4期。

*** 拓展阅读 ***
江苏省泰州市环保联合会诉
泰兴锦汇化工有限公司等水污染民事公益诉讼案

经济法的社会实施，是经济法重要的实施方式之一。经济法的社会实施包含行业自治、公益诉讼和集体行动等方式。

【案例概要】

2012年1月至2013年2月间，常隆公司、锦汇公司、施美康公司、申龙公司、富安公司、臻庆公司违反国家环境保护法律和危险废物管理规定，将其生产过程中所产生的废盐酸、废硫酸等危险废物总计25934.795吨（其中：常隆公司废盐酸12561.785吨、锦汇公司废盐酸5673.339吨、施美康公司废盐酸2686.68吨、申龙公司废盐酸4746.99吨、富安公司废硫酸216吨、臻庆公司废硫酸50吨），以支付每吨20~100元不等的价格，交给无危险废物处理资质的主体偷排进泰兴市如泰运河、泰州市高港区古马干河，导致水体严重污染，造成重大环境损害，需要进行污染修复。根据江苏省环境科学学会〔2014〕苏环学鉴字第140401号《泰兴市12·19废酸倾倒事件环境污染损害评估技术报告》（以下简称《评估技术报告》）鉴定意见，常隆公司等六家公司在该污染事件中违法处置的危险废物在合法处置时应花费的成本（虚拟治理成本）合计36 620 644元，其中常隆公司18 939 279元、锦汇公司9 470 108元、施美康公司1 880 676元、申龙公司5 878 957元、富安公司378 931元、臻庆公司72 693元。根据生态环境部《关于开展环境污染损害鉴定评估工作的若干意见》（环发〔2011〕60号）的附件《环境污染损害数额计算推荐方法》（以下简称《推荐方法》）第4.5条的规定，应当以虚拟治理成本为基数，按照4.5倍计算污染修复费用。上述虚拟治理成本按4.5倍计算后的污染修复费用分别为：常隆公司85 226 755.5元、锦汇公司42 615 486元、施美康公司8 463 042元、申龙公司26 455 306.5元、富安公司1 705 189.5元、臻庆公司327 118.5元。

泰州市中级人民法院一审判决6家被告企业赔偿环境修复费用共计1.6亿余元，并承担鉴定评估费用10万元及诉讼费用。

二审判决认为，一审法院认定事实清楚，适用法律基本正确，程序合法，但所确定的判决履行方式和履行期限不当，诉讼费交纳金额亦不符合《诉讼费用交纳办法》的规定，应予纠正。上诉人上诉理由不能成立，本院不予采纳。维持泰州市中级人民法院〔2014〕泰中环公民初字第00001号民事判决第一项中关于赔偿数额部分，即常隆公司、锦汇公司、施美康公司、申龙公司、富安公司和臻庆公司分别赔偿环境修复费用人民币

82 701 756.8元、41 014 333.18元、8 463 042元、26 455 307.56元、1 705 189.32元、327 116.25元，合计 160 666 745.11 元。①

【案例关联法条】

《中华人民共和国环境保护法》

第五十八条 对污染环境、破坏生态，损害社会公共利益的行为，符合下列条件的社会组织可以向人民法院提起诉讼：

（一）依法在设区的市级以上人民政府民政部门登记；

（二）专门从事环境保护公益活动连续五年以上且无违法记录。

符合前款规定的社会组织向人民法院提起诉讼，人民法院应当依法受理。

提起诉讼的社会组织不得通过诉讼牟取经济利益。

【案例分析】

该案例主要涉及经济法的实施问题，属于社会实施的范畴。

所谓经济法的社会实施，是指社会组织和个人为实现及维护社会权益即集体公益通过行使社会（集体）权利实施法律，典型为提起（集团性）公益诉讼，还包括未进入诉讼程序的一系列方式，如在法国，消费者组织通过发起消费者集体"罢买"行动来"抵制"某个有损广大消费者权益的产品或服务。② 在经济法的社会实施模式下，绝大多数的实施方式最终还是需要依托司法实施机制来落实。当然，在提起集团性公益诉讼之前，比集团性公益诉讼外延更广的"公益诉讼"话题本身在经济法学界已不具有理论新鲜度。从社会治理的视角审视，社会治理的实现离不开社会实施，经济法社会实施的产生主要源于社会结构变迁所带来的法律制度创新，包含行业自治、公益诉讼和集体行动三种方式。③

本案属于经济法实施中典型的社会实施方式。根据《中华人民共和国环境保护法》和《中华人民共和国民事诉讼法》的规定，作为公益组织的江苏省泰州市环保联合会，在本案中属于适格的原告，其依法提起的（环境）民事公益诉讼，是社会组织为实现社会公共利益（环境利益），通过行使社会（集体）权利来实施法律的行为，属于典型的经

---

① 参见泰州市中级人民法院〔2014〕泰中环公民初字第00001号民事判决；江苏省高级人民法院民事判决书〔2014〕苏环公民终字第00001号，https://wenshu.court.gov.cn/website/wenshu/181107ANFZ0BXSK4/index.html?docId=1689340450e24cb2bd99f83543735738。

② 赵红梅：《经济法的私人实施与社会实施》，载《中国法学》2014年第1期。

③ 甘强：《论经济法的社会实施：源流、特征及其模式》，载《江西财经大学学报》2018年第1期。

济法社会实施方式。特别是本案对环境修复费用的确定、计算以及履行方式积极探索创新。法官将倾倒副产酸的损害后果确定为污染导致的生态破坏危险,引入虚拟治理成本计算法,采用支付环境修复费用的责任承担方式并探索具体履行路径,较好地考虑了实施效果。①

---

① 参见《最高人民法院发布环境公益诉讼十大典型案例》,载搜狐网:https://www.sohu.com/a/128409345_568454,最后访问时间:2022年2月2日。

第七章　宏观调控法的基本理论与制度

学习回顾

宏观调控法的基本理论是研究宏观调控法的基础。宏观调控法是调整宏观调控关系的法律规范的总称，也是经济法体系中的第一层次的部门法。宏观调控法的价值包括公平、效率、秩序，其宗旨为通过规范和保障国家宏观调控行为，预防和克服市场失灵，实现国民经济总量的均衡和结构的优化，实现物价平稳、就业充分和国际收支平衡，促进国民经济的有序运行和持续增长。宏观调控法的原则包括调控法定原则、调控绩效原则、调控公平原则、调控适度原则。宏观调控法体系包括财政调控法、税收调控法、金融调控法和计划调控法。宏观调控法的调整方式包括一般禁止式、积极义务式、有条件的允许式三种。

宏观调控法基本制度包括宏观调控法主体制度，其中调控主体是宏观调控行为的实施者，调控受体是宏观调控行为的受动者；宏观调控权配置制度，包括宏观调控权的横向配置和纵向配置；宏观调控的程序制度指按照既定程序制度行使宏观调控权，它是宏观调控行为的法治化；宏观调控的责任制度指违反宏观调控法的法律责任，是保障宏观调控法的守法、执法和司法的重要制度。

学习重点

1. 宏观调控法的理论基础。
2. 宏观调控法主体制度。
3. 宏观调控权配置制度。
4. 宏观调控的程序制度。
5. 宏观调控的责任制度。

第七章 宏观调控法的基本理论与制度

📝 案例介绍

【核心案例】 我国历次房价调控。通过回顾我国为调控房价而出台"国十条"和"国五条"的背景、内容及成效，学习我国宏观调控的目标、宏观调控手段。我国宏观调控法的目标为规范和保障国家宏观调控行为，预防和克服市场失灵，实现国民经济总量的均衡和结构优化，实现物价平稳、就业充分和国际收支平衡，促进国民经济的有序运行和持续增长；宏观调控法的原则主要包括调控法定原则、调控绩效原则、调控公平原则、调控适度原则。

【拓展阅读】 宏观调控法主体制度。通过分析大庆农村商业银行股份有限公司大同支行与中国农业银行股份有限公司大庆分行民事纠纷上诉案，结合我国现行法律法规及相关政策规定，深刻理解宏观调控主体的类型和宏观调控受体的类型。

【拓展阅读】 宏观调控权配置制度。通过分析陈某水与中国人民银行其他二审行政判决，并结合我国现行法律法规，思考我国宏观调控权的内涵、宏观调控权的配置依据以及宏观调控权配置制度分类。

【拓展阅读】 宏观调控的责任制度。通过分析李某违法发放贷款二审刑事裁定书，并结合相关法律法规，深入理解如何使宏观调控逐步走向法治化的轨道，以及当前我国宏观调控法法律责任的特点。

📝 阅读思考

1. 如何理解宏观调控的目标和手段？
2. 如何理解宏观调控法的体系？
3. 如何理解宏观调控权配置制度？
4. 如何理解金融危机背景下宏观调控的法治化？

✳✳✳ 核心案例 ✳✳✳

我国历次房价调控——以"国五条""国十条"为例

【案例概要】

2004年来，中央政府对我国房地产市场的调控主要经历了三个阶段：第一阶段从2005年3月到2008年8月，即金融危机前的调控。该阶段调控的主要目标为稳定房价。主要原因是，该阶段是我国国民经济正值快速发展时期，房地产已被视为经济泡沫的推手。第二个阶段从2008年9月到2009年10月，即金融危机期的调控。该阶段房地产政策的总体特征表现为放松紧缩性调控。第三阶段从2009年11月开始，即后金融危机时期的调控。该阶段的宏观调控是以抑制房价过快上涨为导向的调控。① 若以第三阶段为分析背景，不难发现的是，2010年初以来，国务院和相关政府部门频频出台了调控、限制的政策，以避免房地产市场的畸形发展。其中，以"国十条"和"国五条"最为重要。2020年后，国际形势严峻复杂，国内改革发展稳定的任务变得异常艰巨，尤其是在疫情的冲击下，全球经济遭遇了历史上最严重的经济衰退，对此，人民银行会同银保监会联合发布的相关文件指出，应该建立房地产贷款集中度管理制度，完善房地产金融管理长效机制。基于此，本部分将以房地产宏观调控实践中的典型政策为视角，对宏观调控法的基本原理展开分析。

1. 2010年4月17日颁布的《国务院关于坚决遏制部分城市房价过快上涨的通知》（以下简称"国十条"）为标志，被称为"史上最严楼市调控措施"。② 对于这场调控运动的合理性及实际效果，一直不乏各种争议。③

2. 为进一步调控飙涨的房价，国务院办公厅于2013年3月1日对外公布《国务院办公厅关于继续做好房地产市场调控工作的通知》（以下简称"国五条"）。其中，第二条第三款规定："对出售自有住房按规定应征收的个人所得税，通过税收征管、房屋登记等历史信息能核实房屋原值的，应依法严格按转让所得的20%计征。""国五条"颁布前，

---

① 谢志岿、曹景钧：《房地产调控：从行政控制到利益协调——目标替代的非正式规则与房地产调控模式转型》，载《公共行政评论》2012年第3期。

② 房价调控一直伴随着我国房地产市场的发展，不过与《关于促进房地产市场持续健康发展的通知》（2003）、《关于切实稳定住房价格的通知》（2005）、《关于调整住房供应结构稳定住房价格的意见》（2006）等相比，明确以"国十条"为目标、以行政强制的限购和限制信贷为核心，开辟了房地产调控的新阶段。

③ 吴弘：《房地产限贷措施性质的金融法分析》，载《法学》2011年第4期。

鉴于购房成本及合理费用的认定存在一定难度,加上税务机关执法人力有限,无法对所有个人转让住房所得逐一据实核查。是故,有人评价,按照住房转让所得20%征税的措施,较之于全国各地大多数地区按照不动产转让收入的1%~2%征收个人所得税,是政府运用税收手段调控房价的严厉之举。尽管该条公布后初期对二手房交易市场有着较大的影响,但是,就"国五条"具体实施情况来看,除了北京真正严格执行外,大部分城市依然是按照过去的做法来征收个人所得税。

3. 为贯彻落实党的十九大"健全货币政策与宏观审慎政策双支柱调控框架"的决策部署,人民银行牵头相关部门建立健全我国宏观审慎政策框架,并将房地产金融作为宏观审慎管理的重点领域,以防范潜在系统性金融风险。2020年12月,人民银行会同银保监会联合发布《关于建立银行业金融机构房地产贷款集中度管理制度的通知》,建立房地产贷款集中度管理制度,以健全我国宏观审慎管理制度,完善房地产金融管理长效机制。①

【案例分析】

一、房地产调控在宏观调控法中的意义

房价不稳定,不单是经济问题,还是政治问题与社会问题。主要原因在于:一方面,房价高涨容易导致经济房地产化,《福布斯》杂志2010年评选的全球金融泡沫中,中国房地产市场位居第二。② 这表明,房价是影响世界各国经济的重要因素。另一方面,房价高涨严重影响居民的生活质量,存在着巨大的社会风险。对此,中央政府出台了诸多调控措施,以控制飙涨的房价。从历年的房地产宏观调控政策来看,房价调控中宏观调控权的合法性、正当性以及实际取得的效果,是重要争议点。并且,在调控权运行过程中,存在着权力运行的结构、方式与方法、绩效管理等诸多方面的问题。

《中共中央关于全面深化改革若干重大问题的决定》中指出的相关内容对改革宏观调控、优化宏观调控权指出了新的方向及要求。③ 在房价调控实践中,政府宏观调控权的不足甚至缺陷被暴露无遗,而完善或优化宏观调控权,加强宏观调控权的法治建设,既可以有效回应市场对政府的需求,也可以通过科学、高效的调控体现政府公信力与法律权威。④ 从房价宏观调控实践不难发现其中存在的问题,这有助于推动理论研究,进而在实

---

① 《中国金融稳定报告(2021)》,https://baijiahao.baidu.com/s? id=1709872256671737572&wfr=spider&for=pc,最后访问时间:2021年9月10日。
② 谢志岿、曹景钧:《房地产调控:从行政控制到利益协调——目标替代的非正式规则与房地产调控模式转型》,载《公共行政评论》2012年第3期。
③ 例如,"加强财政政策、货币政策与产业、价格等政策手段协调配合,提高相机抉择水平,增强宏观调控前瞻性、针对性、协同性""使市场在资源配置中起决定性作用""深化经济体制改革,处理好政府和市场的关系"。
④ 冯辉:《论房价调控中宏观调控权的优化及其法治进路》,载《南京社会科学》2015年第9期。

践中强化宏观调控权的合法性和正当性。

二、宏观调控法的目标——以房地产市场的宏观调控为例

党的十九大报告明确提出，要"加快建立多主体供给、多渠道保障、租购并举的住房制度，让全体人民住有所居"。该顶层设计为新时代房地产市场调控优化和改革深化奠定了大方向。根据上述几次调控政策，也不难发现，新时代背景下，房地产宏观调控的主要目标在于形成科学规范、长期稳定的房地产市场调控机制和长效发展机制。① 进言之，房地产宏观调控目标能体现宏观调控权得以产生的内在依据，因此，它必然与市场安全、市场效率、市场公平等密不可分。尽管房地产宏观调控这一目标可能与房地产调控法律制度的最终价值追求一致②，但是，两者仍不能等同。因为房地产宏观调控的目标在于保障公平和自由的竞争机制，实现房地产市场稳定健康发展；而房地产宏观调控法律制度的目标可以被概括为规范和保障国家宏观调控行为，预防和克服市场失灵，形成完善的"支持住、抑制炒"的房地产市场调控体系和政府调控机制，进而实现经济和社会的良性运行和协调发展。③ 那么，在房地产宏观调控中，如何在市场经济背景下，通过良好的制度机制更好地发挥政府机制和市场机制的作用，有效促进房地产市场的稳定发展。

由此拓展，宏观调控的目标并非宏观调控法的目标。宏观调控的目标就是国家运用经济、法律和行政等手段对国民经济进行的调节和控制所要达到的目的，主要包括总量均衡、结构优化、充分就业、国际收支平衡四个方面。而"宏观调控法以防止宏观调控中的主观恣意、政府失灵和调控失败为宗旨，以保障宏观调控关系的规范、科学和高效运行为目标。它本身不能替代具体的宏观调控行为而直接克服市场失灵，不能直接促成市场的安全、效率与可持续发展"④。

三、宏观调控法定原则——以"国五条"为例

法定原则要求国家干预市场、调控经济运行的行为应由法律明确授权，并且受相关实体和程序规范约束。那么，"国五条"对个人转让住房所得的20%计征所得税的调控措施是否有法律依据，究竟有无侵犯人大代表的税收立法权？是否符合调控法定原则呢？

第一，房价调控是政府履行宏观调控职能、行使宏观调控权的重要体现。政府的经济与社会管理职能是《中华人民共和国宪法》《中华人民共和国国务院组织法》《中华人民共和国地方各级人民代表大会和地方各级人民政府组织法》等赋予的法定职权，调控权在形式上有充分的法律依据。

第二，"国五条"并不属于行政法规。人民具有纳税的义务，其依据应该以法律形式

---

① 丁如曦、倪鹏飞：《房地产市场调控优化及深化改革：目标原则与路径找寻》，载《改革》2018年第10期。
② 蔡磊：《宏观调控法若干基本概念辨析》，载《河北法学》2010年第4期。
③ 丁如曦、倪鹏飞：《房地产市场调控优化及深化改革：目标原则与路径找寻》，载《改革》2018年第10期。
④ 胡光志：《宏观调控法研究及其展望》，载《重庆大学学报（社会科学版）》2008年第5期。

而为之。根据《税收征收管理法》第三条第一款,明确除了全国人大及其常委会享有税收立法权以外,国务院可以通过制定行政法规的方式行使税收授权立法权。而根据《行政法规制度程序条例》第五条,一般称行政法规为"条例",也可以称之为"规定""办法"等。可见,"国五条"并不属于行政法规,无权开征新税种。

第三,"国五条"规定按住房所得的20%或按房价总额的1%~2%征收个人所得税符合程序规定。个人所得税的征收方式有两种,一是核实征收,二是核定征收。其中,核实征收主要适用于纳税资料、凭证完整者,后者根据《税收征收管理法》第三十五条规定,主要适用于纳税数据、凭证不完整者或不提供纳税资料者等情况。除法律又例外规定,原则上应以核实征收为原则。因此,不论是按照住房转让所得的20%征收,还是按照房价总额的1%~2%征收个人所得税,都有法律依据,具备程序合法性。

综上所述,"国五条"虽然不属于行政法规,但是并未涉及开征新税,并且程序上具有合法性,符合宏观调控法定原则。

四、宏观调控绩效原则——以"国十条"为例

调控绩效原则要求,国家宏观调控行为,应以提高经济运行的宏观效率、促进国民经济持续增长为目标。这不仅有助于规范宏观调控行为,还有助于有效引导市场主体的经营行为,从而实现经济资源的优化配置。

但从房价调控的实践来看,宏观调控权的绩效难尽人意。以"国十条"的实施为例,上至国务院下至相关部委,都要求坚持调控政策不动摇,并以各种数据显示调控成果。然而,中央在调控立场上,多次受到质疑。首先,普通大众所期望的房价下降并未到来,其中,刚需及改善型群体被此种调控"误伤";其次,开发商则认为调控并不与市场经济规律相符;再次,银行则担心房地产硬着陆、开发商资金链断裂,导致不良贷款;最后,煤炭、钢铁等上下游产业则埋怨调控导致本来就不景气的实体经济被进一步恶化。[①] 可见,近年来房价调控实践暴露出的问题尚未解决,调控形势却已变得更加复杂,调控难度进一步加大。可见,宏观调控权在关注合法性和正当性的同时,也不能忽视权力的绩效。在房价调控中宏观调控权的优化应该改善其功能和绩效。

---

① 冯辉:《论房价调控中宏观调控权的优化及其法治进路》,载《南京社会科学》2015年第9期。

*** 拓展阅读 ***

宏观调控法主体制度——大庆农村商业银行股份有限公司大同支行与中国农业银行股份有限公司大庆分行民事纠纷上诉案[①]

【案例概要】

一、案件事实

大同信用社向黑龙江省高级人民法院（以下简称黑龙江高院）提起诉讼称："行社脱钩"前，大庆农行于1995年底将其科目内核算并已形成逾期的贷款4 866万元打包划转给大同信用社，经大同信用社清收后，有4 548笔，共计43 120 908.95元未收回。同时，大庆农行指令大同信用社发放贷款41笔，共计1 746 294.59元，用于偿还大庆农行的逾期贷款及利息。为此，请求法院依法判令大庆农行返还强行划转贷款43 120 908.95元及指令贷款1 746 294.59元，合计本金44 867 203.54元，利息33 117 230.04元。

大庆农行一审答辩称："行社脱钩"期间，大庆农行下属营业所与大同信用社下属信用社在人民银行的主持下，对人员、财产、资金进行界定，形成了双方认可的确认结果，双方之间不存在未结清的债权债务关系。根据中国人民银行银传〔1998〕39号文件《关于农村信用合作社清偿对中国农业银行债务有关问题的通知》规定，1995年12月29日中国农业银行农银传〔1995〕68号《关于稳定当前行社工作的紧急通知》下发后，农业银行通过贷款凭证置换、对同一客户由信用社增加贷款、农业银行同时收回原贷款等方式将贷款资产转移给信用社而形成的债务，不应由信用社承担。而本案涉及的贷款发生在1995年11月30日前，是行社合署办公期间形成的，大庆农行不存在返还义务。即便大同信用社主张的上述事实存在，大庆农行亦不应支付利息。综上所述，请求驳回大同信用社的起诉。

一审查明：大同信用社主张的强行划转贷款及指令贷款均发生在1995年11月30日之前，即大同信用社脱离大同农行管理之前。

二、裁判要旨

1. 裁判理由

[①] 最高人民法院民事判决书，（〔2016〕最高法民终30号）。

法院生效判决认为：本案纠纷需要解决的关键问题是案涉债务是否属于民事案件受案范围。据此，判断原告主张能否成立应该以下步骤进行：大同农商行（即大同信用社）与大庆农行之间的纠纷是双方遵循平等、自愿、有偿的民法原则而建立的平等主体间的民事法律关系，还是基于行政隶属关系而形成的资金遗留问题。

1996年8月22日，国务院下发《关于农村金融体制改革的决定》（国发〔1996〕33号），明确提出改革农村信用社管理体制。1996年8月28日，国务院农村金融体制改革部际协调小组印发《农村信用社与中国农业银行脱离行政隶属关系实施方案》（农金改〔1996〕2号）。1996年9月24日，黑龙江省人民政府印发《黑龙江省农村金融体制改革实施方案》，对农村信用社与农业银行脱离行政隶属关系工作作出安排部署。在"行社脱钩"之前，农村信用社虽系独立企业法人，但隶属农业银行领导，接受农业银行管理，双方之间是领导与被领导、管理与被管理的关系，而非平等民事主体之间的民事法律关系。且在农村信用社和农业银行之间"行社脱钩"的过程中，确实存在着一批基于双方行政隶属关系而形成的内部资产划转、强制划转存贷款及其他资产负债、指令性贷款等具有行政色彩的债权债务。

具体到本案而言，在1996年9月24日之前，大同农商行的前身即原大同信用社隶属大庆农行领导，接受大庆农行管理，双方并非平等的民事主体。大同农商行主张，大庆农行通过将自己科目内核算并已形成逾期的贷款打包划转、指令发放贷款方式，侵占大同农商行本金43 285 596.94元及利息31 953 427.66元。经查，大同农商行主张的这些款项均发生在1996年9月24日之前，即属于"行社脱钩"之前，基于双方行政隶属关系而产生的资金划转行为。因此，即便大同农商行主张属实，由于前述款项系双方因行政隶属关系从而进行内部资产划转而形成，具有一定的行政色彩，而非平等民事主体之间的民事法律关系；且根据中国人民银行1998年7月13日发布的《关于农村信用合作社清偿对中国农业银行债务有关问题的通知》（银传〔1998〕39号）规定，"农村信用社难以接受的债务，当地人民银行应合情合理地进行调解。县（市）支行解决不了的，可报经人民银行省分行进行仲裁"。故该纠纷不应属于人民法院受理民事诉讼的范围。

2. 判决结果

黑龙江高院于作出一审裁定：驳回大同信用社的起诉。

一审诉讼过程中，大同信用社更名为大庆农商行。大庆农商行不服一审裁定，向最高人民法院提起上诉。最高人民法院遂作出二审裁定：驳回上诉，维持原判。

【案例关联法条】

《中华人民共和国中国人民银行法》

第二条 中国人民银行是中华人民共和国的中央银行。

中国人民银行在国务院领导下，制定和执行货币政策，防范和化解金融风险，维护金融稳定。

【案例分析】

一、裁判要点和意义

农村信用社与农业银行脱离行政隶属关系（以下简称"行社脱钩"）之前，农村信用社虽系独立企业法人，但隶属农业银行领导，接受农业银行管理，双方之间是领导与被领导、管理与被管理的关系，而非平等民事主体之间的民事法律关系。基于双方行政隶属关系而形成的内部资产划转、强制划转存贷款及其他资产负债、指令性贷款等资金划转行为引发的纠纷，不属于人民法院受理民事诉讼的范围。

中国人民银行是代表国家进行金融调控和管理的国家机构，负责农业银行和农村信用社脱钩的具体工作，其就"行社脱钩"相关问题所作出的规定应当具有普遍拘束力。

二、案例启示——宏观调控法的主体制度

宏观调控关系是政府在对国民经济实施宏观调控过程中所形成的调控行为的主体和调控受体之间的经济关系。当宏观调控关系通过法律的调整转化为宏观调控法律关系时，宏观调控关系中的主体就转化为宏观调控法律关系中的主体，即宏观调控法主体。因此，在宏观调控法中，宏观调控主体包括宏观调控主体和宏观调控受体。

1. 宏观调控主体

宏观调控主体是指宏观调控行为的实施者。在宏观调控法中，调控主体是宏观调控义务的承担者和宏观调控权力的享有者。具体言之，宏观调控主体在我国是一个从中央到地方各类不同行政主体横向交叉、纵向贯通的行政法律行为者网络。它是一个立体、协调的组织系统，包含调控决策的形成、安排、实施及监督等。从该意义出发，宏观调控主体包括决策主体、执行主体和监督主体。①

（1）宏观调控决策主体。宏观调控决策主体是指中央国家机关。相关会议决定指出："合理划分中央与地方经济管理权限，发挥中央和地方两个积极性。宏观经济调控权，包括货币的发行、基准利率的确定、汇率的调节和重要税种税率的调整等，必须集中在中央。这是保证经济总量平衡、经济结构优化和全国市场统一的需要。"② 根据该决定的规定，不难发现，国务院是宏观调控的决策主体。也就是说，地方政府并不享有宏观调控决策权。③ 例如，在我国，全国人民代表大会的常设机关——全国人民代表大会常务委员

---

① 黄硕：《宏观调控主体法律责任之型构》，载《法学论坛》2014年第6期。
② 《中共中央关于建立社会主义市场经济体制若干问题的决定》，1993年11月14日中国共产党第十四届中央委员会第三次全体会议通过。
③ 黄硕：《宏观调控主体法律责任之型构》，载《法学论坛》2014年第6期。

会，是从事预算调整、重要财政转移支付、重要税种的新设和取消等宏观调控行为的主体，并且，这已经被《立法法》所确认。

（2）宏观调控执行主体。宏观调控执行主体是指国家宏观调控政策的具体实施者。它应包括两部分：

一是有关中央部委。根据职能分工，可以将中央部委分为这几类①：

①组织制定和实施国民经济计划、社会经济发展战略以及各项宏观经济政策的最高经济调节机构。例如，国家发展和改革委员会、中华人民共和国商务部，它们的主要任务是确定国民经济活动总体规划，并协调其他经济调节机构的相关活动。

②实施宏观经济政策，调控和引导社会总供给和社会总需求为核心的各种宏观经济变量的经济调节机构。例如，财政部、中国人民银行、国家税务总局、国有资产监督管理委员会，等等。

③确定行业规划、实施行业管理的各个专业部门。例如，林业部、文化和旅游部、卫计委、水利部、铁道部、生态环境部，等等。

④经济信息和综合管理部门。例如，作为国务院直属机构的海关总署、工商行政管理总局、质量监督检验检疫总局、统计局、国务院参事室，等等。

二是各级地方政府部门。根据1993年10月8日国务院办公厅发布的国办发〔1993〕69号《国务院办公厅转发劳动部关于加强企业工资总额宏观调控意见的通知》中的规定②，不难发现，地方政府是落实宏观调控中的重要执行主体。③

（3）宏观调控监督主体。

宏观调控监督主体是指对宏观调控决策的制定过程、实施过程进行监督的主体。全国人民代表大会及其常务委员会、审计署④、国家监察委员会⑤等均为宏观调控的监督主

---

① 本部分主要参考了朱炳元等著：《中国特色社会主义经济理论热点问题研究》，中央编译出版社2008年版，第210~212页。

② 具体内容为："各地区、部门根据国民经济与社会发展总体规划，结合实际情况，按照弹性计划实施办法和'两个低于'的原则，测算和编制本地区、部门企业工资总额增长的中长期规划和年度计划；要严格履行加强宏观调控的职责，认真落实国家下达的弹性计划；对下属地（州）、市、县和所属单位，按照弹性计划所依据的投入产出、效益效率原则下达指导性计划。"

③ 黄硕：《宏观调控主体法律责任之型构》，载《法学论坛》2014年第6期。

④ 根据第十一届全国人民代表大会第一次会议批准的国务院机构改革方案和《国务院关于机构设置的通知》（国发〔2008〕11号），审计署"负责对国家财政收支和法律法规规定属于审计监督范围的财务收支的真实、合法和效益进行审计监督，维护国家财政经济秩序，提高财政资金使用效益，促进廉政建设，保障国民经济和社会健康发展。对审计、专项审计调查和核查社会审计机构相关审计报告的结果承担责任，并负有督促被审计单位整改的责任"。

⑤ 根据《中华人民共和国行政监察法》规定，国务院监察机关主管全国的监察工作。

体。另外，检察机关是非常重要的宏观调控监督主体。①

2. 宏观调控受体

宏观调控受体指的是宏观调控行为的受动者，即受宏观调控行为直接影响的主体。现实中，宏观调控措施直接对调控受体产生影响②，这些调控措施包括财政、税收、金融、计划等方面。从承受者的角度来看，宏观调控受体可以被划分为组织体和个人，在市场经济体制下，它们均为市场主体，并且可以被进一步细分为经营者、消费者、行业协会等。

---

① 1993年7月15日，《最高人民检察院关于贯彻落实中共中央国务院关于加强宏观调控做好当前经济工作的措施的通知》（高检发〔1993〕23号）规定："检察工作坚持为经济建设这个中心工作服务，当前就是要贯彻落实好中央关于加强宏观调控、做好当前经济工作的重大决策。……坚持'两手抓、两手硬'，强化法律监督职能，严格执法，狠抓办案，深入开展惩治贪污贿赂犯罪的斗争，严厉打击严重刑事犯罪活动，加强法纪检察工作，突出查办大案要案，全面开展各项检察业务，为贯彻落实中央提出的加强宏观调控的各项措施提供有力的法律保障。"

② 王新红：《论宏观调控法之信赖保护原则》，载《南京社会科学》2016年第9期。

*** 拓展阅读 ***

宏观调控权配置制度——陈某水与中国人民银行其他二审行政判决[①]

【案例概要】

一、案件事实

原告陈某水不服被告中国人民银行作出的《行政复议决定书》（银复决字〔2020〕第43号，以下简称被诉复议决定），遂提起行政诉讼。原告诉称：1. 根据《反洗钱法》第八条，《中国人民银行反洗钱调查实施细则》第七条，《金融机构反洗钱监督管理办法（试行）》第八条，《中国人民银行执法检查程序规定》第七条，《中国人民银行行政处罚程序规定》第五条、第十六条及《互联网金融从业机构反洗钱和反恐怖融资管理办法（试行）》第三条、第十六条、第二十二条的规定，被告中国人民银行对于原告陈某水请求履职的事项具有法定职责。2. 被告中国人民银行混淆了其具体行政行为相对人与具体行政行为利害关系人之间的概念区别，我方虽然不是被告对先锋公司、东方公司、经讯公司进行302万元资金反洗钱具体行政行为的相对人，但我方是该具体行政行为的利害关系人，该项具体的反洗钱行政行为与我方具有直接的利害关系。3. 《反洗钱法》第七条明确规定："任何单位和个人发现洗钱活动，有权向反洗钱行政主管部门或者公安机关举报……"针对先锋公司、东方公司、经讯公司合谋将我方302万元资金进行大额可疑交易转移的行为事实，我方具有法定的举报权和当然的相应请求权。被告中国人民银行对我方与其相应反洗钱行政行为不具有直接利害关系的认定显然是错误的，应依法予以纠正。综上，请求撤销被诉复议决定，责令被告重新作出复议决定。

被告中国人民银行辩称：1. 被告具有作出被诉复议决定的职权。2. 被诉复议决定认定事实清楚，适用法律正确，内容适当。3. 被告作出的被诉复议决定程序合法。4. 原告提出的其他诉讼请求不属于本案审查范围。故原告起诉无事实和法律依据，请求驳回原告的诉讼请求。

法院经审理查明：2020年3月30日，原告向被告邮寄《请求履行反洗钱职责申请书》，请求被告对先锋公司、东方公司、经讯公司合谋将原告302万元资金进行大额可疑交易转移的行为进行反洗钱调查工作，责令被申请人归还原告302万元并将被申请人涉嫌

[①] 北京市第一中级人民法院行政判决书（〔2020〕京01行初673号）。

非法集资犯罪材料移送公安机关处理。被告于 2020 年 4 月 1 日收到上述履职申请。因认为被告未在法定期限内履行查处职责，原告于 2020 年 7 月 31 日向被告申请行政复议，请求事项为：1. 责令被告出具对原告提交的履职申请是否受理的书面通知书；2. 依法认定被告拒不履行处理先锋公司、东方公司、经讯公司洗钱职责的行为违法；3. 责令被告继续对先锋公司、东方公司、经讯公司合谋将原告 302 万元资金进行大额可疑交易转移的行为进行反洗钱调查工作；4. 督促被告责令先锋公司、东方公司、经讯公司归还原告 302 万元；5. 责令被告将先锋公司、东方公司、经讯公司涉嫌非法集资犯罪材料移送公安机关并要求其立案处理。因复议申请材料不齐全，被告于 2020 年 8 月 4 日作出《中国人民银行行政复议补正通知书》（（银）复补字〔2020〕第 25 号），要求原告对其复议申请材料进行补正。2020 年 8 月 12 日，被告收到原告提交的补正材料。2020 年 9 月 24 日，被告作出被诉复议决定并于当日向原告邮寄，原告于 2020 年 9 月 28 日签收。2020 年 10 月 8 日，原告向本院提起行政诉讼。

二、裁判要旨

1. 裁判理由

北京市高级人民法院认为，本案的焦点问题为陈某水作为个别投资者，是否具有要求中国人民银行履行反洗钱监管职责的请求权。

《复议法实施条例》第二十八条第二项规定，申请行政复议，申请人应当与具体行政行为有利害关系。《反洗钱法》第七条规定，任何单位和个人发现洗钱活动，有权向反洗钱行政主管部门或者公安机关举报。接受举报的机关应当对举报人和举报内容保密。该规定旨在维护金融秩序以保护公共利益，并未赋予举报人要求监管机关为实现其个人利益而作出行政行为的请求权。陈某水与中国人民银行履行反洗钱监管职责行为不具有利害关系，不符合行政复议申请条件。陈某水在复议申请中提出的其他请求事项不属于行政复议的受案范围。被诉复议决定驳回陈某水的行政复议申请并无不当。因此，陈某水的上诉请求及理由缺乏事实及法律依据，一审判决驳回陈某水的诉讼请求正确。

2. 判决结果

北京市第一中级人民法院于 2020 年 11 月 26 日作出〔2020〕京 01 行初 673 号行政判决：判令驳回原告陈某水的诉讼请求。陈某水提起上诉，北京市高级人民法院于 2021 年 5 月 6 日作出〔2021〕京行终 672 号行政判决：驳回上诉，维持一审判决。

【案例关联法条】

1.《中华人民共和国中国人民银行法》

第四条 中国人民银行履行下列职责：
（一）发布与履行其职责有关的命令和规章；
（二）依法制定和执行货币政策；
（三）发行人民币，管理人民币流通；
（四）监督管理银行间同业拆借市场和银行间债券市场；

（五）实施外汇管理，监督管理银行间外汇市场；
（六）监督管理黄金市场；
（七）持有、管理、经营国家外汇储备、黄金储备；
（八）经理国库；
（九）维护支付、清算系统的正常运行；
（十）指导、部署金融业反洗钱工作，负责反洗钱的资金监测；
（十一）负责金融业的统计、调查、分析和预测；
（十二）作为国家的中央银行，从事有关的国际金融活动；
（十三）国务院规定的其他职责。

中国人民银行为执行货币政策，可以依照本法第四章的有关规定从事金融业务活动。

2.《反洗钱法》

第十条 国务院反洗钱行政主管部门组织、协调全国的反洗钱工作，负责反洗钱的资金监测，制定或者会同国务院有关金融监督管理机构、特定非金融机构主管部门制定金融机构、特定非金融机构反洗钱规章，监督、检查金融机构、特定非金融机构履行反洗钱义务的情况，在职责范围内调查可疑交易活动，履行法律和国务院规定的有关反洗钱的其他职责。

国务院反洗钱行政主管部门的派出机构在国务院反洗钱行政主管部门的授权范围内，对金融机构履行反洗钱义务的情况进行监督、检查。

【案例分析】

一、裁判要点与意义

1. 中国人民银行负有反洗钱的监管职责，但该职责是通过维护国家整体金融秩序以保护社会公共利益而实现的。

2. 反洗钱行政监管并不直接对个别投资者所涉及的权利冲突和市场纠纷进行考量和处理。它保护的投资者合法权益是不特定投资者的集合性权益。监管机关通过对金融市场实施有效的监管，维护有序的金融市场秩序，从而实现对所有投资者共同权益的平等保护。监管机关不负有基于个别举报投诉而启动行政调查程序的法定义务。

3. 个别投资者并不具有要求监管机关为其个人利益而履行监管职责的请求权。

一个国家的宏观调控权由不同国家机关分别行使。根据宏观调控方式，宏观调控权包括金融调控权、财政调控权等。其中，中国人民银行行使金融调控权。并且，金融调控权还可以根据具体调控方式与权力的强制性等方面的不同进行进一步分类。本案中，中国人民银行行使的金融调控权主要为指导性调控权，其强制性相对较弱。

二、案例启示——宏观调控权配置制度

1. 宏观调控权的概念

宏观调控权是宏观调控主体依法享有的权力。但实际上，对宏观调控权概念的界定，学界尚存争议。有学者认为，宏观调控权是一国对国民经济进行调控过程中产生的。调控主体依法可以为一定行为或不为一定行为，也有要求他人为一定行为或不为一定行为的资格。① 也有学者认为，宏观调控权是特定化的宏观调控职能。它与一般的行政权不同，由特定的具有调控职能的行政机关行使。② 有些学者则认为，从自然形态看，宏观调控权是国家对宏观经济经济调节和控制的权力；从法律形态看，宏观调控权是经法律确定、认可的权利和权力束。③ 还有学者认为，宏观调控权属于决策权。④ 另外，也有学者进一步指出："宏观调控的调控主体分为决策主体、实施主体和监督主体。"⑤ 还有学者认为，从内涵上看，宏观调控权是调控机关运用经济的、法律的和行政的手段对国民经济的运行进行调节和控制的权力；在外延上，宏观调控权是一种综合性的权力束，包括决策、执行、监督等方面的调控权。⑥

2. 宏观调控权的配置依据

宏观调控权的配置是指根据宏观调控的本质，探寻在各组织之间分配、安排具体宏观调控权力的规范化、法治化过程。⑦ 就既有的宏观调控权配置依据来看，主要有三种：

第一种是指按学理既定宏观调控权后，再分配给相应的国家机关，或将宏观调控权按逻辑结构分解成若干子权力后，⑧ 再按照有关国家机构组织法律规范（即合法性原则）、经济发展和运行的客观规律（即合规律原则）、宏观调控的效率要求或者效果要求（即协调与优化原则）⑨ 在中央国家机关之间以及中央与地方之间进行分配。这种配置方式由于不符合宏观经济调控的客观要求，并不利于宏观调控法治化。第二种宏观调控权的配置依据为宏观调控对象的形式特征。⑩ 由于未能把握该行为对象和客体的本质特征，宏观调控权往往难以将国家的经济调控职能的要求表现出来，难以取得明显成效。第三种宏观调控权的配置依据是宏观调控手段及其工具。这种配置方式利于宏观调控权的内容、范围和边

---

① 卢炯星：《宏观经济法》，厦门大学出版社2005年版，第76页。
② 张守文：《宏观调控权的法律解析》，载《北京大学学报（哲学社会科学版）》2001年第3期。
③ 陈乃新、彭飞荣：《论宏观调控权》，载《厦门大学法学院第九届全国经济法理论研讨会论文集（上）》。
④ 邢会强：《宏观调控权运行的法律问题》，北京大学出版社2004年版，第9页。
⑤ 李昌麒、胡光志：《宏观调控法若干基本范畴的法理分析》，载《中国法学》2002年第2期。
⑥ 杨三正：《宏观调控权配置原则论》，载《现代法学》2006年第6期。
⑦ 徐澜波：《我国宏观调控权配置论辨正——兼论宏观调控手段体系的规范化》，载《法学》2014年第5期。
⑧ 张辉：《论宏观经济调控权的构成与配置》，载《政治与法律》2008年第11期。
⑨ 周静：《宏观调控权配置之法律解析》，载《知识经济》2010年第15期。
⑩ 张辉：《论宏观经济调控权的构成与配置》，载《政治与法律》2008年第11期。

界，并且有利于宏观调控权配置的法治化。①

3. 宏观调控权配置制度分类

当前，我国不存在宏观调控基本法。同时，宪法和有关部门立法也并没有对此作出具体的规定。并且，宏观调控理论在宏观调控权的性质、分类、归属等方面尚未达成一致意见。这使得宏观调控权容易被泛化，进而使宏观调控权的配置存在较多分歧。例如，国务院是否享有动用财政资金应对金融危机的权力等。由于宏观调控权的配置关涉中央政府和地方政府，以及中央政府内部两个层面，因此，宏观调控权配置制度也包括横向配置和纵向配置两个层面。

第一类是宏观调控权的横向配置。宏观调控权的横向配置是指宏观调控权在中央政府之间的配置。从宏观调控环节出发进行分类，包括宏观调控立法权和宏观调控执行权。从宏观调控方式出发进行分类，包括财政调控权、税收调控权、金融调控权和计划调控权等。②

第二类是宏观调控权的纵向配置。宏观调控权的纵向配置是指宏观调控权在中央政府与地方政府之间的配置。但是，并非所有的宏观调控权都可以被纵向配置，如我国金融调控权地方政府便不享有。

---

① 徐澜波：《我国宏观调控权配置论辨正——兼论宏观调控手段体系的规范化》，载《法学》2014年第5期。

② 杨三正：《宏观调控权配置原则论》，载《现代法学》2006年第6期。

✱✱✱ 拓展阅读 ✱✱✱

宏观调控的责任制度——李某违法发放贷款二审刑事裁定书①

【案例概要】

一、案件事实

贵州省盘州市人民检察院指控，2007年至2012年，时任信用社主任的被告人李某，没有按照规定程序、条件以及权限，超越权限办理跨区域贷款、在贷款人不知情未到场情况下擅自转贷展期、贷前未实际审查、不审查贷款用途、贷款手续不全、无相关审核人员签字等形式违法发放79笔共计1936.5万元贷款，至2019年11月还有1101.51万元贷款未能归还。

被告人李某对起诉书指控的犯罪事实及罪名无异议。其辩护人提出被告人李某有自首情节，认罪态度好，无犯罪前科，部分贷款已追回，且本案部分借款人承诺还款，对于借款人承诺还款的金额不应认定为李某犯罪造成的损失金额，综上，建议对被告人李某适用缓刑的辩护意见。

法院经审理查明：2007年至2012年，被告人李某担任信用社主任。其间，被告人李某明知借款人与实际用款人信息不符，未按照规定对借款人借款用途、还款能力及保证人还款能力、抵押物权属和价值及实现抵押权的可行性等情况进行严格审查，擅自转贷展期借新还旧及跨区域贷款，违反贷款发放流程及规定，发放贷款79笔共计人民币1936.5万元，至今仍有1109.51万元贷款未能归还。

二、裁判要旨

1. 裁判理由

法院生效判决认为：

（1）关于上诉人李某所提"原审判决李某的行为构成违法发放贷款罪的犯罪构成，明显系解读法律有误，罪名有误，无相关'国家规定'，将违反审贷分离制度向非关系人发放贷款的行为规定为构成违法发放贷款罪的行为，《商业银行法》第七十三、七十四、七十五、七十六、七十七、八十四、八十五、八十六、八十七条明确规定了银行及其他金

---

① 贵州省六盘水市中级人民法院刑事裁定书（〔2020〕黔02刑终190号）。

融机构工作人员可能构成犯罪的行为，如果李某的行为构成犯罪，也仅可能是第八十六条规定的玩忽职守罪；《贷款通则》《信贷资金管理暂行规定》等中国人民银行制定的部门规章，不属于《刑法》条款定义的'国家规定'"的上诉理由及其辩护人游某波、李某芳提出"李某的行为不符合违法发放贷款罪的犯罪构成，不构成违法发放贷款罪，李某的行为不属于《刑法》规定的'违反国家规定'的行为，以银行或其他金融机构工作人员为主体的犯罪行为，仅《刑法》和《商业银行法》及司法解释中规定了'违反国家规定'的行为，《商业银行法》第七十三、七十四、七十五、七十六、七十七、八十四、八十五、八十六、八十七条明确规定了银行及其他金融机构工作人员可能构成犯罪的行为，但均未规定本案中李某的行为属于违法发放贷款的行为"的辩护意见。

经查，《中华人民共和国商业银行法》第九十三条规定"城市信用合作社、农村信用合作社办理存款、贷款和结算等业务，适用本法有关规定"，中国人民银行据此而制定的相关规定，原盘县农村信用合作联社又据此而作出的"盘农信联〔2008〕32 号关于盘县农村信用合作联社信贷操作基本规程的补充通知、盘农信联〔2009〕21 号关于印发《盘县农村信用合作联社信贷业务操作基本规程》的通知、〔2008〕3 号盘县农村信用合作联社关于对各基层网点贷款授权的通知、盘县农村信用合作联社盘农信联〔2011〕156 号关于印发《盘县农村信用合作联社授信审批管理制度》的通知、盘农信联〔2009〕127 号盘县农村信用合作联社关于调整 2009 年贷款授权的紧急通知、盘农信联〔2009〕128 号盘县农村信用合作联社关于调整 2009 年贷款授权的补充通知、盘县农村信用合作联社 2009 年贷款授权额度表、盘县农村信用合作联社 2010 年贷款授权调整表（2-2）、盘县农村信用合作联社 2011 年、2012 年贷款授权明细表、2012 年盘县联社农户小额信用贷款授信额度表"应属于法律、行政法规的国家规定的范围，一审法院认定李某"违反国家规定发放贷款"并无不当，故李某的上诉理由及其辩护人游某波、李某芳的辩护意见均不能成立，不予采纳。

（2）关于上诉人李某所提的其他上诉理由，法院经审查后，均不能成立。鉴于这些内容与本章探讨内容无太大联系，故不再展开。

2. 裁判结果

贵州省盘州市人民法院于 2020 年 11 月 16 日作出〔2020〕黔 0222 刑初 34 号刑事判决：被告人李某犯违法发放贷款罪，判处有期徒刑五年六个月，并处罚金人民币 8 万元。宣判后，李某提出上诉。贵州省六盘水市中级人民法院于 2020 年 12 月 31 日作出〔2020〕黔 02 刑终 190 号刑事裁定：驳回上诉，维持原判。

【案例关联法条】

《商业银行法》

第八十四条 商业银行工作人员利用职务上的便利，索取、收受贿赂或者违反国家规定收受各种名义的回扣、手续费，构成犯罪的，依法追究刑事责任；尚不构成犯罪的，应当给予纪律处分。

有前款行为，发放贷款或者提供担保造成损失的，应当承担全部或者部分赔偿责任。

第八十六条 商业银行工作人员违反本法规定玩忽职守造成损失的，应当给予纪律处分；构成犯罪的，依法追究刑事责任。

违反规定徇私向亲属、朋友发放贷款或者提供担保造成损失的，应当承担全部或者部分赔偿责任。

【案例分析】

一、裁判要点和意义

对于宏观调控受体及其工作人员违反宏观调控法，应该依法承担责任。本案中，李某作为信用社主任，没有按照规定程序、条件及权限发放贷款，其行为已经构成违法发放贷款罪，应该依法承担相应的责任。

本案对实践中如何理解宏观调控的责任具有参考价值。

二、案例启示——宏观调控的责任制度评介

宏观调控既是权力，也是义务。当宏观调控作为义务被违背时，必然需要承担相应的责任。宏观调控法的责任制度，是使宏观调控逐步走向法治化轨道的重要制度。

在目前我国法律制度的范围中，有关调控主体法律责任的规定，较为笼统。"一般认为，责任政府的责任是以政治责任、法律责任、行政责任和伦理责任的形式来体现政府对人民负责和对法律负责的根本要求的。"[1] 政府问责的范围一般涵盖五种类型，即政治责任、行政责任、道德责任、一般法律责任和违宪责任。[2] 从现行宏观调控法的法律责任的规定来看，宏观调控法的法律责任主要具有以下几个方面的特点：

第一，责任类型具有综合性。在我国宏观调控立法中，法律责任涵盖了民事、行政、刑事等，多以行政责任为主。

第二，责任形式具有多样性。违反宏观调控法的法律责任形式多样，大致分为财产性的和非财产性的。财产性责任包括：一是不违反宏观调控法所带来的责任，如对因宏观调控政策而下岗、失业的人员给予补助或救济；二是违反宏观调控法所带来的责任，如从事金融活动的经营者违反法定利率，给国家整体利益带来的损害，将会被处以罚款。非财产性责任包括声誉罚、自由罚、资格罚等。

第三，责任主体具有综合性。承担宏观调控法律责任的主体，既包括调控主体，如政府、政府有关部门以及其工作人员等，也包括调控受体，如企业、个人等。但是，值得注意的是，并不是所有的组织和个人都是调控受体，只有成为市场主体的经营者及其代表者

---

[1] 李靖：《关于行政伦理责任与行政伦理行为选择困境的几点认识》，载《东北师大学报》2005年第3期。

[2] 王学军：《论我国政府问责制之现实困境以及出路》，载《理论与改革》2005年第1期。

才可能成为调控受体，才可能承担相应的宏观调控法责任。

第四，责任承担存在竞争情形。违反宏观调控法的行为，在承担宏观调控法责任的同时，因其主体在外观相同，可能同时承担诸多类型的法律责任，因此，宏观调控法责任有时可能与违宪责任、行政违法责任等竞合。

第八章　财政调控法律制度

📖 学习回顾

　　财政调控主要是通过预算、政府采购、国债、政府转移支付等手段影响投资和消费，进而调节社会总需求与总供给的平衡，从而达到调节国民经济总量和结构平衡，实现国民经济稳定增长的目标。财政调控法律制度是调整财政关系的法律规范的总称，财政关系可以界定为以国家为主体的收入和支出活动以及在此过程中形成的各种关系。依据所调整的财政关系的内容不同，财政调控法律制度的内容分为财政管理体制法、财政收入法、财政支出法等。其基本原则包括公平与效率相结合的原则以及财政收支平衡原则。财政法的调整手段，可从经济和法律两方面来划分。从经济角度而言，财政法调整的手段主要包括预算、国债、政府采购和转移支付等手段。从法律角度而言，财政法通过财政立法、执法等方式对财政关系进行调整。财政立法与执法是通过立法形式对财政政策予以法律认定，并对各种违反财政法规的行为，诉诸司法机关依据法律的规定予以审理和制裁，以保证财政政策目标的实现。依据财政法的经济调整手段，将本章的内容分为预算调控法律制度、国债调控法律制度、财政支出法律制度。

💬 学习重点

1. 财政立法、执法等对财政关系的调整。
2. 财政法的宏观调控职能。
3. 政府采购的基本法律制度。

📝 案例介绍

【核心案例】 政府采购的法律适用问题。在政府采购活动中,《招标投标法》及其实施条例,主要适用于通过招标方式采购的政府采购工程以及与工程建设相关的货物、服务。政府采购工程以及其他与工程建设相关的货物、服务通过招标方式以外的方式采购的,和与工程建设不相关的货物、服务的采购,都应适用《政府采购法》及其实施条例、《政府采购货物和服务招标投标管理办法》等规定。与工程建设不相关的货物和服务的采购未依照前述规定执行,而依据《招标投标法》执行的,属于适用法律错误,违反了《政府采购法》第二条第一款和第六十四条第一款的规定。

【拓展阅读】 财政调控法律制度。罗斯福新政的成功实施,使美国成为全球总体经济实力和高科技实力最强的国家,罗斯福新政对美国及当时的世界都产生了深远的影响,对我国而言也具有十分重要的借鉴意义。当然,新政也存在一些不足之处,需要我国立基于本国国情进行合理借鉴。

【拓展阅读】 国债调控法律制度。通过 327 事件的分析,充分说明当时我国期货市场不发达、金融环境不稳定、期货市场管理经验不足、信息披露不透明、监管体系不完善等问题。随着中国国债期货市场的不断发展,规范需求更加紧迫,可从以下三方面进行完善:第一,完善国债期货法规与监管体系。第二,加强国债期货市场主体的培养和教育。第三,以信息共享为中心完善交易规则。

【拓展阅读】 财政支出法律制度。学界和实务界重点关注的"四万亿计划"通过增加政府支出,在保障就业、避免经济下滑等方面成效显著,但"四万亿计划"同时导致了国内严重的通货膨胀等问题,需要我们认真思考有关财政支出中的政府与市场的关系以及财政支出的绩效约束等问题。

📝 阅读思考

1. 论述财政法的调整手段。
2. 试论述财政法的宏观调控职能。
3. 论述我国的政府采购法律制度。

*** 核心案例 ***
政府采购的法律适用问题

【案例概要】

一、基本案情[①]

2003年9月，国务院批准了发改委、卫生部编制的《突发公共卫生事件医疗救治体系建设规划》。2003年10月，国家发展和改革委员会、卫生部委托国信招标有限公司、中国远东国际贸易公司两家采购机构，对医疗系统项目进行公开招标，采购相关仪器设备。2004年10月29日和2004年11月19日，沃尔公司在586套血气分析仪采购项目的两次投标报价中报价最低，但均未中标。沃尔公司于2004年12月21日向财政部投诉，并于2005年3月23日对财政部提出了行政诉讼，理由是财政部没有在30天内作出决定或作出答复。2006年12月8日，市第一中级人民法院一审判决财政部未履行法定职责败诉。财政部上诉后，2007年6月7日，市高院开庭审理此案，该案经过7年的诉讼程序，市高院于去年11月21日作出终审判决，驳回上诉，维持一审法院判决。被告于2014年5月9日作出52号处理决定，决定被投诉项目采购活动违法。原告不服52号处理决定，向本院提起行政诉讼。北京市第一中级人民法院作出〔2015〕一中行初字第232号一审判决，判决撤销了52号处理决定，同时责令被告在法定期限内重新作出决定。2016年3月18日，北京市高级人民法院作出〔2015〕高行终字第4487号终审判决，驳回上诉，维持一审判决。被告依据上述生效判决，于2016年7月15日作出被诉处理决定。国家卫计委不服被诉处理决定，向被告申请行政复议。被告于2016年12月8日作出被诉复议决定，维持了被诉处理决定。原告不服被诉处理决定及被诉复议决定，于2017年1月23日向法院提起行政诉讼。

二、争议焦点

本案中的政府采购管理监督方财政部、采购代理机构既是采购的管理方、实施方，又是质疑供应商寻求救济的主体，很难做到自己纠正自己的错误。如何使彼此双方相互制约

[①] 孙思娅：《政府采购第一案再起波澜　现代沃尔告财政部败诉》，载人民网：http://auto.people.com.cn/n/2014/0219/c1005-24398363.html，最后访问时间：2022年2月3日。

而建立一个制衡的框架，形成采购—管理—监督"三足鼎立"以显公正值得深思。①

第一，认定事实错误？现代沃尔公司投诉的项目，是国家医疗救治体系项目的一个组成部分，属于国家重大建设项目。对此类项目招标投标活动的投诉，依照《招标投标法》《关于国务院有关部门实施招标投标活动行政监督的职责分工的意见》《国家重大建设项目招标投标监督暂行办法》的明确规定，应由国家发改委受理并作出处理决定，并非如一审判决认定的"属于财政部的监督管理权限范围"。基于《关于国务院有关部门实施招标投标活动行政监督的职责分工的意见》《国家重大建设项目招标投标监督暂行办法》，财政部在接到现代沃尔公司投诉后，经过联席会议研究将投诉材料转给发改委处理，属于正确履行法定职责。同时，财政部也将投诉移交结果转告给现代沃尔公司，履行了告知义务。所以，财政部对现代沃尔公司的投诉事项进行了积极处理，并非如一审判决认定的"未履行法定职责"。对此，现代沃尔公司的代理人谷律师反驳称，财政部笼统地认为本案争议的采购对象属于重大项目，但究竟什么是重大项目呢？财政部并没有提供事实材料和法律依据进行证明。而我国《政府采购法》却明确规定，各级财政部门对货物、工程和服务的政府采购活动负有法定的监管职责，其中什么是货物，什么是工程，什么是服务均有明确的界定，不存在任何争议。

第二，适用法律错误？财政部认为本案应适用《政府采购法》第十三条第二款和第六十七条规定及《招标投标法》《关于国务院有关部门实施招标投标活动行政监督的职责分工的意见》《国家重大建设项目招标投标监督暂行办法》。《政府采购法》第十三条虽然规定，财政部门是监督管理部门，但该条第二款明确规定"各级人民政府其他有关部门依法履行与政府采购活动有关的监督管理职责"；同时在第六十七条中也明确规定："依照法律、行政法规的规定对政府采购负有行政监督职责的政府有关部门，应当按照其职责分工，加强对政府采购活动的监督"。根据上述条款，以及《招标投标法》《关于国务院有关部门实施招标投标活动行政监督的职责分工的意见》，财政部将现代沃尔公司的投诉转给国家发改委处理，符合法律规定。现代沃尔公司认为应该适用《政府采购法》第十三条第二款和第六十七条的规定。财政部提供的规范性文件颁布时间均在《政府采购法》之前，按照新法优于旧法的原则，自然应该适用新法的规定。而且，《政府采购法》第六十七条所指的"其他监管部门"明确指的是审计机关和监察机关，而非国家或地方的发改委。财政部出台的三份规范性文件——《财政部关于加强政府采购供应商投诉受理审查工作的通知》《加强政府采购货物和服务项目价格评审管理的通知》《中央单位政府集中采购管理实施办法的通知》进一步证明了财政部就是国家重大项目的监督管理部门。

第三，部委权力之争？财政部门和发改委系统在政府采购领域的争权并非一朝一夕，大量当事人受到牵连，招致怨声载道。②《政府采购法》对于谁是政府采购的监管主体已有明确规定。之所以纠缠至今没有结果，是因为此案触及了如何划分政府部门权力的难

---

① 邓嵘：《我国政府采购典型问题透视与因应研究——以北京现代沃尔公司诉财政部案为例》，载《哈尔滨商业大学学报（社会科学版）》2013年第4期。

② 裴俊巍、陈慧荣：《碎片化权威主义下协同治理的司法路径——以"中国政府采购第一案"为例》，载《经济社会体制比较》2018年第5期。

题。在《政府采购法》颁布前，我国政府采购市场一直处于"群雄割据"的状态，政府有关部门既是采购人又是监督人，担当双重角色，权力难以受到有效约束和限制。2003年1月1日《政府采购法》实施后，法律第一次统一了政府采购货物、工程和服务的主管机关和监督机关，那就是各级财政部门。《政府采购法》颁布实施后，出于自身利益的考虑，各部门仍然争相颁布各自的部门规章，争夺属于本部门的工程建设项目，从而形成了部门争权的现象。而部门争权，又形成了监督主体重叠、无法有效监管的恶果。对于财政部与发改委的"分工模式"被一审判决所否定，一审判决是司法实践第一次严格地依照法律规定，认真地划清了部委之间的权力之争，第一次从法院判决中，明确了中国政府采购市场统一的主管机关和监督机关。

【案例分析】

一、处理理由

第一，关于被诉处理决定适用法律是否正确的问题。根据《政府采购供应商投诉处理办法》第一条规定可知，政府采购法，系其上位法。现代沃尔公司关于一审法院完全依托行政规章裁判有悖于法及应当适用《招标投标法》对评标委员会的组建等事项进行审查和处理的主张缺乏法律依据。

第二，关于被诉处理决定实体合法性问题。《政府采购供应商投诉处理办法》第十七条第（三）项规定，财政部门经审查，投诉事项经查证属实的，分别按照本办法有关规定处理。第十九条第（三）项规定，财政部门经审查，认定采购文件、采购过程影响或者可能影响中标、成交结果的，或者中标、成交结果的产生过程存在违法行为的，政府采购合同已经履行的，决定采购活动违法，给采购人、投诉人造成损失的，由相关责任人承担赔偿责任。财政部已经基于现代沃尔的投诉事项，对被投诉项目政府采购活动的合法性进行了审查并依据《政府采购供应商投诉处理办法》第十九条第（三）项作出处理决定，并无不当。现代沃尔公司认为财政部未有效履行法律及生效判决所确定的处理义务，相关证据不具有真实性等主张，没有事实及法律依据。

第三，关于被诉处理决定程序合法性问题。关于财政部调查采取何种方式的问题，一审法院依据《中华人民共和国政府采购法实施条例》第五十六条第一款和《政府采购供应商投诉处理办法》第十四条规定，认定书面审查是政府采购投诉处理的一般程序，是否组织投诉人和被投诉人进行质证等，属于财政部门根据个案情况进行裁量的事项，财政部的调查处理方式，并无不当。除超过法定期限外，财政部已经履行了《政府采购法》《政府采购供应商投诉处理办法》所规定的法定程序，并无其他违法之处。鉴于被告已经基于原告的投诉事项，对被投诉项目政府采购活动的合法性进行了审查并作出处理决定，原告认为被告未有效履行法律及生效判决所确定的处理义务之主张，不能成立。至于被告是否对采购人、代理机构以及中标供应商进行查处，以及认定政府采购合同无效等，均明显不属于政府采购投诉处理程序的审查事项。而且，鉴于现有证据证明采购合同已经履行，因此本案亦不符合《政府采购供应商投诉处理办法》第十九条第二项所规定的撤销合同的适用条件，被诉处理决定的处理结论并无不当。

二、法条解读

《中华人民共和国政府采购法》第二条规定："本法所称政府采购，是指各级国家机关、事业单位和团体组织，使用财政性资金采购依法制定的集中采购目录以内的或者采购限额标准以上的货物、工程和服务的行为。政府集中采购目录和采购限额标准依照本法规定的权限制定。本法所称采购，是指以合同方式有偿取得货物、工程和服务的行为，包括购买、租赁、委托、雇用等。本法所称货物，是指各种形态和种类的物品，包括原材料、燃料、设备、产品等。本法所称工程，是指建设工程，包括建筑物和构筑物的新建、改建、扩建、装修、拆除、修缮等。本法所称服务，是指除货物和工程以外的其他政府采购对象。"

1. 法条释义

明确调整范围是《政府采购法》最基本、最重要、最核心的内容，直接关系到本法的适用范围和行政力度。本条从采购地、采购人、采购资金、采购形式、采购项目和采购标的等方面，对本法的适用范围作出了规定。同时满足上述条件的采购项目均为政府采购项目，必须依照本法规定执行。[①]

在中国，政府采购政策与市场是统一的。政府采购是一种宏观调控手段。各级政府要相互配合，实现宏观调控目标。如果多层次立法，不仅难以形成合力，还会导致政策不一致、政治政策多元化，降低政府采购制度的有效性。中国的政府采购市场迟早会开放，而且是基于全国的开放，而不是以地区为单位。因此，必须统一规则，适用于各级政府参与政府采购的各方。然而，统一立法并不是放之四海而皆准的方法。它应该是统一和灵活的。根据本法规定，政府采购的目标、范围、政策、方式和程序是统一的，但制定配额标准、确定集中采购目录等具体实施办法，各级政府应当根据当地实际情况规定。当然，地方政府作出这些规定时，不得违反本法的有关规定。

鉴于政府采购中客观存在的一些特殊情况，本法其他规定在确定适用范围时，已作了必要的例外规定。第一，军事采购。根据有关规定，武装力量也是国家机关。但是，考虑到我国军事采购的特殊性，军事采购的管理和实施办法，依照本法有关原则另行制定。第二，招标人利用国际组织贷款或者外国政府贷款进行政府采购，贷款人、资金提供者与中方的协议对具体采购条件另有约定的，可以适用该规定。第三，紧急采购或者因严重自然灾害或者其他不可抗力事件涉及国家安全、秘密的采购，不适用本法。第四，香港、澳门地区的政府采购不适用本法。

采购人是指国家机关、事业单位和组织，国有企业除外。根据中国宪法，国家机关包括国家权力机关、国家行政机关、国家司法机关、国家检察机关、军事机关等。事业单位

---

① 《关于〈中华人民共和国政府采购法〉解读》，载阳西县人民政府：http://www.yangxi.gov.cn/yjyxczj/gkmlpt/content/0/567/post_567917.html#5486，最后访问时间：2022年3月1日。

是指经委员会批准，为特定目的设立的企业法人。组织是指政党和政府认可的社会组织。本次采购的规定不包括国有企业，主要是考虑到企业是生产经营单位，其采购行为在一定意义上属于生产行为（为生产产品而采购，不为消费者而采购），资金来源多元化，企业作为市场主体，应根据市场规律保持独立。因此，无论在理论上还是在实践中，企业都不应被纳入政府采购的范围。同时，我国政府采购还处于起步阶段，将公益性采购和投资性采购完全纳入政府采购范围还不成熟。因此，本法确定的采购单位为预算单位，采购资金主要来源于财政资金。

明确采购人并不意味着只要是采购人，其采购活动就应当执行本法。本法是否适用取决于采购项目的资金来源。依照本法规定，采购人依照本法规定进行采购活动的项目资金为财政资金。本法所称财政资金使用，是指"全部或者部分财政资金采购"，即只要采购人的采购项目中包含财政资金，就应当执行本法的规定。采购人以全部非财政资金进行的采购活动不受本法约束。非财政资金主要是指事业单位和组织的自有收入，包括营业收入、捐赠收入、无财政资金偿还的贷款等。

根据本法的规定，本法适用于采购人根据具体项目使用财政资金组织的采购活动。只有列入集中采购目录或者定额标准以上的项目，才需要依照本法规定执行。目前，这部法律不可能将所有采购支出项目纳入《政府采购法》的适用范围，应该通过制定科学的标准来界定。这部法律规定了两个标准：一是列入集中采购目录的采购项目；二是不属于集中采购目录但超过规定采购限额标准的采购项目。前者实行集中采购，后者实行分散采购。

采购形式范围。本法所称采购，是指以合同方式有偿取得货物、工程或者服务的行为，包括购买、租赁、委托和雇用。这项规定有三个要点：第一，采购活动必须能够以合同的形式签署。第二，采购活动必须是有偿的，确切地说，是要实现各种方式平等交换的原则，不包括赠品、购买者之间的自由调节等行为。第三，采购的方式不仅仅是购买，还包括租赁、委托、雇佣等。依照本法规定，无偿取得货物、工程和服务的行为，不受本法规定的限制。

2. 理解要点

本法关于适用范围的规定，在理论上、认识上至今尚未达成共识。由于我国还处于市场经济建设完善阶段，政府职能事权划分尚不清晰，政府行为和市场行为界定不清，适用范围也就难以明确界定。因此，在执行中肯定会遇到这样或者那样的问题。为了更好地依法开展政府采购活动，各有关方面在执行中应当注意以下几点[①]：

应当注意本法的适用范围与国际惯例之间的差异。资金来源是界定政府采购项目的主要标准之一。资金来源不是国际惯例的标准。我们之所以要把资金作为标准之一，主要是因为实行政府采购制度的国家，特别是发达国家，市场发育程度高，政府职权明确，政府行为和市场行为界定严格，财政资金的供给范围与政府的职权密切相关。因此，只对采购主体进行了规定，无须强调资金来源。而在中国，采购项目数量是界定政府采购项目的标

[①]《关于〈中华人民共和国政府采购法〉解读》，载仁化县人民政府：http://www.sgrh.gov.cn/sgrhsjj/gkmlpt/content/1/1941/mmpost_1941496.html#2337，最后访问时间：2022年3月1日。

准之一。国际惯例在确定政府采购的适用范围时不涉及金额，而是确定采购人。无论采购项目的规模如何，采购活动都应当按照《政府采购法》的规定进行，并同时规定小型采购项目的采购方法和要求。随着政府采购的深入发展，逐步进行全面标准化；在国际实践中，配额标准的作用不是确定法律适用范围，而是区分招标和非招标。本法的规定符合中国现行的管理水平和制度，易于理解和操作；合同模式是界定政府采购项目的标准之一。在国际实践中，合同不被视为采购方法，而是采购方法实施的结果，不存在"支付问题"。国际上有比较丰富的采购方式，包括 BOT 等；没有关于综合采购项目的规定。在国际实践中，对于复杂的采购项目，即当一个采购项目同时包含两个或三个商品、项目和服务的对象时，通常根据资金比例最大的对象来确定对象属性。这部法律没有对此作出规定，但可以通过实施中的具体措施加以澄清。

政府采购项目应当依法界定。依照本法规定，政府采购项目依照第二条的规定确定。然而，在实践中，政府采购有多种形式，其中一些由采购方直接组织，一些由采购方委托给其他机构。无论其形式如何，其内容都应当依照本法的规定进行判断。例如，政府采购项目最初由相关部门采购。由于工程项目实行项目法人制度，政府工程项目大多由法人承担。例如，国家大剧院是文化部的一个项目，项目预算列在文化部的部门预算中。根据现行有关规定，项目建设采用法人制度。因此，文化部不能直接开展施工活动，而是将施工委托给企业，施工企业应向文化部负责。虽然建设项目的所有权发生了变化，但这些项目的主要资金来源是政府建设项目，建设项目的所有权保持不变。因此，政府采购的性质不能因为实行法人制度而改变。还有一些项目如课题研究等，采购主体是政府机构，但由企业承办，也应当受本法规范。

各级人民政府和财政部门的政府采购管理机构应当对有关问题进行具体研究和处理。一是行政事业单位列入政府序列，但所有采购资金均由其自行筹集，原则上也应当依照本法有关规定执行。具体规定由省级以上人民政府根据实际情况确定。二是本法对财政资金的具体内容没有具体规定。虽然主要是预算内和预算外资金，但还有其他资金也是财政资金。因此，除预算内、预算外资金外，省级以上财政部门可以根据有关法律法规和金融管理机构的规定，对哪些资金属于财政资金作出具体规定。

发挥政府采购的示范作用，扩大政府采购范围。各级财政部门要依法推进政府采购，加强对政府采购活动的监督管理。各级采购人员应当依法开展采购活动，充分体现政府采购的优势。通过实效，增强政府采购实施的吸引力，带动其他采购机构特别是国有企业自觉按照本法精神开展采购活动，为尽快修改本法、全面规范政府采购行为创造条件。

3. 重要法律法规汇编

学习政府采购法，了解必要的法律法规具有重要意义，以下将有关法律法规进行汇编以供参考。

日期	发布机构	相关法律法规
2003年1月1日	全国人民代表大会常务委员会	中华人民共和国政府采购法

续表

日期	发布机构	相关法律法规
2021年4月30日	财政部	政府采购需求管理办法
2021年10月20日	财政部	政府采购信息发布管理办法
2020年12月30日	财政部	政府采购质疑和投诉办法
2020年12月18日	财政部、工业和信息化部	关于印发《政府采购促进中小企业发展管理办法》的通知
2020年3月18日	财政部	关于印发《政府采购公告和公示信息格式规范（2020年版）的通知》
2020年3月2日	财政部	关于开展政府采购意向公开工作的通知
2020年2月28日	财政部	政府购买服务管理办法
2020年2月6日	财政部	关于疫情防控期间开展政府采购活动有关事项的通知
2020年1月26日	财政部	关于疫情防控采购便利化的通知
2019年7月30日	财政部	关于促进政府采购公平竞争优化营商环境的通知
2018年2月13日	财政部	关于做好政府采购代理机构名录登记有关工作的通知
2018年1月4日	财政部	关于印发《政府采购代理机构管理暂行办法》的通知
2017年12月26日	财政部	关于印发《政务信息系统政府采购管理暂行办法》的通知
2017年10月1日	财政部	政府采购货物和服务招标投标管理办法
2017年5月28日	财政部	关于坚决制止地方以政府购买服务名义违法违规融资的通知
2017年4月25日	财政部	关于进一步做好政府采购信息公开工作有关事项的通知
2016年12月1日	财政部	关于政府采购进口产品管理有关问题的通知
2016年8月1日	财政部	关于在政府采购活动中查询及使用信用记录有关问题的通知
2016年7月5日	财政部	关于加强政府采购活动内部控制管理的指导意见
2015年7月24日	国家税务总局	关于政府采购竞争性磋商采购方式管理暂行办法有关问题的补充通知
2015年7月17日	财政部	关于做好政府采购信息公开工作的通知
2015年3月1日	国务院	中华人民共和国政府采购法实施条例
2015年1月12日	财政部	政府采购竞争性磋商采购方式管理暂行办法
2014年12月31日	财政部	关于印发《政府和社会资本合作项目政府采购管理办法》的通知
2014年12月19日	财政部	关于报送政府采购严重违法失信行为信息记录的通知

续表

日期	发布机构	相关法律法规
2013年12月19日	财政部	政府采购非招标采购方式管理办法
2013年10月5日	财政部	关于进一步规范政府采购评审工作有关问题的通知

资料来源：根据公开资料整理。

以上法律法规基本涵括了政府采购的方方面面，新发展阶段还需进一步探讨以下三个问题：

其一，政府采购监管部门之间的权力分配和协调问题。合理分配政府采购监管权力需要协调部门之间关于政府采购监管的冲突，从而使政府采购的监管问题实现协调和统一。

其二，政府采购不应只考虑经济因素。其他因素，如环境保护和可持续发展，也应在政府采购过程中加以考虑。随着环境问题在我国变得越来越重要，绿色政府采购逐渐成为改善产品和服务环境绩效的政策工具之一。[1]

其三，政府采购数字化是实现透明度和问责制的有力保障。采用电子采购技术的政府任务和目标是提高透明度、问责制，通过实时获取信息，能够提高工作和服务的质量，提高政府采购的效率，减少政府采购中的腐败问题。[2]

---

[1] Geng Y, B D. Oberstein. Greening Government Procurement in Developing Countries: Building Capacity in China, Journal of Environmental Management, 2008, 88 (4): 932-938.

[2] Neupane A, Soar J, Vaidya K, et al. Role of Public E-procurement Technology to Reduce Corruption in Government Procurement, International Public Procurement Conference. 2012.

*** 拓展阅读 ***

财政调控法律制度：罗斯福新政[①]

【案例概要】

罗斯福新政是指 1933 年富兰克林罗斯福就任美国总统后所实行的一系列经济政策，其核心是三个 R：救济（Relief）、复兴（Recovery）和改革（Reform），因此有时也被称为"三 R 新政"。救济主要针对穷人和失业者，复兴则是将经济恢复到正常水平，针对金融系统的改革则试图预防再次发生大萧条。新政以增加政府对经济直接或间接干预的方式大大缓解了大萧条所带来的经济危机与社会矛盾。通过国会制定了《紧急银行法》《农业调节法》《国家产业复兴法》《社会安全法》等法案。罗斯福新政的主要措施包括：整顿银行和金融体系，责令银行停业整顿，逐步恢复银行信贷，放弃金本位制，让美元贬值以刺激出口；产业复兴或产业调整（中央措施）；调整农业政策；推行最重要的一条措施："以工代赈"。大力建设公共工程，缓解社会危机和阶级矛盾，增加就业，刺激消费和生产。政府还建立了社会保障体系，并通过了《社会保障法》。

【案例分析】

罗斯福所采取的改革金融、复兴工业和救济贫民三大重要措施，史称"罗斯福新政"。罗斯福新政的成功实施，使美国成为全球总体经济实力和高科技实力最强的国家。总体而言，罗斯福新政所实施的许多法律和政策措施对美国经济战后的持续增长起到了积极的影响，罗斯福新政期间所建设的许多基础设施和环保工程对美国发展的重大作用，也是人所共见的事实。[②] 罗斯福新政对美国及当时的世界都产生了深远的影响，对我国而言也具有十分重要的借鉴意义。当然，新政也存在一些不足之处，需要我国立基于本国国情进行合理借鉴。

第一，只有政府真正回归到为市场经济发展提供服务和营造良好环境上，让市场恢复

[①] 《罗斯福新政，资本主义下的国家干预如何改变美国国运——美国简史》，https://baijiahao.baidu.com/s?id=1703324643941006156&wfr=spider&for=pc，最后访问时间：2021 年 6 月 30 日。

[②] 马秀玲、邓瑶：《风险社会与罗斯福新政的再思考》，载《江汉论坛》2009 年第 12 期。

到各种所有制经济平等竞争、机会均等的状态，才能真正做到标本兼治。①我国十八届三中全会通过的《中共中央关于全面深化改革若干重大问题的决定》，将市场在资源配置中的"基础性作用"修改为"决定性作用"。发挥市场的决定性作用，同时政府也要更好地发挥作用。市场配置资源的决定性作用具有重要的理论和实践价值，是当代经济改革的重要导向。

第二，坚决守住不发生系统性风险的底线，确保国家金融安全。2022年的《政府工作报告》中首次提出要设立我国金融稳定保障基金。近年来，我国先后设立保险保障基金、证券投资者保护基金、期货投资者保障基金、信托保障基金、存款保险基金、资管新规风险准备金池等制度安排，但这些风险防范处置制度功能定位各有侧重、互不相同，重点维护的是自身所在行业的金融稳定，在处置重大系统性金融风险时能力相对有限。②2022年4月6日，《中华人民共和国金融稳定法（草案征求意见稿）》公开征求意见，该法明确指出要设立金融稳定保障基金，坚决守住不发生系统性金融风险的底线。

---

① 马海涛、王爱君：《后危机时代经济应对方略研究——从罗斯福新政谈起》，载《财经问题研究》2010年第4期。
② 《以制度创新维护金融稳定》，载经济日报网：https：//m.gmw.cn/baijia/2022-04/15/35661390.html，最后访问时间：2022年6月1日。

*** 拓展阅读 ***

国债调控法律制度：327 案[①]

【案例概要】

"327"是一个国债的产品，兑付办法是票面利率9.5%加保值贴息。由于保值和贴息的不确定性，该产品在期货市场具有一定的投机价值，成为当年最受欢迎的投机产品。由此引发的327案也成为中国证券史上的所谓"巴林事件"。英国《金融时报》称1995年2月23日是中国证券史上最黑暗的一天。1992年12月28日，上海证券交易所首次推出12种国债期货标准合约，拉开了金融期货在中国上市交易的序幕。1995年，由于利率市场化程度不高、信息系统不完善、国债现货市场不发达、部分机构故意违规、缺乏有效监管等原因，引发了314、327、319等一系列风波，作为我国第一个金融期货产品的国债期货交易夭折。其中，最典型、影响最严重的是被称为"中国巴林银行事件"的327国债事件。"327"是国债期货合约的代码，对应于1992年发行、1995年6月到期并兑现的三年期国债，票面利率为9.5%。1995年2月，327期货合约每100元债券的票面利率加套期保值补贴率为9.5%，到期日为132元。与当时的银行存款利率和通货膨胀率相比，"327"的回报率明显较低。因此，市场传言财政部可能会提高保值补贴率，届时将兑现148元。但上海三大证券公司之一的万国证券认为高层正狠抓宏观调控，财政部不会再从国库里往外掏出巨额资金来补贴327国债，于是做空。1995年2月23日，提高327国债利率的传言得证实，百元面值的327国债将按148.50元兑付。327国债在1分钟竟上涨了2元，10分钟后共涨了3.77元。按照它的持仓量和当时价位，一旦到期交割，它将要拿出60亿元资金。万国在16时22分13秒突然发难，打出1056万元口卖单，面值达2112亿元国债，把价位从151.30元打到147元，使327合约暴跌3.8元，使当日开仓的多头全线爆仓。当晚11时，上海证券交易所总经理魏文元正式下令宣布，23日16时22分13分后的327个品种全部异常无效，该部分不在当日结算价格、成交量和头寸范围内。可以说，327事件充分暴露了期货市场不发达、金融环境不稳定、期货市场管理经验不足、信息披露不透明、监管体系不完善等问题。

[①] 参见《327国债事件始末》（2012年2月9日），载新浪网：http://finance.sina.com.cn/money/future/fmnews/20120209/145911345933.shtml，最后访问时间：2022年1月10日。

【案例分析】

"327 事件"事件发生后，证监会发布了《关于暂停全国范围内国债期货交易试点的紧急通知》，从 5 月 18 日起实行，宣布暂停国债期货交易试点。"327 事件"暴露了以下问题：其一，相应的法律法规不完备，缺少风险防控的必要手段。其二，国债期货市场投机、超额持仓、内幕交易等问题严重影响国债期货市场的稳定和安全。随着中国金融市场不断完备，监管法规也日益完善，为国债期货市场发展奠定了基础。

第一，完善国债期货法规与监管体系。法制不健全使得国债期货市场的法制违法行为丛生，一些机构违规操纵市场，因为没有明确和严格的法律责任要求。此外，国债期货缺乏统一的法律规范，各交易所在国债期货的交易规则和合约设计上并不统一，缺乏统一性、科学性和规范性，不利于全国统一市场的形成。晚近，《中共中央国务院关于加快建设全国统一大市场的意见》正式印发，明确提出要建立统一市场规则、打破市场分割、促进商品要素流动。

第二，加强国债期货市场主体的培养和教育。2020 年 4 月 10 日，商业银行参与国债期货业务正式启动，国债期货市场主体更加多元。国债期货市场的规范运作、稳健发展，是监管机构和期货从业人员等必须维护的目标。由于国债期货交易存在较高风险，对参与机构的资质要求也较高，对其资产规模、风控合规、人员储备、投资策略等方面都是一种考验。因此，所有国债期货市场的从业者要严守职业操守，加强自律管理，健全内部控制体系，完善法人治理结构。此外，还需强化政府和第三方主体的监管，规范发展国债期货市场。

第三，以信息共享为中心完善交易规则。随着我国利率市场化改革纵深推进，国债期货市场的承销、做市业务、资产负债管理等方面均面临诸多风险，完善交易规制具有十分重要的意义。例如，在信息公开上，国债期货交易所发布国债期货交割信息包括每日交割意向申报信息和合约交割信息等内容，同时交易所可以根据市场需要调整国债期货交割信息的公布频率与内容。

*** 拓展阅读 ***

财政支出法律制度：四万亿计划

【案例概要】

2008年金融危机后，我国经济遭受了重大冲击。为了应对国际金融危机危局，中国政府于2008年11月推出了进一步扩大内需、促进经济平稳较快增长的十项措施。初步匡算，实施这十大措施，到2010年底约需投资4万亿元，简称（四万亿计划）。四万亿计划取得了明显的成效：一是对拉动全社会投资和稳定经济发挥了重要作用；二是为进一步加强"三农"和改善民生夯实了基础；三是积极推进了经济结构战略性调整和发展方式转变；四是重大基础设施建设稳步推进，汶川地震灾后恢复重建有力有序开展。有学者从政策背景、政策目标、作用机制三个角度对"四万亿投资"和供给侧改革进行了对比。在政策背景的共性方面：与"四万亿投资"政策出台的背景相似，供给侧改革同样面临着实体经济不景气、制造业振兴乏力、转型升级压力明显的经济背景；在政策背景的个性方面："四万亿投资"的背景是世界金融危机爆发，经济的外部环境极其不稳定，外贸出口乏力；而供给侧改革的提出却是在世界经济平稳复苏的背景下，经济的外部环境明显要好于2008年左右。在政策目标的共同点上，"四万亿投资"与供给侧改革都涵盖着调整产业结构、加强自主创新、化解产能过剩的政策目标。在政策目标的相异之处，"四万亿投资"主要是为了避免世界金融危机对于我国经济的冲击，缓解实体经济的压力风险，防止出现经济的"断崖式"下降与"硬着陆"。供给侧改革的目标是在总结改革开放三十多年来经验教训的基础上，结合当前中国经济需要转型升级的特征，而作出的深层次的、长期性的、宽领域的改革，政策的目标是为了经济的长期发展与稳定。在作用机制的共性方面，主要体现在作用对象与作用重点上，两项政策同样是通过对企业，尤其是通过以制造业企业的改革为突破口，以科学技术的进步实现中高端制造业、中高端服务业的发展。政策的作用重点都在创新上，即技术创新、模式创新与市场创新。吸取与借鉴"四万亿投资"中的经验教训，供给侧改革政策尤其要重视制造业的发展，向制造业企业投入资金时，要充分注意资金的流向，确保资金涌入技术研发与平台构建上，而非盲目地扩大产能，避免陷入文章第二部分所述的恶性循环中。作用机制的个性体现在作用手段上，"四万亿投资"是围绕着投资计划而制订的一揽子计划，作用的基本点是投资需求，归根结底还是需求侧的改革；供给侧改革的核心是对供给侧的调整，供给端的调整主要针对土地、技术、劳动力等生产要素，最终的目标是实现供给能力与质量的提高。

【案例分析】

总体而言，"四万亿计划"通过增加政府支出，在保障就业、避免经济下滑等方面成效显著，但"四万亿计划"同时严重刺激了国内通货膨胀，对有关问题主要做以下分析。

第一，政府与市场的关系问题。正如陈志武教授指出，"实际上从2013年就开始进行一些反思，现在我们更多地是在想办法把当初"四万亿计划"造成长期的结构性破坏，通过货币政策、财政政策尽量扭转一些，到底最后是不是能够软着陆，我们现在还没有办法知道，这是中国的模式给我们看到的结果。"可以说，巨额债务是"四万亿计划"留下的最严重的后遗症，还包括地方政府债务快速扩张和产能快速扩张。很多企业因为政策干预，避免了在市场竞争中淘汰出局，但因此加剧了产能过剩问题。

第二，财政支出的绩效约束问题。财政支出绩效管理的法律规制功能在于维护财政支出绩效管理的秩序、保障财政支出绩效管理的公平，以及提高财政支出绩效管理的效率。[①] 2009年6月，财政部曾引发《财政支出绩效评价管理暂行办法》的通知，旨在加强财政支出管理，强化支出责任，建立科学、合理的财政支出绩效评价体系，提高财政资金使用效益。其后，《中共中央国务院关于全面实施预算绩效管理的意见》《中共四川省委四川省人民政府关于全面实施预算绩效管理的实施意见》等均十分重视预算绩效管理。

第三，金融体系的市场化调整。政府对金融体系运行采取了较多的干预措施。比如银行存贷款利率仍然不完全是市场化决定，例如银行增强对中小微企业的贷款，同时把贷款利率给压下去，实现成本与风险的匹配，风险高成本必须高，这样的金融业务才能做下去，所以商业银行向中小微企业增加贷款时，必须进行成本市场化决定。[②]

第四，产业政策不断转型升级。"四万亿计划"是配合十大产业的振兴计划以及大力发展七大战略新兴产业推出的，使得当前和今后一个时期重点任务主要是以下五项，就是去产能、去库存、去杠杆、降成本、补短板。总体而言，要加快推进供给侧结构性改革，发挥市场在资源配置中的决定性作用和更好发挥政府作用，更多地使用市场化手段化解供给侧结构性矛盾，强化政府引导和制度供给，推动产业政策不断转型升级。

---

① 胡伟：《我国财政支出绩效管理法律规制：体系、模式与功能》，载《经济与管理评论》2017年第2期。

② 黄益平：《金融体系面临两大难题，改革需再进一步》，载澎湃网：https://m.thepaper.cn/baijiahao_12815053。

第九章 税收调控法律制度

📖 学习回顾

  税收调控法律制度是经济法体系中宏观调控制度的重要组成部分，具有分配收入、配置资源和保障社会稳定的职能。税收是国家为实现其公共职能而凭借其政治权力，依法由政府专门机构向居民和非居民就其财产或特定行为实施的强制、无偿地取得财政收入的一种课征行为或手段。国家通过增税与减免税等手段来影响社会成员的经济利益，引导企业、个人的经济行为，从而影响投资与储蓄，影响资产结构和产业结构的调整，改变社会财富分配状况，对资源配置和社会经济发展产生影响，从而达到调控宏观经济运行的目的。税收调控职能的实现，需要借助一定的政策手段、行政手段和法律手段。在依法治国背景下，加强税收立法是保障税收调控功能实现的重要手段。税法是调整在税收活动中发生的社会关系（税收关系）的法律规范的总称。税收关系可以分为税收体制关系和税收征纳关系。税收征纳关系又可进一步分为税收征纳实体关系和税收征纳程序关系。按照调节的税收客体，本章的重点章节包括商品税调控法律制度（商品税法与宏观调控、商品税法的基本结构、增值税法、消费税法及关税法）、所得税调控法律制度（所得税与宏观调控、所得税法制度的基本模式、企业所得税法和个人所得税法制度）、财产税调控法律制度（财产税法与宏观调控、财产税法的基本结构、资源税法、土地税法、房产税法、契约法、印花税法）。

💬 学习重点

1. 税收调控法基本原理。
2. 税权的法律分配。
3. 所得税调控法律制度。

案例介绍

【核心案例】 中国 2019 年度全国影响力十大税务司法审判案例之一：陈某伟诉被申请人莆田市地方税务局稽查局、福建省地方税务局税务行政处理及行政复议案。了解税务机关能否根据实质课税原则独立认定案涉民事法律关系；关于税务机关能否根据实质课税原则，独立认定案涉民事法律关系的问题，对案涉民间借贷利息收入应否征收营业税、个人所得税等税款；关于对案涉民间借贷利息收入应否征收营业税、个人所得税等税款问题，对民间借贷产生的较大金额利息收入征收税款如何体现税收公平原则。

【拓展阅读】 经济补偿金是否属于免征个人所得税的范围。取得经济补偿金为因终止劳动合同所取得经济补偿金收入，不符合法律文件中规定的免征税收入范围。

【拓展阅读】 首例针对税务行政公益诉讼案。合肥市蜀山区检察院诉合肥市税务局怠于履行职责行政公益诉讼案——全国首例针对税务机关怠于履行对税务违法行为查处的职责而提起的行政公益诉讼。

【拓展阅读】 确认征收房产税费行为违法案。财政部指出深入推进财税体制改革，深化预算管理制度改革，做好房地产税试点准备工作，规范财务审计秩序，财政管理监督进一步加强。本案争议焦点是针对涉案房产交易，深圳市龙岗区地方税务局、深圳市房地产权登记中心是否存在重复征收相关税费的行为。

阅读思考

1. 如何理解税收和税收调控的概念？
2. 税法如何促进和保障税收调控功能的实现？
3. 税务机关等在税收调控中的职责？

*** 核心案例 ***

中国 2019 年度全国影响力十大税务司法审判案例之一：陈某伟诉被申请人莆田市地方税务局稽查局、福建省地方税务局税务行政处理及行政复议案

【案例概要】

一、案例背景①

2013 年年初，福建省鑫隆古典工艺博览城建设有限公司（以下简称鑫隆公司）因项目开发建设需要，与陈某伟和案外人林某钦（另案处理）达成协议，以鑫隆公司部分房产作为抵押向陈某伟和林某钦合计借款 6 000 万元，月息 5‰，利息按月支付，期限一年。2013 年 3 月 20 日，陈某伟、林某钦与鑫隆公司签订合同时，发现鑫隆公司只能提供 85 坎店面，店面面积合计 10 008.73 平方米，两人只同意借给鑫隆公司 5 500 万元，双方签订总价为 5 500 万元的商品房买卖合同，并到仙游县房地产管理中心备案登记。同日，鑫隆公司将多余的 500 万元汇还给林某钦。2014 年 1 月 17 日，林某钦因资金周转需要从鑫隆公司抽回 300 万元。2014 年 3 月 19 日即一年放贷期满，林某钦、陈某伟和鑫隆公司通过泉州仲裁委员会仲裁解除上述商品房买卖合同，鑫隆公司各汇还给林某钦、陈某伟 2 600 万元，共计 5 200 万元。2013 年 3 月 20 日至 2014 年 3 月 19 日，陈某伟累计取得利息收入 2 140.5 万元（其中，2013 年度为 1 350 万元，2014 年度为 790.5 万元）。陈某伟在 2013 年度和 2014 年度取得利息收入未申报缴纳营业税、个人所得税、城市维护建设税、教育费附加及地方教育附加。决定由陈某伟补缴纳：1. 营业税 1 070 250 元；2. 个人所得税 4 281 000 元；3. 城市维护建设税 53 512.5 元；4. 教育费附加 32 107.5 元；5. 地方教育费附加 21 405 元；6. 加收滞纳金 171 781.71 元，以上共计人民币 5 630 056.71 元。

鑫隆公司与本案原告陈某伟、案外人林某钦签订了总价为 5 500 万元的商品房买卖合同，合同约定出卖人鑫隆公司承担逾期交房的违约责任。一年后，鑫隆公司以商品房买卖合同无法履行为由，向泉州仲裁委员会申请仲裁，解除商品房买卖合同，支付违约金。陈某伟和林某钦除收回签订合同时支付的人民币 5 500 万元外，以违约金的名义收取了人民币 3 328 万元。事因莆田市纪委收到举报，将该问题移送莆田市地方税务局引发。税务局

---

① 最高人民法院行政裁定书〔2018〕最高法行申 209 号。

认为，陈某伟、林某钦等与鑫隆公司的交易名为房屋买卖，实为借贷，陈某伟等应就借贷利息所得3 328万元缴纳营业税和个人所得税。征纳税方就涉案收入的性质、是否属于营业税课征范围等发生争议。最高院在再审决定中认为，税务机关可以根据实质课税原则独立认定案涉民事法律关系，对案涉民间借贷利息收入应征收营业税、个人所得税等税款，支持了税务局的处理决定，同时提出考虑利息所得额时应确定是否属于实际所得，以避免重复计征。

二、争议焦点

本案之所以被评选为中国2019年度全国影响力十大税务司法审判案例之一的原因在于：本案涉及民法和税法这两个不同领域对法律关系认定的差异，同时涉及实质课税原则和意思自治原则之间的博弈，也明确了民间借贷利息是否征收营业税和个人所得税，以及适用税目、税率的问题。通过分析可将本案的争议焦点归纳为三个方面：一是税务机关是否有权依据实质课税原则独立认定涉民事法律关系？二是对于本案民间借贷利息收入是否应征收营业税和个人所得税？三是对民间借贷产生的较大金额利息收入征收税款如何体现税收公平原则？以上争议焦点在案例分析中将加以详细分析解决。

【案例分析】

本案是税法领域典型案例，具有代表性与指引性。对于协调与平衡实质课税原则与意思自治原则，保障税收公平等提供了思考与指引。围绕经济法学（第二版）税收调控法律制度的核心内容：税收征纳实体关系与税收征纳程序关系、所得税调控法律制度等，将案例具体解剖为以下问题予以详尽分析。

1. 地方税务局稽查局是否具有独立执法主体资格？

该问题涉及征税主体的法律问题。从理论而言，征税主体是国家，因为征税权是国家主权的一部分。在具体征税活动中，国家授权政府的职能部门来实际行使征税权。《中华人民共和国税收征收管理法》第十四条规定："本法所称税务机关是指各级税务局、税务分局、税务所和按照国务院规定设立的并向社会公告的税务机构。"同时根据《中华人民共和国税收征收管理法实施细则》第九条规定："税收征管法第十四条所称按照国务院规定设立的并向社会公告的税务机构，是指省以下税务局的稽查局。"由此，根据法律和行政法规的相关规定，省以下税务局所属稽查局具有行政主体资格。本案中莆田市地方税务局稽查局具有独立执法主体资格。除此之外，根据《中华人民共和国税收征收管理法实施细则》第九条规定："稽查局专司偷税、逃避追缴欠税、骗税、抗税案件的查处。"并且税务总局应明确划分税务局与稽查局的职责。

2. 莆田市地方税务局稽查局行使应纳税额核定权是否超越职权？

《中华人民共和国税收征收管理法》第三十五条规定："纳税人有下列情形之一的，税务机关有权核定其应纳税额：……（五）发生纳税义务，未按照规定的期限办理纳税申报，经税务机关责令限期申报，逾期仍不申报的。"同时《中华人民共和国税收征收管理法实施细则》第九条规定："稽查局专司偷税、逃避追缴欠税、骗税、抗税案件的查处。"综合以上规定可知：税务稽查局的职权范围不仅包括偷税、逃避追缴欠税、骗税、抗税案件的查处，还包括与查处税务违法行为密切关联的稽查管理、税务检查、调查和处理等延伸性职权。本案中，莆田市地方税务局稽查局根据《中华人民共和国税收征收管理法》第三十五条规定行使应纳税款核定权，认定陈某伟、林某钦与鑫隆公司存在案涉民间借贷法律关系，不违反上述法律规定。

3. 税务机关是否有权依据实质课税原则独立认定涉民事法律关系？

实质课税原则是为了约束各种逃税、避税行为而设立的，根据纳税人经营活动的实质而非表面形式予以征税。在本案例中，鑫隆公司、陈某伟、林某钦以签订《商品房买卖合同》，掩盖借贷法律关系之实。税法与民法作为两个相邻法域，前者体现税收公平原则，后者强调契约自由原则，因此对于同一法律关系的认定民法与税法可能不太一致。根据《中华人民共和国税收征收管理法》《中华人民共和国税收征收管理法实施细则》等法律、法规的相关规定，税务机关作为主管税收工作的行政主体，承担其管辖权范围内的各项税收、非税收入征管等法定职责。但是，税务机关依照法律、行政法规的规定行使法定职责，必然会涉及对相关应税行为性质进行识别与判定，这也是实质课税原则的基本要求。需要强调的是，税务机关对民事法律关系的认定，仅在税务行政管理、税额确定和税款征缴程序等专门领域有既决力，而当事人仍可依据民事法律规范通过仲裁或民事诉讼等方式另行确认民事法律关系。因此，本案中税务机关依据实质课税原则认定当事人之间形成民间借贷法律关系符合事实与法律的相关规定，即依据纳税人民事交易活动的实质而非表面形式予以征税。

4. 对于本案民间借贷利息收入是否应征收营业税和个人所得税？

民间借贷行为是否为法定营业税应税业务。虽然《中华人民共和国营业税暂行条例》《中华人民共和国营业税暂行条例实施细则》没有明确规定自然人与企业之间发生的借贷行为是否属于金融保险业，但《营业税税目注释（试行稿）》作为国家税务总局发布的专门解释性文件，已经将个人自有资金贷款和转贷行为，均纳入金融保险业范围；且该规定也与《最高人民法院关于审理民间借贷案件适用法律若干问题的规定》第一条第一款有关"本规定所称的民间借贷，是指自然人、法人、其他组织之间及其相互之间进行资金融通的行为"的规定，并不抵触，结合《最高人民法院关于适用〈中华人民共和国行政诉讼法〉的解释》第一百条第二款有关"人民法院审理行政案件，可以在裁判文书中引用合法有效的规章及其他规范性文件"的规定，人民法院应予尊重。因此，结合上述行政法规、规章、规范性文件和司法解释规定，个人将自有资金贷与企业或者转贷，可以认为属于《中华人民共和国营业税暂行条例》第一条规定的应纳税劳务范围。

营业税改征增值税后，民间借贷是否为法定增值税应税业务。《营业税改征增值税试点实施办法》第一条第一款规定："在中华人民共和国境内（以下称境内）销售服务、无形资产或者不动产的单位和个人，为增值税纳税人，应当按照本办法缴纳增值税，不缴纳营业税。"第九条规定："应税行为的具体范围，按照本办法所附的《销售服务、无形资产、不动产注释》执行。"同时，《销售服务、无形资产、不动产注释》规定："金融服务,是指经营金融保险的业务活动。包括贷款服务、直接收费金融服务、保险服务和金融商品转让……贷款,是指将资金贷与他人使用而取得利息收入的业务活动。各种占用、拆借资金取得的收入,包括金融商品持有期间(含到期)利息(保本收益、报酬、资金占用费、补偿金等)收入、信用卡透支利息收入、买入返售金融商品利息收入、融资融券收取的利息收入,以及融资性售后回租、押汇、罚息、票据贴现、转贷等业务取得的利息及利息性质的收入,按照贷款服务缴纳增值税。"根据上述规定,在国家税收政策调整、营业税改征增值税后,个人贷款业务也明确属于增值税应税劳务。因而,将民间借贷纳入营业税应税劳务范围,既符合法律规定,也符合国家税收政策调整需要。

5. 对民间借贷产生的较大金额利息收入征收税款如何体现税收公平原则?

税收作为国家宏观调控的重要手段之一,税务机关在遵循税收法定原则的同时,也必须坚持税收公平原则。需要综合考虑税收征收管理效率,纳税人基本权利,社会、经济综合影响等各方面因素。民间借贷行为一般具有人身和社会属性,特殊情形下也具有一定资本属性,对民间借贷行为征缴税款,宜坚持税收公平原则并保持谦抑。本案中,经核定属于纳税范围的民间借贷行为,不属于《税收征收管理法》第三十二条、第五十二条规定的故意偷税、计算错误等加收滞纳金的条件,仅仅属于对相关法律关系的错误理解和认定,税务机关按实质课税的同时并不宜一律征缴滞纳金甚至处罚。本案莆田市地税稽查局依据实质课税原则认定案涉系民间借贷关系而非房屋买卖关系,并因此决定征缴相应税款并无不当,且决定加收相应滞纳金亦有一定法律依据。但是,考虑到有关民间借贷征税立法不具体,以及当地税务机关实施税收征收管理的实际情况,莆田市地税稽查局仍宜参考《税收征收管理法》第五十二条第一款有关"因税务机关的责任,致使纳税人、扣缴义务人未缴或者少缴税款的,税务机关在三年内可以要求纳税人、扣缴义务人补缴税款,但是不得加收滞纳金"的规定精神,在实际执行被诉税务处理决定时予以充分考虑;并在今后加大对税法相关规定的宣传和执行力度。

拓展阅读

经济补偿金是否属于免征个人所得税的范围[①]

【案例概要】

张某善与国家税务总局北京市朝阳区税务局麦子店税务所、国家税务总局北京市朝阳区税务局个人所得税征收行为及行政复议案。好丽友食品有限公司（以下简称好丽友公司）于2018年4月28日向张某善支付最后一个月工资及终止劳动合同补偿金共计74 256元。2018年5月8日，好丽友食品有限公司北京分公司（以下简称好丽友北京公司）作为扣缴义务人申报扣缴张某善该笔收入的个人所得税19 259.6元。次日，原北京市朝阳区地方税务局双井税务所（因机构改革职能调整，该所涉案个人所得税征收业务现已由麦子店税务所承接，以下简称双井税务所）办理了该笔税款入库手续。张某善不服该税收征管行为于2018年11月28日向朝阳区税务局申请行政复议。朝阳区税务局于2019年1月21日作出京朝税税复决字〔2019〕1号《行政复议决定书》（以下简称1号《复议决定书》），根据《中华人民共和国行政复议法》（以下简称《行政复议法》）第二十八条第一款第（一）项的规定，决定维持前述个人所得税征收行为。张某善不服，诉至一审法院，诉请法院：1. 撤销朝阳区税务局于2019年1月21日作出的1号《复议决定书》；2. 撤销麦子店税务所在2018年5月违法征收张某善个人所得税19 259.6元的行为并退还税款。一审判决指出本案审查的对象为个人所得税征收行为的合法性，涉及纳税义务人、扣缴义务人、税目、税率、税额等事项的确定是否符合规定。综上所述，张某善要求撤销被诉个人所得税征收行为、1号《复议决定书》并要求退税的请求没有事实和法律依据，法院不予支持。依照《中华人民共和国行政诉讼法》第六十九条、第七十九条的规定，判决驳回张某善的全部诉讼请求；二审判决指出一审法院判决驳回张某善的全部诉讼请求正确，应予维持。张某善的上诉请求和理由不成立，法院不予支持。依照《中华人民共和国行政诉讼法》第八十九条第一款第（一）项的规定，判决如下：驳回上诉，维持一审判决。

[①] 北京市第三中级人民法院行政判决书〔2019〕京03行终689号。

【案例分析】

《个人所得税法》第四条规定了免征个人所得税情形。本案涉及《关于个人与用人单位解除劳动关系取得的一次性补偿收入征免个人所得税问题的通知——财税〔2001〕157号》。其规定:"个人因与用人单位解除劳动关系而取得的一次性补偿收入(包括用人单位发放的经济补偿金、生活补助费和其他补助费用),其收入在当地上年职工平均工资3倍数额以内的部门,免征个人所得税。"而本案中张某善是"因终止劳动合同所取得经济补偿金收入,而非解除劳动关系"。终止劳动合同不等于解除劳动关系。

签订有劳动合同的情况下,合同到期终止属于劳动法律关系结束或消灭的方式之一,不宜将其排除在财税〔2001〕157号文规定的适用范围之外。实际上将"解除劳动关系"限定在"提前解除劳动合同"这一情形下,是对"解除劳动关系"的限缩解读。税收减免确应遵循的法定原则,但并不妨碍司法机关对相关税收政策进行立法本义解读。财税〔2001〕157号文之所以对劳动者取得的解除劳动关系经济补偿金适用免税政策,是基于经济补偿金的特殊性质,即保障失业阶段劳动者的在没有收入来源的情况下能够正常生活。司法机关应当充分考量经济补偿金的性质对"解除劳动关系"进行合理解读。[①]

[①] 《劳动合同终止的经济补偿金,应当享受免税待遇》,载拓维网:http://www.topwe-law.com/article-32468-166013.html,最后访问时间:2022年3月2日。

*** 拓展阅读 ***

首例针对税务行政公益诉讼案[①]

【案例概要】

合肥市包河区检察院在履行职责中发现,2014年8月至2015年8月,合肥铭励家具有限公司、合肥拓格会展有限公司等六单位和个人让他人为自己开具与实际经营业务情况不符的增值税发票,合计虚开增值税专用发票110 065.54元,作为进项税票抵扣税款。案发后,合肥铭励家具有限公司等单位补交了税款,但案涉的六家公司和个人的行政违法行为一直未得到查处。根据《中华人民共和国税收征收管理法》《中华人民共和国发票管理办法》及相关规定,合肥市税务局作为管理机关应对上述单位进行查处。该案是全国首例针对税务机关怠于履行对税务违法行为查处的职责而提起的行政公益诉讼,明确了应收的罚没收入属于国有财产,应纳入公益诉讼监督范围。

【案例分析】

为了进一步促进检察机关开展涉税行政公益诉讼工作,提高案件办理的质量,我们认为应做好以下三点:第一,检察机关应坚持司法谦抑的立场。《行政诉讼法》第二十五条第四款,以及《最高人民法院最高人民检察院关于检察公益诉讼案件适用法律若干问题的解释》都规定:检察院应当向行政机关提出检察建议,督促其依法履行职责;行政机关不依法履行职责的,人民检察院依法向人民法院提起诉讼。因此,检察机关首先要依法行使权力,在提出检察建议后,充分听取税务机关的意见,学习涉税相关知识,有了充足把握后再正式提起公益诉讼。鉴于税法体系的庞杂及部分涉税案件对社会稳定的影响,税务机关对案件的处理无疑是专业及可信赖的,检察机关应予以充分尊重,不宜轻易认定税务机关不依法履职或者违法履职。只有在收集到充分的法律及事实依据,且经过诉前程序,税务机关拒不纠正违法行为或者不履行法定职责,使国家和社会公共利益仍处于受侵

[①] 《安徽省合肥市蜀山区人民检察院对合肥市税务局提起行政公益诉讼》,载最高人民检察院: https://www.spp.gov.cn/xwfbh/wsfbt/201701/t20170123_179471.shtml,最后访问时间:2021年12月1日。

害状态的，检察机关才可以提起行政公益诉讼。第二，税务机关应依法应对涉税行政公益诉讼案件。税务机关在接到检察机关送达的检察建议后，应高度重视，迅速组织专业部门研究应对，并在规定的时限内及时作出回复。对工作中确实存在不依法履职或者违法履职的，应迅速整改，避免检察机关提起行政公益诉讼；对因客观情况难以在短期内整改的，例如企业经济困难无法及时缴纳税款、滞纳金，也应和检察机关做好沟通，避免被错误提起公益诉讼及被错误追究相关人员的渎职责任。第三，立法时应注重相关法律间的衔接。建议修订《税收征管法》时，明确税务机关在税收征管方面的专业性与权威性，给外部监督设置一定门槛，以便于更好地保护纳税人的合法权益及正常的征管秩序；同时，适应还责于纳税人的立法趋势，强调纳税人对其纳税申报的真实性、合法性及完整性负责，明确税务机关及税收执法人员的权力与责任边界，增加保障税收执法人员合法权利的条款。全国人大有关部门宜更多地发挥统筹、协调的功能，在横向比较的基础上，采取有效措施解决《税收征管法》与其他法律的衔接问题。

*** 拓展阅读 ***

确认征收房产税费行为违法案

【案例概要】

刘某于2011年6月27日向案外人徐某某购买深圳市龙岗区中心城公园大地花园二期房子,双方已签订深(龙)房现买字〔2011〕第12395号《深圳市二手房买卖合同》,该合同第十条约定卖方需付税费为营业税、城市建设维护税、教育费附加、印花税、个人所得税、土地增值税、房地产交易服务费等,买方需付税费为印花税、契税、产权登记费、房地产交易服务费、贴花等,经双方协商,上述所有费用由买方支付。刘某与徐某某已向深圳市房地产权登记中心提交深圳市房地产转移登记申请表、申请人身份证明、结婚证、户口本、家庭成员情况、《深圳市二手房买卖合同》、完税证明及发票等申请材料,申请将涉案房产转移登记至刘某名下。上述完税证明等票据涉及的税费为契税人民币24 000元、销售营业税人民币80 000元、教育费附加人民币2 400元、城建维护税人民币5 600元、贴花人民币5元、房屋所有权登记费人民币50元、交易手续费人民币812.7元,共计人民币112 867.7元。其中,销售营业税人民币80 000元、教育费附加人民币2 400元、城建维护税人民币5 600元及交易手续费中的人民币406.35元的纳税人及付款人系徐某某,其余税费的纳税人及付款人系刘某。深圳市房地产权登记中心已向刘某核发深房地字第××号《房地产证》。后深圳市房地产权登记中心核查发现上述完税证明等票据系虚假票据,遂于2014年8月1日向刘某出具《深圳市房地产权登记缴费通知书》,要求刘某补缴税费等相关费用。相关税费等共计人民币114 462.7元补缴后,深圳市龙岗区地方税务局、深圳市房地产权登记中心已出具完税证明等票据,涉及的税费为契税人民币24 000元、营业税人民币80 000元、城市维护建设税人民币5 600元、教育费附加人民币2 400元、地方教育附加人民币1 600元、房屋所有权登记费人民币50元、交易手续费人民币812.7元。其中,营业税人民币80 000元、城市维护建设税人民币5 600元、教育费附加人民币2 400元、地方教育附加人民币1 600元及交易手续费中的人民币406.35元的纳税人及付款人系徐某某,其余税费的纳税人及付款人系刘某。另查明,刘某于2015年3月19日向深圳市规划和国土资源委员会提交赔偿申请书及相关材料,要求深圳市房地产权登记中心赔偿因违法征收税费造成的损失人民币112 867.7元、交通费及误工费等人民币10 000元、律师费人民币36 000元。深圳市房地产权登记中心于2015年5月18日作出深房登〔2015〕37号《不予赔偿决定书》,决定不予赔偿。

【案例分析】

　　根据深圳市龙岗区地方税务局、深圳市不动产登记中心提交的证据材料，可证明刘某于2011年7月4日缴纳与涉案房产交易相关税费的完税凭证及发票等为虚假票据的事实，故该虚假票据无法证明刘某已于2011年7月4日缴纳与涉案房产交易相关的所有税费。刘某主张其已于2011年7月4日足额缴纳与涉案房产交易相关的税费，但刘某提交的完税凭证及发票等为虚假票据，而〔2013〕深中法刑二终字第194号《刑事判决书》与本案缺乏关联性，均无法证明缴纳的事实，除此以外刘某未再能举证证明其已于2011年7月4日缴纳与涉案房产交易相关的税费，故刘某主张其已于2011年7月4日足额缴纳与涉案房产交易相关的税费缺乏事实根据。根据与涉案房产交易相关的税费的完税凭证及发票等票据，营业税、城市维护建设税、教育费附加、地方教育附加的纳税人及交易手续费中的人民币406.35元的付款人均记载为徐某某，刘某与该缴纳行为无直接利害关系，故原审法院据此认定刘某对于征收营业税、城市维护建设税、教育费附加、地方教育附加及交易手续费中的人民币406.35元不具备原告主体资格，并无不当。刘某以其代徐某某缴纳营业税等相关税费为由主张其具备原告主体资格，但刘某与徐某某关于缴纳税费的民事约定不能改变纳税人及付款人的法定，代缴税费的行为不能使刘某取得对征收营业税等税费的行为提起行政诉讼的原告主体资格。依据《中华人民共和国税收征收管理法》关于对税务机关的征税行为等不服应先申请行政复议的规定，刘某若对征收契税的行为不服应先申请行政复议，这是提起行政诉讼的必经程序，现刘某未经行政复议程序即提起行政诉讼于法无据，故原审法院据此认定刘某对于征收契税的行为提起行政诉讼不符合法定起诉条件合法有据。因刘某无法证明其已于2011年7月4日缴纳与涉案房产交易相关的税费，故刘某于2014年8月1日缴纳房屋所有权登记费及交易手续费中的人民币406.35元不存在重复缴费。此外，行政主体及其工作人员违法行使行政职权，造成公民、法人或者其他组织合法权益损害的，由国家承担赔偿责任，即被诉行政行为违法及该违法行为与当事人主张的损害事实之间存在因果关系是当事人可主张行政赔偿责任的前提条件。本案被诉征收税费行为未被确认为违法，缺乏应承担行政赔偿责任的必要前提条件，故刘某主张深圳市不动产登记中心、深圳市龙岗区地方税务局应承担行政赔偿责任于法无据。

第十章 金融调控法律制度

📖 学习回顾

　　金融调控法的基本原理直接影响对金融调控法诸多理论的认识。金融调控是指以中央银行制定和实施货币政策为主导,通过调节货币供应量、利率和汇率水平,间接调控金融市场。金融调控法是调整金融调控经济关系和金融监管经济关系的法律规范的总称。金融调控法的价值目标是防范和化解系统性金融风险,维护金融稳定,实现宏观经济总量平衡。金融调控法体系的核心是《中国人民银行法》,《银行业监管法》《商业银行法》《证券法》《外汇管理法》等各金融法律规范文件是其重要组成部分。

　　中央银行法律制度是金融调控法的核心。中国人民银行作为中央银行,既是国家机关,又是从事法定金融业务的特殊金融机构,其在国务院领导下依法执行货币政策,并为维护金融市场稳定,依法行使金融调控权。《中国人民银行法》是确认其法律地位、规范其调控行为的法律制度,其包括货币发行的基本制度、中央银行调控的保障制度等内容。

　　在货币政策和宏观审慎政策双支柱调控框架下,应充分发挥其他金融调控制度的重要作用。它们主要包括商业银行法中的调控制度、外汇管理法中的调控制度。

💬 学习重点

1. 金融调控法的目标与原则。
2. 金融调控法的主体与程序。
3. 中央银行调控制度的主要内容。
4. 商业银行法中的调控制度和外汇管理法中的调控制度。

案例介绍

【核心案例】 全球金融危机背景下中国的积极应对。通过回顾 1998 年亚洲金融危机和 2008 年全球金融危机的发展历程和形成原因，结合中国在此背景下的积极应对，从中学习了解金融调控法的目标与原则、金融调控法的体系与手段、金融调控法的主体及程序。

【拓展阅读】 法定货币。通过分析杜某胜、张某合同纠纷案，帮助我们更清楚地认识人民币是我国的法定货币，中国人民银行是我国唯一的货币发行机关。

【拓展阅读】 再贷款制度。通过分析广东华兴银行股份有限公司、深圳沁达丰电子科技有限公司债权转让合同纠纷案，帮助我们学习理解中央银行调控基础货币的渠道之一——再贷款制度。

【拓展阅读】 商业银行法中的调控制度。通过分析中国工商银行股份有限公司公安新区支行、廖某鹏储蓄存款合同纠纷再审审查与审判监督民事裁定书，帮助我们学习理解商业银行法中的调控制度。

【拓展阅读】 外汇管理法中的调控制度。通过分析甲某诉乙某委托理财合同纠纷案——违反禁止性规定订立的涉境外理财平台委托理财合同无效案，帮助我们学习了解外汇管理法中的调控制度。

阅读思考

1. 试论依法进行金融调控的必要性。
2. 如何理解人民币发行制度。
3. 如何理解再贷款制度。
4. 如何理解商业银行法中调控制度。
5. 如何理解项目资本外汇管理。

*** 核心案例 ***

全球金融危机背景下中国的积极应对

金融危机是指金融市场动荡的迹象;其特征为在金融市场中,参与者出现重大且普遍的流动性不足和破产问题,需要官方干预遏制这些后果。① 金融危机并不是少见事件,相反,任何一个国家的每一代人,几乎都要经历金融危机。综观历史,金融危机在诸多国家同时发生的情况屡见不鲜,并且,全球可能同时发生金融危机。其中,2008 年的全球金融危机见证了金融风险的高峰。因此,本部分将重点分析此次金融危机背景下中国的积极应对,以阐明金融调控法律制度的基本原理。

【案例概要】

2007 年,美国次贷危机陆续发酵,至 2008 年美国著名投行雷曼兄弟倒闭,引发全球金融市场急剧下跌和流动性收紧,次贷危机演变成自 20 世纪 30 年代以来最严重的国际金融危机。2007 年底至雷曼兄弟倒闭前,美联储采取了 7 次降息举措,仍不能遏制金融危机的蔓延。在国际金融危机的影响下,欧洲部分国家出现了主权债务危机,经济进入衰退。

为有效应对 2008 年国际金融危机,中国政府除了采取前述"四万亿投资计划"外,还连续采取了一系列货币政策和措施。例如,在 2008 年至 2009 年,央行调整了货币手段及相关措施。其中,货币方针从"适度从紧"转向"适度从宽",通过多次降低金融机构人民币贷款基准利率、存款准备金率向市场释放资金流动性。在 2008 年至 2010 年期间,针对金融机构信贷规模大幅增长、物价快速上涨、经济出现过热风险等问题,央行从 2010 年 1 月至 2011 年 11 月转变了货币方针,从"适度宽松"转向"稳健",对大型金融机构连续 12 次上调存款准备金率,对小型金融机构连续 9 次上调存款准备金率,收紧了市场流动性。② 2011 年 11 月,由于国际金融危机深化和信贷规模压缩的影响,我国经济增速降低,国民经济出现了下行。此时,央行重新调整了货币政策方向,数次降低了存款准备金率和存贷款利率,以降低经济下滑态势。

---

① Bordo M, Eichengreen B, Klingebiel D, et al. Is the Crisis Problem Growing More Severe?, Economic Policy, 2010, 16 (32), pp. 51-82.

② 朱晓雨:《两次金融危机期间我国货币政策有效性实证研究》,载《金融理论与实践》2012 年第 8 期。

【案例关联法条】

《中国人民银行法》

第二条 中国人民银行是中华人民共和国的中央银行。中国人民银行在国务院领导下,制定和执行货币政策,防范和化解金融风险,维护金融稳定。

第三条 货币政策目标是保持货币币值的稳定,并以此促进经济增长。

第四条 中国人民银行履行下列职责:

(一)发布与履行其职责有关的命令和规章;
(二)依法制定和执行货币政策;
(三)发行人民币,管理人民币流通;
(四)监督管理银行间同业拆借市场和银行间债券市场;
(五)实施外汇管理,监督管理银行间外汇市场;
(六)监督管理黄金市场;
(七)持有、管理、经营国家外汇储备、黄金储备;
(八)经理国库;
(九)维护支付、清算系统的正常运行;
(十)指导、部署金融业反洗钱工作,负责反洗钱的资金监测;
(十一)负责金融业的统计、调查、分析和预测;
(十二)作为国家的中央银行,从事有关的国际金融活动;
(十三)国务院规定的其他职责。

中国人民银行为执行货币政策,可以依照本法第四章的有关规定从事金融业务活动。

【案例分析】

一、中国进行金融调控的目标

两次危机下,中国进行金融调控的目标是防范和化解系统性金融风险,进而维护金融稳定,保障金融安全。现将之分述如下:

第一,防范和化解系统性金融风险。金融调控法通过确定金融调控机构的性质、地位、职责等,明确金融调控的目标和手段等,促进金融目标的达成。防范和化解金融风险,维护金融稳定,既是金融调控的目标,也是金融调控法的作用。

第二,保持社会总需求与总供给的平衡。金融危机是信贷泡沫破灭的结果,金融调控则可通过引导资金流向、控制信用规模,对相关金融变量实行调节,从而实现社会总需求和总供给的平衡。

二、中国金融调控法的原则

第一，间接调控原则。间接调控原则，是指金融调控主体运用金融调控法律制度的各项具体制度，使市场机制引导市场主体的活动，让整个市场发展符合金融调控的整体目标。在现代市场经济条件下，金融调控主体主要通过存款准备金制度、公开市场操作制度等对市场金融活动进行间接调控。为了更好地运用这些调控手段，国家还通过经济立法选择了利率、汇率等相应的经济参数，针对不同的经济情况，把各种经济政策和经济参数搭配使用，目的是使市场主体的行为符合整个国民经济发展的目标。在亚洲金融危机和全球金融危机中，中国金融调控主体运用了存款准备金制度、公开市场操作制度等对金融活动展开了间接调控。

第二，计划指导原则。计划指导原则，是指政府通过国民经济与社会发展计划和规划，引导市场主体的生产经营活动沿着国家计划指导的方向发展的原则。在社会主义市场经济条件下，计划或规划具有导向作用，是金融调控的重要形式。它不仅确定国民经济发展的重要方向，而且与货币协调配合，共同指导和调节国民经济运行，展示国民经济发展走势、方向和国家长期发展战略，引导市场主体的经营思路和投资流向。

美国金融危机的诱因之一是完全放松了对金融系统的管制，事实证明，过度放任的自由市场经济本身存在先天的缺陷，短期的放任能带来竞争的高效率，但长期的累积必然会导致危机的出现。在改革开放的过程中，我国逐渐离开经济体制，实行市场经济体制，这有着客观必然性。但是，社会化大生产，必然要求各生产部门按照一定的比例进行，这是不变的经济学原则。当经济危机来袭的时候，发达资本主义国家都在对金融系统实施拯救，对公共产品和服务的投资实施宏观干预。如我国在应对全球金融危机时实施了"四万亿计划"，在应对亚洲金融危机时提出了"一万亿经济刺激计划"。

第三，相互协调原则。相互协调原则，是指金融调控中的各种调控手段相互配合、形成合力，共同发挥作用的原则。金融调控目的是促进社会总供给和总需求的平衡，同时防范和化解金融风险。为达到这一调控目的，金融调控主体采用存款准备金制度、基准利率制度、再贴现制度、再贷款制度、公开市场操作制度等手段。而每一种调控手段各有特点，在金融调控中各有其优势和局限。因此，金融调控主体在依法确定金融调控手段时，应协调各种调控手段，充分发挥其互补功能和组合效应。只有坚持相互协调原则，才能真正实现金融调控的目的。从两次金融危机来看，中国金融调控主体采取的这一系列调控手段，均体现了协调原则。

三、金融调控法的体系与手段

金融调控法体系包括中央银行法律制度、专业性金融法律制度和外汇管理法律制度。其中，中央银行法是金融调控法之核心和基础。中国中央银行法律制度最早产生于1931年。经过不断发展，1995年3月18日，全国人大第八届第三次会议通过颁布的《中国人民银行法》，第一次以法律的形式确立了中国人民银行为中央银行，履行发行的银行、银行的银行、政府的银行三大职能。中央银行制度此时被建立。2003年3月10日，全国人大十届一次会议审议批准了国务院机构改革方案，决定成立中国银行监督管理委员会，履行对除证券、保险之外的银行与其他金融机构的监管职能。2003年4月26日，全国人大常委会第十届第二次会议通过了《关于中国银行监督管理委员会履行原由中国人民银行履行的监管职责的决定》，分离了中国人民银行的监管职能。2003年12月27日，全国人大常委会第六次会议通过了《中国人民银行法》的修正案。修订后的《中国人民银行法》进一步强化了中国人民银行制定和执行货币政策的职责，实现了由对银行业金融机构的直接监管职能向金融宏观调控、防范和化解系统性金融风险、维护金融稳定职能的转变，并新增加了反洗钱和监管信贷征信业两项职能。因此，中国人民银行成为履行金融调控和金融稳定职能的中央银行。

中央银行法是依法制定和执行国家货币政策，调控货币流通与信用活动，保障金融调控顺利实施的法律制度。简而言之，中央银行法是调整金融调控关系的法律规范总称。在我国，中央银行法主要集中规定在《中国人民银行法》中。但是，在金融法体系中，除了《中国人民银行法》以外的其他法，如《银行业监管法》《商业银行法》《证券法》《保险法》《外汇管理法》等各金融法律规范文件中也有相关规定。中央银行的金融调控职能是指中央银行利用自己拥有的各种金融手段，对货币和信用进行宏观调节和控制，以达到干预经济、管理经济的目的。换言之，中央银行的目标为保持货币稳定，并促进经济增长。根据《中国人民银行法》的相关规定，中央银行采用的调控手段主要包括六种：存款准备金制度、基准利率制度、再贴现制度、再贷款制度、公开市场操作制度、常备借贷便利制度。

四、金融调控法的主体与程序

1. 中央银行是金融调控的主要机构

中央银行是金融调控的主要机构，其依据主要源于《中国人民银行法》第二条规定[①]。此外，金融稳定发展委员会、银保监会、证监会等，同样是金融调控法的重要主体。

2. 本次中央银行运用货币手段及其措施进行宏观调控的法律依据

《中国人民银行法》是我国运用货币手段及其措施进行宏观调控的法律依据。其中，第二条和第三条规定了中国人民银行有制定和执行货币政策的权力；同时，该法规定了运用货币手段以及措施进行宏观调控的基本目标。

3. 本次中央银行运用货币手段及其措施进行宏观调控的基本程序

《中国人民银行法》第二条和第三条确立了中国人民银行的职权，包括制定和执行货币政策的权力。同时，还规定了相应的调控程序。同时，《中国人民银行货币政策委员会条例》对货币方针的制定和调整、一定时期货币手段及其措施的运用等程序作出了专门规定。这说明，我国货币方针、货币手段等运用的基本程序法规范已经大致形成。

但是，在程序法规范方面，体现我国有关货币方针的确定、货币手段及措施的运用透明度要求规则较为欠缺。主要原因在于，决策者和社会认知存在显著差异，公众对货币方针预期不稳定，货币方针对投资和价格引导成效难以得到较好实现。

---

① 《中国人民银行法》第二条规定："中国人民银行是中华人民共和国的中央银行。中国人民银行在国务院领导下，制定和执行货币政策，防范和化解金融风险，维护金融稳定。"

五、国际金融监管规则

在布雷顿森林体系解体后，金融自由推动了金融风险从公共部门向私人部门转移。在跨国金融活动中，个体金融机构日益活跃，并且它们与各个国家的金融机构联系日益紧密，这是国际金融风险的重要来源。因此，对个体金融机构的监管和对各国金融监管规则的协调成为全球金融治理的话题。①

行之有效的多边国际金融规则有助于解决这一系列难题。然而，目前国际金融监管规则、实施机制和监督机制等方面存在严重缺陷，它主要是以美国为代表的发达国家为实现自身金融利益并间接谋求全球金融稳定的过程，这容易导致跨境金融监管合作在执法层面缺失。② 在后危机时代，国内金融监管协调合作方面，不仅要考虑国内金融市场发展需求，还要考虑与市场接轨，满足市场相应的制度需求，实现国内制度与国际规则接轨和同步。此外，中国面对复杂的国际金融环境，应积极加入国际金融监管合作，促进国际金融机构改革和国际金融监管体系的构建，提升中国在国际金融体系中的地位以及在国际金融监管规则制定中的话语权。

---

① 张发林、姚远：《国际金融安全观的演进与评估》，载《国际安全研究》2021年第6期。
② 廖凡：《跨境金融监管合作：现状、问题和法制出路》，载《政治与法律》2018年第12期。

*** 拓展阅读 ***

法定货币——杜某胜、张某合同纠纷案①

【案例概要】

2019年6月2日，原告张某与被告杜某胜就数字货币的合作签订《数字货币ETH合作协议》，该协议对指定操作账号、亏损承担及收益分享方式、亏损补齐时间及方式、红利支付比例、收益结算时间及支付时间、支付方式、协议终止条件等进行约定。协议签订后，原告按约在指定的数字货币交易平台某某账号上存入了1000个ETH币和10个BTC币，并将该账号交由被告炒币。被告亏损后未按约定补齐相应数字货币。2019年6月底，被告在炒币亏损后向原告出具借条。至2019年7月23日，杜某胜填补部分数字货币至指定账号，并停止操作该账户，尚欠769.559个ETH币和2个BTC币未补齐。2019年7月26日，经协商，杜某胜认可操作了指定账户，张某要求杜某胜就其造成的亏损出具凭条，杜某胜认可确有亏损，亏损700多个ETH币，不同意出具凭条并提出需要时间才能还清。2019年8月3日12时，ETH币的开盘价为1544元/个。此后，就炒币造成的亏损，原告多次向被告催讨未果，故提起诉讼。

【案例关联法条】

1.《中国人民银行法》第二十条

第二十条　任何单位和个人不得印制、发售代币票券，以代替人民币在市场上流通。

2.《关于防范比特币风险的通知》

【案例分析】

一、正确认识比特币的属性

虽然比特币被称为"货币"，但由于其不是由货币当局发行，不具有法偿性与强制性

---

① 湖南省娄底市中级人民法院〔2020〕湘13民终598号民事判决书。

等货币属性,并不是真正意义的货币。它的主要特点为:缺乏集中发行方,总量有限,使用不受地域限制,并且还具有匿名信等。从性质上看,比特币是一种特定的虚拟商品,不具有与货币等同的法律地位,不能且不应作为货币在市场上流通使用。①

二、各金融机构和支付机构不得开展与比特币相关的业务

现阶段,各金融机构和支付机构不得以比特币为产品或服务定价,不得买卖或作为中央对手买卖比特币,不得承保与比特币相关的保险业务或将比特币纳入保险责任范围,不得直接或间接为客户提供其他与比特币相关的服务。②

三、本案中 ETH 和 BTC 货币是否法定货币

法定货币是由国家或区域法律特别规定的货币,具有无限法偿的支付结算效力。我国目前的法定货币是人民币,它特指以法定现钞和硬币形式存在的人民币,它的无限法偿支付结算效力是受《中国人民银行法》保障的。根据《中国人民银行法》的规定,国家享有货币发行权,中国人民银行是国家授权的负责掌管全国货币发行工作,集中管理货币发行。因此,中国人民银行社会我国唯一的货币发行机关。人民币是我国的法定货币。法定货币代表的是中央银行和国家的信用,具有无限法偿的支付结算效力。

数字货币是指以电磁符号形式存在于电子设备中的货币,在目前的货币体系中它既可以是法定货币的转化形式也可以是约定货币的转化形式。我们将法定货币的数字货币形式称为电子货币,具体主要表现为银行的电子存款货币;我们将约定货币的数字货币形式称为虚拟货币,具体表现为各种类型的网络虚拟货币。由中央银行直接向社会发行的以电磁符号形成存在于电子设备中的法定货币,它在法律性质上是目前法定现钞或硬币的替代形式,同法定现钞或硬币具有共同的法律属性。本案中,虽然 ETH 币和 BTC 币被称为货币,但是由于不是由中央银行发行的,不具有法偿性和强制性,并非法定货币。

四、《数字货币 ETH 合作协议》是否合法有效

杜某胜是借用张某的数字货币并用 yin2019 的账号在数字货币交易平台进行交易,所有收益、亏损均由杜某胜承担,张某按每月 2%的比例获取固定收益,两人之间是实际的借贷关系,而非委托代理关系。虽然中国人民银行等部委联合下发的《关于防范比特币风险的通知》中规定,金融机构和支付机构不得以比特币为产品或服务定价,不得买卖比特币,并且不得作为中央对手买卖比特币,但是并未禁止其他主体不得展开比特币进行交易。因此,张某与被告杜某胜签订的《数字货币 ETH 合作协议》系双方真实意思表示,且未违反法律的强制性规定,应属合法有效。

---

① 李思佳:《FATF 建议下虚拟货币反洗钱法律问题研究》,载《河北法学》2021 年第 10 期。

② 这些包括:为客户提供比特币登记、交易、清算、结算等服务;接受比特币或以比特币作为支付结算工具;开展比特币与人民币及外币的兑换服务;开展比特币的储存、托管、抵押等业务;发行与比特币相关的金融产品;将比特币作为信托、基金等投资的投资标的等。李思佳:《FATF 建议下虚拟货币反洗钱法律问题研究》,载《河北法学》2021 年第 10 期。

*** 拓展阅读 ***

再贷款制度——广东华兴银行股份有限公司、深圳沁达丰电子科技有限公司债权转让合同纠纷案[1]

【案例概要】

一、案件事实

1995年1月10日，潮阳金融市场与同平支行订立《补充协议书》，约定潮阳金融市场提供拆借资金300万元，投入同平支行账户，委托同平支行分别投放给皮箱公司200万元和润信公司100万元，借款期限至1995年7月11日收回；潮阳金融市场借给划入同平支行300万元，除按签订规定利率外（详见签订合同书）由同平支行向两个借款公司代收手续费5.02‰，其中转还潮阳金融市场4.02‰手续费，余1‰转还同平支行手续费；借款由潮阳金融市场指定投放并负责经济责任，期满后同平支行协助追收结算和监督管理。

1995年1月11日，潮阳金融市场与同平支行订立两份《拆借资金契约》，约定拆出单位为潮阳金融市场，拆入单位为同平支行，拆借金额分别200万元和100万元，月利率均为10.98‰，拆借期限均自1995年1月11日至1995年7月11日计181天。潮阳金融市场于订约之日将300万元汇入同平支行银行账户，同平支行于同日转付给润信公司100万元、皮箱公司200万元。

1995年12月28日，潮阳金融市场与同平支行订立《拆借资金契约》，约定拆出单位和拆入单位分别为潮阳金融市场和同平支行，拆借金额300万元，月利率11.55‰，拆借期限自1995年12月28日至1996年4月28日计122天；如违约，按违约金额处以1‰罚款赔偿对方；同平支行应按期归还本息，逾期不能归还，按逾期金额在原利率基础上每天加收3‰罚息赔偿潮阳金融市场。润信公司于1996年5月27日向潮阳金融市场归还100万元及相关利息。

皮箱公司按《补充协议书》约定费率向潮阳金融市场、同平支行给付手续费至1995年12月28日，被告对皮箱公司之后是否支付利息和手续费没有举证。1997年5月4日，皮箱公司向同平支行出具还款计划书，称其原借款200万元及利息，承诺同年5月底还1996年至本月份止的利息，6月份起每月归还本金10万元及当月所欠本金的利息。潮阳金融市场在该还款计划书上注明请同平支行对上述计划给予监督执行。1997年12月30

---

[1] 广东省高级人民法院〔2018〕粤民再379号民事判决书。

日,同平支行通过电汇给付潮阳金融市场本金61万元和6万元,其中61万元汇单注明"借款(代升平区皮箱公司划转)",6万元汇单注明"借款"。

1998年12月8日,作为债权方的潮阳金融市场和作为债务方的同平支行订立《债权或债务确认书》,确认金额133万元,同平支行注明该笔资金为潮阳金融市场委托我行投放给皮箱公司专用(原金额200万元,已还67万元)。

2009年7月8日,汇达资产托管有限责任公司汕头分公司(下称汇达资产公司)与潮阳金融市场订立《资产(拆借资金)转让协议书》,约定,潮阳金融市场和同平支行1995年12月28日签订《拆借资金契约》金额300万元,月利率11.55‰,合同期限122天,同平支行截至2007年7月31日结欠拆借本金133万元及相关利息未予清还,上述债权全部转让给汇达资产公司,作为债务方的同平支行没有在该协议书上盖章。随后,汇达资产公司于2009年9月24日、2011年3月24日、2013年2月26日、2015年2月5日在报纸刊登公告,向同平支行主张权利。

2016年5月11日,沁达丰公司在拍卖会上通过公开竞价取得汇达资产公司《汕头资产包项目》的权益,并于同年8月16日与该公司订立《资产转让协议》,取得的债权包括上述潮阳金融市场转让的对同平支行的债权。汇达资产公司于同年8月22日将债权转让通知及债务催收在报纸上公告。

二、判决要旨

1. 一审判决

一审法院判决:一、华兴银行于判决发生法律效力之日起十日内给付沁达丰公司借款本金133万元及该借款本金利息(自1998年12月8日起按月利率11.55‰计至本判决确定还款之日止)。

2. 二审判决

华兴银行不服一审判决,上诉请求:撤销一审判决,驳回沁达丰公司全部诉讼请求;一、二审案件受理费由沁达丰公司负担。经审理后,二审法院判决:驳回上诉,维持原判。

3. 再审判决

再审法院认为,原审认定涉案债权是潮阳金融市场和同平支行因拆借资金形成,判决华兴银行向沁达丰公司偿还涉案借款本息缺乏事实和法律依据,应依法予以纠正。因此,应该判决如下:

一、撤销广东省汕头市中级人民法院〔2017〕粤05民终536号民事判决和广东省汕头市金平区人民法院〔2016〕粤0511民初2481号民事判决;

二、驳回深圳沁达丰电子科技有限公司的诉讼请求。

【案例关联法条】

《中国人民银行法》

第二十三条 中国人民银行为执行货币政策,可以运用下列货币政策工具:

（一）要求银行业金融机构按照规定的比例交存存款准备金；
（二）确定中央银行基准利率；
（三）为在中国人民银行开立账户的银行业金融机构办理再贴现；
（四）向商业银行提供贷款；
（五）在公开市场上买卖国债、其他政府债券和金融债券及外汇；
（六）国务院确定的其他货币政策工具。

中国人民银行为执行货币政策，运用前款所列货币政策工具时，可以规定具体的条件和程序。

第三十条 中国人民银行不得向地方政府、各级政府部门提供贷款，不得向非银行金融机构以及其他单位和个人提供贷款，但国务院决定中国人民银行可以向特定的非银行金融机构提供贷款的除外。

中国人民银行不得向任何单位和个人提供担保。

【案例分析】

一、关于本案所涉债权债务是委托贷款关系还是资金拆借关系的问题

根据沁达丰公司的辩称：根据《中华人民共和国中国人民银行法》第三十条，"人民银行不得向非银行金融机构以及其他单位和个人提供贷款"以及第二十三条第一款第四项关于人民银行有权运用"向商业银行提供贷款"这类货币政策工具的规定，潮阳金融市场作为人民银行所设立的分支机构被法律禁止向非金融机构的皮箱公司及其他普通主体发放贷款，仅能够向金融机构办理同业拆借业务，因此本案不可能是委托贷款法律关系，只能是同业拆借关系，原审判决适用法律正确。

但是，再审法院经审理认为，根据中国人民银行《贷款通则》第七条之规定①。贷款人（受托人）只收取手续费，不承担贷款风险。据此，委托贷款的特征包括：资金由委托人提供；贷款对象、用途、金额期限、利率等由委托人确定；贷款人（受托人）代为发放、监督使用并协助收回的贷款，只收取手续费，不承担贷款风险。本案中，从涉案借款相关合同的签订、履行及还款计划、债务确认的情况看，潮阳金融市场、同平支行、皮箱公司及润信公司均清楚涉案借款系由金融市场提供，委托同平支行代为发放予皮箱公司及润信公司，并由同平支行对借款进行监督使用、协助收回的事实。同平支行就涉案借款仅收取月利率1‰的手续费，借款人皮箱公司与润信公司均向潮阳金融市场还本付息。因此，虽然潮阳金融市场与同平支行签订的《补充协议书》《拆借资金契约》中均使用了"拆借资金"的字样，但涉案债权债务符合委托贷款法律关系的各项特征，应认定为委托

---

① 委托贷款系指由政府部门、企事业单位及个人等委托人提供资金，由贷款人（即受托人）根据委托人确定的贷款对象、用途、金额期限、利率等代为发放、监督使用并协助收回的贷款。

贷款，同平支行作为委托贷款的贷款人（受托人）不承担贷款风险，不是涉案债权的债务人，不应承担涉案借款本息的还款责任。沁达丰公司要求华兴银行归还涉案借款本息的诉讼请求不能成立。

二、中央银行调控的再贷款制度评介

1. 中央银行再贷款的产生

中央银行的再贷款行为，是为了解决不断出现的银行破产问题而逐渐出现的，它为解决银行破产防止金融危机发挥了重要作用。综观历史上的金融危机，其发生范围日益从地区扩大到全球。例如，18—19世纪的金融危机主要表现为一国国内银行的崩溃，大量的银行倒闭和破产。并且，这种危机具有极强的传染性，导致存款人对整个银行体系的信心动摇，甚至会影响到一些经营状态良好的银行，而银行的高负债会使这些银行无法抵御挤兑冲击，陷入危机，这种危机的扩大就是所谓的系统性危机，最终酿成灾难。因此，由于中央银行出面解决流动性困难的制度产生也是必然。

从我国实践来看，1984年以后，中国人民银行便开始行使中央银行的职能。其中，再贷款一直是我国中央银行的重要货币政策。随着众多中小金融机构的停业整顿（关闭）、国有商业银行的股份制改造、农村信用社改革，以及化解证券公司风险等任务的加剧，中央银行开始发放再贷款。有学者曾在其著作中列出了我国中央银行再贷款的主要去向和用途，其中主要用途包括：四大金融资产管理公司购买国有商业银行不良资产、支农再贷款、关闭中小金融机构、提供证券公司周转贷款、偿还被关闭或被托管证券公司的债务、证券投资者保护基金的启动资金等。① 由此不难发现，中央银行发放如此巨额的再贷款的直接原因是金融机构存在巨额的不良资产，一些金融机构甚至还存在偿付性危机，若不予以化解将引发系统性危机。然而，金融调控方式在近年来，逐渐由直接调控转为间接调控，再贷款所占基础货币的比例也逐渐下降，结构和投向发生了重要变化。

2. 我国现行法律对中央银行再贷制度的规定

中央银行再贷款制度是我国金融安全中的重要部分，但是在现行法律规范中的规定却较少。《中国人民银行法》第四条中原则性地规定了中国人民银行的职责。② 第二十三条第四款规定了中国人民银行为执行货币政策，可以运用下列货币政策工具：……（四）向商业银行提供贷款；……第二十八条规定了中国人民银行可以决定商业银行贷款的相关内容。③ 第三十条规定中国人民银行不得向哪些主体提供贷款，以及相应的例外情形。④

---

① 付一书：《中央银行学》，复旦大学出版社2007年版，第132页。
② 例如，"依法制定和执行货币政策"。
③ 《中国人民银行法》第二十八条规定："中国人民银行根据执行货币政策的需要，可以决定对商业银行贷款的数额、期限、利率和方式，但贷款的期限不得超过一年。"
④ 《中国人民银行法》第三十条规定："中国人民银行不得向地方政府、各级政府部门提供贷款，不得向非银行金融机构以及其他单位和个人提供贷款，但国务院决定中国人民银行可以向特定的非银行金融机构提供贷款的除外。中国人民银行不得向任何单位和个人提供担保。"

第三十二条①和第三十四条②规定了中国人民银行有权对哪些金融机构及其他单位和个人进行检查和监督。

---

① 《中国人民银行法》第三十二条规定:"中国人民银行有权对金融机构以及其他单位和个人的下列行为进行检查监督:……(二)与中国人民银行特种贷款有关的行为;……前款所称中国人民银行特种贷款,是指国务院决定的由中国人民银行向金融机构发放的用于特定目的的贷款。"

② 《中国人民银行法》第三十四条规定:"当银行业金融机构出现支付困难,可能引发金融风险时,为了维护金融稳定,中国人民银行经国务院批准,有权对银行业金融机构进行检查监督。"

*** 拓展阅读 ***

商业银行法中的调控制度——中国工商银行股份有限公司公安新区支行、廖某鹏储蓄存款合同纠纷再审审查与审判监督民事裁定书①

【案例概要】

一、案件事实

2015年7月18日，原告在被告处办理了存期为一年的存款业务，本金为224 000元，起息日为2015年7月18日，约定利率为日万分之一，被告向原告出具了储蓄存单。2016年9月5日，被告综合柜员工张某在办理上述存款业务时，涉嫌挪用单位资金案发。湖北省荆州市荆州区人民检察院以鄂荆州区检刑诉〔2017〕第97号起诉书指控其涉嫌挪用资金罪、变造金融票证罪。2018年3月30日，湖北省荆州市荆州区人民法院作出〔2017〕鄂1003刑初字107号《刑事判决书》认定了被告人张某在办理本案存单业务时，"利用职务上的便利，为达到挪用本单位资金归自己使用的目的，变造银行存单"将本应存入银行的资金挪作个人使用的事实。上述事实导致原告存单到期后，被告至今没有将原告存款本息兑付原告。另查明：张某原为工行公安新区支行综合柜员，主要负责客户的存取款业务。2016年前后，张某在担任工行公安新区支行期间，声称银行内部有10%~12%的高存款年利率，吸引客户找其办理高息存款业务。张某接受客户资金后，利用职务之便，使用"郭某珍"身份存入小额资金，套开出空白银行存单，手工填写存单信息，涂改电子印章编码的手段，变造银行存单31张交给客户，吸收客户徐某君等21人资金本息计人民币1 410.28万元，仅入银行账3.4万元，余款挪作自己使用。张某于2018年3月30日被人民法院以挪用资金罪和变造金融票证罪按"牵连犯罪，重罪吸收轻罪的原则"以张某犯变造金融票证罪，判处有期徒刑12年。同时查明：被告工行公安新区支行具有独立的诉讼主体资格，但对外没有行政公章，中国工商银行股份有限公司公安支行是工行公安新区支行的上级主管部门。另本案"存单"存款信息由张某手工填写，其存单、存单号、电子印章（编码有涂改）、张某私章均是真实的，出自工行公安新区支行。存款同期国家规定的存款年利率为2.925%。

---

① 湖北省高级人民法院〔2020〕鄂民申3217号民事裁定书。

二、裁判要旨

1. 一审法院

一审法院经审理后判决：被告中国工商银行股份有限公司公安新区支行于本判决生效后 10 日内兑付原告廖某鹏存款本金 224 000 元并按年利率 2.925% 承担利息（从存款之日计算至存款兑付完毕之日）。如果未按本判决指定的期间履行给付金钱义务，应当依照《中华人民共和国民事诉讼法》第二百五十三条之规定，加倍支付迟延履行期间的债务利息。案件受理费 5 116 元，由被告中国工商银行股份有限公司公安新区支行负担。

2. 二审法院

二审法院经审理后判决：驳回上诉，维持原判。

3. 再审法院

再审法院裁定如下：驳回中国工商银行股份有限公司公安新区支行的再审申请。

【案例关联法条】

《中华人民共和国商业银行法》

第三十一条　商业银行应当按照中国人民银行规定的存款利率的上下限，确定存款利率，并予以公告。

【案例分析】

一、工行公安新区支行应按生效刑事判决书认定的存款数额兑付本息

廖某鹏将资金交给张某办理业务后，张某向廖某鹏出具存单。虽然该存单系张某采用套开空白银行存单、手工填写存单信息、涂改电子印章编码的手段变造，但该存单系工行公安新区支行统一印制，加盖了工行公安新区支行的公章，且只能在该行的工作时间、工作场所开出，廖某鹏作为一般社会公众人员，在收到张某交付的盖有工行公安新区支行印章的存单后，对存单系变造、资金未入账被他人挪用等情况均不知情，也无法预见张某挪用资金的情况，其未违反在通常情况下应当尽到的注意义务，不应对张某挪用资金的损失承担责任。廖某鹏持有的存单载明的存款金额为 22.4 万元，生效的 107 号刑事判决书亦认定廖某鹏向张某交付 22.4 万元办理存款业务。如工行公安新区支行主张廖某鹏未实际交付 22.4 万元，依据《最高人民法院关于适用〈中华人民共和国民事诉讼法〉的解释》第九十条"当事人对自己提出的诉讼请求所依据的事实或者反驳对方诉讼请求所依据的事实，应当提供证据加以证明，但法律另有规定的除外"之规定，其应对该抗辩主张承担举证责任。一、二审中，工行公安新区支行提交存单当日的业务记录等证据拟证明该行当日无办理廖某鹏 22.4 万元存款的业务记录，但依据刑事判决认定的事实，工行公安新

区支行在存单当日无此笔业务记录的原因是张某挪用廖某鹏交付的资金归个人使用而未入银行账户，故工行公安新区支行提交的证据不能推翻生效刑事判决认定的事实，一、二审法院对其抗辩主张不予采信并认定廖某鹏的存款本金为22.4万元具有事实和法律依据。《中华人民共和国商业银行法》第三十一条规定："商业银行应当按照中国人民银行规定的存款利率的上下限，确定存款利率，并予以公告。"案涉存单上载明的利率为年利率十万分之一，该利率为手写的不规范形式，利率标准不符合中国人民银行规定的存款利率上下限标准，一、二审法院认定双方对利息约定不明，并参照中国人民银行同期存款利率标准计息并无不当。

二、商业银行法中的调控制度评介——以《商业银行法》第三十一条为例

在金融法体系中，商业银行法中的调控制度是金融调控法律制度的重要组成部分。这具体体现在，为了促进经济快速发展，我国一直采取金融抑制政策，商业银行的存贷款利率均由中国人民银行确定，可浮动范围和浮动方法比较固定，央行对金融机构的存贷款名义利率进行管制以实现金融调控的政策目的，由此《商业银行法》规定银行应当按照中国人民银行规定的存、贷款利率的上下限，确定存、贷款利率。这具体体现在《商业银行法》第三十一条和第三十八条中。

*** 拓展阅读 ***

外汇管理法中的调控制度——甲某诉乙某委托理财合同纠纷案——违反禁止性规定订立的涉境外理财平台委托理财合同无效案[①]

【案例概要】

一、案件事实

2014年10月，甲某在某境外理财平台公司代理人乙某的推荐下，成为该平台网站的注册用户。该理财平台系由注册在境外的公司运营，未获得国内监管机构批准在境内开展外汇交易。甲某向其账户投入资金5 600余美元进行外汇保证金交易，杠杆比例为1:500。2014年10月13日，甲某与乙某通过往来邮件订立《共同投资协议》，约定甲某为账户资金出资人，乙某负责实盘操作，投资账户产生盈利的分配比例为甲某占70%，乙某占30%，乙某承担交易带来的账户亏损责任。同时，甲某向乙某告知了账户交易密码。10月至11月间，甲某账户频繁操作，本金发生了5 100余美元的损失。甲某为账户亏损之事至乙某公司交涉，乙某自认其从甲某的交易中累计获得约900美元佣金。甲某向法院起诉要求乙某赔偿投资损失5 100余美元（折合人民币31 000余元），并承担相应利息及费用。

二、裁判要旨

上海市虹口区人民法院于2016年5月20日作出〔2015〕虹民五（商）初字第2565号民事判决：乙某应承担甲某本金损失人民币19 000余元；驳回甲某其余诉讼请求。乙某不服一审判决提起上诉。上海市第二中级人民法院于2016年8月24日作出〔2016〕沪02民终5427号终审判决：驳回上诉，维持原判。

【案例关联法条】

1.《中华人民共和国外汇管理条例》

第十七条 境内机构、境内个人向境外直接投资或者从事境外有价证券、衍生产品发

---

① 上海市第二中级人民法院〔2016〕沪02民终5427号民事判决书。

行、交易，应当按照国务院外汇管理部门的规定办理登记。国家规定需要事先经有关主管部门批准或者备案的，应当在外汇登记前办理批准或者备案手续。

2.《个人外汇管理办法》

第三十条 境内个人从事外汇买卖等交易，应当通过依法取得相应业务资格的境内金融机构办理。

【案例分析】

一、《共同投资协议》是否有效

根据外汇管理规定，境内机构和境内个人从事境外有价证券、衍生产品发行、交易的，应当办理登记手续；需要批准或者备案的，应当办理批准或者备案手续。本案中，投资者委托他人投资未进行登记或备案的境外理财平台的，该委托投资协议因违反禁止性规定而无效。如果投资者发生损失，则双方应依据各自过错比例进行分担。

根据《中华人民共和国外汇管理条例》第十七条①和中国人民银行《个人外汇管理办法》第三十条的规定②，本案中，《共同投资协议》中约定投资所用账户为甲某境外理财平台账号，该平台未进行过登记、备案手续，故甲某账户从事的外汇保证金交易并不符合国家外汇管理要求，《共同投资协议》因违反法律、行政法规的强制性规定而无效。

二、关于合同无效所致的法律后果由谁承担

关于合同无效所致的法律后果。有过错方应当赔偿无过错方因此而受到的损失；如果双方都有过错，应当各自承担相应的责任。本案中，乙某相对于甲某具有更加丰富的投资经验和更为高水平的知识能力，但仍然持续鼓励甲某从事非法外汇保证金交易，并且还从中获得佣金，具有重大错误。而甲某，他本应在投资前谨慎了解外汇交易是否合法合规，是否存在交易风险，但是并未作充分了解就委托乙某进行操作，并从事违法交易，自身也存在一定过错。综合研判下，法院对乙某应承担甲某资金损失的金额作出了认定。

三、外汇管理法中的调控制度评介——以资本项目外汇管理为例

从《中华人民共和国外汇管理暂行条例》1980年出台以来，外汇体制改革取得突破

---

① 《中华人民共和国外汇管理条例》第十七条规定："境内机构、境内个人向境外直接投资或者从事境外有价证券、衍生产品发行、交易，应当按照国务院外汇管理部门的规定办理登记。国家规定需要事先经有关主管部门批准或者备案的，应当在外汇登记前办理批准或者备案手续。"

② 《个人外汇管理办法》第三十条规定："境内个人从事外汇买卖等交易，应当通过依法取得相应业务资格的境内金融机构办理。"

性进展。国务院于1996年制定《外汇管理条例》,并于2008年修订《外汇管理条例》,这是我国外汇管理方面的主要法律依据。此外,中国人民银行、国家外汇管理局还先后发布了一系列外汇管理方面的法规、规章和规范性文件,如《银行间外汇市场管理暂行规定》(1996年11月29日)等配套法规,构成我国外汇管理法规体系。目前,我国外汇管理法规体系的主要内容如下:

1. 外汇的含义

根据《外汇管理条例》的规定,外汇,是指下列以外币表示的可以用作国际清偿的支付手段和资产:(1)外币现钞,包括纸币、铸币;(2)外币支付凭证或者支付工具,包括票据、银行存款凭证、银行卡等;(3)外币有价证券,包括债券、股票等;(4)特别提款权;(5)其他外汇资产。①

2. 外汇管理机关和外汇管理的对象

根据《外汇管理条例》的规定,国务院外汇管理部门及其分支机构(以下统称外汇管理机关)依法履行外汇管理职责。外汇管理的对象是境内机构、境内个人的外汇收支或者外汇经营活动,以及境外机构、境外个人在境内的外汇收支或者外汇经营活动。②

3. 外汇管理的种类

经常项目外汇管理,即国际收支中经常发生的交易项目,此类项目的程序和内容在2008年修订时被大大简化了。资本项目外汇管理指国际收支中引起对外资产和负债水平发生变化的交易项目。金融机构外汇业务管理是指金融机构须经外汇管理机关批准,领取经营外汇业务许可,才能经营外汇业务,并且不得超出经营外汇范围。人民币汇率和外汇市场的管理,是指我国实行以市场供求为基础的、有管理的浮动人民币汇率制度。

---

① 《外汇管理条例》第三条。
② 《外汇管理条例》第四条。

第十一章 计划调控法律制度

📖 学习回顾

科学的宏观调控离不开国家发展战略和规划，而规划或计划则需要依法实施，故此，科学地设计与实施计划调控制度都需要在明确计划调控基本原理的基础之上。计划调控法基本原理涉及计划、计划调控与计划调控法、计划调控权分配和计划调控法的调控手段等基本问题。计划调控法是调整计划调控关系的法律规范的总称，是经济法体系中重要的宏观调控法律制度，涉及多种经济政策的协调和经济政策的法律化问题，对于国家的宏观经济目标实现具有十分重要的作用。计划调控权的分配具体可以细分为审批权、调整权、编制权、执行权在不同权力主体间的分配。

根据计划调控法的基本原理，其主要制度包括计划调控实体法律制度、计划调控程序法律制度以及与之相配套的产业调控法律制度、投资调控法律制度、区域规划法律制度和对外贸易调控法律制度。计划调控实体法律制度和计划调控程序法律制度涵盖了计划调控法的实体规范和程序规范的两个方面，产业调控法律制度、投资调控法律制度、区域规划法律制度和对外贸易调控法律制度则是根据计划调控作用对象的差异的类型化划分，也是我国计划调控实践的重要组成部分。

💬 学习重点

1. 国家计划的地位和作用。
2. 计划调控权的具体配置。
3. 计划调控法的具体构造。

📝 案例介绍

【核心案例】《十四五规划》中的"计划调控元素"。"国民经济和社会发展五年规划纲要"是我国计划调控最为主要的实践模式。有鉴于此,通过分析新近公布的《中华人民共和国国民经济和社会发展第十四个五年规划和2035年远景目标纲要》(以下简称《十四五规划》)来了解计划调控是如何实施的,其中蕴含的计划调控法律制度基本原理和具体制度,并在基础上思考我国计划调控法律制度的现实问题以及将来的完善方向。

【拓展阅读】产业政策之争:林毅夫教授和张维迎教授的观点交锋。通过了解林毅夫与张维迎有关产业政策的激烈论战,学习了解二人论战不同的立场、论据、观点,思考计划调控中产业调控法律制度的合理性和法治化问题,并进一步复习和思考政府与市场的关系问题。

【拓展阅读】区域经济一体化的多头参与:成渝地区双城经济圈建设的规划问题。通过了解成渝地区双城经济圈建设中的相关规划,观察中央政府、中央部门、地方政府等多个主体之间如何分配相应的计划调控权,进而思考如何法治在区域经济协调发展中有着何种作用。

📝 阅读思考

1. 计划调控是否反对市场经济而倡导计划计划经济?
2. 以产业调控、投资调控为代表的计划调控法律制度运行实效如何?将来应该如何提升其法治化水平?
3. 区域规划法律制度对于区域经济协调发展有何意义?在推进区域经济协调发展过程中应该怎样对待相关制度?

*** 核心案例 ***

《十四五规划》中的"计划调控元素"

五年规划（The Five-Year Plan，原称五年计划），全称为中华人民共和国国民经济和社会发展五年规划纲要，是中国国民经济计划的重要部分，属长期计划。主要是对国家重大建设项目、生产力分布和国民经济重要比例关系等作出规划，为国民经济发展远景规定目标和方向。① 实践中，"五年规划"已经是我国政府实施计划调控的核心举措。正是"五年规划"在我国国民经济发展中的重要地位，其一直备受关注和热议。

【案例概要】

一、《十四五规划》的背景介绍

五年规划作为国家对经济发展的干预形式最早并非源于中国，也非中国所独有。20世纪30年代，苏联建立了第一个社会主义国家，斯大林领导苏联在探索社会主义经济发展问题时明确提出："社会主义是按计划进行的"，其后在1929年4月举行的联共（布）第十六次代表大会上制订并通过了1928—1932年国民经济计划，标志着五年计划在苏联的诞生。苏联从自己的国情出发，通过五年计划取得了辉煌的经济建设成就，到1937年第二个五年计划完成，苏联已经实现了以重工业为中心的工业化，工业总产值迅速跃升至欧洲第一，世界第二。"二战"后，随着欧亚一大批社会主义国家的出现，五年计划被社会主义阵营中很大一部分国家所借鉴，到20世纪50年代中期，东欧社会主义国家相继完成了第一个五年计划。后来的历史发展证明，五年计划不仅深刻影响了苏联的经济发展，还对"二战"后所有社会主义阵营国家的经济社会发展造成了深远影响，在很长一段时间里成为社会主义国家经济发展的主要模式。②

中国从1953年开始制订并实施第一个五年计划，到2020年结束已经完成总共十三个五年计划/规划。五年计划与国民经济的发展紧密结合，在中国经济发展的不同历史阶段体现出了鲜明的阶段性特征。从1953年开始制订第一个"五年计划"，简称"一五"。从"十一五"起，"五年计划"改为"五年规划"。

根据"五年规划"编制与实施的一般过程，其大概需要经历"中期评估—前期研

---

① 参见《规划好下一个五年》，https：//www.tjjw.gov.cn/html/news/2020/0816/73852.html，最后访问时间：2022年3月4日。

② 相关介绍参见百度百科，https：//baike.baidu.com/item/%E4%BA%94%E5%B9%B4%E8%A7%84%E5%88%92/6544998?fr=aladdin，最后访问时间：2022年3月4日。

究—形成思路—建议起草—通过建议—制定纲要—专家论证—争取意见—审议批准—正式公布—规划实施"几个步骤，《十四五规划》编制中的几个重要节点如下：2020年7月30日，中共中央政治局召开会议，决定2020年10月在北京召开中国共产党第十九届中央委员会第五次全体会议，研究关于制订国民经济和社会发展第十四个五年规划。8月16日起，"十四五"规划编制工作开展网上意见征求。2021年3月11日，十三届全国人大四次会议表决通过了《关于〈中华人民共和国国民经济和社会发展第十四个五年规划和2035年远景目标纲要〉的决议》，决定批准该规划纲要。3月12日，新华社受权于全文发布《中华人民共和国国民经济和社会发展第十四个五年规划和2035年远景目标纲要》。

《十四五规划》主要阐明国家战略意图、明确政府工作重点、引导规范市场主体行为，是我国开启全面建设社会主义现代化国家新征程的宏伟蓝图。《十四五规划》分为三个部分，共19篇、65章、192节，涉及经济社会发展的方方面面，内容丰富、意义深远。

二、《十四五规划》的主要内容

《十四五规划》全文共计6万余字，涉及内容众多，篇幅较长，为了阅读方便，此处仅列出目录以供了解其整体框架和主要内容，而其中与计划调控法直接相关联的内容将在具体分析中展示。

《十四五规划》目录：

第一篇　开启全面建设社会主义现代化国家新征程
- 第一章　发展环境
- 第二章　指导方针
- 第三章　主要目标

第二篇　坚持创新驱动发展　全面塑造发展新优势
- 第四章　强化国家战略科技力量
- 第五章　提升企业技术创新能力
- 第六章　激发人才创新活力
- 第七章　完善科技创新体制机制

第三篇　加快发展现代产业体系　巩固壮大实体经济根基
- 第八章　深入实施制造强国战略
- 第九章　发展壮大战略性新兴产业
- 第十章　促进服务业繁荣发展
- 第十一章　建设现代化基础设施体系

第四篇　形成强大国内市场　构建新发展格局
- 第十二章　畅通国内大循环
- 第十三章　促进国内国际双循环
- 第十四章　加快培育完整内需体系

第五篇　加快数字化发展　建设数字中国
- 第十五章　打造数字经济新优势

第十六章　加快数字社会建设步伐
第十七章　提高数字政府建设水平
第十八章　营造良好数字生态

第六篇　全面深化改革 构建高水平社会主义市场经济体制
第十九章　激发各类市场主体活力
第二十章　建设高标准市场体系
第二十一章　建立现代财税金融体制
第二十二章　提升政府经济治理能力

第七篇　坚持农业农村优先发展 全面推进乡村振兴
第二十三章　提高农业质量效益和竞争力
第二十四章　实施乡村建设行动
第二十五章　健全城乡融合发展体制机制
第二十六章　实现巩固拓展脱贫攻坚成果同乡村振兴有效衔接

第八篇　完善新型城镇化战略 提升城镇化发展质量
第二十七章　加快农业转移人口市民化
第二十八章　完善城镇化空间布局
第二十九章　全面提升城市品质

第九篇　优化区域经济布局 促进区域协调发展
第三十章　优化国土空间开发保护格局
第三十一章　深入实施区域重大战略
第三十二章　深入实施区域协调发展战略
第三十三章　积极拓展海洋经济发展空间

第十篇　发展社会主义先进文化 提升国家文化软实力
第三十四章　提高社会文明程度
第三十五章　提升公共文化服务水平
第三十六章　健全现代文化产业体系

第十一篇　推动绿色发展 促进人与自然和谐共生
第三十七章　提升生态系统质量和稳定性
第三十八章　持续改善环境质量
第三十九章　加快发展方式绿色转型

第十二篇　实行高水平对外开放 开拓合作共赢新局面
第四十章　建设更高水平开放型经济新体制
第四十一章　推动共建"一带一路"高质量发展
第四十二章　积极参与全球治理体系改革和建设

第十三篇　提升国民素质 促进人的全面发展
第四十三章　建设高质量教育体系
第四十四章　全面推进健康中国建设
第四十五章　实施积极应对人口老龄化国家战略

第十四篇　增进民生福祉　提升共建共治共享水平
第四十六章　健全国家公共服务制度体系
第四十七章　实施就业优先战略
第四十八章　优化收入分配结构
第四十九章　健全多层次社会保障体系
第五十章　保障妇女未成年人和残疾人基本权益
第五十一章　构建基层社会治理新格局

第十五篇　统筹发展和安全　建设更高水平的平安中国
第五十二章　加强国家安全体系和能力建设
第五十三章　强化国家经济安全保障
第五十四章　全面提高公共安全保障能力
第五十五章　维护社会稳定和安全

第十六篇　加快国防和军队现代化　实现富国和强军相统一
第五十六章　提高国防和军队现代化质量效益
第五十七章　促进国防实力和经济实力同步提升

第十七篇　加强社会主义民主法治建设　健全党和国家监督制度
第五十八章　发展社会主义民主
第五十九章　全面推进依法治国
第六十章　完善党和国家监督体系

第十八篇　坚持"一国两制"推进祖国统一
第六十一章　保持香港、澳门长期繁荣稳定
第六十二章　推进两岸关系和平发展和祖国统一

第十九篇　加强规划实施保障
第六十三章　加强党中央集中统一领导
第六十四章　健全统一规划体系
第六十五章　完善规划实施机制

【案例分析】

　　我国已经实施了十三个"五年规划",这表明"五年规划"可以成为我国干预市场的持续性举措,并且在实践层面也取得了卓越的成效,并且也得到国内外很多经济学家的高度认可。2016年,诺贝尔经济学奖得主迈克尔·斯彭斯在中国"两会"召开前夕接受新华社记者电邮采访时说,坚持制定五年规划让中国受益匪浅,这一经验值得西方学习。"五年规划"如此深受认可,这其中是如何体现计划调控法律制度的基本原理和具体制度的呢?

一、《十四五规划》所体现的计划调控法原理

1. 计划调控的功能

国民经济和社会发展五年规划纲要是影响我国经济社会发展极为重要的一项制度性安排，是国家的中长期发展规划，构成了当下计划调控中的重要组成部分。《经济法学》(第二版)① 中将计划调控的功能可分为预测引导功能、协调功能和宏观调控功能三个方面，下面我们就结合《十四五规划》来具体理解和认识这三项功能。

其一，计划调控的预测引导功能。诚如《十四五规划》的开篇所言："中华人民共和国国民经济和社会发展第十四个五年（2021—2025年）规划和2035年远景目标纲要，根据《中共中央关于制定国民经济和社会发展第十四个五年规划和二〇三五年远景目标的建议》编制，主要阐明国家战略意图，明确政府工作重点，引导规范市场主体行为，是我国开启全面建设社会主义现代化国家新征程的宏伟蓝图，是全国各族人民共同的行动纲领。"从以上表述可知，《十四五规划》是为了"阐明国家战略意图，明确政府工作重点，引导规范市场主体行为"，并在"第一篇 开启全面建设社会主义现代化国家新征程"下专门阐明了2035年远景目标和"十四五"时期经济社会发展主要目标（详见下文）②，具体可以概括为经济发展取得新成效、改革开放迈出新步伐、社会文明程度得到新提高、生态文明建设实现新进步、民生福祉达到新水平、国家治理效能得到新提升几个方面，其中对于未来发展方向的预测以及对市场主体的引导功能不言而喻。

> 第三章　主要目标
>
> 按照全面建设社会主义现代化国家的战略安排，2035年远景目标和"十四五"时期经济社会发展主要目标如下。
>
> 第一节　2035年远景目标
>
> 展望2035年，我国将基本实现社会主义现代化。经济实力、科技实力、综合国力将大幅跃升，经济总量和城乡居民人均收入将再迈上新的大台阶，关键核心技术实现重大突破，进入创新型国家前列。基本实现新型工业化、信息化、城镇化、农业现代化，建成现代化经济体系。基本实现国家治理体系和治理能力现代化，人民平等参与、平等发展权利得到充分保障，基本建成法治国家、法治政府、法治社会。建成文化强国、教育强国、人才强国、体育强国、健康中国，国民素质和社会文明程度达到新高度，国家文化软实力显著增强。广泛形成绿色生产生活方式，碳排放达峰后稳中有降，生态环境根本好转，美丽中国建设目标基本实现。形成对外开放新格局，参与国际经济合作和竞争新优势明显增强。人均国内生产总值达到中等发达国家水平，中等收入群体显著扩大，基本公共服务实现均等化，城乡区域发展差距和居民生活水平

---

① 指由高等教育出版社出版、张守文主编的"马工程"教材，后同。
② 《中华人民共和国国民经济和社会发展第十四个五年规划和2035年远景目标纲要》，载共产党员网：https://www.12371.cn/2021/03/13/ARTI1615598751923816.shtml#d1，最后访问时间：2021年12月30日。

差距显著缩小。平安中国建设达到更高水平，基本实现国防和军队现代化。人民生活更加美好，人的全面发展、全体人民共同富裕取得更为明显的实质性进展。

第二节 "十四五"时期经济社会发展主要目标

——经济发展取得新成效。发展是解决我国一切问题的基础和关键，发展必须坚持新发展理念，在质量效益明显提升的基础上实现经济持续健康发展，增长潜力充分发挥，国内生产总值年均增长保持在合理区间、各年度视情提出经济增长预期目标，全员劳动生产率增长高于国内生产总值增长，国内市场更加强大，经济结构更加优化，创新能力显著提升，全社会研发经费投入年均增长7%以上、力争投入强度高于"十三五"时期实际，产业基础高级化、产业链现代化水平明显提高，农业基础更加稳固，城乡区域发展协调性明显增强，常住人口城镇化率提高到65%，现代化经济体系建设取得重大进展。

——改革开放迈出新步伐。社会主义市场经济体制更加完善，高标准市场体系基本建成，市场主体更加充满活力，产权制度改革和要素市场化配置改革取得重大进展，公平竞争制度更加健全，更高水平开放型经济新体制基本形成。

——社会文明程度得到新提高。社会主义核心价值观深入人心，人民思想道德素质、科学文化素质和身心健康素质明显提高，公共文化服务体系和文化产业体系更加健全，人民精神文化生活日益丰富，中华文化影响力进一步提升，中华民族凝聚力进一步增强。

——生态文明建设实现新进步。国土空间开发保护格局得到优化，生产生活方式绿色转型成效显著，能源资源配置更加合理、利用效率大幅提高，单位国内生产总值能源消耗和二氧化碳排放分别降低13.5%、18%，主要污染物排放总量持续减少，森林覆盖率提高到24.1%，生态环境持续改善，生态安全屏障更加牢固，城乡人居环境明显改善。

——民生福祉达到新水平。实现更加充分更高质量就业，城镇调查失业率控制在5.5%以内，居民人均可支配收入增长与国内生产总值增长基本同步，分配结构明显改善，基本公共服务均等化水平明显提高，全民受教育程度不断提升，劳动年龄人口平均受教育年限提高到11.3年，多层次社会保障体系更加健全，基本养老保险参保率提高到95%，卫生健康体系更加完善，人均预期寿命提高1岁，脱贫攻坚成果巩固拓展，乡村振兴战略全面推进，全体人民共同富裕迈出坚实步伐。

——国家治理效能得到新提升。社会主义民主法治更加健全，社会公平正义进一步彰显，国家行政体系更加完善，政府作用更好发挥，行政效率和公信力显著提升，社会治理特别是基层治理水平明显提高，防范化解重大风险体制机制不断健全，突发公共事件应急处置能力显著增强，自然灾害防御水平明显提升，发展安全保障更加有力，国防和军队现代化迈出重大步伐。

其二，计划调控的协调功能与宏观调控功能。《十四五规划》中明确提出，"健全以国家发展规划为战略导向，以财政政策和货币政策为主要手段，就业、产业、投资、消费、环保、区域等政策紧密配合，目标优化、分工合理、高效协同的宏观经济治理体系。

增强国家发展规划对公共预算、国土开发、资源配置等政策的宏观引导、统筹协调功能，健全宏观政策制定和执行机制，重视预期管理和引导，合理把握经济增长、就业、价格、国际收支等调控目标，在区间调控基础上加强定向调控、相机调控和精准调控。完善宏观调控政策体系，搞好跨周期政策设计，提高逆周期调节能力，促进经济总量平衡、结构优化、内外均衡。加强宏观经济治理数据库等建设，提升大数据等现代技术手段辅助治理能力，推进统计现代化改革。健全宏观经济政策评估评价制度和重大风险识别预警机制，畅通政策制定参与渠道，提高决策科学化、民主化、法治化水平。"① 其中，重点突出了发展规划的宏观引导、统筹协调功能，即是协调功能与宏观调控功能的实现。

2. 计划调控权的分配

从前文中关于《十四五规划》的内容介绍中可以发现其内容之广泛，几乎涵盖了社会经济生活中的各个方面，其对于未来一段时间的经济社会发展起着重要的导向作用，足以凸显计划调控权的重要性，那么这一重要权力的配置问题亦就显得十分关键。根据我国现行《宪法》第六十二条②、第六十七条③以及第八十九条④、第九十九条⑤中的相关规定，作为权力机关的人民代表大会享有国民经济和社会发展计划的审批权和调整权，而国家行政机关则承担了国民经济和社会发展计划的编制权和执行权。现实的实践操作亦是如此，我们会看到关于《十四五规划》的相关新闻稿表述为："第十三届全国人民代表大会第四次会议审查了国务院提出的《中华人民共和国国民经济和社会发展第十四个五年规划和2035年远景目标纲要（草案）》"⑥，由此可知，《十四五规划（草案）》由国务院编制并向全国人大提交，第十三届全国人民代表大会第四次会议审议通过。概言之，计划调控权实行了在权力机关和行政机关之间分权的配置方式，保障了权力机关的决定权，是一种符合中国权力体制的制衡机制。

此外，我们也会觉察到具有统领性的《十四五规划》通过之后，各省市、各地区、各行业也纷纷就各自领域的问题出台了相关规划，比如《山东省国民经济和社会发展第十四个五年规划和2035年远景目标纲要》《保定市国民经济和社会发展第十四个五年规划和二〇三五年远景目标纲要》《"十四五"林业草原保护发展规划纲要》《广州市服务

---

① 《中华人民共和国国民经济和社会发展第十四个五年规划和2035年远景目标纲要》，载共产党员网：https：//www.12371.cn/2021/03/13/ARTI1615598751923816.shtml#d1，最后访问时间：2021年12月30日。

② 第六十二条关于全国人民代表大会的职权规定中的第十项为"审查和批准国民经济和社会发展计划和计划执行情况的报告"。

③ 第六十七条关于全国人民代表大会常务委员会的职权规定中的第五项为"在全国人民代表大会闭会期间，审查和批准国民经济和社会发展计划、国家预算在执行过程中所必须作的部分调整方案"。

④ 第八十九条关于国务院的职权规定中的第五项为"编制和执行国民经济和社会发展计划和国家预算"。

⑤ 第九十九条第二款规定，县级以上的地方各级人民代表大会审查和批准本行政区域内的国民经济和社会发展计划、预算以及它们的执行情况的报告。

⑥ 《中华人民共和国国民经济和社会发展第十四个五年规划和2035年远景目标纲要》，载共产党员网：https：//www.12371.cn/2021/03/13/ARTI1615598751923816.shtml#d1，最后访问时间：2021年12月30日。

业发展"十四五"规划》皆是在《十四五规划》基础上在各地区和各行业中进行精细化的体现，同时也更加印证了《十四五规划》的引导、调控功能。

二、《十四五规划》所体现的计划调控法体系

国民经济和社会发展五年规划纲要所涉及的内容较多，其编制的思路凸显了国家在未来一段时间内对于某些领域的重视程度和关注的重点问题，故而，《十四五规划》的编制逻辑并不是依照计划调控法的体系展开，但也意味着其中并不关涉计划调控法的制度体系。根据《经济法学》（第二版）中的观点，计划调控法除了计划调控实体法律制度、计划调控程序法律制度两个传统的划分法之外，还重点阐述了产业调控法律制度、投资调控法律制度、区域规划法律制度、对外贸易调控制度等几个具有代表性的制度，《十四五规划》中是否有所体现呢，我们从具体内容中来探究一二。

1. 产业调控法律制度

《十四五规划》中在"第三篇 加快发展现代产业体系巩固壮大实体经济根基"中通过"深入实施制造强国战略""发展壮大战略性新兴产业""促进服务业繁荣发展""建设现代化基础设施体系"四个部分来阐述我国未来一段时间的产业发展格局，也即是对未来产业发展的一种指引和规划，体现了调控的本质属性。《十四五规划》要求，"坚持把发展经济着力点放在实体经济上，加快推进制造强国、质量强国建设，促进先进制造业和现代服务业深度融合，强化基础设施支撑引领作用，构建实体经济、科技创新、现代金融、人力资源协同发展的现代产业体系"，① 其目标在于建立现代产业体系，这实际上是对产业结构的重大调整，期待产业结构的优化。

当然，仔细研读《十四五规划》关于产业调控的阐述会发现该部分多是方向性的指引，其中涉及具体制度的内容并不多，这并不能表明产业调控法律制度不重要。《十四五规划》中曾明确要求，"推动产业政策向普惠化和功能性转型，强化竞争政策基础性地位，支持技术创新和结构升级"，这实际上是对于产业政策和产业制度一个定位，将会有力推动产业调控法律制度的优化升级。这是因为，当前的产业调控主要依赖于产业政策而非正规的产业调控法律制度，产业政策的普惠化和功能性转型即是产业政策的规范化，实际上也是产业调控的法治化。

2. 投资调控法律制度

《十四五规划》中并没有向对待产业调控一般专篇阐述投资调控问题，但是也在具体内容进行了针对性的说明，主要体现在以下两个方面：

一是聚焦国际双向投资问题。《十四五规划》中提出："坚持引进来和走出去并重，以高水平双向投资高效利用全球资源要素和市场空间，完善产业链供应链保障机制，推动产业竞争力提升。更大力度吸引和利用外资，有序推进电信、互联网、教育、文化、医疗等领域相关业务开放。全面优化外商投资服务，加强外商投资促进和保护，发挥重大外资

---

① 《中华人民共和国国民经济和社会发展第十四个五年规划和2035年远景目标纲要》，载共产党员网：https://www.12371.cn/2021/03/13/ARTI1615598751923816.shtml#d1，最后访问时间：2021年12月30日。

项目示范效应，支持外资加大中高端制造、高新技术、传统制造转型升级、现代服务等领域和中西部地区投资，支持外资企业设立研发中心和参与承担国家科技计划项目。鼓励外资企业利润再投资。坚持企业主体，创新境外投资方式，优化境外投资结构和布局，提升风险防范能力和收益水平。完善境外生产服务网络和流通体系，加快金融、咨询、会计、法律等生产性服务业国际化发展，推动中国产品、服务、技术、品牌、标准走出去。支持企业融入全球产业链供应链，提高跨国经营能力和水平。引导企业加强合规管理，防范化解境外政治、经济、安全等各类风险。推进多双边投资合作机制建设，健全促进和保障境外投资政策和服务体系，推动境外投资立法。"① 要言之，该部分重点阐述了国家在吸引外资进来和鼓励内资出去两个维度的问题，其中尤其强调保护投资和防范风险，这实际上是投资调控法律制度的主要内容之一。

二是关注拓展投资空间。《十四五规划》中要求："优化投资结构，提高投资效率，保持投资合理增长。加快补齐基础设施、市政工程、农业农村、公共安全、生态环保、公共卫生、物资储备、防灾减灾、民生保障等领域短板，推动企业设备更新和技术改造，扩大战略性新兴产业投资。推进既促消费惠民生又调结构增后劲的新型基础设施、新型城镇化、交通水利等重大工程建设。面向服务国家重大战略，实施川藏铁路、西部陆海新通道、国家水网、雅鲁藏布江下游水电开发、星际探测、北斗产业化等重大工程，推进重大科研设施、重大生态系统保护修复、公共卫生应急保障、重大引调水、防洪减灾、送电输气、沿边沿江沿海交通等一批强基础、增功能、利长远的重大项目建设。深化投融资体制改革，发挥政府投资撬动作用，激发民间投资活力，形成市场主导的投资内生增长机制。健全项目谋划、储备、推进机制，加大资金、用地等要素保障力度，加快投资项目落地见效。规范有序推进政府和社会资本合作（PPP），推动基础设施领域不动产投资信托基金（REITs）健康发展，有效盘活存量资产，形成存量资产和新增投资的良性循环。"② 细观之，本部分重点讨论的是如何引导资本向产业集中，更好提升资本的使用效率，让其更好发挥投资功能，归根结底，上述目标的落实有赖于法治的规训，完善投资调控法律制度是必不可少的。

3. 区域规划法律制度

《十四五规划》中在"第九篇 优化区域经济布局促进区域协调发展"中通过"优化国土空间开发保护格局""深入实施区域重大战略""深入实施区域协调发展战略""积极拓展海洋经济发展空间"四个部分来指明了我国区域协调发展的未来方向。

《十四五规划》提出："建立健全区域战略统筹、市场一体化发展、区域合作互助、区际利益补偿等机制，更好促进发达地区和欠发达地区、东中西部和东北地区共同发展。

---

① 《中华人民共和国国民经济和社会发展第十四个五年规划和 2035 年远景目标纲要》，载共产党员网：https：//www. 12371. cn/2021/03/13/ARTI1615598751923816. shtml#d1，最后访问时间：2021 年 12 月 30 日。

② 《中华人民共和国国民经济和社会发展第十四个五年规划和 2035 年远景目标纲要》，载共产党员网：https：//www. 12371. cn/2021/03/13/ARTI1615598751923816. shtml#d1，最后访问时间：2021 年 12 月 30 日。

提升区域合作层次和水平，支持省际交界地区探索建立统一规划、统一管理、合作共建、利益共享的合作新机制。完善财政转移支付支持欠发达地区的机制，逐步实现基本公共服务均等化，引导人才向西部和艰苦边远地区流动。完善区域合作与利益调节机制，支持流域上下游、粮食主产区主销区、资源输出地输入地之间开展多种形式的利益补偿，鼓励探索共建园区、飞地经济等利益共享模式。"① 一言蔽之，即是要健全区域协调发展体制机制，而体制机制离不开法治的保障。

4. 对外贸易调控制度

近年来，随着国际局势的变化，"促进国内国际双循环"已经日益成为一种发展方向。《十四五规划》对此进行了确认，具体表述为"立足国内大循环，协同推进强大国内市场和贸易强国建设，形成全球资源要素强大引力场，促进内需和外需、进口和出口、引进外资和对外投资协调发展，加快培育参与国际合作和竞争新优势"。

针对对外贸易，《十四五规划》提出："完善内外贸一体化调控体系，促进内外贸法律法规、监管体制、经营资质、质量标准、检验检疫、认证认可等相衔接，推进同线同标同质。降低进口关税和制度性成本，扩大优质消费品、先进技术、重要设备、能源资源等进口，促进进口来源多元化。完善出口政策，优化出口商品质量和结构，稳步提高出口附加值。优化国际市场布局，引导企业深耕传统出口市场、拓展新兴市场，扩大与周边国家贸易规模，稳定国际市场份额。推动加工贸易转型升级，深化外贸转型升级基地、海关特殊监管区域、贸易促进平台、国际营销服务网络建设，加快发展跨境电商、市场采购贸易等新模式，鼓励建设海外仓，保障外贸产业链供应链畅通运转。创新发展服务贸易，推进服务贸易创新发展试点开放平台建设，提升贸易数字化水平。实施贸易投资融合工程。办好中国国际进口博览会、中国进出口商品交易会、中国国际服务贸易交易会等展会。"② 其中，相关的对外贸易调控制度已经被直接提及，这也是对外贸易调控制度发展完善的良好契机。

---

① 详见共产党员网，https：//www.12371.cn/2021/03/13/ARTI1615598751923816.shtml#d1，最后访问日期：2021年12月30日。
② 更多内容参见共产党员网，载 https：//www.12371.cn/2021/03/13/ARTI1615598751923816.shtml#d1。

*** 拓展阅读 ***

产业政策之争：林毅夫教授和张维迎教授的观点交锋

新能源汽车骗补、光伏产业严重产能过剩等一系列产业政策失败的案例，引发了公众对产业政策问题的关注。自 2016 年以来，前世界银行首席经济学家、北京大学国家发展研究院名誉院长林毅夫与北京大学教授张维迎就此围绕政府出台的"产业政策"引发了争论。两人之前也曾针对政府的政策反复争论，据说这是第三次。第一次是 1995 年左右关于国有企业改革的争论，第二次是 2004 年左右关于中国经济可持续发展是后发优势还是后发劣势等论点展开争论。而此次争论的焦点是政府的产业政策的效果。回顾林毅夫与张维迎两位著名经济学家的产业政策之争，有助于我们更好地观察产业调控法律制度。

【案例概要】

一、争议的背景

始于 2016 年秋季的林毅夫教授和张维迎教授产业政策之争已经过去了多个年头。近几年来，虽然双方没有再次以公开辩论的方式进行争论，但双方都在用各自的行动来延续着这场争论。林老师身体力行，用自己发展的新结构主义经济学理论指导吉林产业政策制定，以期实现理论与实践的结合；而张老师则通过回顾 40 年间亲身经历的三次工业革命，用历史和事实印证和坚持自己的观点。

从形式上看，林张产业政策之争是围绕政府是否应该制定产业政策。但我们看到，形式的背后却体现的是双方对政府和企业家在经济发展中扮演角色的认知差异。为了表述的方便，下文把林老师的观点概括为政府主导的经济发展理论，而把张老师的观点概括为企业家主导的经济发展理论。

同源于新古典经济学，林老师的政府主导的经济发展理论与张老师的企业家主导的经济发展理论依然有很多相同之处。其一，与旧结构主义经济学强调政府对经济活动系统性干预不同，林老师的新结构主义经济学认同市场对于资源配置的中心作用。这与张老师主张政府营造良好制度环境，培育企业家精神，让市场成为调节资源配置的基础性机制的认识不谋而合。其二，无论林老师还是张老师都认同政府所提供的公用基础设施对于经济发展的重要作用。其三，双方认同人类历史上的三次工业革命和正在进行的第四次工业革命对增进人类社会福祉和推动中国近年来的经济增长作用巨大。

二、争议的焦点①

具体来看,两者关于产业政策的分歧主要体现在以下五个方面:

第一,二者理论体系构建的基础和经济分析的切入点不同。被林老师用来指导和分析产业政策制定的是林老师及其团队发展的"新结构主义经济学"。虽然建立在对旧结构主义经济学批评的基础上,但新结构主义经济学承袭了结构主义从产业视角观察发展中国家与发达国家结构性差异的传统,因而资本密集型产业、技术密集型产业以及产业升级等方面是其关注的重点。受到凯恩斯革命后兴起的市场失灵和政府干预理论的影响,新结构主义经济学与旧结构主义经济学一样,认同政府在协助经济从较低级发展水平向高级水平提升中所扮演的角色。在林老师看来,既然存在信息不对称等引起的市场失灵,就应该借助政府这只"看得见的手",通过产业政策的制定和引导,降低信息不对称,以弥补市场"看不见的手"对经济的调节功能。因而,林老师的政府主导经济发展理论一部分源于承认市场对于资源配置发挥中心作用的新古典经济学,另一部分则来源于凯恩斯革命后兴起的政府干预理论和结构主义经济学强调政府干预经济的学术传统。张老师所发展的企业家主导的经济发展理论的理论渊源则来自以下两个方面。其一是米塞斯和哈耶克等创建的奥地利学派。在奥地利学派和张老师看来,一方面,市场的存在以信息不对称为前提,分工的优势来自知识和生产的专业化。正是由于信息不对称,以专业化分工和交换为基本特征的市场才具有了存在的价值。另一方面,由于市场所具有的价格和信息发现功能,市场的存在反过来降低了信息不对称程度,市场由此成为解决信息不对称的重要实现机制。因而,信息不对称本身并不能成为政府干预经济的理由。政府在经济中扮演角色的更多理由来自公共基础设施等公共品的提供和产权保护等。其二,在奥地利学派的基础上,张老师进一步引入了熊彼特的经济增长理论。该理论认为,市场的价格发现和看不见手的引导功能恰恰来自盈利动机明确和具有风险识别能力的企业家创新,市场和产业是由企业家创造出来的,企业家是"经济增长的国王"。因而,在张老师的理论体系中,经济分析的切入点是企业家和企业家所在的企业行为。不仅如此,与奥地利学派和熊彼特所处时代是自由放任的制度环境不同,亲身经历计划经济政府管制下的经济凋敝和市场经济转型所释放的巨大生产力使张老师意识到政府在抑制企业家精神方面可能扮演的消极角色。一定意义上,张老师开始超越奥地利学派和熊彼特的经济增长理论,在奥地利学派和熊彼特的经济增长理论中引入政府的角色,关注政府行为与企业家精神二者之间的相互影响。他强调应该把政府的权力关在笼子里,持续深入对外开放和使政府的有限角色集中于公共基础设施等公共品的提供。

第二,对于比较优势究竟来自自然资源禀赋还是企业家精神的不同认知。从结构主义关注产业分析的研究传统出发,林老师强调政府在制定产业政策时需要依据产业发展的比较优势。而比较优势的来源在林老师看来取决于当地的自然资源禀赋状况。正是在上述思想的指导下,林老师和他的研究团队根据吉林的自然资源禀赋状况,进而产生比较优势,

---

① 该部分内容主要借鉴和引用郑志刚先生的概括,具体参见郑志刚:《"林张产业政策之争"到底在争论什么》,载《经济观察报》2018年1月23日。

提出了指导吉林产业政策发展的吉林方案。与林老师这里遵循新古典静态均衡的研究传统，从既有产业发展现状出发来思考如何结合比较优势合理进行产业布局和规划不同，张老师遵循的是奥地利学派和熊彼特经济增长理论所奉行的动态非均衡分析思想。张老师认为，产业发展的比较优势并不取决于自然资源禀赋状况，比较优势和新的产业的出现很大程度是由追求盈利目标的企业家在创新和套利（贸易）过程中自发推动和创造的。张老师给出的一个典型的例子是英国钢铁行业的发展。在第一次工业革命之前，英国所需要的铁主要从波罗的海国家和俄罗斯进口，钢铁行业显然并非英国当时的比较优势。但在约翰·威尔金森、达比等众多企业家在炼铁方法上采用新发明和新工艺后，英国生产钢铁的效率大大提高，很快成为全球钢铁重要的出口国，钢铁行业由此成为英国的比较优势。张老师给出的另外一个例子来自英国的棉纺织业。在第一次工业革命之前，无论是原料棉花还是纺织技术，英国完全依赖进口，同样并不具有所谓的自然资源禀赋决定的比较优势。但随着约翰·凯飞梭的发明和之后一系列技术进步，英国逐步成为全球纺织业的中心，并成为英国第一次工业革命的象征。因而，在张老师看来，钢铁业和纺织业在英国的兴起并非来自英国原有自然资源禀赋状况决定的比较优势，而是来自企业家精神。在企业家精神的推动下，大量新产品、新产业和新市场不断涌现，经济从不均衡走向新的不均衡。

第三，对于政府在经济生活中扮演角色的不同理解。对于政府经济角色的不同理解事实上是林老师与张老师围绕产业政策争论最大的分歧所在。从公共品提供过程中存在免费搭车问题，政府需要通过作为"公共品价格"的税收来统一提供公共品的新古典认识出发，张老师把政府作用的合理边界限定在国防、教育、公用基础设施和产权保护等在内的公共品提供范围内。而林老师则继承了旧结构主义所持有的政府在协助经济从较低级发展水平向高级水平提升中所扮演的角色的观点，强调有为政府通过基于自然资源禀赋状况形成的比较优势，制定产业政策，引导产业快速发展，实现落后地区弯道超车，以赶超先进地区。按照小宫隆太郎在《日本的产业政策》对产业政策的定义，产业政策应该包含两个方面。其一是政府主管部门就产业间资源配置或基础建设方面制定或采取的政策，涉及重点产业的培育和保护、衰退产业的调整等；其二是针对调整产业内部组织结构所采取的政策，如推动企业合并以提高集中度，组织、协调企业调整开工量和投资规模，以及实施中小企业对策等。在林老师看来，有为政府所设计的产业政策不仅应该包括小宫隆太郎在《日本的产业政策》对产业政策的定义，而且包括公共基础设施提供，甚至招商引资等所有政府主动采取的发展经济行为。在鼓励创新的问题上，与张老师主张出于盈利目的的企业家自主创新不同，林老师同样突出政府主导的解决思路。林老师主张，有为政府应该补贴"第一个吃螃蟹的人"，以鼓励创新。然而，林老师在其新结构主义经济学分析框架中没有对政府为什么会必然成为"有为政府"给予太多的讨论和解释。这也成为包括张老师在内的很多学者对林老师相关观点展开批评的地方。例如，上海财经大学经济学院院长田国强认为，只有政府成功地应用现代激励机制设计思想，开展产业政策制定，才有可能使产业政策富有生命力。

第四，对经济增长奇迹和中国模式探索的不同理解。与产业政策争论相关的是张老师和林老师对经济增长奇迹背后的原因和中国模式探索，乃至作为工业革命的追随者究竟是后发优势还是后发劣势的不同看法。林老师从中国改革开放四十年经济建设取得巨大成就的事实出发，把中国所创造的 GDP 以近 10% 增长速度的持续稳定增长概括为"中国经济增长的奇迹"。中国经济学界对于中国经济增长奇迹背后发生原因的规律总结，将不仅具有重要的现实意义，而且具有重要的理论意义。从现实意义看，它将有助于中国理论界和实务界积极探索中国经济发展的独特道路，甚至提出所谓中国经济发展模式，为其他发展中国家经济发展带来值得借鉴的经验；从理论意义讲，它将构成发展经济学重要的贡献，相关理论发展者将成为未来诺贝尔经济学奖得主强有力的竞争者。随着中国经济未来成为全球最大的经济体，中国有望成为诺贝尔经济学奖获得者的摇篮。这就如同 20 世纪 30 年代的英国（伦敦经济学院）和 20 世纪 60 年代的美国（芝加哥大学）一样。林老师的上述论断无疑对每一个梦想获得诺贝尔经济学奖的"中国好学者"具有巨大的吸引力，一代又一代中国经济学者孜孜以求。而新结构主义经济学的一个重要使命毫无疑问是从有为政府基于自然资源禀赋状态和比较优势所制定的产业政策实现赶超战略的视角来揭示中国经济增长奇迹出现背后的原因。张老师认为，经济发展的终极目标是全球分享工业革命的成果，让普通老百姓过上现代幸福生活。由于改革开放，中国在 20 世纪 70 年代末开始纳入全球经济共同体，我们用短短四十年的时间完成了在发达国家几百年才完成的三次工业革命。由于前期人为延缓纳入工业革命，后期顺应工业革命的发展趋势，我们自然可以观察到中国经济在较短的时间快速发展，甚至一些产业弯道超车，创造了所谓"中国经济增长的奇迹"。然而，中国要想经历弯道超车，甚至创造经济增长奇迹其实并不难，只需首先延缓纳入全球工业革命的步伐，然后再改革开放即可。

第五，关于作为工业革命的追随者究竟是后发优势还是后发劣势的争论。在林老师看来，兴起于西方的工业革命使中国成为追随者，但后发的中国可以通过模仿西方经过长期探索的先进技术，在较短时间实现快速发展，甚至弯道超车。这就是林老师所谓的发展中国家的后发优势。但张老师再次呼应了当年杨小凯教授和林老师关于后发优势和后发劣势的争论。杨小凯教授观察到，在第一次工业革命还是追随者的美国通过保护产权鼓励创新的体制创新，很快成长为第二次和第三次工业革命的领导者；而从第二次工业革命开始成为追随者的英国从全球经济中心的日不落帝国开始走向衰落。基于上述事实，杨小凯教授指出，如果没有体制创新，即使通过追随参与全球工业革命的进程，后发者只能成为技术的模仿者，无法在新的产业形成和国际化分工中发挥影响力和主导作用，实现经济持续稳定的发展，从而形成所谓的"后发劣势"。只有通过保护产权鼓励创新制度和体制创新，成为工业革命的领导者，后发劣势才能最终转为后发优势。张老师则以自身经历的三次工业革命为例指出，即使在一些领域中国深度参与的正在开展的第四次工业革命中，如果中国对私人产权不能予以保护，不鼓励民企与国企的公平竞争，不能保护企业家自主创新精神，则中国依然无法成为第四次工业革命领导者，无法从后发劣势转为后发优势。

【案例分析】

张维迎教授与林毅夫教授的产业政策之争实际上并不限于产业政策，其中包含一些经济学理论之争,上文的介绍中已经有详细的说明,此处不再赘述。但是,就本章关注的产业调控法律制度而言,我们认为以下几点有待于进一步思考。

一、产业政策的范围明晰化

细究林张之争,我们会发现两位教授对于产业政策的界定存在较大的差异:林毅夫认为,产业政策是指中央政府或者地方政府为了促进某种产业在该国或该地区的发展,而有意识采取的一些政策的措施,关税保护、贸易保护、税收优惠和补贴、工业园、研发补助、特许或垄断经营等均可被纳入产业政策的范畴;张维迎所认为的产业政策是指政府出于经济发展或其他目的,对私人产品生产领域进行的选择性干预和歧视性对待,其手段包括市场准入限制、投资规模控制,也包括财政补贴、土地价格优惠等。可见,林毅夫教授对产业政策的定义过于宽泛,把专利保护、税收、竞业禁止都纳入了产业政策的范围,甚至把产业政策等同于政府作用。实际上,制定并严格执行知识产权、劳动、合同乃至产权的保护,是任何一个现代政府都应该不遗余力去做的。这既不是产业政策的范围,也不是经济学家会反对的。实际上,张林二位的争论点在于,政府是否应该用诸如审批、财政补贴等产业政策,去定向地扭曲要素价格,扶持某一类行业、新技术发展。因此,我们在展开讨论之前,应该明确产业政策的具体范围。通常认为,产业政策主要通过制订国民经济计划(包括指令性计划和指导性计划)、产业结构调整计划、产业扶持计划、财政投融资、货币手段、项目审批来实现,据此我们可以发现前文所讨论的《十四五规划》中涉及的大量产业政策,但多半限于扶持行业发展和技术创新的审批、财政投融资等方面的支持。

二、产业政策的法治化需求

林张之争的核心点在于产业政策的存废问题,但两者的主张都走向了两极化:林毅夫倾向于政府用更多的产业政策来识别比较优势,因势利导,推动国家经济发展;而张维迎认为,出于贪婪和无知,产业政策往往起到负面作用,所以坚决主张废除任何形式的产业政策。回到现实语境,我们在《十四五规划》中仍然看到了较多的产业扶持性政策,这表明我国当下完全摒弃产业政策是难以实现的,那么是否应该将产业政策推向极致值得省思。因为,在现实中,我们也会发现产业政策的弊端,以新能源车为例,新能源车是未来一个可能的方向,但审视中国的新能源汽车政策,不难发现诸多尴尬之处,在最近曝出的丑闻中,补贴电动汽车的300亿元预算中,有100亿元涉及骗补。由此可见,张维迎教授所担心的产业政策副作用绝非空穴来风。鉴于此,笔者认为当下最为稳妥的方案是:在产业政策有着存续空间的现实背景下,应该考虑如何保障产业政策的法治化,尽量规避产业政策的滥用、误用,尤其是应该依照法治原则使得产业政策制定的决策更加公开、透明,产业政策实施的监督更加有力、有效。

※※※ 拓展阅读 ※※※

区域经济一体化的多头参与：
成渝地区双城经济圈建设的规划问题

当下，成渝经济圈是区域经济发展中的热门事件，上文已经分析过的《十四五规划》中也明确提及"推进成渝地区双城经济圈建设"，中共中央、国务院于2021年10月印发的《成渝地区双城经济圈建设规划纲要》更是进一步推高成渝双城经济圈的热议程度。《成渝地区双城经济圈建设规划纲要》是一个典型的规划，那么，成渝经济圈建设中又包含哪些有关计划调控的元素呢？

【案例概要】

一、成渝地区双城经济圈建设的背景

（一）成渝地区双城经济圈①

成渝地区双城经济圈位于"一带一路"和长江经济带交汇处，是西部陆海新通道的起点，具有连接西南西北，沟通东亚与东南亚、南亚的独特优势。区域内生态禀赋优良、能源矿产丰富、城镇密布、风物多样，是我国西部人口最密集、产业基础最雄厚、创新能力最强、市场空间最广阔、开放程度最高的区域，在国家发展大局中具有独特而重要的战略地位。

规划范围包括重庆市的中心城区及万州、涪陵、綦江、大足、黔江、长寿、江津、合川、永川、南川、璧山、铜梁、潼南、荣昌、梁平、丰都、垫江、忠县等27个区（县）以及开州、云阳的部分地区，四川省的成都、自贡、泸州、德阳、绵阳（除平武县、北川县）、遂宁、内江、乐山、南充、眉山、宜宾、广安、达州（除万源市）、雅安（除天全县、宝兴县）、资阳15个市，总面积18.5万平方公里，2019年常住人口9600万人，地区生产总值近6.3万亿元。

（二）成渝地区双城经济圈的演变②

成渝地区双城经济圈建设并非是新近一日建成的，而是多个部门十几年的群策群力的

---

① 相关介绍参见中共中央、国务院印发的《成渝地区双城经济圈建设规划纲要》，载重庆市人民政府：http://www.cq.gov.cn/zt/cydqscjjq/zcwj/202110/t20211021_9874104.html，最后访问时间：2022年3月1日。

② 本部分参见肖金成：《从规划试点到国家战略 成渝地区双城经济圈的前世今生》，https://m.thepaper.cn/baijiahao_7532503，最后访问时间：2022年3月1日。

结果，下面简要介绍这一演变：

1. 区域规划"1.0"版本：成渝经济区

2002 年，国务院西部开发办公室委托四川省社科院和重庆市社科院联合研究成渝经济区发展课题；2005 年 11 月，课题成果《成渝经济区发展思路研究报告》由经济科学出版社出版。

2005 年，国务院启动区域规划编制试点工作，在全国范围内选择了四个区域，成渝地区是其中之一。成渝经济区区域规划的编制工作由国家发改委地区经济司具体负责，2006 年正式启动。2010 年，国务院批准《成渝经济区区域规划》，明确要求把成渝经济区建设成为西部地区重要的经济中心，这是关于成渝地区区域经济发展的第一个国家级规划方案。

2. 区域规划"2.0"版本：成渝城市群

2014 年，中共中央、国务院印发《国家新型城镇化规划（2014—2020 年）》，这是指导全国城镇化健康发展的宏观性、战略性、基础性规划。规划中明确对跨省的城市群由国家负责编制城市群规划。

2016 年，国务院批复《成渝城市群发展规划》，规划提出到 2020 年，成渝城市群要基本建成经济充满活力、生活品质优良、生态环境优美的国家级城市群。2030 年，成渝城市群完成由国家级城市群向世界级城市群的历史性跨越。

3. 区域规划"3.0"版本：成渝地区双城经济圈

2020 年，成渝地区区域规划正式进入"3.0"版本。中央财经委员会第六次会议提出，推动成渝地区双城经济圈建设，有利于在西部形成高质量发展的重要增长极，打造内陆开放战略高地，对于推动高质量发展具有重要意义。

2021 年 10 月 20 日，中共中央、国务院印发的《成渝地区双城经济圈建设规划纲要》发布，这正式意味着成渝地区双城经济圈的国家级规划出台，成渝地区双城经济圈步入快车道。

二、成渝地区双城经济圈建设的具体规划

中共中央、国务院印发的《成渝地区双城经济圈建设规划纲要》是指导当前和今后一个时期成渝地区双城经济圈建设的纲领性文件，是制定相关规划和政策的重要依据。规划纲要明确了成渝地区双城经济圈建设的战略定位，即具有全国影响力的重要经济中心、具有全国影响力的科技创新中心、改革开放新高地、高品质生活宜居地。根据规划纲要，到 2025 年，成渝地区双城经济圈经济实力、发展活力、国际影响力大幅提升，一体化发展水平明显提高，区域特色进一步彰显，支撑全国高质量发展的作用显著增强；到 2035 年，建成实力雄厚、特色鲜明的双城经济圈，成为具有国际影响力的活跃增长极和强劲动力源。

规划纲要共 12 章，提出了推动成渝地区双城经济圈建设的 9 项重点任务，包括构建双城经济圈发展新格局、合力建设现代基础设施网络、协同建设现代产业体系、共建具有全国影响力的科技创新中心、打造富有巴蜀特色的国际消费目的地、共筑长江上游生态屏障、联手打造内陆改革开放高地、共同推动城乡融合发展、强化公共服务共建共享等，相

关具体如下（限于篇幅，此处也仅列出目录）①：

前言
第一章　规划背景
第二章　总体要求
第一节　指导思想
第二节　主要原则
第三节　战略定位
第四节　发展目标
第三章　构建双城经济圈发展新格局
第一节　提升双城发展能级
第二节　培育发展现代化都市圈
第三节　促进双圈互动两翼协同
第四节　分类推进大中小城市和县城发展
第四章　合力建设现代基础设施网络
第一节　构建一体化综合交通运输体系
第二节　强化能源保障
第三节　加强水利基础设施建设
第五章　协同建设现代产业体系
第一节　推动制造业高质量发展
第二节　大力发展数字经济
第三节　培育发展现代服务业
第四节　建设现代高效特色农业带
第六章　共建具有全国影响力的科技创新中心
第一节　建设成渝综合性科学中心
第二节　优化创新空间布局
第三节　提升协同创新能力
第四节　营造鼓励创新的政策环境
第七章　打造富有巴蜀特色的国际消费目的地
第一节　营造高品质消费空间
第二节　构建多元融合的消费业态
第三节　塑造安全友好的消费环境
第八章　共筑长江上游生态屏障
第一节　推动生态共建共保
第二节　加强污染跨界协同治理
第三节　探索绿色转型发展新路径

---

① 具体内容参见 http：//www.cq.gov.cn/zt/cydqscjjq/zcwj/202110/t20211021_9874104.html。

第九章　联手打造内陆改革开放高地
第一节　加快构建对外开放大通道
第二节　高水平推进开放平台建设
第三节　加强国内区域合作
第四节　营造一流营商环境
第五节　增强市场主体活力
第六节　探索经济区与行政区适度分离改革

第十章　共同推动城乡融合发展
第一节　推动城乡要素高效配置
第二节　推动城乡公共资源均衡配置
第三节　推动城乡产业协同发展

第十一章　强化公共服务共建共享
第一节　推进基本公共服务标准化便利化
第二节　共享教育文化体育资源
第三节　推动公共卫生和医疗养老合作
第四节　健全应急联动机制

第十二章　推进规划实施
第一节　加强党的集中统一领导
第二节　强化组织实施
第三节　完善配套政策体系
第四节　健全合作机制

【案例分析】

从上文的新闻梳理可以发现，建设成渝经济圈的规划是源自中央政治局（中国共产党的中央组织和领导机构）审议通过的，这代表执政党最高层对于成渝经济圈的关注和重视。就具体内容而言，有两点值得关注：

一、建设成渝经济圈的参与者囊括了从中央到地方的多个部门

从执政党高层到中央部门都积极参与决策，实际上除了上述《规划》，国务院早在2010年就批准了《成渝经济区区域规划》，2016年来又批复了《成渝城市群发展规划》，这都是中央层面对于成渝一体化所作出的计划调控；具体到相关政府部门，我们也会看到正在积极谋划，国家发改委和交通运输部联合印发《成渝地区双城经济圈综合交通运输发展规划》即是其中的一项重要举措；再回到地方层面，四川重庆的《国民经济和社会发展第十四个五年规划和二〇三五年远景目标纲要》中的重头戏也是成渝经济圈建设问题。要言之，成渝经济圈建设虽然主要事关成都与重庆两地发展，但是从中央到地方都在

二、建设成渝经济圈的具体体系关涉了多种计划调控制度

根据当前的规划，成渝经济圈建设致力于产业协同、资源联动、机制互通。成渝两地发展水平相近，产业大类相似。随着成渝地区双城经济圈的定位更加明确，双城的支柱产业也将从竞争走向协同。双方应在规划指导下，按照合理分工协作原则，细化合作内容，共同制定促进分工的要素配置政策、利益分享机制，站在提升区域整体竞争力角度，来构建产业链和供应链。同时，两地将携手推进高标准市场体系建设，加快建立统一开放、竞争有序的现代市场体系。回到制度议题上，可以发现成渝经济圈建设不仅只是一个区域规划法律制度，还涉及产业调控法律制度、金融调控法律制度等一系列的制度内容，而具体的制度设计可以制度互补①来实现。

---

① 有关制度互补的具体阐述可参见靳文辉：《制度竞争、制度互补和制度学习：地方政府制度创新路径》，载《中国行政管理》2017年第5期。

第十二章 市场规制法的基本理论与制度

学习回顾

本章是市场规制法部分的"小总论",是联结经济法总论和市场规制法制度的纽带,相关基本理论特别重要。市场规制法的基本理论侧重于介绍市场规制法的理论基础、体系、宗旨和原则、调整方式:经济学领域的产业组织理论构成了市场规制法的理论基础,根据对市场结构、市场行为、市场绩效的评价不同会影响市场规制的重心;市场规制的宗旨是为了规制垄断行为和不正当竞争行为以维护公平竞争,克服市场失灵,促进经济增长;市场规制法的基本原则包括规制法定、规制公平、规制绩效、规制适度四个原则以及一般性禁止式、积极义务式、有条件允许式是市场规制法的三类调整方式。

市场规制法的基本制度包括市场规制法主体制度、市场规制权配置制度、市场规制的程序制度、市场规制的责任制度。规制主体与规制受体组成了市场规制法的两大主体,规制主体作为市场规制行为的施动者包括国家、政府以及特殊情况下的行业协会,而经营者、经营者利益的代表者则是规制行为的受动者;市场规制权的配置分为横向配置和纵向配置;市场规制的责任包括财产性责任、非财产性责任两个大类,具体细分为赔偿、强制超额赔偿、罚款和罚金、声誉罚、自由罚、资格罚。

学习重点

1. 市场规制法的产生、发展及其经济学基础。
2. 市场规制法的规范构造。
3. 市场规制的责任制度。

案例介绍

【核心案例】游走在"垄断"与"不正当竞争"之间的美团。通过了解市场监管部门与法院针对美团外卖的"二选一"的定性及其责任划分,学习了解市场规制法的基本理论与具体制度,认真思考市场规制法的运行机理,明晰其对我国建设市场经济和推进国家治理体系与治理能力现代化的借鉴作用。

【拓展阅读】理解市场规制法的调整方式:依视路国际与陆逊梯卡集团合并案。通过回顾市场监管总局发布 2018 年反垄断执法十大典型案例中的依视路国际与陆逊梯卡集团合并案,可以帮助我们更清楚地认识市场规制法的调整方式的独特之处,加深对市行规制法与市场规制权的认识。

【拓展阅读】分析市场规制法的主体制度:上海市旅游行业协会组织上海浦江游览有限公司等游船公司达成并实施垄断协议案。通过了解上海市旅游行业协会在一个垄断协议案所扮演的角色,理解行业协会在市场规制法主体中的特殊性,进而为掌握市场规制法如何对待行业协会的制度安排打下基础,以此促进市场秩序法的贯彻实施。

阅读思考

1. 我们为什么需要市场规制?或者说,市场规制法存在的正当性基础何在?
2. 市场规制法是一种特别法,那么市场规制法的调整方式有何特殊性?
3. 在市场规制法主题制度中,行业协会既可能是规制主体,也可能因经营者利益的代表者角色而成为规制受体,行业协会为什么特殊,具体如何理解?

*** 核心案例 ***

游走在"垄断"与"不正当竞争"之间的美团

由于现代化的资本市场与私募投资基金的蓬勃发展，互联网经济成为备受资本宠爱的投机领域。因为互联网经济的各个细分普遍存在着基于双边市场、多边市场的网络效应，容易出现通过先烧钱锁定海量用户基础，再寻找盈利模式的"风口"。但是，因为投资人的理性是有限的，就很有可能出现盲目地通过一轮轮融资非理性地扩张。2020年年底召开的中央经济工作会议明确提出"要强化反垄断和防止资本无序扩张"，自此，中国迎来垄断治理"强监管"时代。先后，阿里巴巴因垄断行为收到182.28亿元巨额罚单，后有美团也因"二选一"行为被罚款34.42亿元。同时，法院也针对美团外卖平台"二选一"行为作出了判决，与监管部门的认定不同，法院将此定性为"不正当竞争"。所以，当下的美团正游走在"垄断"与"不正当竞争"之间。

【案例概要】

一、"垄断"的美团[①]

2021年10月8日，市场监管总局公布对美团反垄断调查结果，市场监管总局依法作出行政处罚决定，责令美团停止违法行为，全额退还独家合作保证金12.89亿元，并处以其2020年中国境内销售额1147.48亿元3%的罚款，计34.42亿元。

同时，市场监管总局向美团发出《行政指导书》，要求其围绕完善平台佣金收费机制和算法规则、维护平台内中小餐饮商家合法利益、加强外卖骑手合法权益保护等进行全面整改，并连续三年向市场监管总局提交自查合规报告，确保整改到位，实现规范创新健康持续发展。

2021年4月，市场监管总局依据《中华人民共和国反垄断法》，对美团在中国境内网络餐饮外卖平台服务市场滥用市场支配地位行为立案调查。市场监管总局成立专案组，依法扎实高效推进案件查办，广泛开展调查取证，获取大量证据材料并全面深入分析，查明案件事实；组织专家反复深入开展研究论证；多次听取美团陈述意见，保障其合法权利；确保本案事实清楚、证据确凿、定性准确、处理恰当、手续完备、程序合法。

经查，2018年以来，美团滥用在中国境内网络餐饮外卖平台服务市场的支配地位，

[①] 相关内容可参见中国经济网的相关新闻报道，https://baijiahao.baidu.com/s?id=1713041388817523791&wfr=spider&for=pc，最后访问时间：2022年3月5日。

以实施差别费率、拖延商家上线等方式，促使平台内商家与其签订独家合作协议，并通过收取独家合作保证金和数据、算法等技术手段，采取多种惩罚性措施，保障"二选一"行为实施，排除、限制了相关市场竞争，妨碍了市场资源要素自由流动，削弱平台创新动力和发展活力，损害平台内商家和消费者的合法权益，构成《中华人民共和国反垄断法》第十七条第一款第（四）项禁止"没有正当理由，限定交易相对人只能与其进行交易"的滥用市场支配地位行为。

根据《中华人民共和国反垄断法》第四十七条、第四十九条的规定，综合考虑美团违法行为的性质、程度和持续时间等因素，作出上述处罚结果。

二、"不正当竞争"的美团①

2021年10月，山东省青岛市中级人民法院对"饿了么"诉"美团"不正当竞争纠纷案作出一审判决：被告北京三快在线科技有限公司、北京三快科技有限公司（"美团外卖"平台的经营者）停止涉案互联网不正当竞争行为，赔偿原告拉扎斯网络科技（上海）有限公司、上海拉扎斯信息科技有限公司（"饿了么"平台的经营者）经济损失及合理开支100万元。双方均服判不上诉，"美团"表示将主动履行判决。

原告诉称：原告系"饿了么"平台的经营者，为商户和消费者提供在线外卖、新零售、即时配送和餐饮供应链等业务，平台覆盖范围包括山东省青岛市即墨区。两被告系"美团外卖"平台的经营者，提供与"饿了么"类似的外卖平台服务，服务范围同样包括山东省青岛市即墨区。在本案涉及的青岛市即墨区，只有"饿了么"及"美团外卖"两家较大的电商平台提供在线餐饮服务。"美团外卖"平台在即墨地区的经营时间更长，拥有更多的平台商户。"饿了么"进入即墨地区后，"美团外卖"如果发现商户在入驻"美团外卖"后又入驻"饿了么"，就要求跨平台商户停止使用"饿了么"，如果被拒绝，就通过改变跨平台商户的配送范围、降低商户的曝光率、回收商户的优惠活动、强制商户参加优惠等方式强迫商户使用"美团外卖"的独家服务。原告认为，被告的行为阻碍了已入驻"美团外卖"的商户入驻"饿了么"，减少了消费者的选择，阻碍"饿了么"在该地区实施健康竞争，给"饿了么"经营造成了实质性损害。请求判令两被告立即停止不正当竞争行为，连带赔偿原告因两被告的不正当竞争行为导致的损失及原告为制止两被告不正当竞争行为而支付的合理费用共计500万元。

被告辩称：本案被诉行为发生在被告与其经营的美团平台商户之间，被告与平台内商户签订有独家经营的合作协议，被告在向平台内商户提供平台服务过程中发生的纠纷，应当依据双方签订的相关服务合同予以调整，两原告不是合同关系主体，无权依据《反不正当竞争法》提起本案诉讼。涉案商户与"美团外卖"平台存在独家经营的合意，明确约定不在其他平台进行经营活动，被告对违约商户回收服务优惠的行为不构成对两原告的不正当竞争。被诉行为不违反《反不正当竞争法》规定，不构成不正当竞争。

法院经审理查明：涉案即墨商户均系先入驻"美团外卖"平台后入驻"饿了么"平

---

① 相关内容参见中国青年网的新闻报道，https：//baijiahao.baidu.com/s？id=17135565122172030055&wfr=spider&for=pc，最后访问时间：2022年3月5日。

台的跨平台商户。涉案即墨商户在"饿了么"平台上线经营后，其在"美团外卖"平台上的经营出现了以下情况：优惠活动被取消，配送范围被修改，通过店铺名称无法正常搜索，正常配送范围内平台显示无法配送等。在上述情况发生期间的经营数据显示，"美团外卖"平台活动补贴订单、有效订单、营业额、曝光人数均大幅下降。

　　法院经审理认为，"饿了么"平台与"美团外卖"平台均为互联网餐饮外卖服务平台，两个平台的用户群体和服务对象高度一致。原告作为"饿了么"平台的经营者与经营"美团外卖"平台的被告具有直接竞争关系。被告对跨平台商户采取的改变配送范围、降低商户曝光率、回收优惠活动的行为，影响商户正常入驻"饿了么"平台经营以及造成"饿了么"平台商户的流失，妨碍原告的正常经营，削弱了原告的盈利能力，对原告的竞争利益造成损害。被告的行为对商户在"美团外卖"平台的正常经营造成极大影响，同时使商户丧失在"饿了么"平台的交易机会，影响商户通过多平台经营获得更多的客户及收入。被告的行为导致消费者丧失从多平台获得产品和服务的渠道及机会，亦使得消费者在选择商户时难以获得准确信息，不能选择自己喜欢和适合的商户服务，损害了消费者的知情权和选择权。被告的行为会导致其他平台竞争者损失商户及消费者等核心资源，使得其他平台竞争者不得不花费更大成本用以争取商户、扩展规模，不当地增加商户选择跨平台经营的成本，从而大幅度提高了原告以及其他同行业经营者进入市场的竞争成本。

　　被告提供的证据无法证明其与涉案商户之间存在独家经营的协议。即使被告与涉案商户存在独家合作协议，其不构成不正当竞争的抗辩也不成立。因为与传统领域不同，被告是具有一定市场竞争优势的电子商务平台经营者，其与商户签订独家交易的行为会产生排除限制竞争、损害平台内经营者利益、最终损害消费者利益等负面影响，因此，如果依据合同所获得相关权利违反法律规定，不能受到保护。

　　被告的行为损害了原告、商户及消费者的合法权益，扰乱了市场竞争秩序，违反了《反不正当竞争法》第十二条第二款第（四）项的规定，构成不正当竞争。原告未举证证明其因被告的不正当竞争行为受到的实际损失或被告的侵权获利，综合考虑原告在本案中主张的侵权行为的范围、被告侵权行为的情节、主观过错、原告为本案支付的合理费用等因素，酌定被告赔偿原告经济损失100万元。据此，作出上述判决。

【案例分析】

　　美团外卖同时触及"垄断"和"不正当竞争"，这实际上是市场规制中所要解决的两个最核心问题，可见，美团外卖案是一个观察和理解市场规制法基本原理与制度的重要窗口。

一、美团案例中包含的市场规制法原理

（一）市场规制法的理论基础

根据《经济法学》（第二版）中的观点，市场竞争在市场机制配置资源过程中发挥着

关键作用。但市场竞争都具有两面性：正当的竞争会增进公平，提升效率，促进经济发展；不正当的竞争或者限制竞争，会妨碍公平、危害效率，阻碍经济发展、社会进步。市场竞争自由发展后出现的不正当竞争或者垄断是对市场竞争的异化。故此，国家的市场规制应运而生，其目的在于保障市场竞争免受异化力量的危害。为了符合法治国家的要求，为国家的市场规制提供合法性依据和规则性指引的市场规制法也就出现了。由此可见，市场规制以及市场规制法的出现本质上都是为了防止市场竞争的异化。从前文的相关案例介绍可知，美团之所以陷入了"垄断"与"不正当竞争"的双重困境，主要还是因为美团的"美团外卖"的具体业务行为产生了异化市场竞争的效果，我们结合前述案例具体分析。

首先，我们可以从国家市场监督管理总局的国市监处罚〔2021〕74号行政处罚决定书中发现，美团通过"采取多种手段促使平台内经营者签订独家合作协议""通过多种方式系统推进'二选一'行为实施""采取多种措施有效保障'二选一'要求实施"等实施"二选一"行为违反《反垄断法》第十七条第一款第（四）项关于"没有正当理由，限定交易相对人只能与其进行交易"的规定，构成滥用市场支配地位行为，并具有"排除、限制了市场竞争"的负面影响，处罚书将具体影响阐述如下：

（1）排除、限制了网络餐饮外卖平台服务市场竞争。2018年以来，当事人与餐饮经营者大规模签订独家合作协议，限制平台内经营者与其他竞争性平台合作，削弱了其他竞争性平台与当事人进行公平竞争的能力，降低了相关市场竞争程度，提高了市场进入壁垒，破坏了公平、有序的市场竞争秩序。

一是限制了相关市场经营者之间的公平竞争。平台内经营者和消费者是网络餐饮外卖平台之间开展竞争的核心要素。当事人滥用市场支配地位，综合运用多种手段限制大量平台内经营者在其他竞争性平台经营，形成较强的锁定效应，使其他竞争性平台无法获得充分的商家供给，削弱了其他竞争性平台的竞争能力，降低了自身面临的竞争压力，限制了相关市场经营者之间的公平竞争。由于网络餐饮外卖平台具有跨边网络效应，当事人锁定平台内经营者，会进一步减少其他竞争性平台上的消费者数量，使平台内经营者和消费者数量减少形成循环反馈，削弱其他竞争性平台的竞争能力。证据显示，当事人实施"二选一"行为有效构建了竞争壁垒，推动自身市场份额不断增长，达到了不当削弱其他竞争性平台竞争能力的预期效果。

二是提高市场进入壁垒，削弱潜在竞争约束。平台经济具有网络效应和规模经济特征，网络餐饮外卖平台经营者需要积累一定规模的商家和消费者用户，才能有效进入市场。近年来，网络餐饮外卖平台服务市场主要竞争者陆续减少。当事人实施限定交易行为，在将平台内经营者锁定在自身平台的同时，增加了相关市场潜在进入者与平台内经营者达成合作协议的难度，使其难以充分获取进入市场开展竞争的必要资源，不当提高了市场进入壁垒，削弱了潜在进入者带来的竞争约束，降低了相关市场充分有效竞争水平。

（2）损害了平台内经营者的正当利益。当事人通过多种措施迫使平台内经营者"二选一"，并对与其他竞争性平台合作的平台内经营者进行处罚，不合理地限制了平台内经营者的经营自由，损害了公平竞争的市场环境和平台内经营者的正当利益。

一是不合理限制平台内经营者的经营自由。平台内经营者普遍希望多平台经营，以更广泛地接触消费者，获得更多交易机会。当事人在相关市场具有支配地位，平台内经营者对当事人高度依赖，同时为获得较为优惠的费率，多数餐饮经营者被迫接受当事人提出的独家合作要求，放弃在其他平台的经营机会。当事人采取多种手段要求平台内经营者与当事人独家合作，不合理干涉了平台内经营者的经营自由。

二是损害了平台内经营者的公平竞争环境。作为餐饮经营者开展竞争的网络经营场所，网络餐饮外卖平台应当为平台内经营者提供公平竞争的环境。当事人"二选一"行为限制了平台内经营者开展多平台经营，影响了平台内经营者有效参与市场竞争。当事人针对非独家合作经营者收取更高的佣金费率和保底佣金，并在平台"流量"、补贴、配送服务等方面进行不合理限制甚至处罚，使非独家合作经营者处于相对竞争劣势，损害了平台内经营者的公平竞争环境。

三是不当减损平台内经营者的正当利益。当事人"二选一"行为致使平台内经营者无法开展多平台经营，减损了平台内经营者通过其他平台可能实现的经营收入。同时，当事人为强制平台内经营者"二选一"而实施多种处罚措施，损害了平台内经营者的正当权益。

（3）损害消费者利益。当事人实施"二选一"行为，使平台内经营者无法充分有效触达消费者，限制了消费者的自由选择空间，损害了消费者利益。

一是减少了消费者的选择范围。由于消费偏好，餐饮经营者通常有相对稳定的消费者用户，在餐饮经营者可以自主上线不同平台的情况下，消费者在不同平台都有充足的餐饮经营者可选择。当事人实施"二选一"行为，将平台内经营者锁定在当事人平台，减少了消费者的选择范围。

二是使消费者无法获得更优质的价格和服务。在餐饮经营者可以自主上线不同网络餐饮外卖平台的情况下，消费者在各平台间可以便捷地进行比较，并通过平台以及平台内经营者间的竞争获得更优的价格和服务。当事人限制平台内经营者不得与其他竞争性平台合作，使消费者只能被动接受当事人平台的交易条件，无法获得平台以及平台内经营者间公平竞争条件下更优的价格和服务。

三是降低了消费者长期福利水平。当事人"二选一"行为排除、限制了市场竞争，降低了平台经营效率，妨碍了平台模式创新，阻碍了潜在竞争者进入市场，削弱了市场竞争的强度和水平，影响了网络餐饮外卖平台在充分竞争中不断优化和发展，降低了消费者长期福利水平。

（4）阻碍平台经济创新发展。当事人"二选一"行为降低了网络餐饮外卖平台服务市场运行效率，阻碍了平台经济创新发展。

一是阻碍要素自由流动，妨碍资源优化配置。平台内经营者可以根据不同平台的经营效率、服务价格、管理水平、服务能力等在不同平台间自由选择，合理分配资源。当事人实施"二选一"行为，阻碍平台内经营者在不同平台间进行自由选择，妨碍了市场资源要素自由流动，造成网络餐饮外卖平台服务市场的有效供给不足，不利于平台内经营者优化资源配置、提高运营效率。

二是削弱平台企业创新动力，影响平台经济创新发展。平台经济持续健康发展有赖于公平竞争和技术创新。平台应当通过不断提升服务质量争取更多用户，进而促进网络餐饮外卖平台服务行业的进步和发展。当事人在经营过程中滥用市场支配地位实施限定交易行为，不当维持和巩固自身竞争优势，削弱了网络餐饮外卖平台经营者通过技术和商业模式创新等获取竞争优势的动力，影响了其他竞争者和潜在竞争者的创新意愿，不利于网络餐饮外卖平台创新健康发展。

其次，我们也能从山东省青岛市中级人民法院的裁判观点中发现：对跨平台商户采取的改变配送范围、降低商户曝光率、回收优惠活动的行为，影响商户正常入驻"饿了么"平台经营以及造成"饿了么"平台商户的流失，妨碍原告的正常经营，削弱原告的盈利能力，对原告的竞争利益造成损害，具体可以概括为：

被告的行为对商户在"美团外卖"平台的正常经营造成极大影响，同时使商户丧失在"饿了么"平台的交易机会，影响商户通过多平台经营获得更多的客户及收入。被告的行为导致消费者丧失从多平台获得产品和服务的渠道及机会，亦使得消费者在选择商户时难以获得准确信息，不能选择自己喜欢和适合的商户服务，损害了消费者的知情权和选择权。被告的行为会导致其他平台竞争者损失商户及消费者等核心资源，使得其他平台竞争者不得不花费更大成本用以争取商户、扩展规模，不当地增加商户选择跨平台经营的成本，从而大幅度提高了原告以及其他同行业经营者进入市场的竞争成本。

综上所述，我们发现美团被处罚抑或被判承担赔偿损失的根源皆是相关行为扭曲了市场竞争秩序，对相关市场经营者、平台内经营者①、消费者的切身利益造成了不利影响，34.42亿元的处罚和100万元的赔偿损失责任皆是为了通过直接增加美团破坏公平竞争行为的额外成本来起到矫正其行为的效果。

(二) 市场规制法的原则

市场规制法的原则是市场规制法的制定和实施所应遵循的基本准则。《经济法学》(第二版) 中将市场规制法的原则具体为规制法定、规制公平、规制绩效、规制适度四个原则，上文所述及的美团案例针对部分原则有明显的体现。

规制法定原则主要体现在规制行为须有法律的明确授权，并应当有明确的实体和程序界定。但从国家市场监督管理总局的国市监处罚〔2021〕74号行政处罚决定书中，这两点都有明确的体现：其一，国家市场监督管理总局是我国国务院下属的市场监管机构，承担了反垄断执法职能，依据《反垄断法》第十条②获得了相应的法定授权；其二，《反垄

---

① 平台内经营者系《电子商务法》中的概念，具体可参见《电子商务法》第九条的具体规定。

② 即国务院规定的承担反垄断执法职责的机构（以下统称国务院反垄断执法机构）依照本法规定，负责反垄断执法工作。国务院反垄断执法机构根据工作需要，可以授权省、自治区、直辖市人民政府相应的机构，依照本法规定负责有关反垄断执法工作。

断法》的第六章专门针对"对涉嫌垄断行为的调查"作出了规定,其主要规定了反垄断调查的程序,在国市监处罚〔2021〕74号行政处罚决定书中的"案件来源及调查经过"部分,执法机构较好保障了程序性权利,我们可以从具体表述中感知一二:

> 根据举报,2021年4月起,本机关依据《中华人民共和国反垄断法》(以下简称《反垄断法》)对当事人涉嫌实施滥用市场支配地位行为开展了调查。其间,本机关进行了现场检查、调查询问,提取了相关证据材料;对其他竞争性平台、平台内经营者及相关行业协会广泛开展调查取证;对本案证据材料进行深入核查和大数据分析;组织专家反复深入开展案件分析论证;多次听取当事人陈述意见,保障当事人合法权利。
>
> 2021年9月26日,本机关按照《中华人民共和国行政处罚法》(以下简称《行政处罚法》)的规定,向当事人送达了《行政处罚告知书》,告知其涉嫌违反《反垄断法》的事实、拟作出的行政处罚决定、理由和依据,以及其依法享有陈述、申辩和要求举行听证的权利。当事人放弃陈述、申辩和要求举行听证的权利。

规制公平原则要求均衡实现形式公平与实质公平、机会公平与结果公平。美团案例较好体现了市场规制法实施中的实质公平观:首先,在认定"二选一"是否构成垄断时着重于其行为对公平竞争的损害及程度,国市监处罚〔2021〕74号行政处罚决定书针对"何为本案的相关市场""当事人在相关市场是否具有支配地位""当事人实施滥用市场支配地位行为的事实和依据""当事人行为排除、限制了市场竞争"等几方面进行详细的说明,这其中是否绝对周延姑且不论,但其最终落脚点还是"二选一"行为排除、限制了市场竞争,其中的论证与说理做得很扎实,体现了实质公平。其次,两个针对美团的案例都体现了以恢复、实现、保护和促进公平竞争为准则的公平观,无论是"责令停止违法行为"(包括全额退还违法收取的独家合作保证金1 289 598 329元),还是在不正当竞争判决中要求美团"酌定被告赔偿原告经济损失100万元"都是结果公平的体现。

二、美团案例中包含的市场规制法制度

市场规制法基本制度包括市场规制主体制度、市场规制权配置制度、市场规制的程序制度、市场规制的责任制度,美团案例都有一定程度的体现,但最突出的还是市场规制的责任制度,下面我们结合具体的案例详细阐述。

(一)违法市场规制法的责任形式

《经济法学》(第二版)中将市场规制法的责任形式可以分为财产性责任(财产罚、赔偿)和非财产性责任(声誉罚、自由罚、资格罚)两类,我们通过美团所涉及的两个案例来理解。

1. 赔偿

在"饿了么"诉"美团"不正当竞争纠纷案中,法院认为美团限制平台内商家的"二选一"行为构成《反不正当竞争法》第十二条第二款第(四)项规定的不正当竞争,最终判决为"原告未举证证明其因被告的不正当竞争行为受到的实际损失或被告的侵权

获利,综合考虑原告在本案中主张的侵权行为的范围、被告侵权行为的情节、主观过错、原告为本案支付的合理费用等因素,酌定被告赔偿原告经济损失 100 万元"。简言之,法院判定实施不正当竞争行为的美团承担 100 万元的侵权责任,也即损害赔偿责任。

2. 罚款

在国家市场监督管理总局的国市监处罚〔2021〕74 号行政处罚决定书中,美团实施"二选一"行为被认定为滥用市场支配地位,并根据《反垄断法》第五十七条①作出了"对当事人处以其 2020 年度中国境内销售额 114 747 995 546 元的 3% 的罚款,计 3 442 439 866 元(大写:叁拾肆亿肆仟贰佰肆拾叁万玖仟捌佰陆拾陆元)"的处罚,相对于阿里被罚 182.28 亿元(上一个年度中国境内营收额的 4%)并不大,但也是接近法律规定的最高标准的处罚,对于美团来说是一个巨大的违法成本,如此足以给其他市场主体一定的威慑。

3. 声誉罚

美团因"二选一"被处罚,已经成为平台经济领域的一个重大新闻事件,引发了广泛的社会关注,会对美团的声誉造成一定的负面影响,尤其是遏制了长期处于优势地位的美团平台在平台内商家面前的强势作风,如果将来入选了"典型案例"或者"十大案件"会愈发强化声誉罚的功效。

此外,市场监管总局作出的处罚有一项虽然难以归类,但获得了较多称赞,即责令美团"全额退还违法收取的独家合作保证金 1 289 598 329 元,这对商家来说是一笔重要的补偿。

(二)违法市场规制法的责任竞合

经济法的责任多半是一种综合责任,就市场规制法而言,具体体现为:违反市场规制法的行为,不仅仅要承担相应的市场规制法责任,还可能会因违约或侵权而承担相应的民事责任。此种情况,即构成了责任竞合。从上文所述的美团案例而言,美团实施的"二选一"行为不仅仅依据承担了《反垄断法》上所规定的罚款责任,而相似的行为被法院判定承担了 100 万元的侵权责任。前者实际上是一种行政责任②,后者是一种典型的民事责任,所以此种情况就是出现了行政责任和民事责任的责任竞合。

当然,上述关乎美团的两个案例也给很多人带来了疑惑,细究两案例中的美团行为,都可以归为"二选一"行为,但是该行为似乎同时触及了"垄断"与"不正当竞争"两种违法行为,这似乎是有悖于一般的认识。根据笔者观察,针对"二选一"行为,法院的立场普遍是将其归为"不正当竞争",③ 这即表明市场规制部门和法院对于"二选一"行为的定性上有差异。在笔者看来,这种差异可以理解,所谓的"二选一"行为是一种

---

① 即"经营者违反本法规定,滥用市场支配地位的,由反垄断执法机构责令停止违法行为,没收'违法所得,并处上一年度销售额百分之一以上百分之十以下的罚款"。

② 在处罚书中,市场监管总局所依据的是《反垄断法》和《行政处罚法》,据此可以认定该处罚本质上是一种行政处罚。

③ 浙江省金华市中级人民法院、江苏省淮安市中级人民法院都曾将美团通过涨佣金、置休、缩小配送范围等手段强制商户与美团"独家合作"的"二选一"认定为违反《反不正当竞争法》第十二条的"不正当竞争行为"。

新兴的竞争行为，而抽象概括的法律的规定多半难以给出定论，此种新行为在《反垄断法》和《反不正当竞争法》的解释论语境下就可能会出现重合。实际上，《反垄断法》和《反不正当竞争法》早前也出现过同时规制某一行为的情形，此种重合也可以理解，随着法律的完备会逐步消弭分歧而形成一个定论。

*** 拓展阅读 ***

理解市场规制法的调整方式：
依视路国际与陆逊梯卡集团合并案

2019年5月9日，全国市场监管系统反垄断工作会议在海南海口举行，会上发布了市场监管总局2018年反垄断执法十大典型案例，其中包括冰醋酸原料药垄断案、哈大齐地区天然气纵向垄断协议案、依视路国际与陆逊梯卡集团合并案。考虑到前述核心案例中较少涉及市场规制法的调整方式，而本次典型案例中的依视路国际与陆逊梯卡集团合并案有着较好的反映，故此，我们从这一案例中继续理解与探索市场规制法的基本知识。

【案例概要】①

2018年7月25日，市场监管总局发布公告，以附加限制性条件的形式批准了依视路国际与陆逊梯卡集团合并案。依视路国际和陆逊梯卡集团分别为法国和意大利公司，各自在光学镜片和光学镜架、太阳镜市场占据领先地位。

市场监管总局根据《反垄断法》第二十七条规定，从参与集中的经营者在相关市场的市场份额及其对市场的控制力、对消费者和其他有关经营者的影响等方面，深入分析了此项经营者集中对市场竞争的影响，认为此项集中对中国中高端光学镜片、低端光学镜片、中高端光学镜架、低端光学镜架、中高端太阳镜批发市场和眼镜产品零售市场，具有或可能具有排除、限制竞争效果。

鉴于此项经营者集中在中国中高端光学镜片、低端光学镜片、中高端光学镜架、低端光学镜架、中高端太阳镜批发市场和眼镜产品零售市场具有或可能具有排除、限制竞争效果，根据申报方提交的限制性条件建议最终稿，市场监管总局决定附加限制性条件批准此项集中，要求依视路、陆逊梯卡及集中后实体履行如下义务：（1）没有正当理由，不进行眼镜产品搭售，包括但不限于不得拒绝向中国眼镜店铺单独供应眼镜镜片、镜架、太阳镜、整副眼镜产品（并提供必要的商标授权），不得在交易时附加不合理的交易条件，仅在"整副眼镜"中供应的镜片或镜架除外；（2）STARS计划应在获得本执法机构批准后，向中国眼镜店铺提供，供其自愿选择；（3）不得对中国眼镜店铺（单一品牌专卖店和特许经营店除外）强加排他性条件，禁止或采取不正当手段限制其销售竞争者的镜片、镜

---

① 本部分的内容摘自《市场监管总局关于附加限制性条件批准依视路国际与陆逊梯卡集团合并案反垄断审查决定的公告》，载中国质量网，http：//www.chinatt315.org.cn/gggs/2018-7/27/89304.html，最后访问时间：2020年12月30日。

架和太阳镜产品；（4）本着公平、合理、无歧视的原则提供眼镜产品和必要的商标授权，不得对条件相同的交易相对人在交易价格等交易条件上实行差别待遇；（5）没有正当理由不得以低于成本的价格销售眼镜产品；（6）对中国目标业务实施的经营者集中，应当于协议签署之日起 10 个工作日内报告本执法机构。

上述决定实施 5 年后，交易双方及集中后实体可以向市场监管总局提出解除上述义务的书面申请，市场监管总局依申请并根据市场竞争状况作出是否解除的决定。如果市场竞争状况发生实质性变化，交易双方及集中后实体可以向市场监管总局提出变更或解除上述义务的书面申请。市场监管总局有权通过监督受托人或自行监督检查申报方履行上述义务的情况。申报方如未履行上述义务，市场监管总局将根据《反垄断法》相关规定作出处理。

【案例分析】

根据《经济法学》（第二版）的观点，市场规制法的调整方式可以归为一般禁止式、积极义务式、有条件允许式三种。前者较为容易理解，上文案例中的禁止美团从事"二选一"的滥用市场支配地位行为即使如此。而依视路国际与陆逊梯卡集团合并案却较好地体现了后两种行为。

第一，本案中涉及在世界上分别在光学镜片和光学镜架、太阳镜市场占据领先地位的依视路国际和陆逊梯卡集团经营者合并问题，因为两个企业都是属于处于领先地位，两者的合并对于整个市场竞争可能有影响，所以立法针对此种情况的普遍立场均要求相关经营者主动申报，本案也是两个经营者主动申报的结果，此处的申报也就是一种积极义务。

第二，针对依视路国际和陆逊梯卡集团经营者合并申请，市场监管总局的最终决定是附加限制性条件批准此项集中，换言之，我国的市场规制部门通过附条件的方式允许了两个可能影响市场竞争的企业的合并，这是一种典型的有条件允许式。

*** 拓展阅读 ***

分析市场规制法的主体制度：上海市旅游行业协会组织上海浦江游览有限公司等游船公司达成并实施垄断协议案

2021年1月29日，市场监管总局集中公布了上海、安徽、海南、江苏、浙江五省市市场监督管理局查处的5起垄断协议案的行政处罚决定书，对涉案4家行业协会、47家企业合计罚款及没收违法所得1700余万元，涉及旅游客运、保险、消防安全技术检测、机动车驾驶员培训、二手车交易市场等领域。上海市旅游行业协会组织上海浦江游览有限公司等游船公司达成并实施垄断协议案是一个典型的涉及行业协会案例，而行业协会在市场规制法主体制度有着特殊性，我们通过这一案例观测行业协会这一主体。

【案例概要】[①]

2020年，上海市市场监督管理局对上海市旅游行业协会组织上海浦江游览有限公司等游船公司达成并实施垄断协议案11家当事人作出行政处罚决定。调查结果显示，2011年以来，上海市旅游行业协会下属水上旅游分会（以下简称"水上分会"），组织上海浦江游览集团有限公司、上海巴士旅游船务有限公司、上海强生水上旅游有限公司、上海长江轮船有限公司、上海风采航运旅游有限公司、上海盛融国际游船有限公司、上海名信游船有限公司、上海寰岛轮船有限公司、上海明珠水上娱乐发展有限公司等具有竞争关系的游船经营人，多次协商固定或者变更黄浦江"经典游""特色游"客船游览服务价格，限制提供"特色游"服务的船舶数量，达成一致后予以实施。

黄浦江"经典游"又称精华游、清江游，是在杨浦大桥至南浦大桥间运营的以黄浦江观光游览为主要内容的旅游产品，时长约为1个小时，是黄浦江主要的水上旅游客运服务。2011年7月，水上分会组织浦江公司、名信公司、长江轮船公司、巴士公司、强生公司、风采公司、盛融公司、寰岛公司、明珠公司等游船经营人召开黄浦江游览经营企业总经理会议，讨论"经典游"票价，将"经典游"散客票价统一为100元/人，旅游团队票价最低折扣不得低于票面价六折，游船公司与旅行社的签约价不得低于57元/人、网购结算价不得低于60元/人，团队包租价格不得低于实际上船人数（含导游在内）乘以团队票价总和等，并对违约企业规定了一系列处罚措施。2014年12月25日，经过类似的

[①] 本部分摘自《市场监管总局发布上海市旅游行业协会组织上海浦江游览有限公司等游船公司达成并实施垄断协议案行政处罚决定书》，载中国质量网：https://www.samr.gov.cn/fldj/tzgg/xzcf/202101/t20210129_325651.html，最后访问时间：2021年12月3日。

开会及商讨程序,"经典游"基础票价由 100 元/人上调至 120 元/人,网购散客、旅游团队等相应上调。2015 年 4 月 15 日,"经典游"船票价格统一上调。为使"经典游"有关价格协议得以严格执行,水上分会组织游船经营人组建"公共平台",利用组建公共票务销售平台统一代理各游船经营人"经典游"船票,要求票务平台执行游船经营人共同商定的"经典游"统一票价。

在提供餐饮、娱乐等增值服务的黄浦江"特色游"产品上,类似的定价程序和价格协议同样被达成。最终,规定黄浦江"特色游"散客票价不得低于 128 元/人,网购(团购)、团队结算价不得低于票面价的 70%。对违反《自营特色航班经营企业自律公约》的经营行为,采取停航乃至取消特色游航班等惩罚措施。

本案中,水上分会组织本市游船经营人多次协商固定或者变更"经典游""特色游"客船游览服务价格的行为,属于《中华人民共和国反垄断法》所禁止的垄断协议行为,破坏了市场竞争秩序,也损害了消费者的利益。依据相关法律规定,当事人提出的豁免申请被驳回。

鉴于当事人实施违法行为在一定程度上是根据行政机关要求所致,并综合考虑当事人违法行为的性质、程度和持续的时间等因素,依据《中华人民共和国反垄断法》第四十六条第一款、第四十九条的规定,市场监督管理局责令当事人停止违法行为,并根据当事人性质及 2015 年度销售额,分别作出了 48 000 余元至 20 万元不等的处罚。统计显示,11 家涉案当事人罚款总金额超过 174 万元。

【案例分析】

市场规制法的主体包括市场规制主体和市场规制受体两个部分,其中的规制主体包括国家、政府、行业协会三大类,规制受体包括经营者、经营者利益的代表者。具体来看,国家和政府作为规制主体以及经营者作为规制受体比较容易理解,而规制主体中的行业协会与规制受体的经营者利益的代表者在很大程度上是可以等同的,那么,该如何理解呢?实际上,行业协会在部分情况下因为其享有的经济自治权可以成为一个规制者,① 其对于整个市场竞争是有积极作用的。但是,行业协会与协会会员有着紧密联系,尤其是行业协会的发展源于协会成员的支持,这样的关系可能会致使行业协会演变成协会会员的利益代言者,此时对于市场竞争的影响就是负面的。简而言之,行业协会对于市场竞争的影响可能是双向的,故此,我们在承认行业协会的自治权基础上,也需要将其权力规制起来,确保其不会成为市场竞争的破坏者。

在上述的上海市旅游行业协会组织上海浦江游览有限公司等游船公司达成并实施垄断协议案中,上海市旅游行业协会的行为反映了行业协会对于市场竞争的破坏作用,我们可

---

① 有关内容可以参考鲁篱:《行业协会经济自治权研究》,法律出版社 2003 年版。

以从其处罚决定书中的"违法事实及相关证据"（相关内容附后）①来观察，上海市旅游行业协会组织了其协会成员各类黄浦江旅游客运企业通过开会的方式达成涨价协议并通过行业协会的处罚权保障其实施，此时行业协会对于市场竞争的扭曲是全方位的，其破坏力会甚于一般的垄断性企业。正是因为如此，行业协会成为市场规制受体是必要的。

经查，黄浦江水上旅游客运服务是指黄浦江旅游客运企业（以下简称"游船经营人"）以内河旅游船为载体，向游客提供黄浦江观光游览及相关的经营服务。上海浦江游览集团有限公司（曾用名"上海浦江游览有限公司"，以下简称"浦江公司"）、上海巴士旅游船务有限公司（以下简称"巴士公司"）、上海强生水上旅游有限公司（以下简称"强生公司"）、上海长江轮船有限公司（曾用名"上海长江轮船公司"，以下简称"长江轮船公司"，2016年1月起相关游船业务由上海快乐船长游船有限公司承继）、上海风采航运旅游有限公司（以下简称"风采公司"）、上海盛融国际游船有限公司（以下简称"盛融公司"）、上海名信游船有限公司（以下简称"名信公司"）、上海寰岛轮船有限公司（以下简称"寰岛公司"）、上海明珠水上娱乐发展有限公司（以下简称"明珠公司"）是提供相关服务的游船经营人。上述游船经营人在黄浦江水上旅游客运服务市场属于具有竞争关系的经营者。

2011年以来，当事人下属水上旅游分会（以下简称"水上分会"）组织上述具有竞争关系的游船经营人，多次协商固定或者变更"经典游""特色游"客船游览服务价格，限制提供"特色游"服务的船舶数量，达成一致后予以实施。

（一）组织行业内具有竞争关系的游船经营人达成并实施固定或者变更"经典游"客船游览服务价格的协议

"经典游"又称精华游、清江游，是在杨浦大桥至南浦大桥间运营的以黄浦江观光游览为主要内容的旅游产品，时长约为1个小时，是主要的黄浦江水上旅游客运服务。

2011年7月20日、26日，当事人下属水上分会组织浦江公司、名信公司、长江轮船公司、巴士公司、强生公司、风采公司、盛融公司、寰岛公司、明珠公司等游船经营人召开黄浦江游览经营企业总经理会议，讨论"经典游"票价，将"经典游"散客票价统一为100元/人，旅游团队票价最低折扣不得低于票面价六折，游船公司与旅行社的签约价不得低于57元/人，网购结算价不得低于60元/人，团队包租价格不得低于实际上船人数（含导游在内）乘以团队票价总和等；规定"对违反自律公约的行为，由旅游协会水上分会召集各游船企业总经理举行听证会，违约认定由所有游船经营企业通过无记名投票的方式表决。……违约企业应接受下列处罚措施：（1）第一次停业三天；（2）第二次停业七天……"并签署了由当事人下属水上分会起草的《上海黄浦江游览企业自律公约》及《上海黄浦江游览企业自律公约补充条款》。其后，当事人下属水上分会又组织游船经营人多次开会讨论，商议并统一调整"经典游"有关票价。

---

① 具体参见行政处罚决定书（沪市监反垄处〔2020〕3202001号）。

2014年12月以来，当事人下属水上分会组织游船经营人多次讨论"经典游"涨价事宜。2014年12月25日，当事人下属水上分会组织召开黄浦江游览行业企业总经理会议。会上，浦江公司、名信公司、长江轮船公司、巴士公司、强生公司、风采公司、盛融公司、寰岛公司、明珠公司等游船经营人共同商议决定，将"经典游"基础票价由100元/人统一上调至120元/人，并相应上调了"经典游"网购散客、旅游团队等票种价格；后经2015年3月31日会员单位会议再次明确，最终决定于2015年4月15日起统一上调"经典游"船票价格。

为使"经典游"有关价格协议得以严格执行，当事人下属水上分会组织游船经营人组建"公共平台"，利用组建公共票务销售平台（"票务中心"）统一代理各游船经营人"经典游"船票销售之便，规定"公共销售平台的基本原则是：统一票价格"，"进入公共平台的散客、团队游价格都是统一的"，要求"票务中心"执行游船经营人共同商定的"经典游"统一票价。

（二）组织行业内具有竞争关系的游船经营人达成并实施固定或者变更"特色游"客船游览服务价格，以及限制"特色游"船舶数量的协议

"特色游"又称特色航班，是指在外滩至世博园区运营的，除黄浦江观光游览外还提供一定标准的餐饮、娱乐等增值服务的旅游产品，时长约为90分钟。

2013年4月，当事人下属水上分会组织浦江公司、名信公司、长江轮船公司、巴士公司、强生公司、风采公司、盛融公司、寰岛公司、明珠公司等游船经营人反复讨论并最终达成《黄浦江游览特色航班经营企业自律公约》，约定特色游票面价不得低于128元/人，网购（团购）、团队结算价不得低于票面价的70%等；每家游船经营人限定投入一艘游船开展"特色游"；开设特色航班须由当事人下属水上分会牵头对服务价格等内容进行现场评估，评估合格后方可运营；当事人下属水上分会定期组织行业检查小组对"特色游"进行抽查，对违反《黄浦江游览特色航班经营企业自律公约》的经营行为，由当事人下属水上分会采取警告、停航等不同程度的惩罚措施，停航期间由违规的游船经营人向当事人下属水上分会提交整改报告，经当事人下属水上分会同意后方可恢复营运。

2014年7月2日，当事人下属水上分会组织有关游船经营人召开上海黄浦江游览企业总经理会议，会上有关游船经营人共同讨论了《自营特色航班经营企业自律公约》，会议要求各游船经营人在7月8日前向当事人下属水上分会提交《自营特色航班经营企业自律公约》的书面修改意见。2014年8月5日，当事人下属水上分会再次组织召开上海黄浦江游览企业总经理会议，会上表决通过了《自营特色航班经营企业自律公约》及《自营特色航班评估标准》，再次强调特色游散客票价不得低于128元/人，并对网购（团购）、团队结算价的下限作出调整，规定不仅不得低于票面价的70%，而且不得低于90元/人；每家游船企业可投入一艘游船参加自营特色航班营业；对违反《自营特色航班经营企业自律公约》的经营行为，采取停航乃至取消特色游航班等不同程度的惩罚措施。

组织达成协议后，当事人下属水上分会受理游船经营人开设特色航班的申请并组织进行评估，对符合"特色游"自律公约的游船经营人给予评估通过的批复，对违

反"特色游"自律公约价格要求的游船经营人给予停航等相应处罚。

以上事实由当事人的《社会团体法人登记证书》《关于加强企业自律，规范票务秩序的通知》《上海黄浦江游览企业自律公约》《上海黄浦江游览企业自律公约补充条款》《关于适当调整黄浦江游览船票价格的报告》《特色航班申请表》《黄浦江游览特色航班经营企业自律公约》《关于实施〈自营特色航班经营企业自律公约〉及〈自营特色航班评估标准〉的通知》、询问笔录等证据证明。

第十三章　反垄断法律制度

> 📖 **学习回顾**
>
> "垄断"最早是一个经济学的概念,它是指一种市场结构的状态,即在市场上只有一个(或少数几个)生产者独占或具有控制地位的情形。① 作为自由竞争的守护法,《反垄断法》需要禁止经营者滥用市场支配地位、限制经营者实施垄断协议、控制经营者集中与遏制行政性垄断。
>
> 相关市场界定是《反垄断法》中的一项重要制度,界定涉案经营者的相关商品市场、相关地域市场和相关时间市场是《反垄断法》适用的前提。在相关市场内具有垄断地位的一个或几个经营者实施垄断行为不仅会损害市场效率,还会减少消费者福利、阻碍经济民主。② 其中,行政性垄断属于我国《反垄断法》的特殊规定,其根源在于我国在体制转型的过程中,仍不免受到过去高度集权的计划经济体制的影响,实践中一些部门成为本地资源的"保护者",因此需要《反垄断法》对其予以规制,创造法治化的营商环境。
>
> 大体来看,反垄断法的规制目标经历了一个由"结构主义"到"行为主义"的清晰转向。申言之,对于反竞争行为而言,反垄断规制的重心逐渐从垄断结构转化到垄断行为,这也标志着反垄断规制理念由"本身违法原则"到"合理原则"的变迁。2021年11月18日,作为我国新《反垄断法》执法主体的"国家反垄断局"正式挂牌成立,标志着我国反垄断事业将进入一个新的发展阶段。

> 💬 **学习重点**
>
> 1. "垄断"有哪些表现形式?会对市场造成哪些危害?
> 2. 为什么要设置经营者集中申报制度?在经营者集中审查中该重点关注哪些内容?
> 3. 如何理解"没有正当理由"的滥用市场支配地位行为?
> 4. 实践中,该如何识别并认定垄断协议?
> 5. 行政性垄断的成因和弊害分别是什么?

---

① 李昌麒主编:《经济法学(第三版)》,法律出版社2016年版,第181页。
② 参见李昌麒主编:《经济法学》(第三版),法律出版社2016年版,第183~184页。

案例介绍

【核心案例】 阿里巴巴集团滥用市场支配地位案。该案是我国平台经济反垄断事业踏出的坚实一步,通过分析国家市场监督管理局出具的行政处罚决定书,能学习在互联网领域界定相关市场与认定滥用市场支配地位行为的方式方法,进而了解《反垄断法》在互联网领域实施的特殊性。并对比《反垄断法》的修改稿,探寻未来互联网领域反垄断的难点与出路。

【拓展阅读】 奇虎诉腾讯滥用市场支配地位案。该案是我国《反垄断法》实施以来知名度最高的反垄断案件,被称为"中国互联网反垄断第一案"。通过对比分析广东省高级人民法院与最高人民法院的判决书的异同点,可以了解在"跨界竞争"这一难题之下,应如何分析互联网领域经营者的行为导致的反竞争效应。

【拓展阅读】 马士基、地中海航运、达飞设立网络中心经营者集中案。该案是我国《反垄断法》实施以来作出的第二例禁止经营者合并决定,原商务部在分析三家海运集装箱企业的市场势力时采用了 HHI 指数加以说明,通过该案的学习能明晰《反垄断法》与经济学之间的密切关联,了解在反垄断法实施中体现得较为明显的个案分析原则。

【拓展阅读】 腾讯收购中国音乐集团案。该案的亮点在于,市场监管总局首次要求违法实施经营者集中的市场主体恢复市场竞争秩序。通过该案的学习,能进一步加深对《反垄断法》的"保护竞争"这一立法目的的认识,并思考《反垄断法》在保护竞争时能带来哪些社会福利。

【拓展阅读】 艾司唑仑药品垄断协议案。原料药品垄断是《反垄断法》实施中经常面对的问题。通过对该案的学习,能了解垄断协议在实践中应当如何认定,《反垄断法》又通过怎样的方式加强对垄断协议的识别。

【拓展阅读】 深圳市斯维尔科技有限公司诉广东省教育厅行政垄断案。该案是我国首个行政性垄断诉讼案件,通过该案的学习,能了解行政性垄断行政诉讼的程序,明晰行政力量的不当干预对市场竞争秩序的损害,进而思考何为"有限政府"与"有为政府"。

阅读思考

1. 互联网领域的反垄断案件有哪些特殊性?
2. 《反垄断法》中借鉴了哪些经济学的思考方式?
3. 应该如何制止行政性垄断行为?

✳︎✳︎✳︎ 核心案例 ✳︎✳︎✳︎

阿里巴巴集团滥用市场支配地位案

从市场监管总局发布的国市监处〔2021〕28号文件可以看出,本次针对阿里巴巴集团滥用市场支配地位行为的分析框架可以被简单概括为"界定相关市场—分析阿里巴巴集团在相关市场内是否具有支配地位—阿里巴巴集团是否实施了滥用市场支配地位的行为—该行为产生了何种限制、排除竞争的后果"。可见,市场监管总局并未以单一的"市场结构标准""市场行为标准"抑或"市场结果标准"来判断阿里巴巴集团是否违反《反垄断法》,而是兼采三项标准开展综合判断。

在《反垄断法》的司法与执法实践中,由于每个案件所涉的市场范围、市场主体、市场结构与市场行为各不相同,对相关市场进行市场竞争分析也会采取不同的方式,因此反垄断法的执法与司法实践会显现出鲜明的个案特征,需要我们在不同的案件中灵活使用《反垄断法》。

【案例概要】

2020年12月,市场监管总局依据《反垄断法》对阿里巴巴集团控股有限公司(以下简称阿里巴巴集团)在中国境内网络零售平台服务市场滥用市场支配地位行为立案调查。

经查,阿里巴巴集团在中国境内网络零售平台服务市场具有支配地位。自2015年以来,阿里巴巴集团滥用该市场支配地位,对平台内商家提出"二选一"要求,禁止平台内商家在其他竞争性平台开店或参加促销活动,并借助市场力量、平台规则和数据、算法等技术手段,采取多种奖惩措施保障"二选一"要求执行,维持、增强自身市场力量,获取不正当竞争优势。

调查表明,阿里巴巴集团实施"二选一"行为排除、限制了中国境内网络零售平台服务市场的竞争,妨碍了商品服务和资源要素自由流通,影响了平台经济创新发展,侵害了平台内商家的合法权益,损害了消费者利益,构成《反垄断法》第十七条第一款第(四)项禁止"没有正当理由,限定交易相对人只能与其进行交易"的滥用市场支配地位行为。

根据《反垄断法》第四十七条、第四十九条的规定,综合考虑阿里巴巴集团违法行为的性质、程度和持续时间等因素,2021年4月10日,市场监管总局依法作出行政处罚决定,责令阿里巴巴集团停止违法行为,并处以其2019年中国境内销售额4557.12亿元的4%的罚款,计182.28亿元。同时,按照《行政处罚法》坚持处罚与教育相结合的原则,向阿里巴巴集团发出《行政指导书》,要求其围绕严格落实平台企业主体责任、加强内控合规管理、维护公平竞争、保护平台内商家和消费者合法权益等方面进行全面整改，并连续三年向市场监管总局提交自查合规报告。①

【案例分析】

一、本案中相关市场的界定方法

相关市场的界定并不是反垄断法中的一项独立制度，却是建立和实施反垄断法各主要制度的基础。② 在各国的反垄断实践中，界定相关市场都是划定市场竞争范围、评估企业行为对竞争造成危害严重程度的逻辑起点。在每一个具体的反垄断案件中，如果对相关市场的界定过于严格，就会导致司法实践中出现具有市场支配地位企业的数量大幅上升，使本不具有强市场力量的企业受到不应有的规制；与此相对应的，如果对相关市场的框定过宽，则会放任实质上有可能损害相关市场竞争秩序的垄断企业，进而使反垄断法的价值目标被束之高阁。综上所述，清晰、合理的相关市场界定就成为在保证市场竞争秩序的同时不伤及经营者竞争积极性的题中之义。所以才会有学者认为，反垄断政策的宽严更迭，有时并不需要依赖立法的修改存废，而操诸市场界定这个技术性中介。③

根据现行《反垄断法》和国务院反垄断委员会《关于相关市场界定的指南》的相关规定，所谓"相关市场"是指经营者在一定时期内就特定商品或者服务进行竞争的商品范围和地域范围。④

相关市场可以分为相关产品市场、相关地域市场和相关时间市场。相关产（商）品市场（the relevant product market），是指能与某种产品形成竞争关系的同类产品或替代产品市场。⑤ 在传统的反垄断分析框架下，相关产品市场的范围大小可以通过产品用途的需求、价格的接受、质量的认可以及获取的难易等因素进行需求替代分析，也可从供给方入手，基于改造生产设施的难度、承担的风险和需要投入的资金等因素进行供给替代分析，⑥ 还可在市场边际不易界定的情况下依照"假定垄断者测试法"（SSNIP）进行定量分析。在该案中，市场监管总局将相关商品市场界定为网络零售平台服务市场。从界定理由可以看出，该案主要采取了替代性分析方法界定相关市场。具言之，市场监管总局从经营者需求、消费者需求以及供给替代三方面论证出网络零售平台服务市场是一个独立的相

---

① 以上报告摘自《市场监管总局依法对阿里巴巴集团控股有限公司在中国境内网络零售平台服务市场实施"二选一"垄断行为作出行政处罚》，载《人民日报》2021年4月11日，第02版。
② 参见王先林：《竞争法学》，中国人民大学出版社2015年版，第182页。
③ 参见张俊文：《反垄断法中的市场界定》，载《现代法学》2001年第3期。
④ 陈兵：《平台经济领域相关市场界定方法审视——以〈国务院反垄断委员会关于平台经济领域的反垄断指南〉第4条为中心的解读》，载《法治研究》2021年第2期。
⑤ 张小强：《网络经济及网络经济中的反垄断问题》，法律出版社2007年版，第119~120页。
⑥ 参见王先林：《竞争法学》，中国人民大学出版社2015年版，第185页。

关商品市场，其与线下零售商业服务不具有紧密替代关系。

需要注意的是，互联网领域的相关市场界定相较传统线下相关市场的界定有所不同，这主要是互联网市场与传统市场的差别导致的。传统的商业模式可以被看作"企业提供商品/服务—消费者购买此商品/服务"（参见图1）的过程，然而在以网络零售平台服务市场为代表的互联网市场中进行交易时，会存在消费者、平台内经营者与电商平台三个主体（参见图2），互联网领域经营者常采用双边市场的经营模式，通过推出免费服务以吸引消费者使用其产品，再将如此吸引到的注意力作为商品出售给广告主或其他经营者，或在免费基本服务的基础上提供付费的增值服务以获取商业利益。①

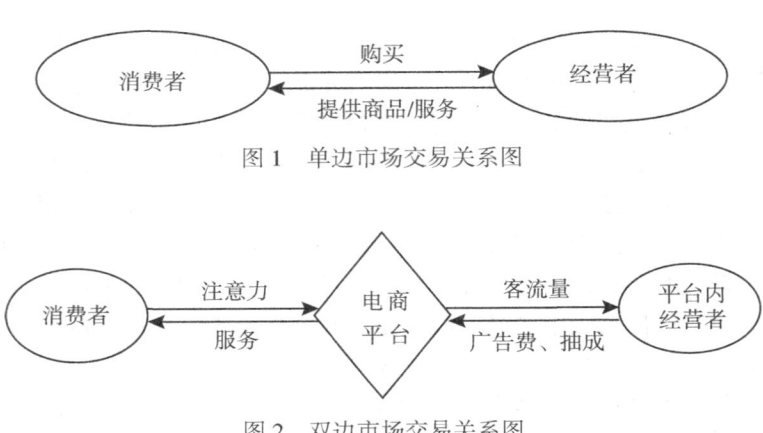

图1　单边市场交易关系图

图2　双边市场交易关系图

如图2所示，电商平台作为市场主体在交易过程中往往与两个市场发生联系，且通常只在一方市场收取费用，这就形成了"免费市场"与"收费市场"两个市场，且这两个市场都与传统的线下零售服务市场有较明显的差异。

需求替代分析主要基于商品的价格、质量以及功能等标准，来确定不同商品之间的替代程度。② 需求替代分析法，是指根据需求者对商品功能的用途需求、价格的认可程度、质量的接受程度以及获取产品和服务的难易，从需求者的角度来确定不同商品的替代程度，从而来界定相关市场的方法。③ 供给替代分析法，是指根据其他经营者改造生产设备的成本、进入市场的时间和承担的风险等因素，从经营者的角度来确定不同商品的替代程度，从而来确定相关市场范围的一种分析方法。④

由于双边市场的存在，在开展需求替代分析之时要从平台内经营者一端与消费者一端分别进行，不仅需要对比经营者选择在平台内经营一家虚拟店铺和在线下操持一家实体店铺之间的各类成本与收益的差异是否较大，也需分析线下消费模式对消费者而言能否成为

---

① 黄勇、蒋潇君：《互联网产业中"相关市场"之界定》，载《法学》2014年第6期。
② 张俊文：《反垄断法中的市场界定》，载《现代法学》2001年第3期。
③ 邹开亮、刘佳明：《大数据产业相关市场界定的困境与出路》，载《重庆邮电大学学报（社会科学版）》2018年第5期。
④ 张俊文：《反垄断法中的市场界定》，载《现代法学》2001年第3期。

网购的紧密替代。

站在需求分析的角度,从经营者一方来说,首先是平台内经营者与线下零售商业服务经营者在覆盖地域和服务时间上的不同,线下经营者要受到商铺位置、交通状况与所售产品类别的限制,一般只能为周围一定区域内的大众提供服务。而互联网的超时空性则赋予了电商平台跨时空交易的可能,成都市的居民可以在深夜逛淘宝时购买一家位于上海市的企业的产品,该企业的工作人员在第二天白天看到订单后可借助发达的物流体系将产品在两天后送到成都顾客手中。若无互联网平台的技术支撑,我们很难想象一家位于上海的零售店要"物美价廉且兢兢业业"到何种地步才能吸引成都的顾客且在深夜挑选产品。因此,借由电商平台的技术支持,平台内经营者的服务范围理论上可以覆盖到任何连通互联网的地方,远胜线下零售经营者,营业时间也远超后者。其次,两者的经营成本也存有悬殊。由于线下零售经营者的经营模式大多为实体店铺,因此其经营成本大致包括店铺租金、装修费用、人工成本、水电支出与仓储成本等。但平台内经营者借由虚拟化的交易场所可以省去店铺租金与装修费用等一大部分开支,经营成本主要由营销费用和佣金抽成等可变成本构成。再次,两者支持经营者匹配潜在消费者的能力不同。在大数据与算法技术的支持下,电商平台内单个消费者的消费偏好与消费水平都会被勾勒出来,当下的消费会成为未来平台实现"精准推送"进而刺激消费者再次消费的支撑,相比之下线下经营者则缺乏这种针对个体消费者点对点投放式的能力。最后,两种商业模式在为经营者提供的市场需求反馈效率上也有较大差异:由于评价系统的存在,平台内经营者可以轻易得知消费者对某一款产品的喜好程度和价格敏感度,还可以通过与其他商家的同类商品进行对比,进而及时作出产品调整或价格调整,线下经营者则很难得到同样及时而精准的消费者反馈。

如从消费者一端开展替代性分析,也可以得出网络零售平台服务与线下零售商业服务不具有紧密替代性的结论。一是两者能为消费者提供的商品选择范围不同,一个电商平台内可存在多个卖家,且由于商品展示不受地理空间的限制,所以消费者可以足不出户就能查到多种不同厂家生产的同类产品的各个细节,且通常来说一个商品也存在多个替代品。而在线下,即使是大型商超也难以和整个平台内展示的商品数量和种类相媲美。二是两者的购物便捷程度不同,平台消费者非但可以抽出一两个小时甚至更长的时间用于购物,还可利用多块碎片化的时间选择商品,不仅如此,平台消费者更可在任何一处有网络连接的场所购物,等地铁的间隙、饭后的休闲都可能产生大量的订单,而这对线下购物而言是不可想象的。总体来说,线上购物相较于线下购物降低了消费者的时间成本。三是两者为消费者比较和匹配商品的效率不同。常言道,货比三家不吃亏。在电商平台内,同类商品甚至相同商品的卖家往往有多个,在搜索与记忆功能的支持下,消费者对比这些产品的质量、价格等信息非常便捷,对比不同的商品几乎无须时间成本,对比来看,受制于商品地址与交通状况,线下购物的商品信息对比会花去消费者更多的时间和精力。

替代性分析过后,市场监管总局还从供给端开展了替代分析作为补充。《国家市场监督管理总局行政处罚决定书》(国市监处〔2021〕28号)(以下简称《决定书》)认为,网络零售平台服务与线下零售商业服务之间盈利模式差异较大,且后者进入前者市场转变难度大、进入门槛高。就盈利模式而言,电商平台的盈利主要来自于和平台内经营者在交易过程中产生的交易佣金和营销推广费等,线下零售商业服务主要通过向经营者收取固定的店铺租金等实现盈利。此外,线下零售商业服务转变为网络零售平台服务的难度较大,一方面存在电商平台搭建的技术难度与设备支撑问题,另一方面还要破解如何保证稳定的"客流量"以维系双边市场正常运营的营销困境。从现实来看,从线下发展到线上的成功案例较少,因此可以认为两者不具备紧密替代关系。

常见的相关市场界定方法除上述两种之外,还有"假定垄断者测试(SSNIP)"法,即假定某个企业是市场上唯一具有垄断地位的主体,如果当其在非临时性、连续的时期(一般为一年)内将商品的价格小幅而显著地提高(一般为 5%~10%)时,如果有大量的用户因为这个涨价行为而转向购买其他经营者的产品和服务时,其中也包括垄断经营者原有的产品和服务消费者转向购买其他产品,那么,这些产品和服务应当包括在同一市场之内。① 虽然 SSNIP 法可以界定出更加准确的市场边界,但在界定免费市场时就不免遭遇困境:一旦目标产品的价格为 0,SSNIP 法也就失去了意义,无法准确衡量目标产品相关市场的范围大小。此时可以依循 SSNIP 法的界定思路采用 SSNDQ 法开展相关市场界定。相比于关注价格的 SSNIP 法,SSNDQ 法从产品质量入手,通过数量不大但有意义且并非短暂的质量下降来测试目标产品与其他产品之间的可替代程度。② 最高人民法院也在"奇虎诉腾讯"案的二审判决书中提及,如果进行相关市场界定的条件不能满足 SSNIP 法的适用,则 SSNDQ 法可作为补充。由于价格的提升和质量的下降都会致使消费者的转向,两种方式背后的原理实质上是一致的,因此 SSNDQ 法可以作为价格机制失效后 SSNIP 法的补充适用。

相较于相关产品市场的界定,相关地域市场的界定在大多数反垄断案件中都显得较为轻松。根据《国务院反垄断委员会关于相关市场界定的指南》第三条第三款,相关地域市场是指需求者获取具有较为紧密替代关系的商品的地理区域。诚然,互联网理论上并不存在地理边界,诸如电影、音乐专辑等电子产品的交易甚至使传统因地理区隔导致的运输成本和价格成本也不复存在,但相关地域市场并不能因互联网的特性被简单界定为"全球市场",这样的处理实际上忽略了消费者语言习惯、政府间构筑的贸易壁垒等因素的影响。遑论在电商平台之上的交易标的又以实物为主,受制于商品配送、支付结算和售后保障等方面的障碍,目前交易量最高的电商平台也难以实现事实上的"全球覆盖"。因此,无论是从经营者一端开展替代性分析,还是从消费者一端开展替代性分析,都不难得出国外的网络零售平台服务难以成为我国网络零售平台服务有力竞争对手这一结论。与中国消费者有交易意愿的经营者不会选择国外的电商平台入驻,中国消费者的网购选择在绝大多数情况下也都是本国的电商平台。从供给端开展替代性分析亦可知,网络零售平台服务属于互联网增值电信业务,境外网络零售平台在中国境内开展业务需要按照相关法律法规要求申请业务许可,同时需要搭建开展业务所需的物流体系、支付系统、数据系统等设施,难以及时、有效地进入中国境内市场,对现有的中国境内网络零售平台形成竞争约束。

---

① 参见雷琼芳:《互联网相关市场界定的研究——基于假定垄断者测试法和盈利模式测试法的比较》,载《价格理论与实践》2017 年第 2 期。

② 参见张江莉:《多边平台的产品市场界定》,载《竞争政策研究》2018 年第 1 期。

二、本案中市场支配地位的界定方式

根据我国《反垄断法》第十七条第二款的规定，市场支配地位是指经营者在相关市场内具有能够控制商品价格、数量或者其他交易条件，或者能够阻碍、影响其他经营者进入相关市场能力的市场地位。市场支配地位和经营者的市场力量密不可分，滥用市场支配地位的行为，核心是经济权力（或称经济力、垄断力）的"滥用"。① 反垄断法之所以对部分经营者操纵市场的能力保持高度关注，是因为当代反垄断法制度体系建立在"市场力量"这一基础概念之上。除少数行为类型外，只有具有一定市场力量的经营者的行为才受到反垄断法的规制。② 我国《反垄断法》规定了五项因素③用以考量经营者是否具有市场支配地位，其中市场份额因素无疑显得最为重要，不仅体现在其于诸多考量因素中排在首位，还表现为我国《反垄断法》第十九条直接言明根据市场份额可以直接推定经营者具有市场支配地位。但在《决定书》中，市场监管总局通过七个理由证明了阿里巴巴集团的市场支配地位，市场份额因素却并非其中着墨最多的一个。在逐项考察《决定书》七个理由的同时，我们也将介绍市场监管总局如此认定的依据。

1. 《决定书》从平台服务收入和平台商品交易额（网络零售平台上的商品成交金额）两个方面计算阿里巴巴集团在网络零售平台服务市场上的市场份额

根据我国《禁止滥用市场支配地位行为暂行规定》第六条之规定："确定经营者在相关市场的市场份额，可以考虑一定时期内经营者的特定商品销售金额、销售数量或者其他指标在相关市场所占的比重。"例如，倘若要了解"瓶装500ml可口可乐"2020年在中国大陆市场的市场份额，由于碳酸饮料的价格区间较窄，常见品牌间价格相差很小，就可用"500ml瓶装可口可乐在中国大陆市场销售瓶数/400~600ml瓶装碳酸饮料在中国大陆市场销售瓶数"计算得出，或者可以用500ml装可口可乐2020年度在中国大陆市场上的销售额比400~600ml瓶装碳酸饮料在中国大陆市场销售总额计算出结果。然而在电商平台的双边市场中，计算免费市场的市场占有率时会因用户的多栖属性而导致结果失之精确，计算收费市场端的平台内经营者入驻数量也不能准确反映平台的市场份额。且双边市场之间相互影响，一边用户数量的波动也会引发另一边用户数量的增减，更为市场份额的计算增加了难度。

基于上述原因，《决定书》选择平台服务收入和平台交易额来测算有其合理性所在。经过十几年"野蛮发展"的电商平台行业如今已有了较为固定的盈利模式，其收入来源较为统一，以同样的方式实现更多盈利的电商平台可以被认为具有更高的市场份额。而平台交易额是平台上所有经营者经营状况和消费者消费状况的综合反映，可以透视出平台内

---

① 张守文：《经济法原理》，北京大学出版社2013年版，第381页。
② 李剑：《被规避的反垄断法》，载《当代法学》2021年第3期。
③ 《反垄断法》第二十三条规定："认定经营者具有市场支配地位，应当依据下列因素：（一）该经营者在相关市场的市场份额，以及相关市场的竞争状况；（二）该经营者控制销售市场或者原材料采购市场的能力；（三）该经营者的财力和技术条件；（四）其他经营者对该经营者在交易上的依赖程度；（五）其他经营者进入相关市场的难易程度；（六）与认定该经营者市场支配地位有关的其他因素。"

经营者和消费者对该平台的偏好程度。在全体消费者消费水平恒定的前提下，越高的平台交易额越能代表该平台的市场势力，即市场份额。此外，为避免互联网领域"动态竞争"特性的影响，市场监管总局选取了 2015—2019 五年来的数据作为判断依据。在平台服务收入均超 70%、平台交易额均超 60% 的情况下，根据《反垄断法》第十九条第（一）款之规定，阿里巴巴集团可以被推定为具有市场支配地位。

《决定书》的分析并未止步于此，事实上，在传统市场中，与产量、销售额和销售数量呈正相关的市场份额可以较为清晰地展现经营者的市场规模和市场力量，市场份额高的企业因此具有了操纵产品价格与排除、限制竞争的能力，因此美国法院在 1945 年审理的"美国诉美国铝业案"中直接言明"90% 以上的市场份额足以构成垄断"。① 但对于互联网领域而言，经营者市场份额与市场力量之间的联系常常被切断，举例而言，20 世纪末腾讯在即时通信市场中从一众 ICQ 的模仿者中脱颖而出，使用人数一度逼近整个即时通信市场的消费者总数，但其市场份额最高的同时却因长期未找到盈利方式而濒临破产。② 而纵观我国互联网领域反垄断司法案件，原告对被告市场力量的举证无能也是导致互联网反垄断诉讼中原告胜诉率畸低的原因之一。在这类案件中，由于缺乏客观的市场份额认定标准，法官往往没有采信原告引用的各类调查报告或数据统计，因此被诉经营者通常不能被认定为具有市场支配地位。而随着"奇虎诉腾讯"等一众互联网反垄断案件的审理，司法机关在面对互联网反垄断诉讼中对市场份额的倚赖程度也在逐渐下降。③ 由此可见，就互联网经营者的市场力量认定而言，市场份额的重要程度有所下降，且对互联网经营者市场份额的测算方式也应与时俱进。

2. 《决定书》用 CRn 指数和 HHI 指数测算中国境内网络零售平台服务市场的集中度

从经济学视角分析，在市场中占有更多销售额的企业往往拥有更不受其他经营者与消费者控制的力量，这是衡量以传统"价格—成本"为主要竞争因素的产业中企业市场力量的有效方式。④ 在此基础上，学界诞生出行业集中率（CRn）和赫尔芬达尔—赫希曼指数（HHI）用以进行反垄断经济分析并测算市场集中度，广泛应用于欧美国家的反垄断司法实践之中。其中，行业集中率是指某一行业内市场份额最大的前 N 家企业所占市场份额的总和，例如 B2C 电商领域的 CR3 即指天猫、京东、唯品会三家企业市场份额的相加结果。但行业集中率的缺点在于，无法准确衡量行业内企业力量的集中程度，某一相关市场范围内 60%+20%+10% 的 CR3 数值和 35%+30%+25% 的 CR3 数值结果等同，但显然前者的集中程度远高于后者。为了克服这一缺陷，美国学者赫尔芬达尔（Herifndaih）于 1950 年在其博士论文中提出了一种新的行业集中度测算标准——赫尔芬达尔指数，即通过计算某一行业中全部企业市场份额平方和的方式反映该行业内行业集中度现状。在赫尔芬达尔指数计算结果的基础上，美国司法部和联邦贸易委员会 2010 年《横向并购指南》

---

① 参见王磊：《市场支配地位的认定与反垄断法规制》，中国工商出版社 2006 年版，第 113 页。
② 参见吴晓波：《腾讯传》，浙江大学出版社 2017 年版，第 38 页。
③ 参见宋琳：《互联网反垄断司法规制的困境及对策研究》，载《西北大学学报（哲学社会科学版）》2017 年第 3 期。
④ 参见尚明主编：《反垄断法理论与中外案例评析》，北京大学出版社 2008 年版，第 193 页。

通过赫尔芬达尔—赫希曼指数用以测算企业市场份额对市场集中度产生的影响并据此指数将相关市场的行业集中程度分为三种状态：一是赫希曼指数在 1500 点以下的市场，此类市场为尚未形成集中的市场，说明集中不具有限制、排除竞争的效果；二是赫希曼指数在集中后超过 1500 点但未达到 2500 点的市场，此类市场为中度集中的市场，如果某项经营者集中使该市场的赫希曼指数相较之前提高了 100 点以上，即说明此次集中会影响到市场中的有效竞争，反之则说明此次集中不会带来限制、排除竞争的后果；三是集中后的赫希曼指数超过 2500 点的市场，说明该市场为高度集中的市场，如果集中使得该市场的赫希曼指数较之前提高了 100~200 点，则说明此次集中具有较严重的反竞争效果，而一旦在高度集中的市场中使得赫希曼指数提高了 200 点以上则说明集中会产生强有力的市场力量，足以产生限制和排除竞争的效果。① 虽然赫希曼指数常用于反垄断执法机构在决定是否批准某次经营者集中提供参考性依据，并不是作为决定性因素，但这种具有技术性特征的方法还是受到了欧美各国的一致青睐，并一直在传统市场的反垄断案件中发挥着重要作用。

《决定书》显示，根据平台服务收入市场份额，2015—2019 年，中国境内网络零售平台服务市场的 HHI 指数分别为 7408、6008、6375、5925、5350，CR4 指数分别为 99.68、99.46、98.92、98.66、98.45，显示相关市场高度集中，竞争者数量较少。近 5 年来，当事人市场份额较为稳定，长期保持较强竞争优势，其他竞争性平台对当事人的竞争约束有限。

3.《决定书》指出阿里巴巴集团具有很强的市场控制力

从阿里巴巴集团与平台内经营者的交易状况中可以看出，阿里巴巴集团常通过格式合同的方式，直接规定交易佣金费率和年度营销推广费支出水平；通过制定平台规则、设定算法等方式，决定平台内经营者和商品的搜索排名及其平台展示位置；且阿里巴巴集团旗下的淘宝和天猫平台商品交易额在中国境内网络零售商品交易总额中占比超过 50%，是经营者开展网络零售最主要的销售渠道，对平台内经营者具有很强的影响力。当交易双方中的一方可以和对方签署存在许多有利于自身利益条款的合同之时，就证明其在相关市场内具有强控制地位，否则交易对象可以通过拒绝交易条件、选择其他合作方来对抗。因而分析与交易相对人的交易状况也是证明经营者市场支配地位的可行路径之一。

在互联网领域，经营者控制交易条件的能力通常体现在与后续市场中经营者的市场活动中。网络效应和"赢者通吃"的市场模式下，消费者对目标经营者的依赖程度会增加目标经营者后续市场中其他经营者所要支付的沉没成本。具言之，后续市场上的经营者为获取更多交易机会，保证一定数量的用户基础，其产品设计必然要与先在市场中市场占有率最高的经营者更好地契合，才能保证自身的产品有更多被使用的机会。例如许多手机应用都是基于 iOS 系统或安卓系统开发的，微信小程序也是在微信应用的基础上诞生的，由于脱离了特定系统这些应用将无法正常使用，因此后续经营市场中的经营者为保证产品的

---

① 参见胡祖光：《对集中率、赫芬德尔指数和等价数的比较研究》，载汪同三、韩彪主编：《21 世纪数量经济学（第 10 卷）》，时事出版社 2010 年版，第 63~67 页。

使用人数在设计产品时即使有更好的设计方案或理念也不能与先在市场中占有率最高的经营者出现不协调,这就自然构成了后续市场中经营者无形的转向障碍,对其具有明显的限制效果。

4.《决定书》着重分析了阿里巴巴集团具有先进的技术条件

除去阿里巴巴集团强大的财力支持自身在相关市场及关联市场的业务扩张外,其先进的技术条件也是使阿里巴巴集团对比其他竞争性平台优势明显的重要原因。纵览互联网领域经营者的经营策略可以发现,技术创新能力一直以来都是互联网企业的核心驱动力,在互联网领域中经营者并非单纯以产量和价格作为竞争方式,而是通过不断的技术创新提升产品使用体验感以吸引尽可能多的使用者。从一众移动互联网巨头对技术研发的投资力度中就可窥见他们对于技术创新的不懈追求:2017 年阿里巴巴营收额为 2 503 亿元人民币,研发投入资金为 227.5 亿元人民币,研发占比大约为 9.1%,此外阿里还另耗资千亿元建立起"达摩院"和"罗汉堂"作为其技术研发的前站;腾讯 2017 年营收额为 2377 亿元人民币,研发投入资金为 174.5 亿元人民币,研发占比大约为 7.3%,百度近年来每年也都保持着百亿元人民币以上的研发投入。① 高研发投入不仅使得这些经营者能不断优化产品使用体验,满足消费者的需求,更能通过技术专利赢得竞争优势,增强对市场的控制力。根据国家知识产权局发布的《2018 年上半年专利榜》,腾讯即以 664 件的专利在国内所有企业中排名第九,由于互联网行业具有先发优势,一个经营者根据技术创新所获得的竞争优势往往会被其他经营者迅速模仿跟随,因此新的专利往往意味着新技术路线的话语权,更能增强经营者在相关市场中的影响力,手机键盘中的"九宫格式输入法"从诞生之初一直被沿用至今就是技术创新引领市场的最佳证明。

互联网的技术更新速度和企业创新能力均远超传统行业,因此关于科技创新因素能否被纳入该领域经营者市场力量的认定因素一直为学界所热议。有研究认为,互联网领域的技术研发本身需要大量的、持续的资金投入,这无疑会将许多资金不足的经营者拒之门外,只有资金规模充足、企业盈利能力有保障的经营者才能进行长期而稳定的技术创新活动。在创新驱动的市场之中,产品的技术含量往往和该经营者的市场力量呈正相关。由此,技术研发带来企业利润,企业获利后又增加对技术研发的投资,经营者的市场规模就在这一良性循环中不断壮大。② 且具有关键技术知识产权的经营者也可拒绝授权给其他经营者来巩固自己的市场地位,扩大自身的竞争优势。鉴于技术创新能力对企业力量提升的重要作用,美国 1995 年《知识产权许可的反托拉斯指南》中就通过界定创新市场的方式尝试塑造出一个独立于产品市场的相关市场界定因素,根据该《指南》,创新市场指包括针对某一特殊新型或改进的产品或方法的研究和开发,以及该研究和开发的相近替代

---

① 参见《2017 中国企业研发投入百强榜发布》,载百度:https://baijiahao.baidu.com/s?id=1607866257241749419&wfr=spider&for=pc,最后访问时间:2021 年 9 月 2 日。

② 参见刘康:《基于技术创新和技术垄断竞争的市场结构分析》,载《商业时代》2011 年第 20 期。

品。① 王先林教授也曾指出，反垄断执法机构在界定相关市场之时可以将重点从"消费者在现有产品中选择替代品"转移到"企业研发新替代产品的能力上"。② 而随着互联网技术突破的速度日渐提升，技术创新之于经营者的重要性也与日俱增，美国2010年《横向合并指南》开辟出专章介绍创新或产品多样性减少与相关市场中产生单边效应之间的正相关联系。由此可见，技术创新能力不仅与企业的资金实力直接相关，还可通过因其取得的专利技术巩固自身竞争优势，因此在互联网这一创新驱动的市场领域中更应科学评估目标经营者的技术创新能力，将其专利数量、关键技术掌握程度等因素纳入经营者市场力量的考量范围中来。

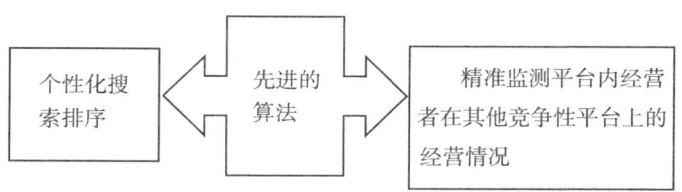

图3 算法对平台内竞争秩序的影响示意图

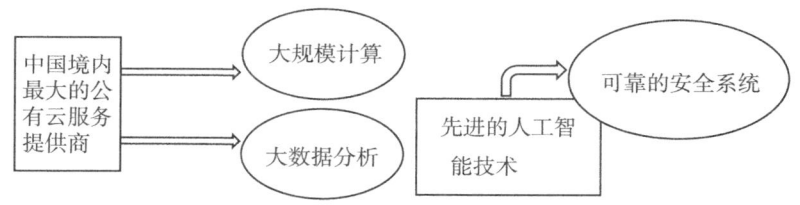

图4 信息技术对互联网企业市场力量的加强

5.《决定书》重点证明了其他经营者对阿里巴巴集团的高度依赖性

由于网络效应的影响，互联网产品的用户黏性相比其他领域的产品而言十分显著，其产品价值往往体现在使用者的人数之上。正如波斯纳所言：企业产出越大，在达到某一个点之后，该产品对其顾客的价值就越大。更换产品会让使用者付出一定的学习成本，也会让使用者抛却之前积累的人脉资源等，这就意味着市场份额高的互联网产品往往会对使用者产生较强的用户锁定效应，某种程度上会抵消后发企业的技术优势和价格优势，需要执法者审慎评估此类影响互联网领域消费者行为与选择偏好的因素。由于淘宝和天猫拥有大量消费者用户，且平均消费水平远超其他竞争性平台，加之消费者用户黏性很强，就形成了对平台内经营者具有很强的跨边网络效应和锁定效应，平台内经营者难以放弃平台上的庞大消费者群体和巨大流量，由此产生了对相关平台的依赖。

网络效应的产生源于互联网消费者在选择某种产品时往往青睐于使用人数最多的产

---

① 参见张坤：《互联网行业反垄断研究》，湖南大学2016年博士学位论文。
② 王先林：《中国反垄断法实施热点问题研究》，法律出版社2011年版，第355页。

品,如绝大多数消费者会使用微信或QQ作为联系亲友的即时通信工具、使用微信支付或支付宝作为移动支付终端等。用户锁定效应则体现在一旦消费者的需求被某种产品满足后,就很难再转向使用同类型的其他产品。互联网产品的转换成本首先就体现在消费者的学习成本和人际关系成本之上,习惯了某一产品或应用的使用方式或操作模式的消费者如果要转向其他产品就必须重新学习新产品的使用方式,增加消费者的学习时间;而消费者之前使用的互联网应用又拥有个人信息、人脉资源等积累,转而使用新产品则又要重塑新的人际关系网络,① 这也是微博、微信等社交类互联网产品能长期赢得市场的原因所在。而当转移成本高达一定程度之时,消费者也就不得不表现出对产品的高度忠诚,此时经营者即可利用这一高转移成本实施排挤竞争对手的行为。2011年"3Q大战"事件中,腾讯能强迫消费者作出"二选一"行为、卸载"360安全卫士"就是利用了即时通信领域的高转移成本。对于使用者来说,QQ代表着网络社交的重要组成模块,停止使用QQ会对网络社交造成极大的障碍,而360安全卫士与此相比却只是一款可以被其他安全软件替代的产品,消费者对其不可能存在反垄断法意义上的转移成本,这就造成了"二选一"事件中多数用户卸载360安全卫士、支持QQ的结果。由此可见,转移成本的存在无形中提高了相关市场的进入难度,增加了其他经营者的竞争压力,在特殊情形下甚至可能影响到其他市场的竞争状况,因此消费者对于目标经营者的依赖程度应当成为衡量互联网经营者市场力量所重点关注的因素。

　　同时,对于平台内经营者而言,其在当事人平台获得了众多固定用户,积累了大量的交易、支付、用户评价等数据,并依赖这些数据开展经营活动。用户和数据是重要资源和无形资产,难以迁移到其他竞争性平台,因此平台内经营者转换至其他竞争性平台面临较高成本,也出现了因转移成本而产生的产品依赖。

6.《决定书》认定网络零售平台服务市场进入难度大

　　从理论层面看,垄断的特征之一就是其他经营者进入市场困难,正是由于存在较高的市场门槛,才会导致后进者进入市场时出现阻碍力量,而市场支配地位企业却可以因此在相关市场内保持其垄断地位。与其他因素相比,其他经营者进入相关市场的难易程度对于判断市场垄断来讲具有更为重要的意义,甚至可与市场占有率并列考虑,可以看作是影响市场支配地位的两大因素。② 在一个竞争态势变化迅速的市场中,企业的市场力量不取决于某一时市场份额的高低,而表明为该企业是否具有在长时间内保持高市场份额的能力。这一思路早在1993年美国法院审理的Los Angeles Land Co. v. Brunswick Corp. 一案中就已得到体现,在该案中,法官沿用了Oahu Gas Serv. Inc. v. Pacific Resources Inc. 案的思路,虽然认定Brunswick公司拥有相关市场内100%的市场份额,但由于原告洛杉矶土地公司不能证明其拥有控制产品价格、提升市场壁垒的能力,因此对Brunswick公司的反垄断指

---

① 参见叶明:《互联网行业市场支配地位的认定困境及其破解路径》,载《法商研究》2014年第1期。

② 参见孔祥俊:《反垄断原理》,中国法制出版社2001年版,第528~532页。

控也就不能成立。① 欧盟委员会也在微软收购 Skype 一案中阐明，在通信服务市场中，市场份额仅仅是证明企业竞争力的一个片面性的指标，虽然二者的合并会使得通讯服务市场出现一家占市场份额 80%~90% 的企业，但综合其他因素来看，这一高市场份额并未带来显著的限制竞争效果，因此应当准许此次合并。②

从现实层面分析，网络零售平台服务市场的进入不仅需要经营者在前期投入大量资金用于搭建平台、建立物流、支付与数据系统，还要在确保一定数量的平台内经营者的同时吸引到足够实现双边市场的消费者群体。因而在其他经营者前期投入大、进入难度高的情况下，在网络零售平台服务市场占据头部地位的阿里巴巴集团即可进一步加强自身对相关市场的控制能力，也更便于开展滥用市场支配地位的行为。

7.《决定书》认为阿里巴巴集团在关联市场具有显著优势

有学者指出，若互联网平台能够通过实施搭售、掠夺性定价等排他行为将一个市场的市场力量利用数据传导至相关市场或者不相关市场，并体现出较强的竞争力，据此就可以证明该互联网平台在一个产品市场上具有支配地位。③阿里巴巴集团不仅持续对网络零售服务平台业务大量投资，更布局了与其相关的物流、支付、云计算等领域。在当下这些市场紧密相关甚至在有些情形下已不可分割的情形下，考察目标经营者在其关联市场的影响力是判断其市场力量的重要方式。

三、《决定书》阐述的违法事实及认定理由

我国《反垄断法》第十七条禁止具有市场支配地位的经营者实施价格歧视、低价倾销、拒绝交易、限定交易对象或交易条件、强制搭售、差别待遇等行为。在违法事实的确认方面，市场监管总局主要是根据"（四）没有正当理由，限定交易相对人只能与其进行交易或者只能与其指定的经营者进行交易"④ 这一条款进行认定。

市场监管总局查明，阿里巴巴集团根据销售增长、商品能力、用户运营、品牌力、服务能力、合规经营等因素将平台内经营者由高到低划分为 SSKA、SKA、KA、核腰、腰部、长尾、底部七个层次，对 KA 及以上经营者（以下统称"核心商家"）的经营自主权作出了很大的限制。由于核心商家具有一定的品牌影响力，产品通常具有不低的销量，消费者群体也较为信赖，因此这类商家能为平台带来稳定、大量的订单。为保障自身竞争优势，平台往往对核心商家提出禁止在其他竞争性平台开店的要求，用这种方式将核心商家与其消费者固定在自身平台。而对于那些同时入驻其他竞争性平台的平台内经营者，阿里巴巴集团则会用各种方式禁止其参与竞争对手的促销活动，这就是近年来频繁在"电

---

① 参见胡丽：《互联网企业市场支配地位认定的理论反思与制度重构》，载《现代法学》2013 年第 2 期。
② 参见 Case COMP/M. 6281, Microsoft / Skype, Decision of 7 October 2011.
③ 叶明、黎业明：《互联网平台滥用杠杆优势行为的反垄断规制研究》，载《管理学刊》2021 年第 2 期。
④ 《反垄断法》第十七条第一款第（四）项。

商节"爆出新闻的"二选一"事件。如果平台内经营者不服从这种协议,阿里巴巴集团就会在淘宝平台和天猫平台上取消该经营者参与自身促销活动的资格,还可通过减少支持资源、实施搜索降权、取消以往的优惠条件等方式来逼迫经营者"就范"。这种半强迫式的经营手段并不是电商平台日常运营所必需,因此不能为《反垄断法》所豁免,如此限制交易(或独家交易、排他性交易)构成滥用市场支配地位,应当为《反垄断法》所规制。

✦✦✦ 拓展阅读 ✦✦✦

奇虎诉腾讯滥用市场支配地位案

【案例概要】

北京奇虎科技有限公司（以下简称"奇虎公司"）诉腾讯科技（深圳）有限公司、深圳市腾讯计算机系统有限公司（以下简称"腾讯公司"）滥用市场支配地位纠纷案中，奇虎公司诉至广东省高级人民法院，指控腾讯公司滥用其在即时通信软件及服务相关市场的市场支配地位。2010 年 9 月，腾讯 QQ 即时通信软件与 QQ 软件管理一起打包安装，安装过程中并未提示用户将安装 QQ 软件管理。2010 年 9 月 21 日，腾讯发出公告称，正在使用的 QQ 软件管理和 QQ 医生将自动升级为 QQ 电脑管家。9 月 27 日，360 发布直接针对 QQ 的"隐私保护器"工具，宣称其能实时监测曝光 QQ 的行为，并提示用户"某聊天软件"在未经用户许可的情况下偷窥用户个人隐私文件和数据，引起了网民对于 QQ 客户端的担忧和恐慌。11 月 3 日，腾讯公司发布《致广大 QQ 用户的一封信》，宣布在装有 360 软件的电脑上停止运行 QQ 软件，用户必须卸载 360 软件才可登录 QQ。此举导致大量用户卸载 360 软件，两公司开始激烈对抗。11 月 4 日，360 安全中心宣布，在国家有关部门的强力干预下，目前 QQ 和 360 软件已经实现了完全兼容。

2012 年 4 月 14 日，奇虎公司在广东针对腾讯涉嫌滥用市场支配地位提起反垄断诉讼，奇虎公司主张，腾讯公司拒绝向安装有 360 软件的用户提供相关的软件服务，强制用户在腾讯 QQ 和奇虎 360 之间"二选一"，构成反垄断法所禁止的限制交易；腾讯公司将 QQ 软件管家与即时通信软件相捆绑，以升级 QQ 软件管家的名义安装 QQ 医生，构成反垄断法所禁止的捆绑销售。① 该案于 2013 年 3 月在广东省高级人民法院一审，一审判决奇虎公司败诉。随后奇虎公司选择上诉，最高人民法院于 2013 年 11 月 26 日裁定驳回上诉，维持原判。

---

① 以上内容摘自朱理：《奇虎 360 诉腾讯滥用市场支配地位纠纷案 互联网领域相关市场界定及滥用市场支配地位行为的分析方法》，载李青主编：《中国反垄断十二年 回顾与展望》，中信出版集团有限公司 2020 年版，第 392~393 页。

【案例分析】

该案被称为"中国互联网反垄断第一案",截至今日,该案都是《反垄断法》实施以来影响最大、诉讼标的最高、诉讼过程最专业之一的案件,在引发学界、实务界高度关注的同时也因媒体的全程报道而广为人知,称得上是我国《反垄断法》司法实践影响最大的案件之一。本案最值得关注的有以下两点:

一是关于相关市场界定的问题。在相关地域市场的界定方面,最高人民法院在二审判决中改变了广东省高院将"腾讯QQ"所在的即时通信市场界定为全球市场的做法,而是以腾讯QQ的目标受众群体为出发点,运用需求替代法将本案的相关地域市场界定为中国市场。可见,消费者语言习惯与行为偏好应当成为互联网相关地域市场界定的考量因素之一。依据《国务院反垄断委员会关于相关市场界定的指南》第九条的规定,分析消费者对于产品的偏好或依赖程度是运用需求分析法界定相关市场的重要依据。在判断某一移动互联网产品的相关地域市场能否延伸至全球市场时,除考虑企业的目标受众外,还应分析消费者语言障碍与选择偏好的影响。腾讯的经营重心自始至终都位于中国大陆,虽然QQ也推出了"英文版",但从企业的角度看,无论是从二者投资规模的差异还是优化程度的区别都可以看出英文版QQ绝非腾讯战略布局中的重要一环;从用户的角度看,中外消费者使用偏好的差异一定程度上也使得QQ在登录他国后"水土不服",市场占有率根本无法与Ins、Facebook等社交平台相较。由此可见即使克服了语言习惯这一障碍,文化习俗、行为偏好也会使得不同国家和地区的互联网用户对同类型互联网产品的选择带有明显的地区差异。在相关产品市场的界定方面,最高人民法院利用SSNDQ法结合替代分析法,将相关市场界定为中国大陆地区即时通信服务市场,既包括个人电脑端即时通信服务,又包括移动端即时通信服务;既包括综合性即时通信服务,又包括文字、音频以及视频等非综合性即时通信服务。

此外,该案还明确了相关市场界定的工具性定位。最高人民法院提出,并非在任何滥用市场支配地位的案件中均必须明确而清楚地界定相关市场。竞争行为都是在一定的市场范围内发生和展开的,界定相关市场可以明确经营者之间竞争的市场范围及其面对的竞争约束。在滥用市场支配地位的案件中,合理地界定相关市场,对于正确认定经营者的市场地位、分析经营者的行为对市场竞争的影响、判断经营者行为是否违法,以及在违法情况下需承担的法律责任等关键问题,具有重要意义。因此,在反垄断案件的审理中,界定相关市场通常是重要的分析步骤。尽管如此,是否能够明确界定相关市场取决于案件具体情况,尤其是案件证据、相关数据的可获得性、相关领域竞争的复杂性等。在滥用市场支配地位案件的审理中,界定相关市场是评估经营者的市场力量及被诉垄断行为对竞争的影响的工具,其本身并非目的。即使不明确界定相关市场,也可以通过排除或者妨碍竞争的直接证据对被诉经营者的市场地位及被诉垄断行为可能的市场影响进行评估。①

二是腾讯公司是否构成反垄断法所禁止的滥用市场支配地位的行为。最高人民法院打破了传统的认定规则,即"相关市场—市场支配力—竞争效应"范式,而是不以相关市场界定的"行为—竞争效应"范式,依照此范式,虽然腾讯公司实施的"产品不兼容"行为对用户造成了不便,但是并未导致排除或者限制竞争的明显效果。这一方面说明腾讯公司实施的"产品不兼容"行为不构成反垄断法所禁止的滥用市场支配地位行为,也从另一方面佐证了其不具有市场支配地位的结论。

---

① 最高人民法院指导案例78号:北京奇虎科技有限公司诉腾讯科技(深圳)有限公司、深圳市腾讯计算机系统有限公司滥用市场支配地位纠纷案,最高人民法院审判委员会讨论通过,2017年3月6日发布。

马士基、地中海航运、达飞设立网络中心经营者集中案

【案例概要】

马士基于 1904 年在丹麦注册成立，1982 年在纳斯达克 OMX 哥本哈根证券交易所上市。马士基是全球最大的集装箱海运企业，在全球 142 个国家和地区设有办公机构，营业范围包括集装箱班轮航运、码头服务、内陆运输、物流、港口拖轮、油轮、油和天然气的勘探和生产、零售业以及航空运输。马士基在中国各主要港口从事集装箱班轮航运服务及相关业务。

地中海航运于 1970 年在比利时创建，1976 年在瑞士注册成为股份有限公司。地中海航运是全球第二大集装箱海运企业，在全球范围内提供将集装箱海运服务与铁路、河运和公路货运相结合的集装箱运输及辅助服务、港口服务、邮轮服务。地中海航运在中国从事集装箱班轮航运及辅助业务。

达飞于 1996 年在法国注册成立，是一家股份有限公司。达飞是全球第三大集装箱海运企业，业务范围包括海运、冷藏运输、港口装卸设施以及地面物流。达飞在中国主要从事集装箱班轮航运业务及少量物流业务、代理业务等。

2013 年 10 月，马士基、地中海航运、达飞签署协议，拟在英格兰和威尔士设立一家有限责任合伙制的网络中心，统一负责交易方在亚洲—欧洲、跨大西洋和跨太平洋航线上集装箱班轮的运营性事务。

经审查，原商务部认为此项经营者集中形成了交易方紧密型联营，在亚洲—欧洲航线集装箱班轮运输服务市场可能具有排除、限制竞争效果。参与集中的经营者不能证明该集中对竞争产生的有利影响明显大于不利影响或者符合社会公共利益。因此，商务部决定禁止此项经营者集中。

【案例分析】

该案是原商务部继"可口可乐收购汇源案"后作出的第二个禁止经营者集中决定。该案中，涉案三家公司因在全球航运业处于前三的地位，故被称作"航运三巨头"，而此次三家公司设立网络中心则被称作"P3 联盟"。由于 P3 联盟跨太平洋航线、亚欧航线均

包括中国主要港口，船舶将定期靠泊我国上海、宁波、香港等大港，可能会对中国境内运输市场的竞争产生排除、限制的影响，因此中国原商务部受理本案。

值得关注的是，原商务部采用了 HHI 指数分析亚洲—欧洲航线、跨太平洋航线和跨大西洋航线集装箱班轮运输服务市场的竞争态势。在原商务部的关于该案的五点竞争分析中①，第二、三、四条皆是根据三家企业的市场份额为基础开展分析得出的结论。其中第三条便是原商务部根据集中前 HHI 值为 890 而集中后 HHI 值将增至约 2240 因此认定集中会将该集装箱班轮运输服务市场将从较为分散变为高度集中，市场结构将发生明显变化，从而禁止了此次经营者集中。此次公告证明了我国经营者集中审查标准正逐渐走向清晰化和科学化。

---

① 原商务部关于禁止马士基、地中海航运、达飞设立网络中心经营者集中反垄断审查决定的公告中五点竞争分析如下：(1) 本次交易形成了紧密型联营，与松散型的传统航运联盟有实质不同。(2) 本次交易显著增强交易方的市场控制力。(3) 本次交易将大幅提高相关市场的集中度。(4) 本次交易将进一步推高相关市场的进入壁垒。(5) 本次交易对其他有关经营者的影响。

*** 拓展阅读 ***

腾讯收购中国音乐集团案

【案例概要】

2016年7月12日，腾讯以估值（略）的业务（主要是QQ音乐业务）投入中国音乐集团，获得中国音乐集团61.64%股权，取得对中国音乐集团的单独控制权。2016年12月，整合后的中国音乐集团更名为腾讯音乐娱乐集团。2017年12月6日，交易完成股权变更登记手续。①

2021年7月24日，市场监管总局依法对腾讯控股有限公司（以下简称腾讯）收购中国音乐集团股权违法实施经营者集中行为作出行政处罚决定，责令腾讯及关联公司采取30日内解除独家音乐版权、停止高额预付金等版权费用支付方式、无正当理由不得要求上游版权方给予其优于竞争对手的条件等恢复市场竞争状态的措施。腾讯3年内每年向市场监管总局报告履行义务情况，市场监管总局将依法严格监督其执行情况。②

【案例分析】

本案是《反垄断法》实施后对违法实施经营者集中采取必要措施恢复市场竞争秩序的第一起案件。由于经营者的集中行为可能会为其带来提高价格、降低产量、排挤竞争对手、损害消费者利益的能力，③因此对可能影响市场竞争的经营者集中行为进行反垄断审查是一种事前监管，可以从源头避免竞争损害。对于未依法提出申报的经营者集中行为，我国《反垄断法》（2008年）第四十八条明确规定："经营者违反本法规定实施集中的，由国务院反垄断执法机构责令停止实施集中、限期处分股份或者资产、限期转让营业以及采取其他必要措施恢复到集中前的状态，可以处五十万元以下的罚款。"

从本案《行政处罚决定书》可以看出，集中行为发生后，集中后相关实体市场份额

---

① 国家市场监督管理总局：《腾讯控股有限公司收购中国音乐集团股权违法实施经营者集中案行政处罚决定书》（国市监处〔2021〕67号）。

② 《反垄断监管落下重锤 诟病已久的网络音乐独家版权休矣》，载新浪网：https：//news.sina.com.cn/c/2021-07-24/doc-ikqcfnca8758149.shtml，最后访问时间：2021年9月3日。

③ 参见李昌麒主编：《经济法学》（第三版），法律出版社2016年版，第209页。

提升，版权资源进一步整合，相关市场主要竞争对手减少，市场集中度增加，网络音乐播放平台的市场进入壁垒提高，消费者福利可能受到损害。市场监管总局从参与集中的经营者在相关市场的份额、控制力、集中度以及集中对市场进入和消费者影响等因素，充分评估了交易对市场竞争的影响，认定本案对中国境内网络音乐播放平台市场具有或者可能具有排除、限制竞争的效果。①

为恢复公平竞争的市场秩序，市场监管总局根据《反垄断法》第四十八条、《经营者集中审查暂行规定》第五十七条之规定，对腾讯作出上述处罚。除罚款之外，还通过责令腾讯及其关联公司不得与上游版权方达成或变相达成独家版权协议或其他排他性协议、不得要求或变相要求上游版权方给予当事人优于其他竞争对手的条件等方式打击腾讯的市场势力，确保其他经营者有进入该市场的可能，进而形成竞争性的市场格局，同时提升消费者福利。

---

① 参见《反垄断监管落下重锤 诟病已久的网络音乐独家版权休矣》，载新浪网 https：//news.sina.com.cn/c/2021-07-24/doc-ikqcfnca8758149.shtml，最后访问时间：2021年9月3日。

※※※ 拓展阅读 ※※※
艾司唑仑药品垄断协议案

【案例概要】

国家发展改革委于2016年7月对华中药业、山东信谊、常州四药等三家公司达成并实施艾司唑仑原料药、片剂垄断协议案依法作出处罚，合计罚款260余万元。

艾司唑仑具有镇静、催眠和抗焦虑疗效，是国家严格管控的二类精神药品，艾司唑仑片属于国家基本药物目录中的神经系统用药，同时列入国家低价药目录。我国对二类精神药品原料药的准入和生产实行严格管制，全国获得艾司唑仑原料药生产批文的企业只有4家，实际在产的只有华中药业、山东信谊和常州四药，这3家企业同时也是艾司唑仑片的生产厂家。

调查发现，2014年低价药政策出台后，3家企业通过会议、会面、电话、短信、邮件等方式，在艾司唑仑原料药市场达成并实施了联合抵制交易的垄断协议，在艾司唑仑片剂市场达成并实施了固定或变更商品价格的垄断协议。2014年9—10月，当事人在河南郑州举行会议，协商艾司唑仑原料药和片剂的有关安排。当事人最后达成以下共识：一是每家企业生产的艾司唑仑原料药仅供本公司生产片剂使用，不再外销；二是对艾司唑仑片剂集体涨价形成默契。2014年12月以来，3家企业通过下发调价函的形式逐步调高艾司唑仑片剂价格，华中药业和山东信谊多次通过会面、电话、短信等形式就调价信息进行沟通联络。

调取的原料药销售数据显示，2013年至2014年，当事人共向下游16家片剂生产企业供应原料药。2014年10月以后，当事人陆续停止对外正常供货，生产的原料药仅供自用，大部分片剂生产企业由于缺少原料药而被迫停产。调取的片剂销售数据显示，2014年12月至今，3家企业销售的艾司唑仑片价格均出现大幅上涨，且涨价时机高度一致，证明联合涨价的价格垄断协议得到了实质性实施。以3家企业都生产的1mg*20片规格的艾司唑仑片为例，2015年至今，华中药业出厂价上涨超过3倍，山东信谊上涨近2倍，常州四药上涨1.6倍，3家企业的艾司唑仑片出厂价格涨至约1毛/片。

华中药业、山东信谊、常州四药作为生产销售艾司唑仑原料药和片剂的独立市场主体，属于在艾司唑仑原料药市场、艾司唑仑片剂市场具有竞争关系的经营者。当事人达成并实施的艾司唑仑原料药联合抵制交易的垄断协议，使其他片剂生产企业由于缺少关键投入品而被迫退出市场，严重排除、限制了片剂市场的竞争，也扫清了在片剂市场实施联合涨价的障碍；当事人达成并实施的提高艾司唑仑片剂价格的垄断协议，直接导致2015年以来艾司唑仑片剂价格的大幅上涨，增加了广大患者的药费负担，损害了消费者利益。在两种垄断协议的共同作用下，艾司唑仑片剂市场供应总量减少，患者用药可及性受到影响。

根据垄断行为的性质、程度、持续时间，以及当事人在垄断协议中的不同作用、对调查的配合程度等因素，国家发展改革委依法责令当事人立即停止实施垄断协议，并处罚款共计 2 603 823 元。其中，对在垄断协议的达成、实施过程中起主导作用的华中药业，处 2015 年度艾司唑仑片销售额 7%的罚款，计 1 571 829 元；对垄断协议的参与者、在调查过程中配合行政机关查处违法行为且有立功表现的山东信谊，处 2015 年度艾司唑仑片销售额 2.5%的罚款，计 547 563 元；对垄断协议的跟随者、违法程度较轻且能积极主动整改的常州四药，处 2015 年度艾司唑仑片销售额 3%的罚款，计 484 431 元。

【案例分析】

在横向垄断协议案中，难点往往存在于共谋行为的确定，即分清价格协同行为与平行行为。平行行为是指市场主体在没有任何沟通的情况下作出的一致的市场行为，尤其在寡头垄断市场，经营者通常不需要进行任何交流，也可以通过观察、分析竞争对手的价格行为作出相应的策略调整，从而导致市场上出现相同的价格行为。在这种情形下，考察目标经营者是否具有共同行为的"合意"就显得十分重要。因此有学者指出，主体之间是否有限制竞争的"合意"，是认定垄断协议的重要条件。[①] 但是垄断协议的主观意图往往不易证明。很多国家的执法实践表明，参与垄断协议的主体为逃避法律规制往往掩盖或消灭证据，因此，执法机构建立了反推规则，即如果其他事实证据（包括情景证据）能够证实限制竞争协议确实存在，就推定这种协议具有主观故意性。

也正是基于此，国家发改委反驳了常州四药涨价属于自主决策的主张，理由有三：一是常州四药工作人员参加了协商艾司唑仑片联合涨价的会议；二是没有证据显示其在会上就竞争对手的涨价提议表示过明确反对；三是其明知会议协商了价格等敏感信息，但并未就这一事实向反垄断执法机构主动报告。这三点理由足以说明常州四药参与了联合涨价的垄断协议的制定与实施，应当受到《反垄断法》的处罚。

---

① 参见王玉辉：《论垄断协议的行为认定》，载《河南大学学报（社会科学版）》2011 年第 2 期。

*** 拓展阅读 ***

深圳市斯维尔科技有限公司诉广东省教育厅行政垄断案

【案例概要】

2014年4月22日，斯维尔状告广东省教育厅，在2014年全国职业院校技能大赛广东省选拔赛"工程造价基本技能赛项"比赛中（以下简称省赛），指定使用广联达软件股份有限公司的软件程序。广联达被列为此次诉讼的第三人。同年6月26日，该案在广州中院进行一审开庭审理。

2015年2月2日，广州中院作出一审判决，认定省教育厅在省赛中，指定广联达软件为独家参赛软件的行为违法。对于斯维尔公司提出的要求赔偿其调查、制止被诉行政行为相关费用的请求被驳回，理由是根据我国《国家赔偿法》的相关规定，只对直接财产损失进行赔偿。

一审宣判后，省教育厅和第三人广联达双双提出上诉。2015年5月28日，该案在广东省高级人民法院进行二审公开审理，广东省高院认定，广东省教育厅以教育部在国赛中先行指定使用广联达软件为由提出抗辩，但是教育部下发的国赛赛项规程虽然明确要求在国赛中独家使用广联达软件，但是并未强制规定各省选拔赛应独家使用广联达软件，因此对省教育厅的抗辩理由，广东省高院明确表示不支持。最终广东省高院判决驳回省教育厅上诉请求，维持原判。①

【案例分析】

在国家为克服市场缺陷而进行的经济干预日益增多的同时，也出现了不少地方政府不当行使行政权力设置市场壁垒，排除限制竞争的现象。这些现象即是行政性垄断行为。②该案则是我国《反垄断法》颁布实施以来的首个行政垄断诉讼案件，更因"民赢官输"从而具有了里程碑式的意义。该案主要解决了如下两个疑问：

---

① 案件描述摘自《反行政垄断诉讼首案终审 广东省教育厅滥用行政权力被判败诉》，载搜狐网：https://www.sohu.com/a/162804659_267106，最后访问时间：2021年9月3日。

② 李昌麒主编：《经济法学（第三版）》，法律出版社2016年版，第215页。

第一，广东省教育厅"指定独家参赛软件"的行为是抽象行政行为还是具体行政行为？分辨该行为性质的重要性在于，前者属于"不可诉"行为而后者"可诉"。对此，湛中乐教授认为，此次赛项的通知只适用2014年广东省工程造价基本技能选拔赛。因此，"指定独家参赛软件"的通知，虽然具备了抽象性文件的"外壳"，但其实质是可诉的具体行政行为。广东省高院亦在判决书中阐明，根据《最高人民法院关于执行〈中华人民共和国行政诉讼法〉若干问题的解释》（以下简称《解释》）第一条与第十三条之规定①，广东省教育厅审核通过的技能选拔赛的技术规范和竞赛规程中要求在涉案的工程造价基本技能赛项中独家使用广联达公司的相关软件，且广东省教育厅具有对职业技术院校举办赛事活动进行管理的职责，该行为确系《解释》中规定的行政行为，属于行政诉讼受案范围。

第二，广东省教育厅指定广联达软件作为省赛参赛软件的行为是否合法。广东高院在终审判决中指出，省教育厅应对其在涉案赛项中指定独家使用广联达公司软件的合法性负举证责任，如举证不能就应该承担败诉责任。省教育厅在法律未有明确规定其指定行为应遵循何种法定程序的情况下，应当经过公开、公平的竞争性选择程序，来决定使用相关商家免费提供的软件，除非有正当理由，否则属于滥用行政权力。而省教育厅虽有专家组评议决定与国赛保持一致，但没有进行合法性以及合理性论证，也未能提供其他证据证明其经过公开、公平的竞争性选择程序。因此不足以证明其独家"制定"是经过公开、公平的竞争性选择程序。

此外，还值得一提的是，《解释》第十三条第一项出现了"公平竞争权"这一表述，而关于经营者公平竞争的权益能否上升为"权利"值得商榷。对其最有力的质疑便是，不正当竞争行为之认定与是否实际损害经营者合法权益无直接关联。② 反不正当竞争法主要针对的是市场竞争中的"不法行为"，着重分析的是这些行为对市场竞争秩序会带来哪些损害，采用不正当竞争行为的经营者是为了通过此方式攫取潜在的竞争机会与竞争优势。因此部分不正当竞争行为因为缺乏明确的受害者而并不适合采用民事诉讼的方式，如最高奖金额超过伍万元的有奖销售等。

我国司法实践中之所以出现这一现象，主要是受《巴黎公约》的影响而将反不正当竞争法纳入知识产权法的体系。在这种制度背景下，许多法官习惯于简单地按照知识产权保护的思维和方式适用反不正当竞争法。最典型的是以权利保护的方式适用法律，即先确定一种受保护的合法权益，如先论述特定商誉、商业模式、商业数据等受法律保护，再从权益受到损害推论侵害行为的不正当性。这种"权利保护式"的思路模糊了不正当竞争行为的定性，不利于反不正当竞争法的价值展开。③

---

① 《最高人民法院关于执行〈中华人民共和国行政诉讼法〉的解释》第一条规定，公民、法人或者其他组织对行政机关及其工作人员的行政行为不服，依法提起诉讼的，属于人民法院行政诉讼的受案范围。第十二条规定，有下列情形之一的，公民、法人或者其他组织可以依法提起行政诉讼：（1）被诉的具体行政行为涉及其相邻权或者公平竞争权的；……

② 参见刘训峰：《公平竞争权之质疑——对〈最高人民法院关于执行《中华人民共和国行政诉讼法》若干问题的解释〉第13条的重新审视》，载《行政法学研究》2011年第3期。

③ 孔祥俊：《论反不正当竞争法的竞争法取向》，载《法学评论》2017年第5期。

第十四章 反不正当竞争法律制度

学习回顾

反不正当竞争法着眼于规制不正当竞争行为，保护经营者的公平竞争权，这是反不正当竞争法在传统上的功能定位。然而，随着不正当竞争行为侵犯客体的复合型日益受到关注，其他经营者和消费者的权益、社会整体利益都被纳入反不正当竞争法保护的范畴，反不正当竞争法也被赋予了更加广泛的功能。因此，具有现代意义的反不正当竞争法定义是：为了促进社会主义市场经济健康发展，鼓励和保护公平竞争，制止不正当竞争行为，保护经营者和消费者的合法权益，而由国家制定的调整竞争关系和竞争监管关系的法律规范的总称。就立法而言，对不正当竞争行为的法律规制一般采取一般性条款的概括界定和列举式的补充界定相结合。我国《反不正当竞争法》对不正当竞争行为的界定采用了世界各国的通常做法。首先，在总则部分第二条第二款对不正当竞争行为进行了原则性规定，即"本法所称的不正当竞争行为，是指经营者在生产经营活动中，违反本法规定，扰乱市场竞争秩序，损害其他经营者或者消费者的合法权益的行为"。其次，在第二章对经营者不得实施的不正当竞争行为做了明确规定，分别是混淆行为、商业贿赂行为、虚假或引人误解的宣传行为、侵犯商业秘密行为、不当有奖销售行为、诋毁他人商誉行为、网络领域不正当竞争行为。

学习重点

1. 反不正当竞争法的实体制度。
2. 不正当竞争行为的特征。
3. 混淆行为的认定。

📝 案例介绍

【核心案例】广州王老吉大健康产业有限公司诉加多宝（中国）饮料有限公司虚假宣传纠纷案。 通过分析最高人民法院发布的指导案例，来学习掌握规制虚假或引人误解的商业宣传行为的制度。

【核心案例】深圳市精英商标事务所诉重庆猪八戒公司、北京百度公司侵害商标权及不正当竞争纠纷案。 通过分析广东省高级人民法院首次发布互联网领域反不正当竞争和反垄断十大案例，来学习规制互联网领域新型混淆行为的制度。

【拓展阅读】国家市场监管总局发布反不正当竞争典型案例。 通过分析市场监管总局发布的不正当竞争行政执法典型案例，学习反不正当竞争法的实体制度。

【拓展阅读】互联网领域新型不正当竞争行为。 通过分析依赖于电子商务商业模式、互联网技术手段而催生的虚假评价行为、强制进行目标跳转的不正当竞争行为、公共数据不正当竞争行为以及智能手机劫屏的不正当竞争行为，学习不正当竞争行为在互联网领域的演进与规制。

📝 阅读思考

1. 如何认定虚假宣传行为？
2. 产生了何种效果才构成混淆？
3. 如何理解反不正当竞争法意义上的知名商品？

*** 核心案例 ***

广州王老吉大健康产业有限公司诉
加多宝（中国）饮料有限公司虚假宣传纠纷案

广州王老吉大健康产业有限公司诉加多宝（中国）饮料有限公司虚假宣传纠纷案系最高人民法院发布的指导案例第161号。王老吉和加多宝是国民耳熟能详的饮品品牌，二者的诉讼受到了舆论的广泛关注。通过对本案的学习，有助于加强对虚假或引人误解的商业宣传行为的认识。

【案例概要】

广州医药集团有限公司（以下简称广药集团）是第626155号、第3980709号、第9095940号"王老吉"系列注册商标的商标权人。上述商标核定使用的商品种类均为第32类：包括无酒精饮料、果汁、植物饮料等。1995年3月28日、9月14日，鸿道集团有限公司（以下简称鸿道集团）与广州羊城药业股份有限公司王老吉食品饮料分公司分别签订《商标使用许可合同》和《商标使用许可合同补充协议》，取得独家使用第626155号商标生产销售带有"王老吉"三个字的红色纸包装和罐装清凉茶饮料的权利。1997年6月14日，陈鸿道被国家专利局授予《外观设计专利证书》，获得外观设计名称为"罐贴"的"王老吉"外观设计专利。2000年5月2日，广药集团（许可人）与鸿道集团（被许可人）签订《商标许可协议》，约定许可人授权被许可人使用第626155号"王老吉"注册商标生产销售红色罐装及红色瓶装王老吉凉茶。被许可人未经许可人书面同意，不得将该商标再许可其他第三者使用，但属被许可人投资（包括全资或合资）的企业使用该商标时，不在此限，但需知会许可人；许可人除自身及其下属企业已生产销售的绿色纸包装"王老吉"清凉茶外，许可人不得在第32类商品（饮料类）上使用"王老吉"商标或授权第三者使用"王老吉"商标，双方约定许可的性质为独占许可，许可期限自2000年5月2日至2010年5月2日止。1998年9月，鸿道集团投资成立东莞加多宝食品饮料有限公司，后更名为广东加多宝饮料食品有限公司。加多宝（中国）饮料有限公司（以下简称加多宝中国公司）成立于2004年3月，属于加多宝集团关联企业。

此后，通过鸿道集团及其关联公司长期多渠道的营销、公益活动和广告宣传，培育红罐"王老吉"凉茶品牌，并获得众多荣誉，如罐装"王老吉"凉茶饮料在2003年被广东省佛山市中级人民法院认定为知名商品，"王老吉"罐装凉茶的装潢被认定为知名商品包装装潢；罐装"王老吉"凉茶多次被有关行业协会等评为"最具影响力品牌"；根据中国行业企业信息发布中心的证明，罐装"王老吉"凉茶在2007—2012年度均获得市场销量或销售额的第一名等。加多宝中国公司成立后开始使用前述"王老吉"商标生产红色罐装凉茶（罐身对称两面从上至下印有"王老吉"商标）。

2012年5月9日，中国国际经济贸易仲裁委员会对广药集团与鸿道集团之间的商标许可合同纠纷作出终局裁决：（1）《"王老吉"商标许可补充协议》和《关于"王老吉"商标使用许可合同的补充协议》无效；（2）鸿道集团停止使用"王老吉"商标。

2012年5月25日，广药集团与广州王老吉大健康产业有限公司（以下简称大健康公司）签订《商标使用许可合同》，许可大健康公司使用第3980709号"王老吉"商标。大健康公司在2012年6月左右，开始生产"王老吉"红色罐装凉茶。

2013年3月，大健康公司在重庆市几处超市分别购买到外包装印有"全国销量领先的红罐凉茶改名加多宝"字样广告语的"加多宝"红罐凉茶产品及标有"全国销量领先的红罐凉茶改名加多宝"字样广告语的手提袋。根据重庆市公证处〔2013〕渝证字第17516号公证书载明，在"www.womai.com"中粮我买网站上，有"加多宝"红罐凉茶产品销售，在销售页面上，有"全国销量领先的红罐凉茶改名加多宝"字样的广告宣传。根据〔2013〕渝证字第20363号公证书载明，在央视网广告频道VIP品牌俱乐部中，亦印有"全国销量领先的红罐凉茶改名加多宝"字样的"加多宝"红罐凉茶产品的广告宣传。2012年5月16日，人民网食品频道以"红罐王老吉改名'加多宝'配方工艺均不变"为题做了报道。2012年5月18日，搜狐新闻以"红罐王老吉改名加多宝"为题做了报道。2012年5月23日，《中国食品报》电子版以"加多宝就是以前的王老吉"为题做了报道；同日，网易新闻也以"红罐'王老吉'正式更名'加多宝'"为题做了报道，并标注信息来源于《北京晚报》。2012年6月1日，《中国青年报》以"加多宝凉茶全国上市红罐王老吉正式改名"为题做了报道。

大健康公司认为，上述广告内容与客观事实不符，使消费者形成错误认识，请求确认加多宝中国公司发布的包含涉案广告词的广告构成《反不正当竞争法》规定的不正当竞争，系虚假宣传，并判令立即停止发布包含涉案广告语或与之相似的广告词的电视、网络、报纸和杂志等媒体广告等。①

【案例分析】

一、虚假或引人误解的商业宣传行为的认定

虚假或引人误解的商业宣传行为，是指经营者为了谋取交易机会或竞争优势，对商品或服务进行虚假或引人误解的虚假宣传，导致或者足以导致购买者对商品产生错误认识的

---

① 参见《最高人民法院指导案例161号：广州王老吉大健康产业有限公司诉加多宝（中国）饮料有限公司虚假宣传纠纷案》，载最高人民法院：https://www.court.gov.cn/shenpan-xiangqing-316251.html，最后访问时间：2022年3月21日。

不正当竞争行为。① 其特点包括：（1）行为主体是经营者；（2）行为人在主观方面表现为故意；（3）行为人在客观方面对商品做了虚假或引人误解的虚假宣传并产生了欺骗、误导购买者的后果或者可能性。

本案中，针对加多宝中国公司使用"全国销量领先的红罐凉茶改名加多宝"广告语的行为是否构成虚假宣传这一问题，最高人民法院认为，需要根据相关公众的一般注意力标准来判断涉案广告语是否片面、是否产生歧义，能否使相关公众产生误解，应根据日常生活经验，结合具体案情进行分析。

首先，分析涉案广告语的含义。加多宝中国公司采用的"全国销量领先的红罐凉茶改名加多宝"广告语是否真实。据查明，1995 年鸿道集团取得"王老吉"商标的许可使用权，此后便独家生产销售"王老吉"红罐凉茶。直到 2012 年 5 月 9 日，"王老吉"商标许可协议被中国国际经济贸易仲裁委员会裁决无效，加多宝中国公司及其关联公司开始生产"加多宝"红罐凉茶。加多宝中国公司及其关联公司在这十余年间作为"王老吉"商标的被许可使用人，通过其广告宣传，使得"王老吉"红罐凉茶在凉茶市场具有很高知名度和美誉度。中国行业企业信息发布中心证明，在 2007—2012 年间，罐装"王老吉"凉茶均获得市场销量或销售额的第一名。在许可加多宝中国公司使用"王老吉"商标期间，广药集团并未生产和销售"王老吉"红罐凉茶。因此，涉案广告语前半部分"全国销量领先的红罐凉茶"的描述与事实相符，明确指向加多宝中国公司及其关联公司生产和销售的"王老吉"红罐凉茶，不存在虚假或引人误解的宣传；后半部分"改名加多宝"也符合客观事实。

其次，从《反不正当竞争法》规制虚假宣传的目的看，是通过制止经营者的虚假宣传行为，以维护市场竞争秩序。一方面，从经营者的角度看，行为人通过对产品或服务进行虚假宣传以获取市场竞争优势或交易机会，损害了权利人的利益；另一方面，从消费者的角度来看，由于侵权人对商品或服务的不真实描述，使消费者误认误购，相关权益受损。因此，规制虚假宣传行为的立足点在于经营者的宣传行为能否引人误解，若经营者对商品或服务的宣传不会导致相关公众产生误解，则不属于《反不正当竞争法》虚假宣传的规制范畴。本案中，加多宝中国公司获得商标使用许可，通过其多年广泛的宣传使用行为，显著提升了王老吉红罐凉茶的知名度，同时还使消费者认可王老吉红罐凉茶的实际经营者是加多宝中国公司及其关联公司。由于加多宝中国公司的宣传和使用赋予了"王老吉"红罐凉茶很高的知名度，公众认可的是加多宝中国公司生产的"王老吉"红罐凉茶，而不是大健康公司于 2012 年 6 月左右生产和销售的"王老吉"红罐凉茶。此外，涉案广告语是加多宝中国公司积极向公众行使告知义务，使其知悉"王老吉"红罐凉茶商标变更为加多宝，使得相关公众不会误认大健康公司生产的"王老吉"红罐凉茶。因此，涉案广告语不存在造成相关公众误认误购的可能性，相反将降低消费者误认误购的可能性。

再次，就加多宝中国公司称"全国销量领先的红罐凉茶改名加多宝"是否使得此前"王老吉"红罐凉茶的知名度和良好商誉被不正当占用，并致使相关公众误认为"王老吉"商标停止使用这一问题，有以下几点理由：第一，虽然"王老吉"商标具有知名度

---

① 参见张守文主编：《经济法学》（第二版），高等教育出版社 2018 年版，第 273 页。

和良好声誉是广药集团和加多宝中国公司共同经营的结果,但是"王老吉"商标知名度及商誉的大幅提升是得益于加多宝中国公司及其关联公司在商标许可使用期间积极地宣传和使用。即便涉案广告可能占用"王老吉"商标的一部分商誉,也是加多宝中国公司正常使用其对于"王老吉"商标商誉的贡献,因此这种占用具有合理性。第二,"王老吉"商标被广药集团收回后,即被授权给大健康公司,这种生产使用行为本身已经获得了王老吉商标的商誉和美誉度。第三,大健康公司获得授权后自2012年6月开始生产"王老吉"红罐凉茶,客观上并不会导致消费者误认为"王老吉"商标被停止使用,"王老吉"红罐凉茶原有的商誉转由其生产者大健康公司享有。第四,大健康公司生产销售"王老吉"红罐凉茶始于商标许可合同仲裁裁决无效之后,因此,涉案广告语并不会造成大健康公司生产的"王老吉"红罐凉茶失去其原有的知名度和商誉。

在本案中,虽然加多宝中国公司确实没有将商标许可使用相关事宜在涉案广告语中完整反映,存在不妥,但是从主观上看,加多宝中国公司并无不当。在商标许可合同终止后,加多宝中国公司通过广告语向公众告知"王老吉"红罐凉茶改名"加多宝",乃是基于加多宝中国公司在商标许可期间对"王老吉"红罐凉茶的知名度和商誉提升作出贡献而正当享有的权益。从客观上看,涉案广告语并不会造成误认误购的效果。由于商标使用相关事宜复杂难以用简短的广告语予以反映,此外,"王老吉"商标商誉中蕴含了加多宝中国公司的巨大贡献,结合消费者对于王老吉红罐凉茶实际经营主体的认知及实际情况,涉案广告语并不会造成消费者误解,因此并未损害消费者的合法权益及公平竞争的市场秩序,不构成虚假宣传行为。即便存在涉案广告语会导致相关公众误认为商标变更,原有的"王老吉"商标停止使用的可能性,那也是由于商标许可使用期间控制人与实际使用人相分离,商标许可关系终止后公共可能产生混淆的原因,这一混淆的后果并不属于《反不正当竞争法》中"引人误解"的范围。

二、虚假或引人误解的商业宣传行为的法律责任

经营者对其商品或服务作出虚假或引人误解的虚假宣传,以及通过其他方式帮助其他经营者进行虚假或引人误解的虚假宣传的,应当承担《反不正当竞争法》第二十条第一款规定的相应责任[1],属于发布虚假广告的,依据《广告法》的规定进行处罚。

本案的裁判结果:重庆市第五中级人民法院于2014年6月26日作出〔2013〕渝五中法民初字第00345号民事判决:一、确认被告加多宝中国公司发布的包含"全国销量领先的红罐凉茶改名加多宝"广告词的宣传行为构成不正当竞争的虚假宣传行为;二、被告加多宝中国公司立即停止使用并销毁、删除和撤换包含"全国销量领先的红罐凉茶改名加多宝"广告词的产品包装和电视、网络、视频及平面媒体广告;三、被告加多宝中国

---

[1] 参见《中华人民共和国反不正当竞争法》第二十条规定:经营者违反本法第八条规定对其商品作虚假或者引人误解的商业宣传,或者通过组织虚假交易等方式帮助其他经营者进行虚假或者引人误解的商业宣传的,由监督检查部门责令停止违法行为,处二十万元以上一百万元以下的罚款;情节严重的,处一百万元以上二百万元以下的罚款,可以吊销营业执照。经营者违反本法第八条规定,属于发布虚假广告的,依照《中华人民共和国广告法》的规定处罚。

公司在本判决生效后十日内在《重庆日报》上公开发表声明以消除影响（声明内容须经本院审核）；四、被告加多宝中国公司在本判决生效后十日内赔偿原告大健康公司经济损失及合理开支 40 万元；五、驳回原告大健康公司的其他诉讼请求。宣判后，涉诉双方均提出上诉。重庆市高级人民法院于 2015 年 12 月 15 日作出〔2014〕渝高法民终字第 00318 号民事判决，驳回上诉，维持原判。加多宝中国公司不服，向最高人民法院申请再审。最高人民法院于 2019 年 5 月 28 日作出〔2017〕最高法民再 151 号民事判决：一、撤销重庆市高级人民法院〔2014〕渝高法民终字第 00318 号民事判决；二、撤销重庆市第五中级人民法院〔2013〕渝五中法民初字第 00345 号民事判决；三、驳回大健康公司的诉讼请求。

深圳市精英商标事务所诉重庆猪八戒公司、北京百度公司侵害商标权及不正当竞争纠纷案

深圳市精英商标事务所诉重庆猪八戒公司、北京百度公司侵害商标权及不正当竞争纠纷案系广东省高级人民法院首次发布互联网领域反不正当竞争和反垄断十大案例之一。通过对本案的学习,有助于加深利用互联网新型手段实施不正当竞争行为的理解。

【案例概要】

精英商标事务所享有两个"精英"商标,核定使用在知识产权咨询、代理等服务上,并两次获评广东省著名商标。猪八戒公司与百度公司约定在百度网站进行关键词搜索推广(竞价排名)服务。猪八戒公司将"精英商标"设置为搜索关键词,在百度首页搜索栏中输入"精英商标",下拉菜单中出现"精英商标、精英商标事务所、精英知识产权、深圳精英商标",第一个搜索结果为"精英商标八戒知识产权"、"深圳精英商标——八戒知识产权",并提供了免费咨询窗口,点击该搜索结果,进入猪八戒公司网站,网页显示"累计成交:323 467 件""已有1 212 054 人获取到了查询结果"等。在360浏览器搜索栏中输入"精英商标",搜索结果为"精英商标代理(八戒知识产权)",点击该搜索结果,进入猪八戒公司网站首页,显示"累计成交:320 769 件"等。另外,在百度首页搜索栏中输入"深圳精英商标"或"精英商标事务所",第一个搜索结果为"深圳精英商标,不成功退全款!八戒知识产权"、"精英商标事务所,让我们有能力也有信心——商标分类查询",下方注明"精英商标事务所,八戒知识产权……"并提供了免费咨询窗口。点击该搜索结果,进入猪八戒公司网站中的"免费查询商标能否注册"页面,显示"已有860 070人获取到了查询结果"等内容。在精英商标事务所提交的2017年4月7日的百度服务中心意见反馈网页打印件中,百度公司注明"本页面是免费处理网页搜索快照删除、更新及删除搜索引导词问题的入口。反馈须知:删除搜索提示词或处理右侧推荐内容,请在此反馈"。精英商标事务所按照百度公司提供的"网页搜索"模板,填写了相关内容及联系邮箱,陈述了在百度搜索中输入"精英商标""精英商标事务所""深圳精英商标"出现的置顶结果为猪八戒公司的事实,并上传了涉案第3279034号"精英"商标、第8477140号"精英"商标证书,当天该意见反馈的处理状态为"您的反馈已收到,我们正在认真处理中"。在精英商标事务所提交的2017年4月10日百度服务中心意见反馈网页打印件中,百度公司在2017年4月7日的反馈答复为:"我们将根据相关法律规定和投诉规则进行评估判断。另外提示您:本系统仅受理原网站删除或更新的投诉,原网站未变化的,建议您联系原网站删除原链接内容,百度系统会机器自动更新给予修正,或者按照'百度权利声明'进行反馈,百度会依法评估判断。"精英商标所认为猪八戒公司侵害其商标权,并损害其企业名称权构成不正当竞争,遂诉诸法院,请求判令猪八戒公司立即停

止侵权，并赔偿经济损失503万元，百度公司对其中53万元承担连带责任。①

【案例分析】

一、互联网新型手段造成公众混淆误认的也构成商标侵权及不正当竞争

猪八戒公司通过将"精英商标"设置为搜索关键词，在同一条搜索结果中将"精英商标"与"八戒知识产权"连接在一起，并由此链接到猪八戒公司网站，且还同时设置"深圳精英商标""精英商标事务所"作为搜索关键词，极易使相关公众以为猪八戒公司提供的商品或服务来源于精英商标事务所，或得到了精英商标事务所的授权，或与精英商标事务所具有特定联系，导致相关公众的混淆和误认，从而对精英商标事务所利益造成损害。因此，猪八戒公司将"精英商标"设置为搜索关键词的行为，属于在同一种商品或服务上使用与其注册商标近似的商标，容易导致混淆，依法构成商标侵权。

精英商标事务所成立于2002年，如前所述，其经过长期的经营，成为多个知名商标的注册申请代理人，并获得多项省市级荣誉。同时由于"精英"商标为广东省著名商标，其对精英商标事务所的"精英"字号也具有一定的辐射力，从而使"精英"字号具有一定的知名度和影响力。猪八戒公司为了使其公司官网成为关键词"精英商标事务所""深圳精英商标"的第一搜索结果，刻意在搜索结果中使用了"精英商标事务所，八戒知识产权……""深圳精英商标，不成功退全款！八戒知识产权""深圳精英商标——八戒知识产权"等表述，足以使消费者认为猪八戒公司与精英商标事务所存在特定联系，容易构成混淆。猪八戒公司擅自使用精英商标事务所企业名称的行为，导致归属于精英商标事务所的交易机会发生变化，致使精英商标事务所合法权益受到损害。据此，猪八戒公司擅自使用精英商标事务所有一定影响的企业名称，引人误认为与精英商标事务所存在特定联系，构成不正当竞争。

二、互联网平台在维护市场竞争秩序中的责任承担

精英商标事务所针对猪八戒公司实施的侵权行为，于2017年4月7日通过百度公司官网的"服务中心"—"百度搜索"—"意见反馈"专栏，向百度公司进行投诉。精英商标事务所按照百度公司提供的"意见反馈"模板，填写了"搜索关键词"及"需处理词条"为"精英商标；精英商标事务所；深圳精英商标"，留下联系邮箱，并在"详细说明"中陈述："深圳市精英商标事务所在知识产权法律服务类项目上享有第3279034号、第8477140号'精英'注册商标专用权，在百度搜索中输入'精英商标'、'精英商标事务所'、'深圳精英商标'出现的置顶结果为重庆猪八戒网络有限公司http://ipr.zbj.com网站，涉嫌侵犯了深圳市精英商标事务所商标专用权，并构成不正当竞争，请管理员及时

---

① 参见广东省高级人民法院〔2018〕粤民终2352号民事判决书。

删除。"并上传了涉案第 3279034 号"精英"商标、第 8477140 号"精英"商标证书以及侵权网页截图。百度公司当天针对该意见反馈的处理状态为"您的反馈已收到，我们正在认真处理中"；于 2017 年 4 月 7 日的反馈答复为："我们将根据相关法律规定和投诉规则进行评估判断。另外提示您：本系统仅受理原网站删除或更新的投诉，原网站未变化的，建议您联系原网站删除原链接内容，百度系统会机器自动更新给予修正，或者按照'百度权利声明'进行反馈，百度会依法评估判断。"由此可见，从形式上，精英商标事务所已在百度公司官网的"意见反馈"专栏向百度公司发出了删除通知；在内容上，该通知向百度公司详细传达了侵权事实存在以及被侵权人主张权利的信息，并提供了相关权利证书，已达到了促使网络服务提供者采取必要措施的目的，且百度公司已收到了该通知。但百度公司接到通知后，未及时采取删除等必要措施，造成对精英商标事务所损害的进一步扩大，故精英商标事务所请求百度公司就该部分损失与猪八戒公司承担连带责任。

本案为互联网搜索引擎"竞价排名"侵权典型案例。本案的典型意义在于：一是本案判定利用互联网搜索引擎的关键词搜索推广服务，擅自使用他人商标或企业名称设置为自己的搜索关键词，造成公众混淆误认，可能导致归属于权利人的交易机会和合法权益受到损害的，构成商标侵权或不正当竞争；二是本案准确理解适用我国《侵权责任法》第三十六条"有效通知"的效力边界和证明标准，提出"只要通知清楚表达了侵权事实以及权利人的诉求，提供了权利证明，并送达对方，即为有效通知"，否定了百度公司长期以来"以网络用户投诉路径错误或不符合其内部处理流程"为由拒绝履行"通知删除"义务的做法，明确其义务范围，对规范互联网企业行为，保障用户权益，维护互联网平台经济中的竞争秩序，发挥了积极的司法导向作用。

✦✦✦ 拓展阅读 ✦✦✦

传统不正当竞争行为混淆：
某公司傍他人商品包装装潢标识案①

【案例概要】

2018 年 10 月 31 日，吉林省蛟河市市场监督管理局接到投诉，称："蛟河市场有销售冒用'九三'注册商标的大豆油，侵犯其注册商标专用权。""九三"牌大豆油在市场上具有良好的品牌知名度和美誉度，为相关公众所熟知，在食用油市场上具有一定影响力。当事人生产的"九三毅腾"大豆油从商品上标注的商品名称、包装、装潢等标识以及整体包装装潢外形特征，到包装装潢标识上商标凸显的位置、整体底色、图片位置布局、元素搭配等，均与"九三"牌大豆油相近似，视觉上使相关公众产生混淆或者误认。

本案中，当事人在明知与"九三"牌大豆油没有任何关系的情况下，采用与"九三"牌大豆油相近的商品名称、包装、装潢等，极易使人产生误认，具有主观故意性。此外，当事人在商场销售九三毅腾大豆油时销售人员在商品展柜下方打出"九三大豆油特价促销"宣传牌，已造成相关公众误认为两款就是同一品牌或者存在特定联系。

当事人的行为违反了《反不正当竞争法》第六条第（一）项之规定，构成混淆行为。依据《反不正当竞争法》第十八条第一款之规定，该局于 2019 年 1 月 4 日依法作出没收当事人产品上使用的包装装潢标识 1233 份，并处罚款 15 万元的行政处罚决定。

【案例分析】

本案从以下三个层面进行思考：其一，"有一定影响"的认定。"有一定影响"是指在相关市场具有一定知名度，为一定范围内的相关公众所知悉。"有一定影响"体现了商业标识的实际标识力和影响度甚至知名性，对其进行保护符合《反不正当竞争法》对市场竞争秩序进行保护的理念和宗旨。如果商业标识不具备"有一定影响"的条件，那么

---

① 参见《创新普法方式 强化以案释法 反不正当竞争案例解析活动取得良好效果》，载国家市场监督管理总局官网：https://www.samr.gov.cn/jjj/fbzdjz/202107/t20210716_332752.html，最后访问时间：2022 年 3 月 21 日。

对其的不当使用将是经营者主体之间的"私人侵权行为",并不一定需要以保护市场竞争秩序为宗旨的《反不正当竞争法》予以规制。其二,商品的名称、包装、装潢被他人擅自作相同或者近似使用是否足以造成购买者误认或者混淆,有两个判断标准,主要部分或整体印象是否相似,一般购买者施以普通注意力是否会发生误认。若上述答案是肯定的,那么就属于《反不正当竞争法》第六条所禁止的引人误认为是他人商品或者与他人存在特定联系的混淆行为。其三,本案当事人行为是否构成不正当竞争行为。本案当事人在明知与"九三"牌大豆油没有任何关系的情况下,其生产的"九三毅腾"大豆油从外观上与"九三"牌大豆油高度相似,可能使相关公众误认误购,因此构成不正当竞争行为。

商业贿赂:某药企商业贿赂案[①]

【案例概要】

天津市市场监管委执法人员在查阅法院判决公示时发现,天津市某医院药剂科负责人王某因收受杭州某药企赞助费、研究费,被天津市南开区人民法院判处有期徒刑5年并处罚金50万元。执法人员向监管委领导进行了汇报,监管委领导高度重视,立即批准立案并派出精干力量对该案展开调查。执法人员一队前往杭州对该药企现场检查,另一队从法院调取刑事案卷,提取了涉及该案的证据。

经查,当事人的行为包括两个环节。销售环节,当事人在天津设有办事处,其药品销售的代理商业公司为天津的药品批发企业,医院从商业公司采购药品,因此我们认定本案的交易相对方为药企和医院。资金环节,王某为医院药剂科负责人,对医院药品采购有一定决定权,当事人的销售人员为促进药品销售支付王某赞助费9 000元,研究费10万元,支付后以办事处日常业务费名义向企业财务部门报销。经查,当事人向医院销售药品五种,销售金额一千两百余万元,税后利润三十余万元。

当事人的上述行为违反了《反不正当竞争法》第七条第一款第一项的规定,依据《反不正当竞争法》第十九条规定对当事人作出没收违法所得332 593.4元,罚款60万元的行政处罚。

---

① 参见《创新普法方式 强化以案释法 反不正当竞争案例解析活动取得良好效果》,载国家市场监督管理总局官网:https://www.samr.gov.cn/jjj/fbzdjz/202107/t20210716_332752.html,最后访问时间:2022年3月21日。

【案例分析】

商业贿赂案件涉及两个分析要点：首先，在商业贿赂案中，行贿行为和受贿行为并存，商业受贿以商业行贿为前提。但在执法和司法实践中，因为行为主体、行为目的和承担的法律责任不同，商业行贿和商业受贿是两种相对独立的行为。其次，《反不正当竞争法》明确规定经营者的工作人员进行贿赂的，应当认定为经营者的行为，但法律同时规定了员工商业贿赂的例外情形。本案中，当事人虽然主张免除经营者的主体责任，但是因为销售人员主观上为完成药品销售目标，客观上达到了促进药品销量并取得竞争优势的效果，当事人仅提交企业《员工手册》和对涉案销售人员的内部处罚通告并不能免除经营者的主体责任。经营者应加强反商业贿赂的合规制度建设，如规定对于涉嫌商业贿赂的支付，企业财务部门对该费用应当决定不予报销，同时留存不予报销的记录等。

虚假或引人误解的宣传行为：优速物流等公司虚假宣传系列案[①]

【案例概要】

2018年5月，办案机关在网络巡查时发现上海快和网络科技有限公司通过自设网站"快一网（www.kuaione.com）"招揽网店经营者注册会员，并向会员出售未提供实际承揽业务的物流单号。随后，执法人员利用行刑衔接合作机制，联合公安民警辗转杭州、湖南等多地调查，并委托鉴定机构对"快一网"所涉的服务器数据进行保全和司法鉴定。

经查明，自2017年起，优速物流有限公司、上海龙邦速运有限公司、上海红楼快递集团有限公司等多家快递公司通过下属分公司网点私下对外销售未提供实际承运业务的虚假快递单号，并在其官网显示上述单号的虚假物流流转信息，从而导致上述单号流入空包销售网站"快一网"；快和公司则通过"快一网"招揽网店经营者注册会员，向会员销售虚假快递单号，以此帮助网店经营者进行虚假宣传；而网店经营者购买虚假快递单号并录入淘宝、京东等第三方平台，以此虚增网店显示的销售数量，从而欺骗、误导消费者牟利。

---

① 参见《创新普法方式 强化以案释法 反不正当竞争案例解析活动取得良好效果》，载国家市场监督管理总局官网：https://www.samr.gov.cn/jjj/fbzdjz/202107/t20210716_332752.html，最后访问时间：2022年3月21日。

本案历时1年多，办案机关追根溯源、会同公安部门，最终查获"空包"网站公司1家、快递公司4家、刷单网店2家。涉及虚假快递单号58万余条，涉案虚假快递单号的销售额达100余万元，虚构商品交易金额达4000余万元。上述当事人的行为均违反了《中华人民共和国反不正当竞争法》第八条的规定，根据《中华人民共和国反不正当竞争法》第二十条的规定，我局依法责令上述7家企业改正违法行为，并进行行政处罚，累计罚款214万元。

【案例分析】

本案属于典型的组织、帮助他人进行刷单炒信的不正当竞争行为，违法行为主体依托网络平台，实现揽商、分工、合作、牟利等系列虚构交易、虚增数额的违法目的，严重扰乱了公平有序的电子商务市场经营秩序，误导消费者作出对商品、服务质量与现实相悖的主观评判，进而损害广大消费者的合法权益。在监督查处中，执法机构通过与相关司法机关横向协作的方式，高效、准确惩处违法主体，严厉打击违法行为，取得了法律效果与社会效果的共赢。

侵犯商业秘密：帆拓公司侵犯商业秘密案[①]

【案例概要】

厦门市海沧区市场监管局查处一起盗用客户名单的侵犯商业秘密案，涉案人员洪某，在2012年到2018年期间，担任威圣公司的石材外贸业务员。2017年9月，仍在任职期间的洪某成立了帆拓公司。2017年12月，洪某在威圣公司的办公场所内记录下威圣公司的7家石材外贸客户的联系人、电子邮件等信息，以便再次从事石材外贸业务。2018年1月，洪某从威圣公司离职。2018年1月至4月，帆拓公司与上述7家外贸客户中的4家进行了石材外贸交易，经营额46.96万元。经调查，认定帆拓公司以盗窃手段获取并使用威圣公司的客户名单，扰乱市场竞争秩序，构成侵犯商业秘密行为。根据《反不正当竞争法》第九条、第二十一条的规定，同时鉴于帆拓公司具有诸多从轻处罚情节，决定对其减轻处罚，罚款6.9万元。

[①] 参见《创新普法方式 强化以案释法 反不正当竞争案例解析活动取得良好效果》，载国家市场监督管理总局官网：https://www.samr.gov.cn/jjj/fbzdjz/202107/t20210716_332752.html，最后访问时间：2022年3月21日。

【案例分析】

侵犯商业秘密案从以下几个方面进行思考：(1) 作为经营信息的客户名单可以构成商业秘密。除了根据秘密性、价值性和保密性来认定客户名单是否构成商业秘密外，还应根据该客户名单是否特有的，是否具有特殊性，是否由权利人花费劳动、金钱和努力得到等要素进行综合考量。(2) 侵犯商业秘密认定中举证责任分配具有重要作用。(3) 侵犯商业秘密行为是严重破坏倡导诚实守信原则的市场经济秩序的不正当竞争行为。

不正当有奖销售：玛氏箭牌糖果（中国）有限公司不正当有奖销售案[①]

【案例概要】

当事人玛氏箭牌糖果（中国）有限公司在全国范围内投入1500万瓶益达口香糖开展有奖销售活动。当事人通过口香糖瓶身包装对外明示抽奖规则，消费者通过购买口香糖后打开瓶盖，扫描瓶盖内二维码进入抽奖页面进行抽奖参与活动。执法人员通过对辖区乐购超市检查时，发现在售的活动益达口香糖瓶身包装上的抽奖规则与抽奖页面中的抽奖规则不相符，经过调查，当事人瓶身包装上标注的三等奖奖品、一等奖中奖率、活动有效期均与实际不一致，影响兑奖。

当事人未对所进行的有奖销售活动所设的奖品、中奖率、活动有效期作明确清晰的表述，影响兑奖行为，违反了《中华人民共和国反不正当竞争法》第十条第（一）项的规定，根据该法第二十二条的规定，处以30万元的处罚。

【案例分析】

不正当有奖销售行为不仅损害同业竞争者的利益，也会误导消费者，损害消费者的合

[①] 参见《创新普法方式 强化以案释法 反不正当竞争案例解析活动取得良好效果》，载国家市场监督管理总局官网：https://www.samr.gov.cn/jjj/fbzdjz/202107/t20210716_332752.html，最后访问时间：2022年3月21日。

法权益,并破坏公平竞争的市场秩序,是典型的不正当竞争行为。经营者的线上、线下业务均应遵守《反不正当竞争法》的规定。本案涉及线上抽奖活动,当经营者未对整个活动线上、线下的规则做审慎的审查,未保持一致规则,弄错奖品,算错中奖率,写错活动有效期,属于当事人未对所进行的有奖销售活动所设的奖品、中奖率、活动有效期作明确清晰的表述,影响兑奖行为,从而构成不正当有奖销售行为。本案当事人违反了"有奖销售信息不明确影响兑奖作为不正当竞争行为"的规定属于我国《反不正当竞争法》于2017年修订的新增条款,也从一个侧面表明市场主体对《反不正当竞争法》的竞争合规工作有待于进一步加强。

诋毁他人商誉:上海某公司商业诋毁案[①]

【案例概要】

2018年5月10日,上海市黄浦区市场监督管理局接到某公司举报,反映其竞争对手上海××有限公司法定代表人陈某,虚构事实,并在抖音App发布诋毁举报人某款商品的视频,接举报后该局执法人员立即展开了调查。经查,当事人与举报人系同行竞争关系,为了在互联网上引起较高关注度,其法定代表人陈某拍摄了一段点评合成牛排的短视频,于2018年4月7日23时53分发布到某平台。根据该视频中的特写画面显示,陈某所点评的合成牛排系举报人的商品,该牛排含有多种添加剂,符合国家相关标准,但陈某在该视频中使用了"你敢吃吗""想让我家孩子得老年痴呆症吗""要把儿童害死的牛排"等用语,损害了举报人的商业信誉和商品声誉。截至2018年4月8日8时47分,上述视频点击播放2635次,抖音号"××"163.7万获赞、3620关注、45.4万粉丝。

当事人的行为,违反了《中华人民共和国反不正当竞争法》第十一条的规定,构成了不正当竞争的行为。依据《中华人民共和国反不正当竞争法》第二十三条的规定,对当事人作出责令停止违法行为、消除影响,罚款人民币10万元的行政处罚。

【案例分析】

信息网络时代丰富与发展了信息交互方式,自媒体等已成为社会公众获知相关咨询的

[①] 参见《创新普法方式 强化以案释法 反不正当竞争案例解析活动取得良好效果》,载国家市场监督管理总局官网:https://www.samr.gov.cn/jjj/fbzdjz/202107/t20210716_332752.html,最后访问时间:2022年3月21日。

重要媒介。然而，网络舆论仍需符合社会主义核心价值观的发展理念，特别对于其他经营者的商品与服务的评价，应当遵循诚信、客观、科学、公允的评判尺度，制止"损人肥私"的商业诋毁行为。电子认证、存证技术为执法机关准确认定案件事实提供了帮助。本案对于保护其他的合法权益，对违法主体进行严格追责，营造风清气正的网络舆论环境有积极意义。

*** 拓展阅读 ***

互联网新型不正当竞争行为新型"网评"刷单炒信系列案[①]

【案例概要】

2021年5月初,杭州市市场监管局根据举报,一举查获了杭州之壹品牌管理有限公司等11家企业涉嫌组织虚假交易的不正当竞争行为系列案。经查,该公司根据商家打造所谓"网红店"的需求,通过微信群组织大量平台大V会员,利用免费就餐和虚假评价等手段,按照商家要求,图文并茂地为商家提供虚假的有偿好评,以提高平台内商家的星级。

初步核查,本系列案涉及商户百余家,平台大V会员千余名;涉及平台主要为大众点评、小红书内容电商等;涉及商家类型主要有网红餐厅、高端月子中心、私立幼儿园等;涉案达人:以KOC为主、KOL为辅。

【案例分析】

本案中当事人组织用户进行虚假评价的行为构成了《反不正当竞争法》第八条第二款所指的组织虚假交易行为;相关商户支付费用委托相关公司组织用户就餐并虚构用户评价的行为构成了《反不正当竞争法》第八条第一款所指的虚假宣传行为。"虚假评价"依托于电子商务商业模式的变化而不断演化,其侵害的不仅是诚信网络商家利益与消费者利益,长期来看,电商平台本身利益与社会公共利益均会受到损害。

电子商务的兴起与发展,使得消费者更青睐于"内容评判"对商品或服务进行选购、消费,同时"内容评判"也会为经营者带来更大的"引流效应"。本案中,执法机关通过举报线索,在科学研判、周密部署、细致调查的基础上,重拳出击、一举查处11家企业涉嫌组织虚假交易系列案件,严厉制裁了不法主体的违法行为,强音回应了电子商务的消费所需,营造了诚信、健康、有序的市场秩序,为新发展格局的构建提供了有力的行政执

[①] 参见《创新普法方式 强化以案释法 反不正当竞争案例解析活动取得良好效果》,载国家市场监督管理总局官网:https://www.samr.gov.cn/jjj/fbzdjz/202107/t20210716_332752.html,最后访问时间:2022年3月21日。

法保障。

优酷公司利用网络强制进行目标跳转不正当竞争案[1]

【案例概要】

2018年12月31日，当事人为推广其视频客户端软件产品"酷喵影视"独家播出的江苏卫视跨年演唱会，在酷喵影视终端中增加了对"江苏卫视2019跨年演唱会"的推广触达功能，当日傍晚对互联网电视中安装了酷喵影视的用户在观看任意当前节目时，将强制跳转至由酷喵影视独家播出的江苏卫视跨年演唱会，当事人未经其他视频客户端软件运营商同意，在其合法提供的网络产品或服务中，强制进行目标跳转。

【案例分析】

当事人的相关行为违反了《中华人民共和国反不正当竞争法》第十二条第二款第一项的规定，应依据该法第二十四条的规定进行处罚。[2]

网络竞争已经从"增量竞争"向"存量竞争"进行转变，而"流量"作为网络竞争成败的关键，已然成为经营者角逐的对象。同时，网络运营涉及硬件、软件、技术、内容、通信等多元主体，准确认知违法行为实施主体亦成为执法办案的关键。本案中当事人为争夺收视率战，采取劫持流量侵害其他网络电视视频客户端软件运营商的行为，引起消费者和社会公众反感从而丧失企业信誉和市场。执法机关依托涉案调查事实，主动隔离第三方舆论评价，发现违法主体并固定违法行为，正确适用《反不正当竞争法》第十二条第二款第一项所规定的插入链接、强制跳转行为的情形，为行业的规范发展起到了示范意义。

---

[1] 参见《创新普法方式 强化以案释法 反不正当竞争案例解析活动取得良好效果》，载国家市场监督管理总局官网：https://www.samr.gov.cn/jjj/fbzdjz/202107/t20210716_332752.html，最后访问时间：2022年3月21日。

[2] 参见《中华人民共和国反不正当竞争法》第十二条第二款第一项规定，未经其他经营者同意，在其合法提供的网络产品或者服务中，插入链接、强制进行目标跳转；第二十四条规定，经营者违反本法第十二条规定妨碍、破坏其他经营者合法提供的网络产品或者服务正常运行的，由监督检查部门责令停止违法行为，处十万元以上五十万元以下的罚款；情节严重的，处五十万元以上三百万元以下的罚款。

首例公共数据不正当竞争案①

【案例概要】

2019年5月5日、6日，朗动公司运营的企查查通过发布和向特定用户推送的方式，发布了针对蚂蚁微贷清算的企业信息，引发媒体广泛关注，均围绕蚂蚁微贷是否存在清算行为进行了报道，还涉及了蚂蚁金服及其旗下花呗产品。短时间内新闻搜索条数达千万条以上。该条清算信息系企查查抓取自全国企业信用公示系统的公共数据，但系蚂蚁微贷2014年企业年度报告出现的历史信息。经蚂蚁金服、蚂蚁微贷申请，杭州互联网法院于2019年6月21日作出诉前行为保全裁定，要求朗动公司停止散布与蚂蚁微贷有关的清算信息，并对推送行为予以澄清。朗动公司于2019年7月2日在其官方微信、微博上发表声明，回应了企查查审慎不足的相关质疑，认为企查查保证信息内容与信息源头一致，做到真正地将信息精准且及时地提供给用户。对于针对蚂蚁微贷的清算信息的推送，相关人员的清算信息是公示系统曾记录在案的，绝非朗动公司二次编辑把舆论锚点标在蚂蚁小微经营不善之上。该声明发出后，引发了媒体新一轮的关注和报道。

【案例分析】

本案涉及三方面重点内容，首先，是公共数据合法使用原则。一方面，数据构成数字时代经济发展的重要生产要素，应鼓励市场主体对公共数据的挖掘和使用。而另一方面，公共数据的使用也伴随较大的，可能损害国家、社会或其他主体，尤其是数据原始主体的合法权益，因此应注意对公共数据的使用必须合法、正当。本案中，涉案双方均在企查查大数据平台构建的数据生态系统中，朗动公司通过不同技术渠道抓取蚂蚁微贷公司在公共数据中的企业数据，并加以分类整理为平台用户提供数据查询服务，其中蚂蚁微贷公司是原始的数据主体。朗动公司抓取的蚂蚁微贷公司的企业数据，虽然是通过国家企业信用信息公示系统正当获取的，该数据本身源于公共数据，但是也不能因数据来源的公共属性而损害数据源是主体的商业利益，该信息的使用应当保持与蚂蚁微贷公司企业信息的一致性。

其次，是对行为不正当性的评价。在企查查构建的数据生态系统中，数据与原始数据

---

① 参见《杭州余杭法院宣判首例涉直播数据权益不正当竞争案》，载《人民法院报》2020年4月30日。

主体并未切断联系，仍直接指向原始数据主体。企查查平台开发的企业信息查询功能与数据源之间具有唯一对应关系。这种对应关系反映在蚂蚁微贷公司的商誉权上，并将对其市场竞争利益产生影响。商誉是经营者在经营过程中通过经营行为累积的社会整体评价，体现了经营者与消费者之间的信任关系，从这个角度讲，商誉具有财产属性，良好的声誉能够为经营者带来经济利益和竞争优势。由于信息发布行为造成的认识错误将导致用户企业或个人在交易时对其他经营者的经营状况、关联关系等产生错误的认识，无故减少其他经营者的交易机会、或增加经营者的交易成本和负担。朗动公司的行为损害了以信用为基础的市场竞争秩序。作为提供企业征信服务的互联网征信机构，朗动公司享有了征信数据带来的经济利益，但是同时，朗动公司对数据质量负有一定的注意义务。因为该数据质量可能对数据主体的商誉产生影响，进而影响数据主体的竞争优势，同时，也可能影响互联网征信机构自身的竞争能力。朗动公司推送存在偏差的蚂蚁微贷公司企业数据，给蚂蚁微贷公司的商誉带来损害，进而影响其市场竞争优势。因此，朗动公司的行为构成不正当竞争。

最后，从行业现状出发确定责任承担。由于互联网征信行业仍处于发展的起步阶段，相关行业规范尚未成熟，应当正视海量数据处理存在的风险，合理确定注意义务，以鼓励数据共享流通、兼顾各方利益为原则促进行业发展。一方面，互联网征信企业是互联网经济孕育的新的商业模式，借此获得了商业利益，因此责成其对于收集、发布的数据信息负有基本的注意义务。鼓励互联网征信企业通过不断革新和完善技术，保证数据的真实、及时、准确，从而为市场主体的投资行为提供具有公信力的、值得信赖的企业信息查询服务。另一方面互联网征信企业是通过大数据技术整合公共领域碎片化的数据，能够反映企业经营信用状况，解决信息不对称、信息滞后等市场难题，实现了面向所有市场主体的信息共享，在增加交易行为的透明度，降低信息收集成本等多个方面存在积极作用，也有助于促进社会诚信体系建设。但是由于仍受到数据抓取技术、信息获取成本、数据共享范围等多方面限制，因此，为避免扼杀行业发展活力，应当允许互联网征信企业通过事后救济的方式对于普通的信息偏差进行修正，司法裁判中也避免赋予互联网征信企业过高的注意义务。

首例智能手机劫屏不正当竞争案

【案例概要】

OPPO 公司是 OPPO 品牌手机的制造商以及 ColorOS 手机操作系统的著作权人和所有权人，欢太公司是 OPPO 品牌手机中移动互联网业务的经营者，宁波某科技公司是"嗨来电"移动应用程序的开发者和经营者。

宁波某科技公司开发"嗨来电"App，利用技术手段，通过实施在 OPPO 手机锁屏功能前和锁屏功能后弹出仿信息流页面和广告干扰性弹窗，或在用户关闭移动应用程序后弹出干扰性广告弹窗等一系列行为。同时，宁波某科技公司模仿OPPO手机的"锁屏"产品功能，以"右滑解锁""关闭锁屏"等设计，使用户误以为这是OPPO手机提供的锁屏服务或者误以为该界面与OPPO手机存在特定联系，实施了混淆行为。

【案例分析】

　　本案有以下三个分析角度：其一，作为新兴业态的互联网经济，其衍生的不正当竞争行为也具备其自身特性，在适用《反不正当竞争法》第十二条，即"互联网专条"认定不正当竞争行为时，应从三个方面进行评判：被诉行为系利用技术手段干扰他人网络产品或服务正常运行的行为；《反不正当竞争法》保护的法益因被诉行为受到实际损害；被诉行为违背互联网手机行业惯例及商业道德，具有不正当性。

　　其二，一项行为适用《反不正当竞争法》第六条第四款进行评价应符合一定的构成要件，即被诉行为属于仿冒混淆行为，其仿冒的对象表现为商业标识（商业外观），且该商业标识（商业外观）在其商业领域内已具有一定的知名度，本身具有较强的可辨识度，同时该商业标识（商业外观）与其所对应的商品或服务已形成较为稳定的联系，容易造成相关公众对相关商品或服务来源的混淆及误认，而被诉侵权行为已经造成了实质性的商业损害。

　　其三，为准确适用《民法典》侵权责任赔偿条款，在依法规制每一种不正当竞争行为，既要尊重客观的事实状态，也要在保护强度上有所区别，通过衡量被控不正当竞争行为对侵权行为整体的贡献程度确定赔偿额。"嗨来电"App所获得的商业利益与自身的品牌价值、功能应用、侵权的弹窗广告等诸多方面相关联，因此，在确定本案侵权赔偿数额时应当予以整体考量，充分体现比例原则。

第十五章 消费者权益保护法

学习回顾

　　法学界对消费者的定义主要基于与经营者的对应关系，有保护弱势群体的意旨。因此，可将消费者界定为为生活消费需要购买和使用商品或服务的人。① 围绕消费者的消费行为，消费者权益保护法调整消费关系、与消费相关关系两类关系。消费者权益保护法致力于保障消费者权益，以自愿、平等、公平诚实信用和依法交易，对消费者予以特别保护，国家保护和社会监管相结合为原则。② 时至今日，消费者保护已经成为一个全球性的话题，这不仅表现在各国消费者权益保护法内容的逐渐相似，也体现在各类保护消费者权益的国际协约文件中。

　　消费者权利概念始于美国肯尼迪总统1962年向美国国会提交的《关于保护消费者利益的特别国情咨文》提出的著名的消费者"四项权利"，并在其后的半个世纪内得到了各国立法的认可与二度阐释。消费者权益保护法在维护市场秩序中发挥着重要作用，既体现了国家对市场的干预行为，也是对市场配置资源所产生负面效应的倾斜性救治。我国消费者的基本权利包括安全保障权、知悉真情权、自主选择权、公平交易权、依法求偿权、适当期间单方解除合同权、依法结社权、接受教育权、获得尊重权与监督批评权十项权利。③

　　作为对消费者群体采取倾斜保护的法律，消费者权益保护法为经营者施加了更多义务，包括依法定或约定履行义务，听取意见和接受监督，保障消费者人身和财产安全，不作虚假或引人误解的宣传，出具相应的凭证和单据，品质担保义务，承担退货、更换或修理等义务，不得从事不公平、不合理的交易，尊重消费者人格尊严，信息提供与个人信息保护十项义务。④ 为保证消费者权利得到切实保护、经营者义务得到切实遵守，消费者权益保护法还对国家和社会作出了相应的义务规范，保障消费者的权利不受侵害的同时畅通消费者权益争议解决通道。

　　当消费者与经营者发生消费纠纷时，可以选择与经营者协商和解，请求消费者协会调解，向有关行政部门投诉，根据与经营者达成的仲裁协议提请仲裁机构仲裁，或向人民法院提起诉讼。⑤ 相较于合同法，消费者权益保护法在争议解决方面具有特殊的规定，如经营者的先行赔付义务，生产者和销售者需承担连带责任等。

---

① 参见张守文主编：《经济法学》（第二版），高等教育出版社2018年版，第286页。
② 参见张守文主编：《经济法学》（第二版），高等教育出版社2018年版，第289页。
③ 参见张守文主编：《经济法学》（第二版），高等教育出版社2018年版，第291~296页。
④ 参见张守文主编：《经济法学》（第二版），高等教育出版社2018年版，第297~299页。
⑤ 参见张守文主编：《经济法学》（第二版），高等教育出版社2018年版，第301页。

学习重点

1. 为何消费者必须是"自然人"？
2. 消费者享有哪些权利？
3. 经营者要对消费者承担哪些义务？
4. 消费者权益受到损害时，如何确定责任主体？
5. 互联网环境下的消费者权益保护出现了哪些新问题？该如何解决这些问题？

案例介绍

【核心案例】北京京东世纪信息技术有限公司与王海等买卖合同纠纷上诉案。该案是"中国打假电商平台第一案"，通过对本案例的学习，一方面可以了解到我国司法实践对于"知假打假"行为的认定与评价，另一方面也可结合《电子商务法》，讨论消费者在电商平台上买到问题产品时平台应承担何种责任。

【拓展阅读】聂某与江苏永辉超市有限公司产品销售者责任纠纷上诉案。"职业打假人"的"打假"行为如若适用《消费者权益保护法》会带来很多派生问题，例如经营者欺诈行为的认定、惩罚性赔偿数额的确定等。通过本案例的学习，能加深对上述问题的认知，同时讨论何种保护措施更能增进社会公共利益。

【拓展阅读】经营者信息隐瞒致消费者误解是否构成欺诈。日常生活中经常可见经营者隐瞒产品或服务的关键信息，抑或通过"虚假宣传"来以次充好。面对这一现象，应厘清经营者隐瞒了哪些信息之时，构成对消费者的欺诈。同时，当消费者误解商品或服务的来源之时，是否可断定经营者实施了欺诈行为？此时判断消费者"误解"的构成要件是否与《反不正当竞争法》中经营者"引人误解或虚假宣传"相一致？通过相关案例的学习，可以对上述问题有初步的了解。

【拓展阅读】非自然人单位能否受到《消费者权益保护法》保护的问题。《消费者权益保护法》中未规定适用主体问题，各省市的消费者保护条例对此的规定并不一致。通过相关案例的学习，可以了解不同规定产生的社会经济效应及可能带来的问题，讨论未来《消费者权益保护法》第二条的应然模式。

【拓展阅读】经营者未尽告知义务时的责任承担问题。为促使消费者与其尽快达成买卖合同，经营者往往隐瞒"不利信息"，违反告知义务。通过相关案例的学习，能对《消费者权益保护法》的"义务—责任"模式产生更深刻的认知，同时讨论以何种方式确保经营者切实履行义务。

📝 阅读思考

1. 《消费者权益保护法》是否应该保护"职业打假人"?
2. 单位的生活消费是否可以受到《消费者权益保护法》的调整?
3. 经营者欺诈的构成要件有哪些?
4. 当经营者未尽到《消费者权益保护法》规定的义务时,应如何承担责任?承担哪些责任?

***　核心案例　***

北京京东世纪信息技术有限公司与王海等买卖合同纠纷上诉案

在行政执法机关或司法机关决定是否适用《消费者权益保护法》之前，消费者身份的确认是其首先需要考虑的第一个问题。我国学界关于消费者身份认定的争议几乎与《消费者权益保护法》的实施同步而行，这一争议集中体现在"知假买假"的现象之上。因此，通过学习法院对职业打假人打假行为的认定与评价，不仅能明晰《消费者权益保护法》立法的必要性，还能站在立法者的角度，深化对《消费者权益保护法》立法目的的认知。

【案例概要】

一审法院认定事实：2014年6月26日，王海在京东商城网站购买巴宝莉男包1个，京东售价5 200元；购买巴宝莉女包1个，京东售价1 980元，共付款7 180元，京东公司开具发票。王海于2015年8月向一审法院起诉请求：判令叁佰陆拾度公司、京东公司退还货款7 180元；三倍赔偿21 540元；承担公证费800元；赔偿误工费、交通费等2 000元，并承担本案诉讼费。

2015年5月25日，北京市发展和改革委员会作出京发格处罚〔2015〕29号《行政处罚决定书》认定京东商城网站所载关于上述商品的价格宣传违反了《中华人民共和国价格法》第十四条第四项的规定，构成利用虚假的或者使人误解的价格手段，诱骗消费者或者其他经营者与其进行交易的价格违法行为，北京市发展和改革委员会给予警告和罚款人民币5 000元的行政处罚。

北京市工商行政管理局开发区分局作出的京工商经开分处字〔2015〕第112号《行政处罚决定书》认定京东商城网站所载关于上述商品的宣传广告违反了《广告法》的有关规定，属于使用国家级、最佳等用语的行为。

一审法院于2016年12月依据《中华人民共和国消费者权益保护法》第四十四条、第五十五条，《中华人民共和国广告法》（1994年施行）第七条之规定，判决：（1）北京京东世纪信息技术有限公司于判决生效之日起7日内向王海退还货款7180元，王海于判决生效之日起7日内向北京京东世纪信息技术有限公司返还"巴宝莉男款黑色PVC斜挎邮差包3876181"一件和"巴宝莉女士巧克力色PVC迷你手提包3882027"一件（如不能返还按照购买价格折抵货款）；（2）北京京东世纪信息技术有限公司于判决生效之日起7日内向王海赔偿21 540元；（3）驳回王海其他的诉讼请求。

二审上诉人京东公司诉称：(1) 撤销一审判决，依法改判驳回王海的全部诉讼请求；(2) 诉讼费由王海承担。主要事实和理由：王海是以营利为目的的职业打假人，并非《消费者权益保护法》意义上的消费者，不受《消费者权益保护法》的调整与保护；京东公司不存在欺诈行为，本案不应当适用《消费者权益保护法》第五十五条规定惩罚性赔偿；京工商经开分处字〔2015〕第112号行政处罚决定书、网络保全公证书及京发改价格处罚〔2015〕29号行政处罚决定书不应作为案件事实认定依据。

二审被上诉人王海辩称：同意一审判决，不同意京东公司的上诉请求和理由。王海属于消费者，理应受《消费者权益保护法》保护；京东公司的欺诈行为已经被行政部门认定并且作出处罚，欺诈事实构成；一审法院认定事实不存在瑕疵，适用法律正确，请求法院驳回上诉，维持原判。

二审被上诉人叁佰陆拾度公司述称：同意京东公司的上诉请求。

二审法院（北京市第三中级人民法院）于2017年2月13日立案后，依法组成合议庭进行审理，二审期间，双方均未提交新证据，经审理查明的其他事实与一审法院认定的一致，故驳回上诉，维持原判。①

【案例分析】

本案双方当事人一个是名扬四海的"职业打假人"，另两个则是在广大人民群众中有相当知名度的电子商务公司，因此，该案在当时引起了相当的反响与讨论。本案最关键的一个法律问题即为"知假买假"者能否依《消费者权益保护法》主张消费者权利，是否受到《消费者权益保护法》的特别保护。

从法律文本上看，我国现行的《消费者权益保护法》并未规定"知假买假"者能否以消费者身份得到保护。该法第二条规定："消费者为生活消费需要购买、使用商品或者接受服务，其权益受本法保护；本法未作规定的，受其他有关法律、法规保护。"但在实务中本条的适用则仍然存有争议。有观点认为，该条是对《消费者权益保护法》适用范围的调整，而非是对消费者身份的定义，因此经营者不能以此条的规定否认购买者具有消费者的身份。同时，公民的消费目的不属于法律调整的范畴，任何公民只要从经营者处按零售价格购买了商品或接受服务，就是一种消费行为。② 但也有观点对其表示反对，这类观点认为，诚实信用原则是民事法律行为的基本原则，消费者作为市场主体的一种，应当自觉维护良性市场秩序，遵守"诚信、公平"的交易原则，不应滥用权利，扰乱社会经济秩序。因此，从这一角度出发，对消费者应做限缩解释，即只有为生活消费购买、使用

---

① 本案案情摘要摘引自北京市第三中级人民法院〔2017〕京03民终2193号民事判决书。
② 参见张超、周余涛：《法院不应支持知假买假的抗辩理由》，载新浪博客：http://blog.sina.com.cn/s/blog_7f1ed0510102vvbk.htm，最后访问时间：2021年12月20日。

商品或接受服务的自然人才可被称为消费者,如果不是以生活消费需要购买、使用商品或者接受服务的个体自然不在其列,不属于本法所规定的消费者,因此不能适用《消费者权益保护法》的特殊保护。

这实际上涉及对"生活消费"的解释问题。区分生活消费与生产消费对认定某项消费行为是否需要受到《消费者权益保护法》调整很关键。《消费者权益保护法》所规定的消费者,既包括个人,也包括法人或者其他组织。个人为生活消费而购买、使用商品或者接受服务的活动,其合法权益当然应当受到本法的保护。而为了生产经营而进行消费,即生产资料的消费,这种情形的消费,不属于本法规定的"消费者"的范畴,不适用于本法。自然人消费者在面对经营者时往往在信息占有、经济实力等方面存有较大的差距,《消费者权益保护法》意图用赋予消费者更多权利的同时为经营者施加更多义务的方式打破这种不平衡的局面,维护消费者的权益。① 作为与生活消费相对的概念,生产消费是指为了生产而进行的消费,购买方是为了生产经营、是以营利性为目的进行消费的,生产消费更多地存在于法人或其他组织之中。② 而那些与人们的日常生活息息相关,是人们维持或者改善其日常衣食住行等各方面的消费行为即是生活消费。消费者较经营者而言处于相对弱势的地位,因而需要获得一定的法律特别保护。从逻辑上看,生活消费和生产消费构成了全部的消费内容,一项消费行为不是生活消费就是生产消费。因此,只要能确定某一自然人的消费活动不属于生产消费,那么就当属《消费者权益保护法》中规定的"生活消费"。就本案而言,王海被称作"职业打假人",在打击假冒伪劣产品、向产品经营者索赔维权方面具有一定的社会知名度。但需要确定的是,这是王海在打假过程中被媒体冠上的称号,王海本人并不以此为业,或依靠这一行为实现营利。即使王海在本案中的交易行为是其职业打假的延续,也很难证明此种"知假买假"的行为就属于为了生产经营、以营利性为目的进行的消费。此外,其本人在案发时有自己的工作,更难以被证明为依靠"知假打假"的行为进行营利工作,不意味着王海在正常的市场交易过程中就不能作为普通的消费者购买商品及维护其作为普通消费者的合法权益。在本案中,京东公司因为缺乏证据证明王海是以生活目的之外进行消费的,故而应承担不利的法律后果。

在《消费者权益保护法》框架外,最高人民法院对"知假买假"的行为制定有专门的司法解释。最高人民法院在其2013年颁布的《关于审理食品药品纠纷案件适用法律问题的若干问题的规定》第三条规定:"因食品、药品质量问题发生纠纷,购买者向生产者、销售者主张权利,生产者、销售者以购买者明知食品、药品存在质量问题而仍然购买为由进行抗辩的,人民法院不予支持。"也即最高人民法院认为,如果消费者购买的商品是食品、药品的,即使其存在"知假买假"的行为,经营者也不能因此来抗辩。站在消费者人身安全的角度,食品、药品不同于一般日用品,如果其存在安全隐患可对消费者的人身健康造成不可逆的负面影响,因此在这两种商品的买卖方面,最高人民法院采取了对消费者的加强保护,意在保护消费者的人身安全。从目前的司法实践来看,如果消费者"知假买假"的对象是除食品、药品以外的其他商品的,经营者如主张该消费者是以日常

---

① 参见李昌麒主编:《经济法学》(第三版),法律出版社2016年版,第260页。
② 参见王先林主编:《经济法教程》(第二版),上海交通大学出版社2016年版,第八章。

生活为目的之外的目的进行消费、购买的，应当对该主张加以举证。若法院认为经营者所举的证据足以证明该消费者属于以日常生活为目的之外的目的（即以生产为目的）进行消费的，则该消费行为不受《消费者权益保护法》的调整。反之，则即使事实上确实存在消费者"知假买假"的行为，经营者仍可能承担不利的法律后果。

消费者"知假买假"的，如果其购买的是食品、药品的，经营者不得以消费者明知其购买的食品、药品是"假货"而依然购买加以抗辩；但是，如果消费者"知假买假"的对象是除食品、药品以外的其他商品的，经营者如主张该消费者是以日常生活为目的之外的目的进行消费、购买的，应当对该主张加以举证。举证不能的，则即使事实上确实存在消费者"知假买假"的行为，经营者仍可能承担不利的法律后果。

拓展阅读

聂某与江苏永辉超市有限公司产品销售者责任纠纷上诉案

【案例概要】

2014年5月26日，原告聂某在江苏永辉超市雨花玉兰路店购买了价格为45元的金利惠到家生活用品台镜一件。审理中，聂某当庭提交的该商品上未标明产品执行标准号。聂某认为，所购买的商品没有标明产品执行标准号，致使消费者无法判断商品按何种标准生产，无法知晓该商品的产品质量依据。没有标明产品执行标准号的商品属于不合格商品。被告永辉超市应履行法定的进货检查验收制度，但其怠于履行法定义务，属于销售不合格商品的行为，已构成欺诈，应当适用《消费者权益保护法》第五十五条规定支付500元的惩罚性赔偿金。江苏永辉超市则认为不构成欺诈，而且，聂某不是普通消费者，是职业打假人，不属于消费者。江苏省南京市雨花台区人民法院经审理认为，聂某仅对商品标识不符合法律规定提出异议，对诉争商品本身的质量未提异议，也未能举证证明诉争商品给其造成了除货款损失外的人身、财产或其他损害，故对聂某要求超市赔偿500元的诉请不予支持。据此，判决：聂某于判决生效之日起7日内将涉案商品退还给永辉超市，永辉超市同时退还聂某货款45元；驳回聂某的其他诉讼请求。宣判后，聂某不服一审判决，提起上诉。

二审上诉人聂某诉称：请求撤销原审判决第二项，依法改判支持其原审全部诉讼请求。事实和理由是：案涉商品没有标明产品执行标准号，致使消费者无法判断商品按何种标准生产，无法知晓该商品的产品质量依据。标识标注合法是保障商品质量的基础和前提，没有标明产品执行标准号的商品属于不合格商品。永辉超市应履行法定的进货检查验收制度，验明产品合格证明和产品标识的义务，但其懈怠履行法定义务，销售案涉商品属于销售不合格商品的行为，已经构成欺诈的法定要件，应当适用《消费者权益保护法》第五十五条规定支付500元赔偿金。

二审被上诉人永辉超市辩称：被上诉人未答辩。

南京市中级人民法院经审理认为《标准化法实施条例》第二十四条规定："企业生产执行国家标准、行业标准、地方标准或企业标准，应当在产品或其说明书、包装物上标注所执行标准的代号、编号、名称。"《江苏省惩治生产销售假冒伪劣商品行为条例》第七条规定："有下列情形之一的商品视为假冒伪劣商品：……（二）无执行标准的；（三）无检验合格证明或者未使用中文标明商品名称、厂名和厂址的；（四）应当标明而未标明商品的主要成分和含量的；（五）应当标明而未标明警示标志或者中文警示说明的。"产品执行标准号是生产者依法必须标注的产品标识内容，台镜及外包装上没有标注产品执行标准编号，永辉超市亦未能提供该诉争产品的执行标准编号，诉争产品应当属于标识不合格产品。《消费者权益保护法》第五十五条第一款适用的构成要件是经营者实施了欺诈行为。《产品质量法》第三十三条规定："销售者应当建立并执行进货检查验收制度，验明产品合格证明和其他标识。"销售者负有验明其销售商品的产品标识是否符合法律法规强制性规范要求的义务，如销售者未尽到谨慎的审查义务，将标识不合格产品当作合格产品进行销售，且不能证明自己实施此种销售行为无欺诈故意，应当视为故意隐瞒产品真实情况使消费者陷入认识错误的情形，构成欺诈。而且，根据立法目的以及文义解释，《消费者权益保护法》第五十五条第一款适用不以造成实际人身财产损害为前提，该款规定的赔偿金额是在消费者所受损失之外增加的赔偿，是以所售商品或服务的价款作为计算标准，并非以消费者实际遭受或实际需要填补的损失为赔偿前提。原审法院对法律理解有误，聂某要求增加赔偿500元的请求，有事实和法律依据，应予支持。据此，改判永辉超市于判决生效之日起7日内赔偿原告聂某500元。[1]

【案例分析】

本案的争议焦点为：永辉超市销售未标注产品执行标准的诉争产品的行为，是否构成欺诈。涉及的第一个问题仍然是知假买假"职业打假人"的"打假行为"是否适用《消费者权益保护法》的保护。与京东公司针对王海"打假"所作的答辩相似，永辉超市也认为由于聂某多次在各大超市、商场购买多种商品反复索赔，属于知假买假的职业打假人，其购物动机是牟利而非生活消费，因而不属于普通消费者，不应支持其主张，不适用《消费者权益保护法》对消费者的特殊保护。

同样地，本案的二审法院也依旧支持了"职业打假人"。我们可以从最高人民法院发布的指导性案例中看到我国最高审判机关对职业打假人的态度：根据最高人民法院2014年1月26日发布的第23号指导性案例，即孙某山诉南京欧尚超市有限公司江宁店买卖合同纠纷案的裁判要点："消费者购买到不符合食品安全标准的食品，要求销售者或者生产者依照食品安全法规定支付价款10倍赔偿金或者依照法律规定的其他赔偿标准赔偿的，不论其购买时是否明知食品不符合安全标准，人民法院都应予支持。"在就该指导性案例的理解与参照中，最高人民法院进一步指出：知假买假是消费者主动行使监督权利的一种方式，职业打假人实际上也不过是时常、主动行使监督权利的消费者。职业打假人是自发的民间监督力量，客观上代表了消费者维权，应当给予支持。但是，职业打假组织是以营利为目的而进行有组织、职业化的活动，可能扰乱正常市场秩序，没有真正意义上的生活消费，不符合《消费者权益保护法》对消费者的界定，不能得到与消费者一样的支持。可见，最高人民法院支持消费者以《消费者权益保护法》为武器，维护自身合法权益。

---

[1] 本案案情概要摘引江苏省南京市中级人民法院〔2015〕宁民终字第220号二审民事判决书。

同时，最高人民法院在消费者资格认定上严格遵循了《消费者权益保护法》第二条之规定，将消费者仅限定于个人，不包括单位或组织，这能在保护消费者权益的同时最大限度地避免利用《消费者权益保护法》牟利的情况发生。

其次是未标注产品执行标准号是否构成欺诈的问题。经营者向消费者提供有关商品或服务的质量、性能、用途、有效期限等信息，应当真实、全面、不得作虚假或引人误解的宣传。产品标识具有明示产品质量、数量、特性和使用方法等信息，便于消费者选购使用产品的功能作用，是产品的重要组成部分。且产品标识是衡量产品质量的重要依据，在商品上标注产品执行标准号有助于消费者准确了解商品的质量等重要信息，必须真实且符合国家法律法规的规范性要求。本案双方诉争的"金利惠到家生活用品"台镜及其外包装上没有标注产品执行标准编号，永辉超市也未能提供该诉争产品的执行标准编号，应当属于标识不合格产品。

《消费者权益保护法》第五十五条第一款规定："经营者提供商品或者服务有欺诈行为的，应当按照消费者的要求增加赔偿其受到的损失，增加赔偿的金额为消费者购买商品的价款或者接受服务的费用的三倍；增加赔偿的金额不足五百元的，为五百元。法律另有规定的，依照其规定。"适用该条款的构成要件是经营者实施了欺诈行为。根据《产品质量法》第二十六条第二款第三项之规定："符合在产品或者其包装上注明采用的产品标准，符合以产品说明、实物样品等方式表明的质量状况。"同时，该法第三十三条规定："销售者应当建立并执行进货检查验收制度，验明产品合格证明和其他标识。"由此可见，生产、销售产品，应当执行相应的产品标准，并根据产品的特点在包装上采取适当方式标注包括产品执行标准号等产品标识内容，销售者对此负有检验审查的义务。如果商品标签上没有标注执行标准号，那么销售方应当举证证明此产品符合一定的产品标准。而若销售方举证不力，则可根据《产品质量法》认定该产品属于无执行标准的产品。而当销售者未尽到审查义务时，则视为故意隐瞒产品真实情况使消费者陷入认识错误的情形。本案中，永辉超市作为销售者，未尽严格的审查义务，销售了标识不合格的"金利惠到家生活用品"台镜，误导消费者作出不真实的意思表示，其行为已构成欺诈。

《消费者权益保护法》规定惩罚性赔偿制度的立法目的在于鼓励受侵害的消费者积极通过诉讼维护自身合法权益，以威慑潜在的不法行为，净化市场环境。《消费者权益保护法》第五十五条第一款的适用不应以造成实际人身财产损害为前提，规定的赔偿金额是在消费者所受损失之外增加的赔偿，该赔偿是以所售商品或服务的价款作为计算标准，并非以消费者实际遭受或实际需要填补的损失为赔偿前提。本案中，一审法院对法律理解有误，按照文义解释，《消费者权益保护法》第五十五条第一款中规定的加倍赔偿的计算基数是消费者购买商品的价款而不是商品的价格，二审上诉人聂某要求增加赔偿其500元的上诉请求，有事实和法律根据，应依法予以支持。

*** 拓展阅读 ***

李某与胡某贵等买卖合同纠纷上诉案

【案例概要】

上诉人李某在一审中起诉称：被上诉人胡某贵系个体工商户，在聚元公司经营的建材市场内从事家用整体吊顶销售。2013年9月24日，李某与胡某贵达成家用客厅、厨卫、门厅、阳台五处合计31㎡集成吊顶的购买、测量、安装服务合同，胡某贵保证专业标准安装，安装一年后，上述集成吊顶两次出现吊顶塌陷下沉、边条变形、开裂、脱落现象。李某咨询专业人士发现上述现象是由于胡某贵偷工减料，在集成吊顶内部未安装龙骨及吊杆致使受力不均导致。后李某找到胡某贵协商解决，但胡某贵予以拖延，后李某向聚元公司投诉，但是聚元公司偏袒胡某贵。后李某投诉至望京工商所，望京工商所要求胡某贵提供长期保证质量的重做施工措施或者赔偿损失，并要求聚元公司督促胡某贵快速对应。2014年9月18日，胡某贵、聚元公司认可只能重做处理，但是没有具体的施工方案，工程一直拖延，胡某贵、聚元公司的拖延行为致使李某的损失一直存在并有扩大可能。胡某贵有欺诈行为，并未尽到经营者应有的义务，损害消费者的权益应当承担相应的民事责任。聚元公司参与了工商行政部门组织的调解，其已经明知涉案产品质量缺陷的事实，但是其未督促胡某贵提供有质量保证的施工措施，并未承担先行赔付的义务，应当承担连带责任，现李某诉至法院要求胡某贵、聚元公司赔偿经济损失25 200元。

被上诉人胡某贵在一审中答辩称：不同意李某的诉讼请求，本案的案由应该为买卖合同纠纷而非承揽合同纠纷，其只向李某出售吊顶，双方签订了《聚元建材市场销售单》（以下简称《销售单》）而非没有签订书面承揽合同，《销售单》中载明的金额就是买卖标的物的价格，不包含装修，李某并无损失的证据。

被上诉人聚元公司在一审中答辩称：不同意李某的诉讼请求，李某主张无依据，聚元公司只是督促商户，并不是合同的相对方，纠纷与其无关。

一审诉讼中，胡某贵提交了国家建筑装修材料质量监督检验中心检测报告复印件，其上显示：商品名称为木塑装饰板；无商标；委托单位、生产单位、受检单位均为无锡唯景木业有限公司；生产日期、抽样地点、产品批号、规格型号、样品等级处均为空白；检测结论为所检项目合格。胡某贵称该检测报告即为涉案吊顶的质检报告，品牌为"唯景"，李某对此不予认可。胡某贵未提供涉案吊顶的其他产品证明。

一审期间，原审法院依李某申请赴望京工商所进行调查。该所答复称：确实收到过李某的投诉，并已委托北京百万家园室内装饰监理有限公司（以下简称百万家园公司）对李某住处涉案工程进行鉴定。2015年2月5日，百万家园公司对涉案工程进行了现场勘验，检查结论为餐厅吊顶质量不符合《建筑装饰装修工程质量验收规范》（GB50210-2001），此工程为不合格工程。故一审法院判处：胡某贵于判决生效后10日内赔偿李某损失4 200元；驳回李某的其他诉讼请求。

胡某贵不服一审法院判决，但未提出上诉。其针对李某的上诉理由答辩称：不同意李某的上诉理由，本案属于买卖合同纠纷，《销售单》就是合同。吊顶应当有品牌，同时胡某贵还提供了检测报告。胡某贵出于同情心或其他附属性义务提供简单的安装，不能依据施工规范来要求。胡某贵是销售单位，安装前已经提供检测报告，已尽义务。请求驳回上诉，维持原判。

聚元公司服从一审法院判决，其针对李某的上诉理由答辩称：本案与聚元公司无关，请求驳回上诉，维持原判。

关于李某主张的拆除、重做损失，其在诉讼中表示不主张退货，将自行修理存在质量问题的吊顶。截至本案二审终结，李某尚未对涉案吊顶进行拆除、重做。故二审法院认为李某主张的该项损失尚未发生，责任主体与具体内容均未确定，其主张缺乏事实及法律依据，应不予支持。关于李某主张的交通费用及误工损失，截至本案二审举证期限届满前，李某未能提供充分证据加以证明，结合其自述的工作状态（自由职业）与法院已经支持的惩罚性赔偿，对其主张的该项损失二审法院亦未支持。

二审诉讼中，各方当事人均未向本院提交新证据。

二审法院在撤销初审判决的基础上，判令胡某贵、北京立水桥聚元建材市场有限公司于本判决生效后10日内赔偿李某损失12600元。①

【案例分析】

涉及消费者权益保护的案件，应当首先确定消费者、经营者及用于生活消费的范畴。《消费者权益保护法》中的欺诈行为认定，应当适用对经营者隐瞒事实的情形，引起消费者误解、信任，足以造成误导的，即可作为认定消费欺诈的标准。

本案的争议点大致有三处：

一是《消费者权益保护法》的适用问题，关系到经营者是否要承担惩罚性赔偿责任。因本案并未造成消费者或他人健康损害或死亡，因此涉及的法条主要为《消费者权益保护法》第五十五条第一款："经营者提供商品或者服务有欺诈行为的，应当按照消费者的要求增加赔偿其受到的损失，增加赔偿的金额为消费者购买商品的价款或者接受服务的费用的三倍；增加赔偿的金额不足五百元的，为五百元。法律另有规定的，依照其规定。"根据该条，可以看出消费者惩罚性赔偿请求权的发生需具备两项要件：首先，诉争法律关系在性质上属于消费合同；其次，经营者在经营过程中存在欺诈行为。据此分析本案，

---

① 本案案情概要摘引自北京市第三中级人民法院〔2016〕京03民终162号二审民事判决书。

《消费者权益保护法》第二条规定："消费者为生活消费需要购买、使用商品或者接受服务，其权益受本法保护。"上诉人李某购买集成吊顶用于自家房屋装修，并基于该购买行为享受卖方提供的安装服务，属于满足居住需求的生存型消费，是该条规定的消费者范畴。《消费者权益保护法》第三条规定："经营者为消费者提供其生产、销售的商品或者提供服务，应当遵守本法。"被上诉人胡某贵长期在聚元公司经营建材市场从事吊顶销售活动，系该条中规定的经营者。本案基于买卖行为进行了所购买产品的安装，因此产品自身质量及有关安装工作均应符合相关规范性法律文件规定，经营者也应当按照法律、法规的规定履行义务，保障消费者合法权益。

二是消费欺诈行为的构成标准。《消费者权益保护法》第五十五条第一款中的欺诈行为，应在该法有特别规定场合依其规定。若无特别规定，应依一般法及相关司法解释界定其含义。《消费者权益保护法》第二十三条第一款规定："经营者应当保证在正常使用商品或接受服务的情况下其提供的商品或者服务应当具有的质量、性能、用途和有效期限。"分析本案得知，被上诉人胡某贵在一审中自认产品没有品牌，二审中又称涉案吊顶有品牌，但是并未提举充分证据加以证明；虽提交《检测报告》证明产品合格，但该报告中仅标注了产品名称及生产单位，并未明确显示该报告属于本案吊顶，故应视为胡某贵并未提供关于本案吊顶符合相关质量要求的充分证据。《消费者权益保护法》第二十三条第二款同时规定："经营者以广告、产品说明、实物样品或者其他方式表明商品或者服务的质量状况的，应当保证其提供的商品或者服务的实际质量与表明的质量状况相符。"本案中，被上诉人胡某贵的店面装潢印有"美的整体吊顶""中国国家游泳队跳水队主赞助商"等字样，提供的销售名片上亦印有"美的整体吊顶""广东美的厨卫电器制造有限公司"字样，基于这些情况，其店面及名片等宣传设计很容易使得消费者产生自身接受了"美的"有关品牌服务的理解。《消费者权益保护法》第二十条第一款规定："经营者向消费者提供有关商品或者服务的质量、性能、用途、有效期限等信息，应当真实、全面，不得作虚假或者引人误解的宣传。"被上诉人胡某贵明知其向上诉人李某销售的吊顶并非"美的"品牌，却未作出相应说明，隐瞒产品真实情况，违反告知义务，符合"隐瞒真实情况"以及"主观故意"两个要素。上诉人李某在诉讼中表示其基于对"美的"品牌的信任购买了本案吊顶，明显是根据被上诉人的隐瞒事实行为构成了错误理解，认为自己接受了"美的"品牌商品及服务，才作出购买的意思表示，符合"因为欺诈而陷于错误，并且基于该错误而作出意思表示"要素特征。《消费者权益保护法》第五十五条第一款的规定："经营者提供商品或者服务有欺诈行为的，应当按照消费者的要求增加赔偿其受到的损失，增加赔偿的金额为消费者购买商品的价款或者接受服务的费用的三倍。"因此，这属于欺诈行为。

三是惩罚性赔偿的金额认定问题。若将《消费者权益保护法》第五十五条第一款条中的"损失"绝对化为消费者的实际损失，将使惩罚性赔偿的制度功能大打折扣。该条款中的"损失"未出现在要件部分，而是在条文的效果部分，可见法条未将"损失"作为构成要件。此处的"损失"应理解为是消费者决策自由的损害，而不是经济上的损失或财产上的损害，有别于一般的普通民事侵权案件，惩罚性赔偿金责任对于欺诈的认定标准相对较为宽松。① 本案中，被上诉人胡某贵未能证明本案吊顶有明确的质量检测报告；其店面装潢以及销售名片等宣传均带有易使消费者产生质量信赖感的倾向性表示，提供的产品安装也被望京工商所鉴定为"不合格"，基于购买的安装行为也存在问题。故本案综合致使上诉人李某造成错误的理解和信任所购买产品及安装的整体情况，可认定存在被上诉人胡某贵隐瞒本案吊顶及其安装情况均有质量问题事实，故应当支付购买商品价款三倍金额，即 12 600 元的赔偿。

---

① 参见邓恒：《探求惩罚性赔偿的实质意义 审视职业打假人的法律地方》，载《人民法院报》2017 年 4 月 12 日，第 7 版。

*** 拓展阅读 ***

重庆某防水工程有限责任公司与被告程某、赵某产品销售者责任纠纷案

【案例概要】

2020年2月，案外人冯某通过微信添加被告赵某、程某为微信好友。重庆某防水工程有限责任公司委托冯某通过该微信号购买了口罩10 000个，并支付了货款36 000元。2020年2月15日，重庆某防水工程有限责任公司收到货后，因产品质量问题，在微信上向被告提出异议并要求退款。2020年2月18日，被告退还货款4 000元。2020年2月29日，冯某向市场监督管理局举报，该批口罩外包装均为外文，无执行标准，无任何中文标示，没有质量合格证明，无厂名、厂址等生产信息。2020年3月25日，重庆某防水工程有限责任公司委托重庆医疗器械质量检验中心对前述口罩进行了检验。检验结论认为送检产品不符合一次性使用医用口罩的标准要求。

法院经审理认为，重庆某防水工程有限责任公司所购买的口罩用于疫情期间这一特殊时期的防护措施，欲用于企业复工复产使用，而口罩并非该企业日常生产经营所必需的生产资料，属于最终消费品，应认定该公司系为生活消费需要而购买涉案口罩，可以适用《消费者权益保护法》的相关规定。程某等人在销售时明确承诺口罩系具有相应生产资质的厂家生产的合格口罩且多次发送口罩生产企业的生产许可证照片，但实际提供的产品无任何生产厂家信息，无任何生产执行标准，不管从外观上还是实际检测结果上均远远达不到一次性口罩的质量要求。由此可以认定，程某在销售过程中存在欺诈行为，应承担退一赔三的赔偿责任。故判令赵某、程某退还重庆某防水工程有限责任公司货款并支付三倍赔偿金额及鉴定费。程某、赵某不服提起上诉，最终双方当事人自愿达成调解，由程某、赵某在2021年3月31日前一次性支付重庆某防水工程有限责任公司货款32 000元、赔偿款36 000元、鉴定费5 500元，共计73 500元；若程某、赵某未按时足额支付前述款项，则双方当事人均按一审民事判决内容执行。①

---

① 本案案情概要摘引自重庆市大渡口区人民法院〔2020〕渝0104民初1986号简易程序民事判决书。

【案例分析】

本案主要涉及的是企业购买到质量不合格的产品能否适用《消费者权益保护法》进行维权问题。从表面形式来看，似乎突破了《消费者权益保护法》的立法原则，从对自然人的生活消费保护扩展到了对企业"生活消费"的保护。但从实质上看，第一，对于该防水工程公司而言，口罩并非其生产经营所必需的生产资料，该公司之所以从程某、赵某处购买这批口罩，是为了分发给员工以便让企业在疫情期间尽快恢复生产，在消费环节上属于最终消费；第二，在适用主体上，由于《消费者权益保护法》第二条规定，"消费者为生活消费需要购买、使用商品或者接受服务，其权益受本法保护"，可见该条并未明确规定消费者仅限于个人。可能是基于这一考量，《重庆市消费者权益保护条例》第二条将消费者定义为："本条例所称消费者，是指为生活消费购买、使用商品或者接受服务的个人和单位，其权益受法律、法规和本条例保护"，可见该条例明确规定消费者包括单位。本案重庆某防水工程有限责任公司所购买的口罩用于疫情期间这一特殊时期的防护措施，欲用于企业复工复产使用，从双方的聊天记录中也能看出是用于给工人使用，口罩并非该企业日常生产经营所必需的生产资料，应属于最终消费品，故应当认定重庆某防水工程有限责任公司是为生活消费需要而购买涉案口罩，可以适用《消费者权益保护法》的相关规定。

从法律文本上看，《消费者权益保护法》的确没有明确规定只有自然人才可被认定为消费者，因此实践中各省市的消费者保护条例中存在认可企业生活消费应受《消费者权益保护法》保护和不认可两种模式。虽然依照《重庆市消费者权益保护条例》，本案判决程某、赵某承担三倍的惩罚性赔偿并无不当，但应充分认识到本案的特殊性，对于非自然人单位的"生活消费"应做严格解释，避免因《消费者权益保护法》的过度使用而扰乱社会经济秩序。

*** 拓展阅读 ***
江苏太仓法院判决顾某琴诉森丰盛达公司买卖合同纠纷案

【案例概要】

2015年1月1日，原告顾某琴与被告森丰盛达丰田汽车销售服务有限公司签订汽车销售合同一份。合同中填写有：车名"锐志"，车辆价格"251 800元"，应付款合计"261 800元"；选装选购明细一栏中写有"一键启动、原厂导航"。当月8日，原告付款完毕。当月13日，在交车过程中，双方因车型问题发生争议。原告认为其选购车型为锐志2013款2.5V尊锐版，指导价为259 800元，该车型自带一键启动；而被告则认为原告选购车型为锐志2013款2.5V尚锐导航版，指导价为251 800元，该车型无自带一键启动需加装。对此分歧，被告称系因销售员的疏忽而没有在合同中写明具体型号，但根据合同上的厂商指导价"251 800元"可以确定车型。对于261 800元购车款的构成问题，原告表示合同中未注明，被告也未告知。而被告解释称具体组成为：车架221 800元、购置税18 957元、保险费8 609元、服务费6 210元、一键启动费6 224元。被告还称，汽车厂商的车辆指导价都是一致的，但销售商对车辆的让利不同，被告交付原告的车辆让利3万元，即厂商指导价251 800元，实际销售价为221 800元。原告向法院起诉要求解除合同，由被告返还购车款并承担相应利息损失。

江苏省太仓市人民法院审理后认为，本案被告作为汽车销售者，其向消费者提供的书面合同条款应当全面、透明且确定，应对合同标的物的型号、价款等重要内容进行详尽、具体的表达，以便消费者作出选择。案涉汽车销售的空白格式合同中的手写内容由被告方书写，但其未写明所购车辆的具体型号，对涉及合同标的物的重要条款内容未能予以明确。同时，该汽车销售合同中选装选购一栏载明"一键启动、原厂导航"两项内容，而可以具备该两项内容的具体车型存在多种选择。在双方对合同条款存在不同理解的情形下，应对作为格式合同提供方及合同书写方的被告作出不利解释。双方签订的汽车销售合同的应付款一栏中仅载明车辆价格251 800元、合计261 800元之内容，而并未明确注明厂商指导价，且根据被告关于汽车销售商存在不同程度让利及案涉车辆价款的具体构成之陈述，被告实际销售案涉车辆的价格并非合同载明的价格，合计总金额中所包含的其他各项费用亦未能在该合同中予以明确，故根据合同上的车辆价款并不能确定具体的车型。综上所述，法院判决支持原告诉请。①

---

① 本案案情概要摘引自江苏省太仓市人民法院〔2015〕太城民初字第00083号一审民事判决书。

【案例分析】

汽车销售者对所售汽车的车型、价款等信息应向消费者履行全面、透明、确定的告知义务，并对其是否履行告知义务承担举证责任。车型约定未明确并产生争议的，应对提供格式合同的销售方作出对其不利的解释。本案有如下三个要点：

第一，汽车销售者负有就车辆信息向消费者进行信息提供的义务。消费者了解商品、正确使用商品信息需要依赖经营者而获取。因此，经营者必须保证其所提供的汽车信息的真实、充分，其通过说明、广告以及口头方式对消费者所做的产品、服务宣传必须与商品、服务的真实情况相符，这其中包括有利于商品、服务声誉的信息，也包括不利于商品、服务声誉的信息，不得故意隐瞒商品或服务存在的瑕疵。如果经营者拒绝提供信息，消费者就会失去获取信息最可靠的来源渠道。《消费者权益保护法》第八条规定："消费者享有知悉其购买、使用的商品或者接受的服务的真实情况的权利。"第九条规定："消费者享有自主选择商品或者服务的权利。"可知消费者享有知情权和自主选择权。在信息不对称的交易双方当中，相对于消费者而言，经营者在交易实力上具有很大的优势，无论是法定义务或约定义务，都以存在明确的规定或者约定为前提，法律和合同都未有明确规定、约定的，应基于《消费者权益保护法》第十六条第三款的规定："经营者向消费者提供商品或者服务，应当恪守社会公德，诚信经营，保障消费者的合法权益；不得设定不公平、不合理的交易条件，不得强制交易。"这就使得经营者不仅受到法律和合同的约束，也受到社会公德和诚实经营的商业道德准则约束，防止经营者利用法律和合同漏洞侵害消费者权益。汽车作为具有较高价值的商品，经营者更应恪守诚信原则，对消费者尽到告知义务，尊重消费者的知情权和自主选择权。本案中，待售汽车的具体车型和总价款构成在涉案合同中的表述过于简单笼统，没有真实、充分地涵盖汽车这类较高消费品的全面信息，这是被告不规范、不诚信的销售行为所造成。且涉案合同不明确原因，被告也承认属于销售人员疏忽所致。因此根据被告实际过失和合同形式上的瑕疵而言，其未尽到合理的信息提供义务。

第二，汽车销售者应对其是否履行信息提供义务承担举证责任。消费者在其合法权益受到侵害时，可以直接引用法律规定要求经营者承担责任，以此克服合同约定的任意性、不完全性、错漏以及难以保存等方面的局限。对于经营者带有违法性损害消费者利益的行为，消费者应该予以制止，经营者也应该立即停止违法行为，主动对消费者承担责任。经营者不得以格式条款、通知、声明等方式，作出排除或者限制消费者权利、减轻或者免除经营者责任、加重消费者责任等对消费者不公平、不合理的规定，不得利用格式条款强制交易。若由此产生纠纷，首先应当由负有义务的经营者证明其履行了信息提供义务，如果证明不能，则由经营者承担相应责任。《消费者权益保护法》第二十六条规定："经营者在经营活动中使用格式条款的，应当以显著方式提请消费者注意商品或者服务的数量和质量、价款或者费用、履行期限和方式、安全注意事项和风险警示、售后服务、民事责任等与消费者有重大利害关系的内容,并按照消费者的要求予以说明。"因此,本案中,汽车销售者应对其履行信息提供义务承担举证责任。

第三,未履行信息提供义务的销售方应承担的责任形式。经营者在《消费者权益保护法》中是以义务主体的身份出现,《消费者权益保护法》中等对民事责任是基于对消费者的特殊保护而确立,除具有补偿性外,还具有惩罚性。《消费者权益保护法》第五十五条规定:"经营者提供商品或者服务有欺诈行为的,应当按照消费者的要求增加赔偿其受到的损失,增加赔偿的金额为消费者购买商品的价款或者接受服务的费用的三倍。"这是典型的带有惩罚性的赔偿责任。即如果经营者没有履行信息提供义务已经达到了存在欺诈之嫌的,消费者还有权主张"退一赔三"。

第十六章 质量、价格、广告和计量监管法律制度

学习回顾

《产品质量法》于2018年修正,是在调整产品设计、生产和流通过程中,因产品质量而产生的社会关系的法律规范的总称,此处产品是指经过加工、制作,用于销售的产品,旨在调整产品质量监督管理关系和产品质量责任关系,对消费者进行实质性的全面保护,有效制止通过虚假质量进行的不正当竞争行为。①

价格法是为了规范价格行为,发挥价格合理配置资源的作用,稳定市场价格总水平,保护消费者和经营者的合法权益,促进社会主义市场经济健康发展而制定。根据《价格法》的规定,由国务院价格主管部门统一负责全国的价格,国务院其他有关部门在各自的职责范围内,负责有关价格工作。②

《广告法》于2021年修正,特指商品经营者或者服务提供者通过一定媒介和形式直接或者间接地介绍自己所推销的商品或者服务的商业广告活动。广告主、广告经营者、广告发布者以及广告代言人在我国境内从事广告活动,应当遵守广告法规定。

《计量法》于2018年修正,通过建立计量基准器具、计量标准器具,在进行计量检定,制造、修理、销售、使用计量器具时有统一标准,保障了国家计量单位制的统一和量值的准确可靠。

学习重点

1. 食品经营者在食品标签、食品说明书上标示某种具有特定价值或性质的配料、成分时,需要尽到何种标示义务?
2. 如何理解产品缺陷、产品责任与产品质量责任的相互关系?
3. 在实施价格干预措施期间是否可以要求经营者亏损经营?
4. 如何理解广告活动中不正当竞争行为的法律规制?
5. 产品召回法律制度的客体是如何界定的?

---

① 参见李昌麒主编:《经济法学》(第三版),法律出版社2016年版,第183~184页。
② 参见李昌麒主编:《经济法学》(第三版),法律出版社2016年版,第380~390页。

案例介绍

【核心案例】 龙岩市工商行政管理局与龙岩市农技站农友农资经营服务部处罚上诉案。本案是国家市场监督部门以定期或者不定期抽取样品的形式对产品质量进行监督管理，根据标准检验其是否达标，同时对于不达标企业通过责成其改进措施，达到技术标准。通过对本案的分析，可以对我国产品质量的界定有一定了解，从而保护消费者自身权益。

【拓展阅读】 广东本草药业集团有限公司诉贝斯迪大药厂（Bruschettini S. R. L.）产品责任纠纷案。本案是通过产品召回了解消费者权益保护，通过对本案的分析学习产品召回属于消费者保护的特别法，其与产品质量制度相结合，对符合召回条件的产品采取积极的补救措施，以消除产品可能引起的危害，为消费者提供更完善的保护。

【拓展阅读】 四川红云建设项目管理咨询有限公司诉成都宝泰实业集团有限公司合同纠纷案。该案是调整价格关系的典型案例，通过对该案例的分析能进一步了解《价格法》的作用在于规范市场主体的价格行为，维护价格秩序，从而进一步思考该如何规范价格行为，稳定市场物总水平。

【拓展阅读】 上海大易云计算股份有限公司诉上海市浦东新区市场监督管理局行政处罚决定案。广告是消费者生活中最常见的宣传手段，是消费者获得商品和服务信息的主要渠道。因此，该案例的亮点在于明确广告应当真实、合法，不得欺骗和误导消费者，符合社会主义精神文明建设要求。

【拓展阅读】 肖某诉某平台泄露个人信息纠纷案。广告法是维护社会公共秩序的重要手段之一。通过对该案的了解，知晓遵守职业道德也是广告活动各方享受权利、履行义务的重要保证。

【拓展阅读】 破坏电子计量器具准确度收购稻谷欺诈村民案。该案的亮点在于通过了解计量的监督管理，从而保障国家计量单位制的统一和量值的准确可靠。

阅读思考

1. 食品经营者在食品标签、食品说明书上标示某种具有特定价值或性质的配料、成分时，需要尽到何种标示义务？
2. 如何理解产品缺陷、产品责任与产品质量责任的相互关系？
3. 在实施价格干预措施期间是否可以要求经营者亏损经营？
4. 我国广告行业该如何自律发展与完善？

*** 核心案例 ***

龙岩市工商行政管理局与龙岩市农技站农友农资经营服务部处罚上诉案

产品质量是生产和消费的联结点。质量及质量标准就是为满足人们对消费产品的需求而对生产出的产品使用价值的技术要求，如果产品没有达到可行性的质量标准，不仅浪费资源、能源、劳动成果甚至生产目的也毫无意义。因此，通过产品的安全性、适用性以及担保性保障并提高产品质量，规范社会竞争秩序，并对消费者进行实质性的全面保护。进而，产品质量法律制度则通过产品监督管理制度和产品责任制度，调整在生产、流通以及消费过程中因产品质量所发生的社会关系。

【案例概要】

上诉人龙岩市工商行政管理局与被上诉人龙岩市农技站农友农资经营服务部工商行政处罚一案，不服龙岩市新罗区人民法院〔2016〕闽0802行初19号行政判决，提起上诉。

原审查明：2015年2月1日，原告龙岩市农技站农友农资经营服务部于2015年2月1日与九禾股份有限公司下属子公司重庆九禾测土配肥有限责任公司签订了买卖合同，同月12日、14日，原告分二次以每吨1620元的价格共购进了50吨九禾股份有限公司生产的"康+"牌16-16-16复合肥料。2015年6月30日，福建省工商行政管理局组织人员对原告经营的化肥进行例行监督检查，并确定福建省工商行政管理局商品质量检验分局对上述"康+"牌16-16-16复合肥料进行抽样检验，至抽样时，上述货物已销售12.4吨，存量为37.6吨（50kg/包，共752包），抽样货物生产日期为2015年1月4日，抽样基数为37.6吨，抽检单位抽样数量为1kg，分两份各0.5kg装袋，一份作样品送检，一份留存备份。原告经理陈某坤在《流通领域商品质量抽查检验工作单》上注明：抽样方法参照gb15063-2009标准，商家对抽样方法无异议。2015年8月13日，福建省工商行政管理局商品质量检验分局作出检验报告，结论为上述复合肥料的内在质量不合格（不合格项目为总养分、氧化钾的质量分数）。原告于2015年9月21日收到检验报告后，于同日提出复检申请，2015年10月4日，福建省工商行政管理局通知原告办理复检手续，并确定福建省工商行政管理局商品质量检验分局为复检机构。2015年11月17日，福建省工商行政管理局商品质量检验分局作出复检报告，结论与初检结论一致。初检、复检的检验依据均为gb18382-2001《肥料标识、内容和要求》和gb15063-2009《复混肥料（复合肥料）》。初检、复检总养分分别为47.5%、47.4%。被告收到初检报告后于2015年9月6日立案。2015年12月2日，被告对原告作出了《实施行政强制措施决定书》，将原告库存的 37.6 吨"康+"牌 16-16-16 复合肥料予以查封。原告不服，向龙岩市人民政府申请行政复议，2016 年 2 月 17 日，龙岩市人民政府作出龙政行复〔2016〕2 号行政复议决定书，决定维持被告作出的《实施行政强制措施决定书》。立案后，被告对本案进行了调查，处罚前告知原告作出行政处罚决定的事实、理由、依据、处罚内容，告知原告享有陈述、申辩和听证的权利，并于 2016 年 2 月 25 日举行听证会。2016 年 3 月 2 日，被告作出了被诉岩工商检处〔2016〕2-1 号行政处罚决定书。原告不服，在法定期限内向原审法院提起行政诉讼，请求法撤销被告作出的岩工商检处〔2016〕2-1 号行政处罚决定书。

原审还查明：2015 年 11 月 16 日福建省质量技术监督局在专项抽查工作中委托龙岩市产品质量检验所对原告销售复合肥料库存产品进行抽检，结论为该批次产品的样本所检项目综合判定为合格。

原审法院判决如下：撤销被告龙岩市工商行政管理局于 2016 年 3 月 2 日作出岩工商检处〔2016〕2-1 号《行政处罚决定书》。本案案件受理费 50 元，由被告龙岩市工商行政管理局负担。

上诉法院认为：上诉人对原审判决另查明的事实有异议，认为福建省质量技术监督局抽检时其未派员到现场，对抽查工作不了解，这一事实与本案无关。被上诉人对原审判决查明"2015 年 10 月 4 日，福建省工商行政管理局通知原告办理复检手续"有异议，认为通知复检时间是"2015 年 10 月 14 日"。对上诉人的异议，本院认为原审判决对另查明部分事实的认定系依据龙岩市产品质量检验所于 2015 年 12 月 15 日出具的《检验报告》作出的，抽检时上诉人是否派员到场，不影响原审判决的该事实的认定。对被上诉人提出通知复检时间的问题，经审查系原审出现的笔误，对此作如下确认："2015 年 10 月 14 日，福建省工商行政管理局通知原告办理复检手续。"双方当事人对原审查明认定的其他事实无异议，因此，对双方当事人无异议的事实予以确认。

二审期间，被上诉人未提交新的证据，上诉人向上诉法院提交了两份新证据：《关于同意复检及确定复检机构的请示》《福建省工商行政管理局办理复检手续通知书》，证明复检程序合法。上述证据经庭审质证，上诉法院认为上诉人提交的两份新证据未在《行政诉讼法》第六十七条规定的法定期限内提交，不能作为证明其行政行为合法的依据，依法不予采信。上诉法院查明的事实及采用的证据与原审一致。

综上所述，上诉法院对双方当事人无异议的事实予以确认；主体适格依法予以确认；上诉人认定涉案化肥"内在质量不合格"的依据不足；上诉人适用《中华人民共和国产品质量法》第四十九条规定处罚，属适用法律错误。驳回上诉，维持原判。①

【案例分析】

本案主要涉及两个方面的争议：(1) 龙岩市工商行政管理局是否具有产品质量监督

---

① 本案案情概要摘引自福建省龙岩市中级人民法院〔2016〕闽 08 行终 89 号二审行政判决书。

抽查的职权，对本案进行查处、初检、复检的程序是否合法；商品质量检验分局的检验结论能否作为定案依据；适用法律是否正确。（2）产品自身明示的质量标准是否具有拘束力。

一是龙岩市工商行政管理局是否具有产品质量监督抽查的职权。我国产品质量监督管理是由国务院质量监督管理部门以及地方人民政府管理产品质量监督工作的部门依法定行政权力，对产品质量进行监督管理。① 目前我国确定了统一管理、分工负责的产品质量管理体制，"国务院产品质量监督管理部门负责全国产品质量监督管理工作"，虽然为顺应政府机构改革和职能调整的实际情况，2018年修正的《产品质量法》将原有的"产品质量监督部门"修改为"市场监督管理部门"，但相关职能描述没有变化。② 这是关于负责全国产品质量管理的宏观指导工作规定。根据《产品质量法》第八条第二款规定县级以上地方市场监督管理部门主管本行政区域内的产品质量监督工作。县级以上地方人民政府有关部门在各自的职责范围内负责产品质量监督工作。因此，省级市场监督管理部门的职责是按照国家法律、法规的规定和省级人民政府赋予的职权，负责组织、协调省级范围内的产品质量监督管理工作。本案中，福建省工商行政管理局组织人员对原告经营的化肥进行例行监督检查是一项强制性的行政措施，以监督抽查的方式对本行政区域内生产、流通领域的产品质量实施监督。从市场监督管理的具体实践中来看，其在自己的职权范围内，负责本部门内有关产品质量的生产经营的监督的管理工作并未超越职权，并未超出正常职责范围之外行使职权。同时，依据《国务院办公厅转发国家工商行政管理总局主要职责内设机构和人员编制规定的通知》第2部分的主要职责第（4）点"承担监督管理流通领域商品质量和流通环节食品安全的责任，组织开展有关服务领域消费维权工作，按分工查处假冒伪劣等违法行为，指导消费者咨询、申诉、举报受理、处理和网络体系建设等工作，保护经营者、消费者合法权益"规定，被告龙岩市工商行政管理局具有行使流通领域的商品质量监督管理工作的法定职权，行政主体适格。

本案进行查处、初检、复检的过程中，根据《中华人民共和国国家标准》之《复混肥料（复合肥料）》规定，以及且原告经理对抽样方法无异议，可以认定福建省工商行政管理局商品质量检验分局抽样行为符合法律规定。除法律强制要求的之外，企业产品质量检验有权选择检验范围、方法和标准，本案中原告于2015年9月21日收到检验报告，

---

① 参见李昌麒主编：《经济法学》（第三版），法律出版社2016年版，第290~293页。

② 2018年12月29日，第十三届全国人民代表大会常务委员会第七次会议通过了《全国人民代表大会常务委员会关于修改〈中华人民共和国产品质量法〉等五部法律的决定》。该决定第一条规定："一、对《中华人民共和国产品质量法》作出修改：（一）将第八条、第十条、第十四条、第十五条、第十七条、第十八条、第十九条、第二十四条、第二十五条、第六十六条、第六十七条中的'产品质量监督部门'修改为'市场监督管理部门'。（二）删去第十八条第二款。（三）将第二十二条中的'产品质量监督部门、工商行政管理部门'修改为'市场监督管理部门'。（四）将第四十条第三款、第六十三条、第六十五条、第六十八条、第六十九条中的'产品质量监督部门或者工商行政管理部门'修改为'市场监督管理部门'。（五）删去第七十条中的本法规定的吊销营业执照的行政处罚由工商行政管理部门决定'，将'由产品质量监督部门或者工商行政管理部门按照国务院规定的职权范围决定'修改为"由市场监督管理部门决定'。"

于同日提出复检申请后，福建省工商行政管理局在未征得原告意见情况下将福建省工商行政管理局商品质量检验分局仍确定为复检机构，将初检和复检机构认定为同一机构，会对检验结果有所影响，有失公正。龙岩市产品质量检验所结论为合格产品的涉案肥料在生产厂家、商标、型号、规格、生产日期方面与商检分局方面一致，应认定检验的产品为同一批次。检验机构根据特定标准可对产品品质进行检测，但本案中，根据复混肥料国家标准，初检和复检报告检测到已达到国家规定标准，而商检分局却作出内在质量不合格的初检和复检结论，因此，结论错误，依法不能认定。

《产品质量法》第四十九条规定："生产、销售不符合保障人体健康和人身、财产安全的国家标准、行业标准的产品的，责令停止生产、销售，没收违法生产、销售的产品，并处违法生产、销售产品（包括已售出和未售出的产品，下同）货值金额等值以上三倍以下的罚款；有违法所得的，并处没收违法所得；情节严重的，吊销营业执照；构成犯罪的，依法追究刑事责任。"本案中，按照初检和复检的数据结论来看，涉案复合肥料符合国家标准，只是不符合其明示的标准，用于农作物生长时会产生影响，但并没有危及人体健康和人身、财产的安全，根据《产品质量法》第十二条的规定，产品质量应当检验合格，不得以不合格产品冒充合格产品。本案原告行为是以不合格产品冒充合格产品，并不是属于《产品质量法》第四十九条规定的销售不符合保障人体健康和人身、财产安全的国家标准、行业标准的产品，适用第四十九条对被告进行处罚，属于适用法律错误。

二是产品自身明示的质量标准是否具有拘束力。产品应满足合理使用用途要求所必须具备的特征和特性总和，对于产品质量的界定应包括安全性、适用性以及担保性，这是说明产品不应当存在不合理的危及人身、财产安全的危险，同时不能失去其应当具备的使用性能和质量状况标识。①《产品质量法》第十三条第一款规定："可能危及人体健康和人身、财产安全的工业产品，必须符合保障人体健康和人身、财产安全的国家标准、行业标准；未制定国家标准、行业标准的，必须符合保障人体健康和人身、财产安全的要求。"这表明市场主体在生产经营过程中，需要遵守国家、行业规定的强制性标准，具备产品应当具备的使用性能，未达到国家标准、行业标准的，没有明确规定没有达到相应规定标准的强制性惩戒措施。本案中，福建省工商行政管理局确定由省商检分局进行抽样检验，所抽检的复合肥料虽然未能达到产品自身明示标准，但《产品质量法》第二十六条规定，生产者应当对其生产的产品质量负责，第二十七条也规定产品或者其包装上的标识必须真实。因此生产者的产品质量义务应当包括明示担保义务，在生产的产品或者包装上应注明采取的产品标准以及通过产品说明、实物样品等方式表明的质量状况，若产品质量不符合明示标准，应承担相应的法律责任。同样，销售者有义务在进货时对产品标识、产品感官以及产品内在质量进行验收。②

---

① 参见李昌麒主编：《经济法学》（第三版），法律出版社 2016 年版，第 288~289 页。
② 参见李昌麒主编：《经济法学》（第三版），法律出版社 2016 年版，第 293~298 页。

*** 拓展阅读 ***

广东本草药业集团有限公司诉贝斯迪大药厂（Bruschettini S. R. L.）产品责任纠纷案

【案例概要】

细菌溶解物 Lantigen "兰菌净"系意大利贝斯迪药厂的产品，经国家食品药品监督管理总局（以下简称国家食药监管总局）颁发进口药品注册证，允许进口使用。Aprontech CO. LTD.（以下简称 Aprontech 公司）是一家香港公司，是经贝斯迪药厂指定的在中国销售"兰菌净"的独家经销商。2013 年 11 月，本草公司与 Aprontech 公司签订独家经销协议，约定本草公司独家从 Aprontech 公司处进口"兰菌净"，在中国大陆地区独家销售。2013 年 11 月至 2015 年 3 月期间，本草公司相继以 10 美元/瓶或 7.3 欧元/瓶的价格向 Aprontech 公司采购 1 566 632 瓶"兰菌净"，共支付货款 5 250 000 美元、7 059 472.10 欧元，进口均价折合人民币 69.46 元/瓶。在此期间，本草公司以平均约人民币 90 元/瓶的价格在中国大陆地区分销"兰菌净"。2016 年 1 月，国家食药监管总局发布《关于停止进口脑蛋白水解物注射液等 4 个药品的公告》，认定"兰菌净"实际生产工艺与注册工艺不一致，实验室存在数据完整性问题，生产过程中存在交叉污染风险，不符合药品管理的相关规定，2016 年 7 月 19 日，国家食药监管总局药品化妆品监管司发出《关于召开细菌溶解物召回工作会议的通知》，召集广东省食品药品监督管理局、本草公司等单位召开关于召回"兰菌净"的工作会议，要求停止进口"兰菌净"，并责令召回。此后，本草公司多次发函要求贝斯迪药厂召回"兰菌净"，贝斯迪药厂未予回应。2017 年 11 月，国家食药监管总局药品化妆品监管司向贝斯迪药厂发出关于责令召回和整改的通知，要求贝斯迪药厂承担产品质量责任，履行召回主体责任。因贝斯迪药厂未召回"兰菌净"，导致本草公司尚未销售的 234 719 瓶"兰菌净"无法处理。2018 年 9 月，广东省广州市公证处接受本草公司委托，对本草公司库存的"兰菌净"进行清点，由此产生公证费人民币 8 000 元。此外，上海大陆药业有限公司（以下简称大陆公司）与本草公司签订分销合同，大陆公司自 2015 年 4 月至 10 月以人民币 80 元/瓶的价格共向本草公司采购 599 576 瓶"兰菌净"，支付货款人民币 47 966 080 元。因"兰菌净"存在安全隐患，大陆公司将尚未销售的 592 610 瓶"兰菌净"退回本草公司，并起诉要求本草公司赔偿损失。2017 年 9 月，广东省广州市中级人民法院作出一审判决，判令本草公司返还大陆公司已支付的货款人民币 47 408 800 元及利息，支付大陆公司退货产生的运费人民币 79 200 元。后广东省高级人民法院就该案作出二审判决，维持原判。2019 年 9 月，广东鑫龙盛环保科技有限公司向本草公司出具危险废物处置报价单，就本草公司库存的 40 吨"兰菌净"处置费用报价人民币 4 万元/吨，合计人民币 160 万元。

第一国际商事法庭判决如下：一、贝斯迪药厂向本草公司赔偿库存"兰菌净"损失人民币 16 303 581.74 元（按本草公司的进口平均价人民币 69.46 元/瓶计算）并支付相应利息；二、贝斯迪药厂向本草公司赔偿大陆公司退回本草公司的"兰菌净"损失人民币 41 241 890.60 元（按本草公司的进口平均价人民币 69.46 元/瓶计算）并支付相应利息；三、贝斯迪药厂向本草公司赔偿公证费人民币 1.6 万元、律师费人民币 8 万元；四、贝斯迪药厂向本草公司支付库存"兰菌净"的处理费用人民币 160 万元；五、驳回本草公司的其他诉讼请求。①

【案例分析】

产品召回制度对消费者的保护具有广泛性和事前性特点，与产品责任法律制度结合，旨在避免消费者因产品缺陷遭受损害，全面周延地保护广大消费者的合法权益。在产品召回制度下，只要符合召回条件，生产商、进口商以及经销商要对所有投入流通的产品采取积极的补救措施，以消除其产品可能引起产品危害的缺陷。缺陷产品的境外生产商是召回缺陷产品的最终责任主体，在其不履行召回义务的情形下，境内销售商即使与境外生产商之间没有合同关系，其仍有权依据《产品质量法》《侵权责任法》（现为《民法典》）等相关规定，直接向境外生产商主张权利。

本案的争议焦点：（1）贝斯迪药厂是否对"兰菌净"负有召回义务；（2）本草公司能否越过其上一级经销商直接向贝斯迪药厂主张侵权责任；（3）贝斯迪药厂向本草公司承担侵权赔偿责任范围的确定。

一是关于贝斯迪药厂是否对"兰菌净"负有召回义务的分析。产品召回制度起因于产品存在可能损害消费者的缺陷，旨在周延地保护广大消费者的合法权益，确保不因为产品的缺陷导致消费者利益受到损害。产品召回法律关系涉及购买缺陷产品的消费者与对于缺陷产品负有召回义务的公司两方之间的权利义务关系，公司及生产厂家作为营利组织，获取盈利固然系其经营活动的最主要的目的，但其作为市场主体，亦须承担诚信经营、遵守市场规则、尊重其他市场主体的权利、维护消费者合法权益等社会责任。因此，从公司及生产厂家的角度说，履行产品召回制度规定的义务正是其承担社会责任的当然要求，缺陷产生乃产品生产者的责任，生产者理应承担产品召回产生的不利后果，因而法律规定生产者应当承担产品召回责任。《侵权责任法》第四十六条（现为《民法典》第一千二百零六条）规定："产品投入流通后发现存在缺陷的，生产者、销售者应当及时采取停止销售、警示、召回等补救措施；未及时采取补救措施或者补救措施不力造成损害扩大的，对扩大的损害也应当承担侵权责任。"据此，消费者既可以向作为销售者的公司主张召回，

---

① 本案案情概要摘引自最高人民法院〔2019〕最高法商初 1 号民事判决书。

也可以直接向作为生产者的公司或厂家主张召回。《药品召回管理办法》第三条"本办法所称药品召回，是指药品生产企业（包括进口药品的境外制药厂商）按照规定的程序收回已上市销售的存在安全隐患的药品"的规定明确了药品召回的义务主体系药品生产企业，境外制药厂商亦包含在内。亦即，就消费者而言，产品销售商与产品生产商均系承担法定召回义务的主体。不过，产品销售商在产品召回制度设计中仅是连接消费者和产品生产商的一条纽带，产品销售商负担的产品召回义务旨在便利消费者就缺陷产品主张权利，产品生产商事实上对缺陷产品召回承担着终极责任。《药品召回管理办法》第十五条第二款"在境内进行召回的，进口单位按照本办法的规定负责具体实施"之规定即体现了这一理念。因此，不论是国产产品还是进口产品，产品生产商作为产品的制造者，是缺陷产品召回的最终义务主体。

本案中，"兰菌净"是存在安全隐患的缺陷药品，贝斯迪药厂作为该缺陷药品的生产商，对其负有召回义务，是召回"兰菌净"的最终义务人。贝斯迪药厂在诉讼中主张，本草公司作为"兰菌净"在中国大陆的进口销售商，应承担相关的召回义务，在本草公司履行了召回义务之后，贝斯迪药厂再无召回义务系对我国产品召回制度的错误理解。基于贝斯迪药厂的最终义务人身份，国家食药监管总局在认定"兰菌净"存在安全隐患之后，即向贝斯迪药厂作出《关于责令召回和整改的通知》，要求其针对现场检查中发现的问题及实际存在的风险进行调查并整改，彻底消除风险隐患，并承担本企业产品产生的相关质量责任，切实履行召回主体责任。

二是关于本草公司能否越过其上一级经销商直接向贝斯迪药厂主张侵权责任的分析。在本案中，本草公司从 Aprontech 公司购买"兰菌净"在中国内地销售，并作为进口单位依法实施了中国境内"兰菌净"产品召回，对其所遭受的损失，有两条救济路径可供选择：其一，依据其与 Aprontech 公司的经销合同，向 Aprontech 公司主张违约赔偿；其二，依据产品召回以及侵权责任的相关规定，向生产者贝斯迪药厂主张侵权赔偿。

由于本草公司与贝斯迪药厂之间并无直接的合同关系，因此，其无权依据合同法律关系向贝斯迪药厂主张违约损害赔偿责任。但是，本草公司已停止销售其尚未售出的"兰菌净"，并经法院判决收回了其已出售给大陆公司的"兰菌净"，其作为已经履行召回义务的销售商，享有依据产品召回相关法律规定直接向召回最终义务人贝斯迪药厂主张召回的权利。贝斯迪药厂作为召回"兰菌净"的最终义务主体，在本草公司多次发函要求其召回后仍未采取召回措施，造成本草公司无法处理库存的以及从下游经销商收回的"兰菌净"，导致产生相应的损失。贝斯迪药厂怠于履行其法定召回义务，主观上存在故意，客观上造成了本草公司的损失，两者之间具有因果关系，构成不作为侵权行为。根据《侵权责任法》第六条第一款（现为《民法典》第一千一百六十五条第一款）之规定"行为人因过错侵害他人民事权益造成损害的，应当承担侵权责任"，本草公司有权直接向贝斯迪药厂主张赔偿其因产品召回所遭受的损失。

三是关于贝斯迪药厂向本草公司承担侵权赔偿责任范围的确定。《侵权责任法》第四十六条（现为《民法典》第 1206 条第 2 款）规定，依据前款规定采取召回措施的，生产者、销售者应当负担被侵权人因此支出的必要费用。贝斯迪药厂作为"兰菌净"的生产者对"兰菌净"负有召回义务，其怠于采取召回措施，给本草公司造成了损失，应对本草公司承担侵权赔偿责任。如前所述，本草公司有权依据原《侵权责任法》第六条第一款（现为《民法典》第一千一百六十五条第一款）之规定向贝斯迪药厂主张赔偿其因产品召回所遭受的损失。贝斯迪药厂怠于履行其所负有的产品召回法定义务，根据《侵权责任法》第十五条第一款第六项（现为《民法典》第一百七十九条第一款第八项）之规定承担民事责任的方式之一是赔偿损失，本草公司可向其主张赔偿因其怠于履行法定召回义务给本草公司造成的直接损失。结合本案详情，本草公司库存的及其在中国境内召回的"兰菌净"产品的损失、为实施产品召回所支付的费用，以及由于贝斯迪药厂未及时取回应予召回的"兰菌净"产品，导致其过期失效而产生的处置费用，都属于贝斯迪药厂怠于履行法定召回义务所造成的损失，对此均应予以赔偿。但是，本草公司向分销商销售"兰菌净"的可得利益损失，实为商业风险，由于贝斯迪药厂与本草公司之间不存在合同关系，该损失不属于侵权之诉的赔偿范围。

*** 拓展阅读 ***

四川红云建设项目管理咨询有限公司诉成都宝泰实业集团有限公司合同纠纷案

【案例概要】

2011年10月28日,四川红云建设项目管理咨询有限公司(以下简称红云公司)与成都宝泰实业集团有限公司(以下简称宝泰公司)签订《建设工程造价咨询协议》,约定宝泰公司委托红云公司进行竣工结算审核服务。该协议第二条确定审核咨询服务费用适用川价发〔2008〕141号《四川省物价局、四川省建设厅关于〈工程造价咨询服务收费标准〉的通知》(以下简称川价发〔2008〕141号通知)等相应的法律、行政法规及管理办法和规定。同时该协议第二十四条约定:委托人支付咨询人酬金及计算方法为:(1)基本审核费按10万元包干计取;(2)效益审核费最低为审减额的3%,随着审减额增加而按一定比例增加,最高收费的比例不超过审减额的38%。上述约定收费标准高于川价发〔2008〕141号通知规定的收费标准。川价发〔2008〕141号通知规定:"……凡在我省行政区域内的工程造价咨询单位承担工程造价咨询业务,根据本通知规定和要求执行……工程造价咨询单位应严格按"收费许可证"核定的收费项目和标准亮证收费……"该通知附件1载明:《四川省工程造价咨询收费服务标准》第9项"审核竣工结算:收费基数为送审工程造价,100万元以下为5‰,100万元—500万元为4.80‰,500万元—1000万元为4.60‰,1000万元—5000万元为4.40‰,5000万元—1亿元为4.00‰,1亿元以上为3.50‰";附件2载明:"审核竣工结算时,所有基本审核费由委托单位负担,另按审减或审增额度可加收3%~5%审核费用(具体幅度由双方在造价咨询合同中约定),审增减率在5%以内(含5%),由委托单位负担审核费用;审减率在5%以上的,5%以内(含5%)的审核费用由委托单位承担,超过部分由编制单位承担;审增部分审核费用由编制单位承担。"

2012年4月19日,红云公司换领收费许可证,载明:"……工程造价咨询服务费收费标准:具体收费标准按文件规定执行。批准收费的机关及文号:川价发〔2008〕141号……"2012年11月1日,红云公司出具《建设工程造价审核认定书》确认:送审造价138 930 827.34元,审定造价105 179 229.06元,核减金额33 751 598.28元。红云公司、宝泰公司及施工单位在该审核认定书上加盖公章和负责人印章。此后,双方当事人因审核费金额和支付发生争议,红云公司遂提起本案诉讼,请求宝泰公司支付剩余审核费8 490 607元及承担从2012年11月16日起至付清为止按银行同期贷款利率计算的审核费占用损失,并由宝泰公司承担案件受理费。宝泰公司辩称,案涉《建设工程造价咨询协议》约定的收费标准严重畸高,审核费应当川价发〔2008〕141 号通知的规定收取。

裁判结果:成都市中级人民法院认为,案涉《建设工程造价咨询协议》不违反有关法律、行政法规的效力性强制性规定,合法有效,对双方当事人均有约束力。遂判决:一、被告成都市宝泰实业集团有限公司于本判决生效之日起 15 日内支付原告四川红云建设项目管理咨询有限公司审核费 8 031 076.65 元及利息损失;二、驳回原告四川红云建设项目管理咨询有限公司的其他诉讼请求。宝泰公司不服,提起上诉。

四川省高级人民法院依法撤销原判,改判:一、撤销四川省成都市中级人民法院〔2013〕成民初字第 96 号民事判决;二、成都宝泰实业集团有限公司于本判决生效之日起 15 日内支付四川红云建设项目管理咨询有限公司审核费 1 434 685.92 元及利息;三、驳回四川红云建设项目管理咨询有限公司的其他诉讼请求。①

【案例分析】

本案主要涉及的争议在于:确认案涉审核竣工结算收费是适用市场调节价、政府指导价还是政府定价。合同约定未违反法律、行政法规强制性规定的,不影响合同效力,但合同价款超过政府指导价的部分属于自然债务。如合同尚未实际履行完毕而债权人请求履行的,对于超过政府指导价的部分,人民法院不予支持。

根据《中华人民共和国价格法》第三条"国家实行并逐步完善宏观经济调控下主要由市场形成价格的机制。……市场调节价,是指由经营者自主制定,通过市场竞争形成的价格。……政府指导价,是指依照本法规定,由政府价格主管部门或者其他有关部门,按照定价权限和范围规定基准价及其浮动幅度,指导经营者制定的价格。政府定价,是指依照本法规定,由政府价格主管部门或者其他有关部门,按照定价权限和范围制定的价格"的规定,我国现阶段的价格管理存在市场调节价、政府指导价、政府定价三种形式。同时,根据《中华人民共和国价格法》第十二条"经营者进行价格活动,应当遵守法律、法规,执行依法制定的政府指导价、政府定价和法定的价格干预措施、紧急措施"的规定,经营者在价格活动中,应当执行政府指导价、政府定价。经营者在提供收费服务时,应当遵守法律、法规,特别是有关价格的法律、法规和政策的规定。《川价发〔2008〕141 号通知》确定的收费项目和收费标准,系由四川省法定有权部门依照其法定权限和结合四川省的客观实际情况,经法定程序制定、公布,并在四川省辖区内执行的政府指导价。故在四川省范围内从事工程造价咨询服务业务,其收费项目和标准应当执行川价发〔2008〕141 号通知的规定。案涉审核竣工结算收费项目和标准在该通知第九项已作出明文规定,因此,案涉审核竣工结算收费价格属政府指导价。根据我国法律、行政法规和价格政策的规定,实行政府指导价的商品的品种、基准价、浮动幅度、差率大小都是国家价

---

① 本案案情概要摘引自最高人民法院〔2015〕民申字第 1506 号再审民事裁定书。

格管理部门或其他有关部门根据宏观调控需要而制定的,任何单位和个人都必须严格遵守,不得擅自变动,如果需要调整,必须按照价格管理权限和审批程序办理。经营者仅可以在国家规定的价格浮动范围内约定具体的价格。因此,《中华人民共和国价格法》第三十九条规定"经营者不执行政府指导价、政府定价以及法定的价格干预措施、紧急措施的,责令改正,没收违法所得,可以并处违法所得五倍以下的罚款;没有违法所得的,可以处以罚款;情节严重的,责令停业整顿",第四十一条规定,"经营者因价格违法行为致使消费者或者其他经营者多付价款的,应当退还多付部分;造成损害的,应当依法承担赔偿责任"。《中介服务收费管理办法》第十八条规定:"中介机构要严格执行国家有关收费管理的法规和政策,不得违反规定设立收费项目、扩大收费范围、提高收费标准。"

在本案中,《建设工程造价咨询协议》第二十四条的约定反映了双方当事人在签订合同时的真实意思,即同意在川价发〔2008〕141号通知规定标准的基础上,提高收费比例。案涉当事人之间约定的超过川价发〔2008〕141号通知规定的收费部分,虽然未违反法律、行政法规的效力性强制性规定,但违反了《中华人民共和国价格法》等具体的有关价格的法律、行政法规的管理性强制性规定,人民法院虽不宜直接以当事人的该约定违反法律、行政法规的管理性强制性规定为由宣告无效,但因该约定违反法律、行政法规的管理性强制性规定,不当然地受到法律的保护和赋予司法强制执行力。换言之,人民法院不宜通过判决的方式支持当事人违反法律、行政法规管理性强制性规定的诉求,该诉求也不宜通过人民法院赋予司法强制执行效力的方式得以实现。同时,案涉收费约定也与《中华人民共和国合同法》第七条"当事人订立、履行合同,应当遵守法律、行政法规,尊重社会公德,不得扰乱社会经济秩序,损害社会公共利益"规定的精神相悖。因此,本案争议的审核竣工结算的收费标准问题,应当按照川价发〔2008〕141号通知规定的标准收费,宝泰公司上诉主张按照川价发〔2008〕141号通知规定的标准收取案涉审核竣工结算审核费的理由成立,予以支持。

*** 拓展阅读 ***

上海大易云计算股份有限公司诉上海市浦东新区市场监督管理局行政处罚决定案

【案例概要】

上海大易云计算股份有限公司（以下简称大易公司）主要经营人力资源软件开发服务业务。2018年12月13日，上海市浦东新区市场监督管理局（以下简称浦东新区市监局）作出行政处罚决定，认定大易公司于2018年4月1日起在其自设网站（www.dayee.com）上发布广告。该广告在荣誉奖项部分含有"2017—2018大中华区最佳招聘管理软件服务商""连续三年（2013—2016）蝉联'大中华区最佳招聘管理软件服务商'"等获奖内容并贴有相应的获奖证书图片。上述奖项名称中含有"最佳"用语。大易公司上述行为违反《广告法》第九条第三项"使用'国家级'、'最高级'、'最佳'等用语"的规定，对其罚款100 000元。大易公司不服，诉至上海市静安区人民法院，要求撤销浦东新区市监局作出的上述行政处罚决定，并返还大易公司已缴纳的罚款100 000元。①

【案例分析】

《广告法》第九条第三项规定，广告不得使用"国家级""最高级""最佳"等用语。经营者在宣传其所获荣誉时，奖项名称中包含"最佳"等绝对化用语，是否违反上述规定，司法审查中应当结合具体案情，以是否产生误导消费者、引起不正当竞争的危害后果作为认定是否构成违法行为的要件。

本案的争议焦点是大易公司的广告活动是否违反了《广告法》的规定，是否应实施行政处罚。大易公司使用"最佳"用语的情形，系置于"公司简介"栏目下，如实介绍该公司曾经获得过的荣誉奖项，无法推断出大易公司主观上具有贬低其他竞争对手、误导消费者的恶意。从客观后果来看，大易公司展示的荣誉证书图片下方的文字即为证书中所获奖项的名称，文字与图片内容具有一致性，尺寸大小亦相互适应，并未突出使用含

---

① 本案案情摘引自上海市第二中级人民法院〔2019〕沪02行终366号二审行政判决书。

"最佳"用语的文字,故图文应视为一个整体,共同承担介绍大易公司所获奖项的功能。该奖项是由市场上独立的机构经过一定程序、以一定标准、设定一定时限后评选获得的奖项,具有明显的个体主观性和时空限定性,并不意味着普通大众对大易公司的评价是"最佳",更不代表大易公司客观上就是"最佳"。因此,大易公司使用"最佳"用语的情形,不属于贬低竞争对手的排他性宣传,也不可能造成受众误解,不存在扰乱市场秩序、侵害潜在消费者合法权益的危害后果。

如何在依法维护正常的市场秩序和保护公平竞争环境的同时,避免因机械适用法律条文而导致的处罚失当,损害市场主体的利益,是实践中需要正确把握的问题。本案对《广告法》相关条文适用作出了具体诠释,即在《广告法》调整范畴内,应以是否产生误导消费者、引起不正当竞争的危害后果作为认定是否构成违法行为的要件。本案对于审理此类案件具有一定参考意义,同时对促进行政机关依法行政,营造良好营商环境起到积极作用。

*** 拓展阅读 ***

肖某诉某平台泄露个人信息纠纷案

【案例概要】

肖某在某平台第三方店铺某化妆品专营店购买货物,后因订单超时未付款,被取消。肖某事后向工商部门举报某化妆品专营店销售的产品涉嫌欺诈。某化妆品专营店通过平台协查的通知得知自己被举报,多次联系肖某协商解决纠纷。肖某认为是某平台将自己的举报信息泄露给某化妆品专营店,遂向法院提起泄露隐私的侵权诉讼。①

【案例分析】

消费者的举报信息具有私密性,不应为被举报人知悉,属于应当保密的信息。购物平台在接到工商部门的调查函后,以协查的名义将举报订单的编号告知被举报人,属于泄露个人私密信息的行为。涉案的订单编号对应的交易记录包含举报人的联系方式、收货地址等个人信息。被举报人可以通过上述信息了解并锁定举报对象。平台泄露举报信息的行为违反了《广告法》第五十三条的相关规定。平台违反相关规定,应承担相应侵权责任。

根据《广告法》第五十三条的规定,市场监督管理部门和有关部门负责受理并处理单位和个人关于违反《广告法》的行为的投诉和举报,并负有为投诉人、举报人保密的义务。在本案中,平台作为工商调查的协助者,同样负有为举报人保密的义务。而案涉平台向被举报人提供协查通知信息时,泄露了协查通知所隐含的具有私密性的举报信息,该行为违反了前述保密义务。基于肖某的个人联系方式、地址等信息在与被举报人缔结交易时已为被举报人所知悉的事实,被举报人很容易通过订单号锁定举报人。故本案的实质是平台违反《广告法》的规定泄露了举报信息。该案也提示电商平台在协查工商调查时,应注意履行《广告法》规定的相应义务,为投诉人、举报人保密。同时,只有不断提升交易平台经营模式的规范性,强化交易平台保护个人信息的意识,健全合法、必要、正当处理个人信息的行业规则,才能促进电商业务的持续健康发展。

---

① 本案案情摘引自 2020 年 6 月 11 日北京市第四中级人民法院互联网民商事审判十大典型案例。

*** 拓展阅读 ***

破坏电子计量器具准确度收购稻谷欺诈村民案

【案例概要】

2019年10月平昌县市场监督管理局执法人员接群众电话举报声称一外地商贩在平昌县灵山镇民意村九社收购稻谷中存在短斤少两现象，随即执法人员同辖区派出所执法人员一同赶到现场进行检查，检查时发现当事人彭某利用一辆车牌号为渝D的货车和"香海"衡器电子秤从事稻谷收购活动。现场查获用于作案的"香海"衡器电子秤一台及遥控器3个（黑色遥控器1个、棕色A号遥控器1个、棕色B号遥控器1个）。当事利用上述3个遥控器对电子秤进行控制，以多称少以此欺骗消费者，其经营行为与群众电话举报事实基本吻合，执法人员当场制作了现场检查笔录。[1]

【案例分析】

彭某破坏电子计量器具准确度收购稻谷欺诈村民的行为违反了《中华人民共和国计量法》第十六条"使用计量器具不得破坏其准确度，损害国家和消费者的利益"之规定，依据《中华人民共和国计量法实施细则》第四十六条"使用不合格计量器具或者破坏计量器具准确度和伪造数据，给国家和消费者造成损失的，责令其赔偿损失，没收计量器具和全部违法所得，可并处2000元以下的罚款"进行处罚。

计量器具在人们的日常生活中应用广泛，其精确度直接影响着物品计量的准确性，对人们的生产生活影响重大。《计量法》旨在加强计量监督管理，保障国家计量单位制的统一和量值的准确可靠，促进生产、贸易和科学技术的发展，适应社会主义现代化建设的需要，维护国家、人民的利益。本案涉及粮食买卖，密切关系着老百姓的切身利益。根据《计量法》第十六条的规定，使用计量器具不得破坏其准确度，损害国家和消费者的利益。本案中彭某通过破坏电子计量器具准确度谋求不当营利的做法严重损害了消费者的合法权益，应依法承担法律责任。经营者应秉承诚信经营理念，精准计量，充分保障消费者的合法权益。

---

[1] 资料来源于http://www.scpc.gov.cn/zwgk/wgk/zxgk/12630521.html，最后访问时间：2021年9月8日。

第十七章 特别市场规制制度

📖 学习回顾

经济法学的体系可以分为经济法总论和经济法分论，经济法总论对经济法分论中的各类具体制度进行理论指导。经济法分论主要分为调整宏观调控关系的宏观调控制度和调整市场规制关系的市场规制制度两大类，而特别市场规制制度是市场规制制度发展到一定阶段的产物，这些制度仅适用于特殊类型的市场。"从市场规制的角度，根据政府干预和控制力度的不同，可以将市场分为一般市场和特别市场。"①"所谓特别市场，是指在经济、政治或社会等要素方面有特殊性，需要国家对市场主体和交易活动设置特别规制规则的特殊市场，如关乎国家经济安全、社会稳定或国计民生的金融市场、房地产市场、能源市场等。"②

对前述相关特殊市场进行规制的则是金融市场规制制度、房地产市场规制制度、能源市场规制制度等。本章将通过解读核心案例及关联案例的方式来阐释特别市场规制基本原理，以及具体的货币市场规制制度、证券市场规制制度、保险市场规制制度、房地产市场规制制度、能源市场规制制度。

💬 学习重点

1. 特别市场规制制度基本原理。
2. 特别市场规制制度价值功能。
3. 特别市场规制制度的特殊性。

---

① 参见张守文主编：《经济法学》第二版，高等教育出版社2018年版，第328页。
② 参见张守文主编：《经济法学》第二版，高等教育出版社2018年版，第328页。

📝 案例介绍

【核心案例】 蚂蚁集团暂缓上市案。通过对蚂蚁集团暂缓上市案件的梳理，了解蚂蚁集团金融公司的本质属性，学习蚂蚁集团所涉及的货币市场、证券市场、保险市场以及蚂蚁集团的金融监管主体，为了规避蚂蚁集团上市所带来的金融风险，国家暂停蚂蚁集团上市，以保障经济社会平稳运行。

【核心案例】 力帆实业（集团）股份有限公司及其十家全资子公司破产重整案。通过对力帆系破产重整案件的分析，了解力帆系破产的原因，学习其涉及的能源市场、货币市场、证券市场、房地产市场及其风险，思考特别市场规制制度的价值功能。

【拓展阅读】 伊某军与中国工商银行股份有限公司盘锦分行银行卡纠纷案。通过对《最高人民法院公报》案例的分析，了解作为特别市场的银行市场准入规制与审慎经营行为规制，预防金融风险的发生。

【拓展阅读】 瑞幸咖啡财务造假案。通过对瑞幸咖啡财务造假案的分析，了解特别市场的证券市场规制制度，学习境内企业境外上市的管辖权及跨境监管问题。

【拓展阅读】 艾某某诉长城人寿保险股份有限公司等人身保险合同纠纷案。通过对优评案例人身保险合同纠纷案件的分析，了解作为特别市场的保险市场规制制度，学习保险法中的相关规定。

【拓展阅读】 周某帅诉余姚绿城房地产有限公司商品房预售合同纠纷案。通过对《最高人民法院公报》案例商品房预售合同纠纷案的分析。了解作为特别市场的房地产市场规制制度，学习房地产法中的相关规定。

【拓展阅读】 寿光中石油昆仑燃气有限公司诉寿光市人民政府解除特许经营协议案。通过对最高人民法院发布行政协议案件典型案例之九的分析，了解作为特别市场的能源市场规制制度，学习能源市场规制制度的特殊性。

📝 阅读思考

1. 特别市场双重失灵的具体表现。
2. 特别市场风险预警与防范。
3. 特别市场规制制度的必要性和迫切性。

*** 核心案例 ***

蚂蚁集团暂缓上市案

蚂蚁集团有我们所熟知的支付宝、余额宝、花呗、借呗、蚂蚁森林等日常使用的App，业务涉及超过10亿名用户和超过8000万家商家的数据。蚂蚁集团一旦上市估值将达到2.8万亿元，作为金融控股公司若未健全风险隔离措施，规范关联交易则极易扰乱金融市场秩序甚至引发金融危机，金融监管部门暂缓蚂蚁集团上市是为了预警防范系统性金融风险，维护金融市场秩序的稳定有序。

【案例概要】[①]

蚂蚁科技集团股份有限公司（以下简称"蚂蚁集团"，曾用名简称"蚂蚁金服"）成立于2000年10月19日，实际控制人为马云。蚂蚁集团的重要里程碑为：2004年创立支付宝，2009年推出移动端支付宝App，2010年首推基于场景的线上保险产品，2011年首推二维码支付，2013年推出余额宝，2014年推出花呗，2015年推出借呗，2016年推出蚂蚁森林，2018年推出蚂蚁链BaaS平台，2020年支付宝App数字生活战略发布并更名为"蚂蚁集团"。2020年7月20日，蚂蚁集团宣布同时在上海证券交易所科创板和香港联合交易所有限公司主板寻求上市，此时的蚂蚁集团估值高达1.4万亿元，被喻为资本市场全球最大A+H股首次公开发行股票（以下简称"IPO"）。

蚂蚁集团自2020年8月25日，向上海证券交易所提交首次公开发行股票并在科创板上市的申请，到2020年10月16日，中国证监会出具《关于核准蚂蚁科技集团股份有限公司发行境外上市外资股及境内未上市股份到境外上市的批复》；2020年10月20日，中国证监会出具《关于同意蚂蚁科技集团股份有限公司首次公开发行股票注册的批复》，创造了证券市场注册制改革以来的最短注册记录，被业内评为"闪电"过会。获批后的蚂蚁集团估值目标被提高到2.8万亿元，如果市场条件允许，预计蚂蚁集团将创下全球最大规模IPO。

然而在上市前夕，2020年11月2日，中国证监会会同央行、银保监会、国家外汇管理局对蚂蚁集团实际控制人马云及高管等进行了监管约谈。2020年11月3日，上海证券交易所出具的《关于暂缓蚂蚁科技集团股份有限公司科创板上市的决定》提出，"由于金

[①] 本案例参见《蚂蚁科技集团股份有限公司科创板首次公开发行股票招股说明书（注册稿）》、《关于同意蚂蚁科技集团股份有限公司首次公开发行股票注册的批复》，载中国证券监督管理委员会：http://www.csrc.gov.cn/pub/newsite/，《关于暂缓蚂蚁科技集团股份有限公司科创板上市的决定》，http://www.sse.com.cn/。

融科技监管环境发生变化等重大事项可能导致蚂蚁集团不符合发行上市条件或者信息披露要求。根据《科创板首次公开发行股票注册管理办法（试行）》第二十六条和《上海证券交易所科创板股票发行上市审核规则》第六十条等规定"，决定暂缓蚂蚁集团上市。与此同时，蚂蚁集团香港上市也被暂缓。

【案例分析】

一、蚂蚁集团的本质属性

根据蚂蚁集团提交的招股说明书显示，蚂蚁集团的主营业务是数字支付与商家服务、金融科技平台、创新业务及其他。即蚂蚁集团主要通过支付宝平台提供支付与商家服务，借助支付过程沉淀的超过10亿名用户和超过8 000万家商家"数据"，通过科技赋能进而提供金融服务（微贷、理财和保险等经纪业务）、创新业务（蚂蚁链等）等服务。[1] 蚂蚁集团旗下拥有基金、银行、小贷、财险等牌照，并涉足支付、借贷、保险服务、理财等。中国人民银行、中国银保监会、中国证监会、国家外汇管理局于2021年4月12日联合约谈蚂蚁集团，要求"蚂蚁集团整体申设为金融控股公司，所有从事金融活动的机构全部纳入金融控股公司接收监管，健全风险隔离措施，规范关联交易"[2]，对此，蚂蚁集团回应将根据监管要求将蚂蚁集团整体申请设立为金融控股公司，将金融业务全部调整纳入金融监管。基于上述，蚂蚁集团的本质是以金融为根基的金融科技公司，虽然蚂蚁集团长期坚称自己是一家科技公司，而非金融服务公司，并且在IPO前将公司名称中的"金融服务"字样删除以规避IPO审核，却改变不了其金融公司的本质属性。

二、蚂蚁集团涉及的特别市场

（一）货币市场

货币是具有一般等价物性质的交换媒介，其契约本质决定了货币具有不同的形式，如我们目前使用的纸币、硬币、以及通过支付宝、微信支付的数字货币。货币市场也具有广义与狭义之分，广义的货币市场包括货币发行市场、货币信用市场、货币流通市场等；狭义的货币市场是指融资期限在一年以内的短期信用工具融资市场。根据蚂蚁集团提交的招股说明书显示，蚂蚁集团截至2020年6月30日，通过公司平台完成的总支付交易规模达

---

[1] 参见《蚂蚁科技集团股份有限公司科创板首次公开发行股票招股说明书（注册稿）》，载中国证券监督管理委员会：http://www.csrc.gov.cn/pub/newsite/fxjgb/kcbzczl/kcbzcsqwj/202009/t20200923_383489.html。

[2] 参见《中国人民银行副行长潘功胜就金融管理部门再次约谈蚂蚁集团情况答记者问》，载中国证券监督管理委员会：http://www.csrc.gov.cn/pub/newsite/zjhxwfb/xwdd/202104/t20210412_395827.html。

118万亿元，通过公司平台完成的国际总支付交易规模达 6 219 亿元。① 蚂蚁集团通过支付宝 App 实现了数字货币的支付功能，蚂蚁集团的余额宝、花呗、借呗等已然形成了狭义的货币市场，即融资期限在一年以下的短期信用工具融资市场。蚂蚁集团拥有银行、小贷牌照，具备了银行的存储、借贷功能，一种新兴的数字货币市场由此诞生了，与此同时也给货币市场的监管规制带来了挑战。

（二）证券市场

证券市场是各种有价证券的集合，是股票、债券、基金及其金融衍生产品发行和交易的场所。随着科技和信息的不断发展，证券市场从纸质证券逐步发展到电子化证券，进入无纸化证券时代，现阶段的证券市场具有虚拟性、投资性以及风险分散性的特点。"证券市场的特殊性主要体现在交易商品及交易方式的独特性上。"② 蚂蚁集团拟在上海证券交易所科创板以及香港联合交易所有限公司主板首次公开发行股票暨上市，即业内所称的"A+H 股上市"。其交易的商品是蚂蚁集团的股票，发行的方式是蚂蚁集团拟在上海证券交易所和香港联合交易所有限公司首次公开发行股票。交易方式是由主承销商对蚂蚁集团的股票进行一级市场交易，当蚂蚁集团的股票进入二级市场交易时，就是我们俗称的"炒股"。蚂蚁集团的交易场所是内地的 A 股市场和香港的 H 股市场。在证券市场，股票市场的风险最高，因此，为了防范系统性金融风险，国家对股票的发行、上市、交易制定了严格的规制制度，强调投资者保护以及上市公司的信息披露制度。蚂蚁集团本次暂缓上市也是国家出于对风险防范的考虑所作出的特别决定。

（三）保险市场

保险从广义上来说包括商业保险和社会保险，从狭义上来说是我们保险法上所称的商业保险。商业保险主要是由中国银保监会进行监管，而社会保险则是由劳动和社会保障部门来进行管理。保险市场是各类保险商品交易的场所，与社会利益紧密联结，为社会分散风险的特别市场。本书主要介绍保险法上的商业保险市场，保险市场中的市场主体有保险公司、投保人、保险代理人等。保险公司在保险市场中处于信息优势地位，投保人则处于信息弱势地位，二者签署的保险合同大多为格式合同，投保人没有协商的空间。蚂蚁集团持有财险牌照，经营保险业务，通过收取投保人的保险费用进行营利。蚂蚁集团所集合的保险资金是保障全体投保人的利益，一旦蚂蚁集团出现经营危机则会将自身经营风险转嫁给全体投保人。因此，国家为了保证投保人的利益，维护保险市场竞争秩序和社会经济的稳定，对保险市场的准入、经营、风险管理等进行了规制。

三、蚂蚁集团的金融监管主体

自 2020 年以来蚂蚁集团在暂缓上市前后被中国人民银行、中国银保监会、中国证监会、国家外汇管理局联合密集约谈，约谈的核心是金融监管部门为了防范由蚂蚁集团引发

---

① 参见《蚂蚁科技集团股份有限公司科创板首次公开发行股票招股说明书（注册稿）》，载中国证券监督管理委员会：http://www.csrc.gov.cn/pub/newsite/fxjgb/kcbzczl/kcbzcsqwj/202009/t20200923_383489.html。

② 参见《经济法学》第二版，高等教育出版社 2018 年版，第 337 页。

的系统性金融风险,根据金融法律法规以及监管的要求提出蚂蚁集团必须在金融领域进行业务整改。蚂蚁集团下设银行、保险、基金等金融业务,其"A+H股上市"计划预计成为全球最大规模 IPO,将直接影响 A 股和 H 股市场的稳定发展,因此,作为其金融监管主体的中国人民银行、中国银保监会、中国证监会有权力与职责约谈蚂蚁集团,为货币、证券、保险等特别市场保驾护航。

(一)中国人民银行

中国人民银行又简称央行,监督管理银行间债券市场、货币市场等特别市场。中国人民银行由最初的金融监管集权到后来银监会、证监会、保监会分权再到现在的国务院金融稳定发展委员会、央行、银保监会、证监会(以下简称"一委一行两会")的渐进式相对集权,也反映出我国金融业由混业经营到分业经营再发展到现阶段的综合经营的阶段性历程。中国人民银行在我国的金融变迁史上一直承担着维护国家经济安全,防范金融风险的使命。

(二)中国银保监会

中国银行保险监督管理委员会(以下简称"中国银保监会")由中国银监会与中国保监会于 2018 年 4 月合并而成,是国务院的直属事业单位。中国银保监会对全国银行业和保险业进行统一监督管理,起草银行业和保险业法律法规并提出制定与修改建议。中国银保监会对银行业和保险业进行市场准入管理,对银行和保险机构的公司治理、风险管理、内部控制、资本充足状况、偿付能力、经营行为和信息披露等实施监管。保护金融消费者的合法权益,依法查处银行业和保险业的违法违规行为,守住不发生系统性金融风险的底线。[1]

(三)中国证监会

中国证券监督管理委员会(以下简称"中国证监会")成立于 1992 年 10 月,是国务院下属正部级事业单位,中国证监会对全国证券期货市场进行统一监督管理,并维护证券期货市场的竞争秩序,保障其合法运行。中国证监会负责起草、制定、修改证券期货市场相关的法律法规、规章制度和办法。[2] 根据《中华人民共和国证券法》第九条的规定,拟上市公司首次公开发行证券需要向中国证监会申请注册。实践中,沪深交易所主板上市到目前为止,仍旧需要中国证监会发审委审核,而上海证券交易所的科创板和深圳证券交易所的创业板上市则交给交易所审核,并由中国证监会注册,境外发行股票同样需要中国证监会的核准。因此,蚂蚁集团拟申请"A+H股上市",也需要经过中国证监会的同意与核准。

四、蚂蚁集团暂缓上市的启示

蚂蚁集团从本质属性上来说是金融控股集团,但是在上市过程中一直弱化其金融的本

---

[1] 参见"中国银保监会的主要职责",载中国银行保险监督管理委员会网:http://www.cbirc.gov.cn/cn/view/pages/ItemList.html?itemPId=900&itemId=901&itemUrl=ItemListRightArticle.html&itemName=%E4%B8%BB%E8%A6%81%E8%81%8C%E8%B4%A3。

[2] 参见"中国证监会简介",载中国证券监督管理委员会网:http://www.csrc.gov.cn/pub/newsite/zjhjs/zjhjj/。

质属性，以科技公司自居企图打擦边球，以避开金融监管。我国的金融法律法规逐步完善，金融监管机构的联合执法机制也越发成熟。蚂蚁集团自 2020 年启动上市计划以来多次被监管机构约谈，体现了监管机构对金融风险的高度警觉性。当全球资本市场都在期待蚂蚁集团 IPO 带来一场资本盛宴的前夕，金融监管机构看到了蚂蚁集团上市将给我国带来的金融风险。蚂蚁集团作为新兴的互联网金融科技公司，从移动支付到普惠金融领域服务着我国超 10 亿的个人用户，超 8000 万的机构用户，数字支付规模达到 118 万亿元，一旦出现信用风险和系统性金融风险将传染至货币市场、保险市场、证券市场等特别市场，进而引发金融危机导致市场失灵，使得市场机制不能有效发挥其作用，无法实现资源优化配置。

　　基于蚂蚁集团暂缓上市案，我们得到的启示是：第一，在金融创新层出不穷的时代，金融法律法规具有滞后性，因此需要我们的金融监管机构随着金融市场的不断发展作出灵活的监管措施。第二，当资本无序扩张，垄断形成的时候，金融监管机构需要切实的预警和防范金融风险，提高金融科技领域的监管能力，坚持公平和从严监管原则，营造公平竞争的市场环境，对于违法违规行为依法严肃查处。第三，金融监管机构应保障数据产权和个人隐私，防范信用风险，规范市场秩序，守住不发生系统性金融风险的底线。第四，金融监管机构应加强监管协同，形成有效的监管协调机制，对于综合金融业务应联合执法，避免多头监管，浪费监管资源。

*** 核心案例 ***

力帆实业（集团）股份有限公司及其十家全资子公司破产重整案

力帆系是企业集团破产重整的典型案例，主营业务涉及汽车、摩托车及发动机，后逐步涉及金融市场、房地产市场。2016年由于新能源汽车补贴被处罚成为力帆系陷入经营和债务危机的导火索，金融市场的庞大债务违约使得力帆系雪上加霜，最终2020年8月进入破产重整程序，通过司法重整整体化解了企业危机，维护了6万余户中小投资者、5700余名职工的合法利益，保障了上下游产业链千余家企业的正常生产经营。

【案例概要】①

力帆实业（集团）股份有限公司（以下简称"力帆股份"）是我国首个在A股上市的民营乘用车企业，力帆股份及其十家全资子公司是主营汽车、摩托车及发动机产销的集团性跨国民营企业，业务涉及房地产、新能源汽车。力帆股份曾取得辉煌成就，是重庆乃至全国民营企业的一面旗帜。力帆系的危机源于发展新能源汽车及巨额债券违约并引发退市危机，企业自2017年起逐渐陷入经营和债务危机。主营摩托车、通用机业务大幅萎缩，汽车业务基本停止经营；巨额金融债务违约，企业主要资产被抵押、质押。2020年6月29日，债权人重庆嘉利建桥灯具有限公司向重庆第五中级人民法院申请对力帆股份破产重整。2020年7月9日，债权人重庆三三电器股份有限公司等分别申请对力帆股份的十家全资公司破产重整。2020年8月21日，重庆第五中级人民法院依法受理力帆股份及其十家全资子公司系列重整案。

2020年11月25日，力帆股份债权人会议及其出资人会议以及十家全资子公司债权人会议均高票通过重整计划草案。2020年11月30日，重庆市第五中级人民法院裁定批准重整计划。力帆股份重整案是国内首家汽摩行业上市公司重整案。"本案创新采用上市公司出资人让渡股权为十家子公司偿债的清偿方式，有效实现了区域性、系统性金融风险'软着陆'。"②"力帆系企业重整期间继续营业，安置职工5700余人，保留了重庆传统知名的'力帆'品牌，保护了上下游产业链千余家企业利益，有效避免了力帆股份退市的可能，保障了6万余户中小投资者权益。"③

---

① 参见重庆市第五中级人民法院发布重庆破产法庭2020年十大典型案例之一：力帆系企业破产重整案。

② 参见《重庆日报》，https：//epaper.cqrb.cn/html/cqrb/2021-01/15/008/content_rb_277532.htm。

③ 参见《重庆日报》，https：//epaper.cqrb.cn/html/cqrb/2021-01/15/008/content_rb_277532.htm。

【案例分析】

一、本案例涉及的特别市场

(一) 能源市场

能源市场是有关能源资源开发和能源资源产品交易市场的简称。① 电力、石油、天然气、煤炭、矿产等能源资源的开采和利用都关乎国家的经济命脉和社会的长治久安。我国的能源市场也具有严格的市场准入制度、能源安全与储备制度、能源开发利用制度以及能源定价管理制度等。自"十一五"计划以来,我国提出"节能和新能源汽车战略"以减少空气污染和缓解能源短缺。新能源汽车是指除了传统了汽油、柴油以外可以使用电力、氢动力等其他新能源发动机的汽车。新能源汽车涉及能源资源产品交易的特别市场,是能源市场和汽车市场发展融合的产物。

本案例中的力帆系也积极响应国家的号召发展新能源汽车,然而,2016年10月10日,力帆股份发布公告称收到财政部下发的《财政部关于重庆力帆乘用车有限公司新能源汽车推广应用补助资金专项检查的处理决定》(以下简称"处理决定")。根据该处罚决定,财政部认为力帆存在不符合财政补贴申报条件的辆车2 395辆,涉及中央财政补助资金共计1.1408亿元,对于前述2 395辆新能源汽车中央财政不予补助,并取消2016年中央财政补助资金预拨资格。更为严重的是力帆股份发布公告称,2017年2月4日收到中华人民共和国工业和信息化部(以下简称"工信部")下发的《工业和信息化部行政处罚决定书》(工信装罚〔2017〕010号,以下简称"《处罚决定书》"),工信部依据《国务院对确需保留的行政审批项目设定行政许可的决定》(国务院令第412号)、《中华人民共和国行政许可法》第八十条、《汽车产业发展政策》(国家发展和改革委员会令第8号)第二十二条等相关规定,决定对力帆作出暂停新能源汽车推广应用推荐车型资质,责令2个月内整改并验收。特别市场有严格的市场准入制度,一旦市场主体违反法律法规的规定都将被限制在市场之外。虽然一年后力帆又进入新能源汽车市场,并且取得新一年的新能源汽车财政补贴,但力帆系的经营危机由此开始。

(二) 货币市场

力帆系的破产重整除了发展新能源汽车引发经营危机之外,还因为发展企业财务公司所引发的系统性金融风险,并将金融风险转嫁给上下游企业,以及银行和非银行金融机构等962家已知债权人。2014年2月28日,重庆力帆财务有限公司(以下简称"力帆财务公司")作为重庆首家民营财务公司成立,是重庆第三家经中国银监会批准设立的企业集团财务公司。该公司成立之初是为了加强力帆系资金的集中管理和专业化管理,控制资金风险,优化资金配置,节约资金成本,提高资金运用效率,进一步拓宽融资渠道,为力

---

① 参见《经济法学》第二版,高等教育出版社2018年版,第348页。

帆系的实业发展提供金融支持。力帆财务公司具有吸收存款、发放贷款、结算等金融功能，是力帆系的"内部银行"。2016年11月29日，重庆银监局发布公告批准力帆财务公司开办承销成员单位的企业债券和除股票投资以外的有价证券投资的业务资格。根据力帆股份2017年半年报披露，力帆财务公司已加入中国人民银行电票系统、银行间同业拆借市场和中国人民银行上海票据交易所，并上线票交所交易系统；获得消费信贷、买方信贷资格，且已开展汽车、摩托车买方信贷、消费信贷业务。

力帆股份在销售过程中，票据占据了应收款的80%，而给供应商的应付款里90%是票据。因此，力帆以财务公司为核心管理部门开通了集团票据池将子公司的票据收集起来，由财务公司统一入池质押，产生总额度后，再分配给成员单位使用，大大提高了集团内部资金的使用效率。力帆财务公司初期为力帆的业绩作出较大贡献，然而随着力帆新能源汽车转型失败，接连被财政部、工信部处罚，经营风险迅速传染至力帆系上下游企业，导致力帆财务公司大规模票据挤兑，加之金融风险防范制度缺失，力帆系内部的系统性金融风险形成。根据力帆股份2019年9月初发布的力帆控股公司债券半年度报告显示，截至2019年6月，力帆控股总资产为415亿元，总负债为312亿元，其中银行贷款是129.5亿元，非银行金融机构贷款是106.7亿元，债务压顶之下，力帆控股已出现多笔债务逾期。而对于逾期的原因，公告均称"融资困难"。

危急时刻，重庆市银保监局为了守住不发生系统性金融风险的底线，积极争取重庆市政府和地方金融办支持，响应重庆市政府的号召督促重庆银行牵头将银行和非银行金融机构等债权人组建成债权人委员会（以下简称"债委会"）；指导重庆银行业协会协调债权人加入债委会；压实银行业金融机构的责任，协调各银行业金融机构做到稳定预期、稳定信贷、稳定支持、一致行动，不得随意断贷、抽贷、压贷；提出债委会可通过必要的、风险可控的收回再贷、调整贷款利息、展期续贷、市场化债转股等方式，最大限度地帮助力帆系实现脱困。

（三）证券市场

我国上海证券交易所和深圳证券交易所（以下简称"沪深交易所"）作为上市公司股票发行与集中交易的场所，受中国证监会的监督和管理，是为"证券集中交易提供场所和设施、组织和监督证券交易、实行自律管理"① 的会员制法人。沪深证券交易所具有履行市场组织、市场监管和市场服务等职责，主要包括：制定和修改交易所业务规则；按照国务院及中国证监会规定，审核证券公开发行上市申请；安排证券上市交易，决定证券暂停、恢复、终止和重新上市；组织实施交易品种和交易方式创新；提供非公开发行证券转让服务；对会员进行监管；组织和监督证券交易；提供网站供信息披露义务人发布依法披露的信息；设立或者参与设立证券登记结算机构；对证券上市交易公司及相关信息披露义务人进行监管，对证券服务机构为证券发行上市、交易等提供服务的行为进行监管；开展投资者教育和保护；管理和公布市场信息；法律、法规规定及中国证监会许可、授权以及委托的其他职能。

力帆股份作为首家民营乘用车上市公司，公司经营风险必将影响到公司的股价与市

---

① 参见《中华人民共和国证券法》第九十六条。

值，力帆自出现经营危机以来，股价曾跌至 2 元左右，市值从最高超过 300 亿元滑落到 2020 年的 60 亿元，几乎蒸发了 240 亿元的市值，6 万余户中小投资者的权益受到损害。上海证券交易所作为力帆股份的股票发行和交易场所，为了维护中小投资者的权益，在法院受理力帆破产重整后，根据《上海证券交易所股票上市规则（2019 年 4 月修订）》（以下简称"《股票上市规则》"）第 13.2.11 条的相关规定，于 2020 年 8 月 25 日对力帆股份实施退市风险警示，股票简称改为"＊ST 力帆"，股票价格的日涨跌幅限制为 5%。力帆股份被法院裁定受理重整，存在因重整失败而被宣告破产的风险。如果力帆股份被宣告破产，则将被实施破产清算，根据《股票上市规则》第 14.3.1 条第 12 项的规定，力帆股份的股票将面临被终止上市的风险。即使力帆股份实施重整并执行完毕，但若力帆股份后续经营和财务指标不符合《股票上市规则》等相关监管法规的要求，公司股票仍存在被实施退市风险警示或终止上市的风险。

2021 年 2 月 8 日，重庆市五中院于确认公司重整计划已执行完毕，并终结力帆股份重整程序。力帆股份对照《股票上市规则》关于退市风险警示情形进行了逐项排查，鉴于公司重整计划执行完毕涉及退市风险警示的情形已经消除。为此，公司向上海证券交易所申请撤销对公司股票实施退市风险警示。2021 年 3 月 2 日，上交所同意撤销对力帆股份实施退市风险警示，并实施其他风险警示，证券简称变更为"ST 力帆"。根据 2021 年 4 月 10 日，力帆股份披露的 2020 年报显示力帆股份 2020 年度实现营业收入 36.37 亿元，归属于母公司股东的净利润 0.58 亿元。力帆股份对照《股票上市规则》第 13.9.1 条关于其他风险警示的情形进行了逐项排查，经排查，公司涉及其他风险警示的情形已经消除，符合申请撤销股票其他风险警示的条件，并于 2021 年 4 月 9 日向上海证券交易所提交了关于撤销其他风险警示的申请。上海证券交易所于 2021 年 4 月 22 日同意了公司撤销股票其他风险警示的申请。上海证券交易所在力帆股份破产重整过程中严格履行其职责，监督管理力帆股份的证券交易以及信息披露情况，预警并防范发生系统性金融风险。

（四）房地产市场

房地产市场是指以房屋和土地产权为交易对象的流通市场，是房屋商品交换的总和，关涉民生大计的根本，也是宏观经济的"晴雨表"。房地产市场上游涉及钢铁、建材、冶金、建筑工程等行业，下游涉及广大的购房消费者、房屋销售机构和中介机构，对宏观经济结构的运行起着决定性作用，关乎整个国民经济的健康平稳发展。房地产市场存在着严重的信息不对称，购房消费者相对于房地产开发商来说处于信息劣势地位，且房地产市场竞争机制不充分，土地的稀缺使得房地产市场商品房供不应求，容易导致区域寡头垄断的形成。由于房地产市场的前述特殊性，国家对房地产市场进行严格的管控与规制，对房价进行限制与调控，在满足人民基本需求的同时，促进房地产市场健康有序的发展。

国家为了维护房地产市场的长治久安，对于土地开发的房地产企业有严格的市场准入制度。根据《中华人民共和国城市房地产管理法》（2019 年修正）第三十条的规定，房地产开发企业除了有自己的名称、组织机构和固定经营场所，还要有符合国务院规定的注册资本以及足够的专业技术人员。在领取营业执照后的一个月内还应当到登记机关所在地的县级以上地方政府规定的部门备案。土地的开发利用也有统一的规定和要求,特别是进入房地产交易市场的房地产必须遵守法律法规的规定进行交易,否则将受到限制。

力帆系不仅发展汽摩、金融行业,还发展房地产行业,破产重整前的力帆系有多家房地产开发公司。2010年年底,重庆力帆置业有限公司经过20多轮激烈竞拍,以11亿元的价格,将位于江北嘴核心区的江北城组团B19商业金融用地地块收入囊中,标志着力帆正式进军房地产行业。如今的力帆中心矗立在网红洪崖洞的隔江对岸,已然成为重庆CBD江北嘴金融中心的标志性建筑。力帆的房地产开发主要集中在重庆、贵州等地,如力帆红星国际广场、力帆时代中心、力帆枫樾、力帆娄山溪谷、力帆北碚项目、力帆檀香山项目、力帆蔡家项目等。随着力帆主营业务经营风险的出现,力帆房地产业务也受到波及,而在力帆破产重整时,剩余价值最高的却是力帆持有的土地使用权和房地产项目。力帆为了偿还债务,在重庆产权交易所挂出两个大型地产项目,并与重庆两江新区土地储备整治中心签署《国有土地建设用地使用权收购储备合同》,收购力帆重庆鸳鸯工厂土地,共约738.43亩,合计金额33.15281亿元。

二、特别市场规制制度的功能价值

特别市场规制制度是与一般市场规制制度相呼应的。一般市场规制制度是能普遍适用于各类市场的规制制度,如反垄断法律制度、反不正当竞争法律制度、消费者保护法律制度等。而特别市场规制制度则仅适用于某种或某几种特别市场,如关乎国家经济安全、国计民生或者社会稳定的货币市场规制制度、证券市场规制制度、能源市场规制制度以及房地产市场规制制度等。

从理论意义上来说,特别市场规制制度的功能价值主要体现在以下几个方面:

第一,特别市场规制法理论是市场规制法理论体系中不可或缺的重要组成部分。特别市场规制法理论是市场规制法理论构造中的有机组成部分,按照一般理论和特别理论的辩证关系,有助于法律体系划分的逻辑严谨性。将特别市场规制法理论单列进行阐释实现了对本领域法律理论基础的研究和教学,同时也能实现对特别市场的指导与建设,夯实了市场规制制度的理论基础和实践基础。

第二,特别市场规制法理论为市场规制法理论研究提供新的研究视角和方法。特别市场相对于一般市场而言,是个性与共性的辩证关系。特别市场对整个社会经济有重要的影响力,特别市场普遍存在信息不对称,而特别市场的风险具有隐蔽性、传染性等特点,对整个市场经济的发展影响深远,使得社会与政府必须投入更多的资源去解决这些特别市场失灵出现的问题,在解决问题的过程中学界与实务界产生了大量的研究视角与研究方向,逐渐形成制度供给。

从实践价值来探讨,特别市场规制制度对市场机制的有序运作有着特殊的意义。从早期的2008年金融危机,我们可以看到,美国的次贷危机引发了一场全球金融风暴,波及了货币市场、证券市场、保险市场、房地产市场以及能源市场,使得全球经济大衰退,市场机制无法发挥应有的作用,危及国家的经济安全和社会的稳定,市场配置功能失灵,无法实现资源优化配置。因此,对于特别市场的规制,不仅仅关乎公平、正义、效率和秩序等价值问题,还关乎整个社会和国家的长治久安。特别市场规制制度保障社会稳定和国家经济安全、促进宏观经济总量平衡和结构优化，实现市场自由竞争和社会秩序的稳定、协调发展。随着信息与科技的发展，我们的社会已经进入"风险时代"，而特别市场所带来的风险具有不确定性、隐蔽性和传染性，需要对特别市场风险进行预警和防范，建立符合现代社会需要的新型风险治理体制和治理模式。

*** 拓展阅读 ***

伊某军与中国工商银行股份有限公司盘锦分行银行卡纠纷案

本案例是《最高人民法院公报》案例，具有典型的指导意义。银行作为办理金融业务的专业金融机构，其行业准入较为严格，设立时既要符合《中华人民共和国公司法》的规定，又要符合《中华人民共和国商业银行法》的规定。银行在经营过程中为了保证金融资产的安全性与流动性应努力做到的注意与风险提示义务，预警防范金融风险。

【案例概要】①

再审申请人伊某军因与被申请人中国工商银行股份有限公司盘锦分行（以下简称"工行盘锦分行"）银行卡纠纷一案，不服辽宁省高级人民法院〔2016〕辽民终502号民事判决，向最高人民法院申请再审。最高人民法院于2017年4月14日作出〔2017〕最高法民申555号民事裁定，提审本案。最高人民法院依法组成合议庭，开庭审理了本案。

案件基本情况：李某武作为工行盘锦分行前员工伙同周某等人以给付310万元高额利息为诱饵，编造工商银行回报高额利息吸纳储户存款、工商银行有投资项目需要吸纳资金的虚假事实，骗取伊某军的信任，授意伊某军在工行盘锦分行盘山支行辽河路储蓄所开立账户。伊某军于2011年4月26日及6月28日分别在工行盘锦分行下属的辽河路储蓄所申请开立了活期储蓄存款账户，为此，该行向伊某军交付了两张银行借记卡，伊某军自2011年4月26日至2011年11月11日期间，先后向该两账户内存入了合计1 450万元款项。工行盘锦分行于2011年4月26日为"伊某军"开通的网上银行并非伊某军本人办理，2011年6月28日工行盘锦分行注销该网上银行业务时也非依伊某军本人申请注销；工行盘锦分行于2011年6月28日虽依伊某军申请开通了网上银行，但没有将U盾交付给伊某军本人而是交给了李某武。李某武于2011年6月28日自开户日起至2011年11月11日先后九次将该账户内存款共计850万元款项转走，并向伊某军支付310万元。

一审法院经审理判决：一、工行盘锦分行于判决生效之日起10日内给付伊某军存款人民币1 139.847万元（1 449.847万元－310万元）的60%即683.9082万元，并支付利息840 072元。二、驳回伊某军的其他诉讼请求。工行盘锦分行不服一审判决，向辽宁省高级人民法院（以下简称"二审法院"）上诉。二审法院对一审法院查明的事实予以确认。并认为一审法院判令伊某军对2011年4月26日开通的网银发生的损失亦按40%比例承担相应责任，依据不足，应予纠正。二审法院判决：一、撤销一审民事判决主文第二

---

① 参见《最高人民法院公报》2017年第8期（总第250期）。

项；二、变更一审民事判决主文第一项为：工行盘锦分行于二审判决生效之日起 10 日内给付伊某军存款人民币 923.8686 万元，并按中国工商银行同期同类活期存款利率计付上述存款至二审判决确定的给付之日止的利息；三、驳回伊某军的其他诉讼请求。

最高人民法院认为本案的主要争议焦点是：一是工行盘锦分行与伊某军是否存在储蓄存款合同关系；二是案涉存款被转走的责任应如何划分；三是伊某军所获 310 万元高息应否予以扣除以及案涉存款利息的计算方法。最高院经审查撤销一审、二审法院判决，要求工行盘锦分行于再审判决生效之日起 10 日内给付伊某军存款人民币 1 134.4475 万元，并给付利息。最后驳回伊某军的其他诉讼请求。

【案例分析】

一、银行业市场准入规制

我国的银行主要是中国人民银行、政策性银行、全国性商业银行、城市商业银行、农村商业银行等。除了中国人民银行具有双重法律性质，既是金融调控的国家机关又是可以从事金融业务的特殊金融机构外，其他的银行都属于企业性质。世界各国为了避免银行业系统性金融风险，保障存款人资金安全，保持货币币值稳定，维护国家金融安全，对银行的经营主体资格和条件有严格的限制，并实施准入许可制度。在我国，银行的设立需要经国务院银保监会审查批准，未经批准不能从事银行业务，也不得在单位名称中使用"银行"字样。设立银行除了满足《公司法》规定必要的营业场所、组织机构和管理制度等以外，还需要有《中华人民共和国商业银行法》等法律法规规定的商业银行设立所需最低注册资本额，具备任职的专业知识和业务经验的董事、高级管理人员，以及安全防范措施和与业务有关的其他设施等特殊要求。

二、银行业审慎经营行为规制

银行以安全性、流动性、效益性为经营原则，为了保证金融资产的安全性和流动性，我国政府对银行业实施审慎经营监管，通过资产负债比例控制、利率控制、贷款行为规制以及高风险资产业务控制、适当性义务规制等促进银行的稳健、安全运行，并保障债权人利益，以防范和化解系统性金融风险。

《中华人民共和国商业银行法》第六条规定："商业银行应当保障存款人的合法权益不受任何单位和个人的侵犯。"保障储户存款安全是银行的法定义务。银行作为为客户提供金融服务业务的专业机构，其在为自然人办理储蓄等业务时，居于明显的、支配的优势地位，而自然人则处于相对的、被支配的弱势地位，而银行工作人员在为客户办理金融服务业务时，理应严格遵守业务操作规范和银行工作流程，尽到最大的注意和风险提示义务。因此，最高人民法院认为，工行盘锦分行在应该对储户存款负有保障客户安全义务前提下，没有尽到最大的注意和风险提示义务，致使内部管理出现漏洞，工作人员严重违规操作，银行应承担99%的责任，而伊某军由于没有尽到与其自身预期获得收益业务相应的、合理的、谨慎的注意义务，其应承担1%的责任。银行应该尽到更大的注意义务，对储户的存款负有严格的安全保障义务，并且应当制定完善的银行业务规范，加强内部管理制度；在银行与普通储户办理业务过程中，银行工作人员代表作为银行的门面，应该更加严格地遵守银行工作流程和操作规范。

*** 拓展阅读 ***

瑞幸咖啡财务造假案

瑞幸咖啡作为境内知名的饮品企业，于 2019 年在美国纳斯达克上市后出现财务造假的行为后跌入谷底，美国证券交易委员会对其进行了调查。由此也引发了关于瑞幸咖啡财务造假案管辖权的热议，并延伸出对瑞幸咖啡财务造假案的跨境监管的讨论。

【案例概要】①

瑞幸咖啡于 2019 年 5 月赴美国纳斯达克上市，2020 年年初被浑水公司发布的匿名报告做空，当年 4 月被曝存在财务造假行为，引发一系列后续动荡。2020 年 6 月 30 日瑞幸咖啡从纳斯达克退市转至美股粉单市场。当年 7 月，我国财政部调查后披露，自 2019 年 4 月至 2019 年末，瑞幸咖啡通过虚构商品券增加交易额 22.46 亿元，虚增收入 21.19 亿元，虚增利润 9.08 亿元。这也意味着，瑞幸咖啡编织的业绩神话很大部分纯属虚构。背负财务造假退市恶名，彼时的瑞幸咖啡可谓人人喊打、跌入谷底，不仅在美国陷入投资者集体诉讼及美国证券交易委员会（以下简称"SEC"）调查的麻烦，内部还出现股东派系斗争和公司治理纷争。与此同时，瑞幸咖啡退市还触发了违约条款，被债权人在开曼法院起诉要求对瑞幸咖啡破产清算。开曼法院指定了临时清算人进行"低度干预"。

所幸的是，2020 年年底，瑞幸咖啡与 SEC 达成了 1.8 亿美元罚款的和解协议，消除了美国监管风险。同时，瑞幸咖啡任命的临时清盘人在 2020 年 12 月向开曼群岛大法院递交首份公告，表示瑞幸咖啡账上仍有超过 7 亿美元现金足够偿债，瑞幸咖啡的业务仍正常经营甚至在当年 8 月首次实现了总体店面盈利，说明瑞幸咖啡的局面还不算糟糕。接下来，瑞幸咖啡在 2021 年加速了债务和资本重组。2021 年 2 月，瑞幸咖啡在纽约宣布破产，作为债务重组的程序性一步。2021 年 3 月，瑞幸咖啡表示已和主要债券持有人达成了重组协议（RSA），其中包括进行融资 2.5 亿美元以及减少国内实体注册资本履行重组债务。2021 年 6 月 16 日，瑞幸咖啡宣布已根据与公司 4.6 亿美元可转换优先债券的持有者签订"重组支持协议"，完成了"融资里程碑"。后来，瑞幸咖啡完成了中国监管部门的审批程序，以实现破产重组。

---

① 参见《瑞幸咖啡绝地反转 大钲资本成最后赢家》，载腾讯网：https://new.qq.com/omn/20210720/20210720A000NO00.html，最后访问时间：2021 年 12 月 30 日。

【案例分析】

一、瑞幸咖啡财务造假案管辖权

瑞幸咖啡作为一家经营实体在中国，上市地在美国的企业，出现财务造假案后所面临的第一个问题是关于管辖权的问题。《中华人民共和国证券法（2019 年修订）》（以下简称"《证券法》"）第二条规定："在中华人民共和国境外的证券发行和交易活动，扰乱中华人民共和国境内市场秩序，损害境内投资者合法权益的，依照本法有关规定处理并追究法律责任。"也就是说若瑞幸咖啡财务造假案扰乱了国内证券市场秩序，损害了境内合格投资者的合法权益，可按照《证券法》的相关规定追究法律责任。从实际情况来看，瑞幸咖啡是在美国上市的，出现财务造假扰乱的是美国的市场秩序而不是境内市场秩序，并且更多的是损害美国投资者的利益，我国境内购买瑞幸咖啡股票的投资者微乎其微。因此，对于瑞幸咖啡财务造假一案，我国证监会不宜启动《证券法》第二条第四款规定的域外管辖权，而是由美国启动域外管辖，行使司法管辖权。

二、瑞幸咖啡财务造假案跨境监管

《证券法》第一百七十七条规定："国务院证券监督管理机构可以和其他国家或者地区的证券监督管理机构建立监督管理合作机制，实施跨境监督管理。"亦即，中国证券监督管理委员会有权与 SEC 就瑞幸咖啡财务造假案建立监督管理合作机制，实施跨境监督管理。《证券法》第一百七十七条第二款规定，"境外证券监督管理机构不得在中华人民共和国境内直接进行调查取证等活动"，因此，SEC 若为了调查瑞幸咖啡造假案则需要取得证监会和国务院有关主管部门的同意，才能收集瑞幸咖啡的相关文件和材料。

我国为了维护市场秩序，证监会会同市场监管总局、财政部等部门根据国务院金融委关于资本市场财务造假行为"零容忍"的精神要求以及国际证监会组织（IOSCO）跨境监管合作机制安排，配合美国证券监管部门开展跨境协查。2021 年 7 月 31 日，证监会公布的调查结果显示，瑞幸咖啡境内运营主体及相关第三方公司等存在大规模虚构交易，虚增收入、成本、费用，虚假宣传等行为，违反了我国《反不正当竞争法》《会计法》的相关规定。瑞幸咖啡境内关联的新三板挂牌公司神州优车股份有限公司、北京氢动益维科技股份有限公司存在信息披露违规行为，违反了我国《证券法》的相关规定。证监会、市场监管总局、财政部将依法对瑞幸咖啡境内运营主体及相关责任人、涉案多家第三方公司、两家新三板关联公司及相关责任人予以行政处罚。

证监会表示，"严厉打击资本市场财务造假，保护投资者合法权益，是全球证券监管部门的共同职责。证监会将全面落实国务院金融委对资本市场违法犯罪行为'零容忍'

的要求,继续加强与境内外监管执法部门的密切协作,依法稳妥推进瑞幸咖啡财务造假事件调查处置工作,严厉打击、绝不姑息,坚决维护公平公正市场秩序和法治健康市场生态。"①

---

① 参见《金融时报》,https://epaper.financialnews.com.cn/jrsb/html/2022-03/22/node_2.htm。

*** 拓展阅读 ***

艾某某诉长城人寿保险股份有限公司等人身保险合同纠纷案

  本案是保险市场典型的人身保险合同纠纷案件,保险人以投保人未如实告知已经向多家保险公司投保人身保险的事实为由主张解除合同,因人身保险合同通常未提供不履行非健康告知事项而解除合同的明确规则和依据,法院应从主客观两个方面进行考察,一是投保人主观方面是否故意或者存在重大过失,二是未如实告知的事项及行为是否足以影响保险人决定是否同意承保或者提高保险费。而对于是否足以影响保险人决定是否同意承保或者提高保险费,应从人身保险各险种的本质、行业惯例、保险的最大诚信原则等角度去考察不实告知情形是否达到了可以让保险公司有权解除合同的程度。

【案例概要】①

  2018 年 9 月 24 日,原告投保了二被告承保的《长城吉康人生重大疾病保险》,原告于 2019 年 4 月 25 日经三六三医院病理诊断为甲状腺癌。故原告于 2019 年 5 月 23 日向二被告提出了关于重大疾病保险金的索赔申请,2019 年 6 月 21 日,被告长城人寿保险股份有限公司四川分公司以被告长城人寿保险股份有限公司的名义出具理赔结论告知书,以原告投保时未如实告知、影响其承保决定为由解除保险合同,不退还保险费,理赔不予赔付,被告拒不承担保险责任的行为严重侵犯了原告的合法权益,原告故诉至法院,请求判决:(1)确认二被告单方解除 9025000244491088 号保险合同的通知无效;(2)判令二被告按照保险合同的约定向原告支付重大疾病保险金 850 000 元及利息(利息按照中国人民银行同期贷款利率从 2019 年 6 月 21 日起计算至付清为止);(3)本案诉讼费用由二被告承担。

  四川省成都高新技术产业开发区人民法院于 2019 年 12 月 27 日作出〔2019〕川 0191 民初 11846 号民事判决:驳回原告艾某某的全部诉讼请求。宣判后,艾某某向成都市中级人民法院提出上诉。成都市中级人民法院于 2020 年 7 月 6 日作出〔2020〕川 01 民终 3351 号判决:驳回上诉,维持原判。

  随着人们保险意识的逐渐觉醒,作为"收入损失险"的重疾险产品近年来发展迅猛,因其防止因病致穷的初衷,在保险市场上几乎成为刚需。但由于保险公司与投保人对被保险人健康及其他状况存在信息不对称的情形,投保人不履行如实告知义务而试图因病致富

---

① 参见北大法宝:《艾某某、长城人寿保险股份有限公司人身保险合同纠纷二审民事判决书》(〔2020〕川 01 民终 3351 号)。

的现象时有发生。而在实践中，对于健康告知事项，保险公司往往会通过列出全面细致的询问事项以及明确法律后果，使以投保人不履行如实告知为由解除合同有法律和合同依据。但对于非健康告知事项，在保险合同并未提供明确规则的情况下，保险公司是否有权解除保险合同，法官应进行综合考量。

【案例分析】

一、保险法对投保人如实告知义务的规定

我国保险法对于如实告知义务的范围以及未告知的法律后果均有规定，《中华人民共和国保险法》第十六条第一款规定："订立保险合同，保险人就保险标的或者被保险人的有关情况提出询问的，投保人应当如实告知。"第二款规定："投保人故意或者因重大过失未履行前款规定的如实告知义务，足以影响保险人决定是否同意承保或者提高保险费率的，保险人有权解除合同。"

合同双方解除保险合同需要具备三个条件：一是保险人在订立保险合同时对被保险人的相关情况提出了询问。《最高人民法院关于适用〈中华人民共和国保险法〉若干问题的解释（二）》第六条规定："投保人的告知义务限于保险人询问的范围和内容……"也即投保人的告知事项应以保险人询问的范围和内容为限，对于保险人来说，询问的内容应当全面、客观、明确、有效。二是投保人故意或因重大过失未如实告知有关询问事项。故意系指投保人明知而为之，而重大过失系对应知而未告知，这是对投保人主观方面的考察。三是由于投保人没有履行如实告知义务以至于影响保险人决定是否同意承保或提高保险费。这条是关于告知事项的重要性的判断标准。通常，在保险合同没有明确约定的情况下，应采用"谨慎的保险人标准"，亦即投保人未告知的事项如果被保险人所知晓，会影响保险人对保险费率的判断或决定是否承保。这种标准是基于厘定风险的需要，更是平衡保险人与投保人利益的需要。但该标准依然并非明确具体，在个案的情境中，还应当综合考量具体情形。

二、非健康事项告知足以影响承保或提高保费的标准认定

人身保险合同中，保险标的为被保险人的寿命和身体，保险人通常无法全面掌握保险标的的危险程度，而投保人、被保险人往往知晓投保标的风险全貌。被保险人的健康状况如何与保险事故发生的概率呈现出直接的因果关系。因此，保险人为降低经营风险，在投保人投保人身保险时，对健康告知事项的范围以及为告知的后果普遍做了非常全面明确的约定。但对于非健康事项，由于与发生的保险事故的因果关系，不如健康事项直接，那么在判断该告知事项是否足以影响承保或提高保费时，则应进行投保人的投保动机、保险的本质、最大诚信原则以及行业惯例等多种因素的考量，以满足根据大数法则涉及的保险产品的基础条件。

本案作为因投保人未履行如实告知义务引发的纠纷中的新类型案件，涉及对非健康告知事项是否足以影响保险公司同意承保或者提高保险费的认定，通过司法裁判，力求实现保险制度设计的初衷和价值，倡导诚信公平，为法院提供类似案件的审判思路和标准，具有一定的参考价值。

*** 拓展阅读 ***

周某帅诉余姚绿城房地产有限公司商品房预售合同纠纷案

本案为最高人民法院公报案例，是较为典型的商品房预售合同纠纷案件，通过对本案例的分析，学习商品房预售制度以及商品房预售合同备案登记制度，了解房地产市场规制制度的特殊性。

【案例概要】①

原、被告于 2014 年 10 月 22 日签订一份《商品房买卖合同》，约定被告余姚绿城房地产开发有限公司应当在 2016 年 9 月 30 日前将绿城明园锦兰苑 8 幢×××室（附属车位 A-356、A-357）交付原告周某帅使用。本案中原、被告均认可原告在 2016 年 9 月 30 日前往被告处办理交房手续，但在交付验收过程中原告指出房屋存在渗水，留存在被告处的绿城明园锦兰苑 8 幢×××室住宅交付验收清单记录了相应的验收意见，并记录有"待处理好后再交房，其他验房步骤下次再验"。故原、被告之间系在交房过程中因原告对质量有异议双方达成一致意见，即处理好渗水问题后再行交付，并未变更以房屋交接单的签署作为房屋交付的合同约定。但被告直至 2017 年 12 月 26 日才第二次书面通知原告办理交房手续。

一审法院认为原、被告仅是对交房过程中发现的质量问题的处理意见作出了约定，原告并未作出放弃向被告主张逾期交房责任的意思表示，且质量问题的修复所需要的时间导致原告无法在《商品房买卖合同》约定的交房期限内取得房屋的占有使用权完全系被告过错，被告无须承担逾期交房违约责任的抗辩不能成立。关于违约责任的承担，被告余姚绿城房地产开发有限公司认为双方约定的违约金明显过高，要求调至每日万分之一，并且根据《商品房买卖合同》附件九的约定，原告周某帅也无权要求被告同时承担逾期交付土地、房屋权属证书的违约责任。对合同约定的违约金是否需要调整，法院认为将被告承担的违约金从按日万分之五、日万分之二分别计算至交付日调整至整体按原告已付房价款的 10% 计算违约金较为合理。

据此，浙江省余姚市人民法院判决：一、被告余姚绿城房地产开发有限公司于本判决生效之日起 10 日内向原告周某帅交付余姚市绿城明园锦兰苑 8 幢×××室的房屋，并于本判决生效之日起 30 日内向原告交付余姚市绿城明园锦兰苑 8 幢×××室的土地、房屋权属证书（即被告办理余姚市绿城明园锦兰苑 8 幢×××室房屋的转移登记过户

---

① 参见《最高人民法院公报》2019 年第 12 期（总第 278 期）。

手续，办理过户所需应当由买方交纳的税费由原告承担）；二、被告余姚绿城房地产开发有限公司按原告周某帅已付购房款 2 193 799 元的 10% 支付违约金 219 379.9 元，于本判决发生法律效力后 10 日内付清。三、驳回原告周某帅的其他诉讼请求。上诉人余姚绿城房地产开发有限公司不服一审判决，向浙江省宁波市中级人民法院提起上诉。二审法院作出驳回上诉，维持原判的判决。

【案例分析】

本案属于典型的商品房预售合同纠纷案，当事人约定的违约金超过损失的 30% 的，一般可以认定为《民法典》第五百八十五条第二款规定的"过分高于造成的损失"的规定，当事人主张约定的违约金过高可以请求法院予以适当减少的，法院应当以实际损失为基础，兼顾合同的约定、履行情况、当事人的过错程度以及预期利益等综合因素，根据公平原则和诚实信用原则进行考量，作出认定。

一、商品房预售的概述

商品房预售是指房地产开发公司将正在建设尚未完工的商品房提前出售给购房者，并由购房者提前支付定金或者购房款的行为。预售的标的物是订立预售合同购买未来建成的房屋，俗称"期房"或者"楼花"。商品房预售者与购买者之间签署的合同具有买卖合同的性质，购房者购买的是建成后房屋的所有权。在商品房预售法律关系中，预售者处于绝对优势地位，购房者处于相对劣势地位。首先，合同双方签订的商品房预售合同多为格式合同，购房者被动签署合同；其次，签订合同时房屋未建成，开发商能否按照合同约定的商品房质量、规格以及交房时间履行是未知数，存在一定风险；最后，开发商在经济实力、信息上相对于购房者来说处于优势地位。因此，为了保护购房者的利益，禁止房地产交易中的欺诈行为，国家加强对商品房预售的干预，要求商品房预售符合法定要件，需要取得商品房预售许可证以及商品房预售合同备案登记制度等。

二、商品房预售许可制度

《城市商品房预售管理办法》（2004 年修正）（以下简称"《预售办法》"）第五条的规定："商品房预售应当符合以下条件：（1）已交付全部土地使用权出让金，取得土地使用权证书；（2）持有建设工程规划许可证和施工许可证；（3）按提供预售的商品房计算，投入开发建设的资金达到工程建设总投资的 25% 以上，并已经确定施工进度和竣工交付日期。"根据《预售办法》第六条的规定，开发企业进行商品房预售，应当向房地产管理部门申请预售许可，取得商品房预售许可证。房地产管理部门应按照《预售办法》第八条的规定进行受理、审核、许可、公示。未取得商品房预售许可证的，不得进行商品房预售，这就是商品房预售实行许可制度。实践中，存在未取得商品房预售许可证以及未达到《预售办法》第五条要求的开发商违规预售的情形，购房者在购买预售商品房时应要求开发商出示商品房预售许可证。同时，各地区政府将商品房预售作为调控房地产市场的一种手段，也会出现因地制宜的商品房预售许可特别制度。

三、商品房预售合同备案登记制度

《中华人民共和国城市房地产管理法》（2019年修正）第四十五条规定："商品房预售应当向县级以上人民政府房产管理部门办理预售登记，取得商品房预售许可证明。商品房预售人应当按照国家有关规定将预售合同报县级以上人民政府房产管理部门和土地管理部门登记备案。"《预售办法》第十条同时规定："商品房预售，开发企业应当与承购人签订商品房预售合同。开发企业应当自签约之日起30日内，向房地产管理部门和市、县人民政府土地管理部门办理商品房预售合同登记备案手续。房地产管理部门应当积极应用网络信息技术，逐步推行商品房预售合同网上登记备案。商品房预售合同登记备案手续可以委托代理人办理。委托代理人办理的，应当有书面委托书。"

《中华人民共和国城市房地产管理法》（2019年修正）未对商品房预售合同备案登记的效力进行规定，学界及实务界对于预售合同备案登记的效力有以下争议：第一类认为预售合同备案登记是合同生效要件；第二类认为预售合同备案登记不是合同生效要件，而是预售合同对抗要件。根据目前的司法实践，普遍采用备案登记是预售合同的对抗要件，同时《最高人民法院关于审理商品房买卖合同纠纷案件适用法律若干问题的规定》第六条规定，当事人若以预售合同未备案登记为由请求确认合同无效法院不予支持，约定除外。

*** 拓展阅读 ***

寿光中石油昆仑燃气有限公司诉
寿光市人民政府解除特许经营协议案

本案例是最高人民法院发布行政协议案件典型案例,通过对解除城市天然气特许经营协议案的分析,引申出能源市场的准入制度,并学习能源市场规制制度的特殊价值。

【案例概要】①

2011年7月15日,寿光市人民政府授权寿光市住房和城乡建设局与寿光中石油昆仑燃气有限公司(以下简称"昆仑燃气公司")签订《天然气综合利用项目合作协议》,约定由昆仑燃气公司在寿光市从事城市天然气特许经营,特许经营期限为30年。协议签订后,昆仑燃气公司办理了一部分开工手续,并对项目进行了开工建设,但一直未能完工。2014年7月10日,寿光市住房和城乡建设局发出催告通知,告知昆仑燃气公司在收到通知后两个月内抓紧办理天然气经营许可手续,否则将收回燃气授权经营区域。2015年6月29日,昆仑燃气公司向寿光市人民政府出具项目建设保证书,承诺在办理完相关手续后三个月内完成项目建设,否则自动退出授权经营区域。2016年4月6日,寿光市人民政府决定按违约责任解除特许经营协议并收回昆仑燃气公司的特许经营权。昆仑燃气公司不服,经复议未果,遂起诉请求确认寿光市人民政府收回其天然气特许经营权的行为违法并撤销该行政行为。经潍坊市中级人民法院一审、山东省高级人民法院二审认为,特许经营协议在履行过程中,出现了损害社会公共利益的情形,符合协议解除的法定条件,行政机关可以单方解除特许经营协议并收回特许经营权,但该行为亦应遵循法定程序,给相对方造成损失的还应当予以补偿。

【案例分析】

一、能源市场准入制度

我国的天然气、石油、电力等能源资源的开发、利用、经营都关系着国家的经济命脉

---

① 参见《最高人民法院发布行政协议案件典型案例》之九。

和长治久安。国家在能源市场领域设置着严格的市场准入制度，本案中的城市天然气特许经营就是企业经营天然气所必需的市场准入条件。《基础设施和公用事业特许经营管理办法》（以下简称《特许经营管理办法》）第二条规定，中国境内的能源等基础设施和公共事业领域的特许经营活动适用该法。能源市场的特许经营项目是由政府采用竞争的方式授权给境内外法人或其他的组织，通过协议的方式明确双方权利义务和风险承担。一般特许经营协议的一方是政府及其授权的部门，另一方为参与竞争的企业。特许经营项目最长不超过30年，约定除外，期限届满后由获得特许经营权的企业将项目无偿移交给政府。政府在选择特许经营者时会根据《特许经营管理办法》第十七条的规定选择具有相应管理经验、专业能力、融资实力及信用状况良好的法人或者其他组织。本案中的寿光市人民政府授权寿光市住房和城乡建设局与寿光中石油昆仑燃气有限公司签订的《天然气综合利用项目合作协议》就是典型的特许经营协议，该协议既是政府授予企业特许经营权的依据，也是约束特许经营者提供优质、持续、高效、安全的公共产品或者公共服务的依据。

二、能源市场规制制度以社会公共利益为原则

能源市场规制制度是在保障社会公共利益和公共安全的基础上制定与实施，为经济和社会的和谐发展起到积极的促进作用。本案中的争议焦点之一是，昆仑燃气公司认为寿光市政府收回燃气经营区域授权不符合原《市政公用事业特许经营管理办法》（现已修改）第十八条列明的四种法定情形。但法院认为，迟延履行特许经营协议义务行为虽然未在《市政公用事业特许经营管理办法》第十八条规定的前四项中明确列举，但该法条为弥补列举不全面所可能造成的遗漏规定了兜底性条款，即"法律、法规禁止的其他行为"。本案中由于昆仑燃气公司长期不能完成经营区域内的燃气项目建设，无法满足居民的用气需要，足以影响社会公共利益，应为法律、法规所禁止。不能因为该条款未将昆仑燃气公司迟延履行特许经营协议义务行为明确列为取消特许经营权的情形，就将其排除在法律规定之外，这并不符合该法保障社会公共利益的立法目的。因此昆仑燃气公司的该项主张，法院不予以支持。